• Catering Franchise Industry •

외식 프랜차이즈 실무

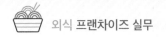

Preface

본 저서는 2011년에 첫 출간해 2016년에 개정했고, 이번 2023년에 4판으로 재개정하게 되었다. 그동안 본서를 채택해주신 교수님들, 전공 관련 학생들, 그리고 외식 산업 관련 종사자들께 진심으로 감사의 마음을 전한다.

본서는 외식 프랜차이즈를 시작하려는 창업자들, 이미 프랜차이즈를 운영하고 있는 사업자들, 그리고 이 분야에 관심을 갖고 있는 학생들과 학계의 연구자들을 위한 참고서이다. 이 책은 외식 프랜차이즈 산업의 흐름을 파악하고 이를 이해하고 적응하는 방법에 대해 알려준다.

현재 우리는 코로나19라는 최대 난관을 극복하고 다양한 변화와 도전에 직면하고 있다. 오늘날 장기 불황, O2O, SNS 필수 시대, 해외 진출의 가속화, 양극화 심화, 저출산과 노령화 사회, 싱글족 증가 등 외식 프랜차이즈 산업을 둘러싸고 있는 환경과 트렌드가 급변하고 있다. 이런 현상들을 분석하고 잘 대처해 나가지 않으면 도태될지도 모른다고 해도 과언이 아니다. 지금까지 해왔던 방식대로만 한다면 절대 성공하지 못한다. 결국, 준비하는 것 외에는 대안이 없다. 1년, 3년, 5년, 10년 후를 내다보고 발전시킬 수 있는 노하우를 찾아 개발하는 전문가가 되어야 한다. 더 좋은 것을 지속적으로 창출하지 못한다면 생존이 불가능한 시대이다.

결국, 트렌드를 알아야 한다. 지속적으로 연구하지 않으면 생존이 어렵게 되었다. 외식 프랜차이즈 산업도 마찬가지다. 장기 불황 속에서 타개책을 찾기 위해서 우리는 더 많은 연구와 공부를 해나가야 한다. 현재까지 알고 있는 지식만 가지고는 한계에 부딪힐 수밖에 없으므로 지속적으로 연구하여 그 가치를 담을 수 있도록 해야 한다.

필자는 본 저서에서 미진했던 부분을 수정하고 보완했으며, 최신 통계 자료와 데이터로 객관성을 높이고자 했다. 향후에는 더 많은 연구자가 저자의 부족함을 채워 줄 것으로 기대한다.

본서는 총 12장으로 구성되어 있다. 1장에서는 외식산업과 프랜차이즈에 대한 이해, 2장에서는 외식산업과 외식 프랜차이즈 산업의 변천과 전망, 3장에서는 외식 프랜차이즈 인적 자원 관리와 매뉴얼, 4장에서는 외식 프랜차이즈 관련 법규에 의한 분쟁의 해결, 5장에서는 외식 프랜차이즈 재무·회계 관리, 6장에서는 외식 프랜차이즈 마케팅, 7장에서는 외식 프랜차이즈 사업 타당성 분석 및 사업계획서 작성, 8장에서

는 외식 프랜차이즈 아이템과 메뉴 개발, 9장에서는 외식 프랜차이즈 상권 입지 분석, 10장에서는 점포 설계 및 인테리어, 11장에서는 외식 프랜차이즈 가맹본부, 12장에서는 외식 프랜차이즈 가맹점을 다루고 있다. 또한, 실무편에 수록된 사례는 현장에서 사용되고 있는 내용들을 구체적으로 서술한 것으로, 프랜차이즈 본부와 가맹점뿐만 아니라 일반 외식업에 종사하는 모든 분들이 참고하여 경영 및 매출 증대에 보탬이 될 수 있는 지침서 역할을 할 수 있을 것으로 보인다.

본서를 펴내면서 학문을 탐구하고 연구하는 한 사람으로서 프랜차이즈에 대한 관심이 높아지고 있는 현실을 다행스럽게 생각한다. 특히 다양한 프랜차이즈 관련 업무 분야가 많이 있지만, 오직 외식산업 분야의 프랜차이즈 실무에 대한 경험과 사례를 중심으로 서술해 외식업을 하다가 프랜차이즈 산업에 처음 발을 들여놓은 이들의 이해를 돕고 희망을 주고자 했다.

단순히 '외식 프랜차이즈 사업은 무엇인가?'라는 의문점을 풀기 위한 전문 서적이 아니라 '외식 프랜차이즈 산업에서 어떻게 성공하나?'라는 더 중요한 질문에 해결책을 제시하는 저서가 되기 위해 노력했다. 이 분야를 공부하고 연구하려는 학생 및 전문가, 외식 프랜차이즈 본부, 가맹점 사업, 외식업을 준비 중인 예비 창업자들이 실패 없이 안정적인 선택을 할 수 있도록 안내자 역할을 하고자 한다.

저자의 식견이 부족하여 관련 자료를 인용한 부분에 일일이 주석으로 처리해야 하나 그 출처가 불분명하여 그렇게 하지 못한 점 용서를 구하며, 자료를 제공해주신 모든 분께 지면으로나마 감사를 드린다. 앞으로 학계, 업계, 선후배들의 다양한 정보를 수렴해 항상 옆에 두고 볼 수 있는 책을 출간하고자 하니 많은 충고와 질책을 바란다.

마지막으로, 본서가 많은 사람에게 사랑 받을 수 있도록 길을 열어주신 한올출판사 임순재 사장님과 편집부의 노고에 감사드리며, 책이 출간되도록 수고해준 많은 분께 감사의 마음을 전한다.

2023. 8.

공동 저자 씀

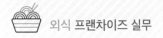
Contents

Chapter 01

외식산업과
프랜차이즈에
대한 이해

제1절 외식산업의 이해

1 외식산업의 개요와 특성

1) 외식산업의 정의

일반적으로 외식업이라 하면 '음식을 만들어 파는 일' 정도로 여긴다. 단순히 음식을 만드는 것은 가정에서 일상적으로 하는 일로 여길 수 있지만 대가를 받고 지속적으로 판매하기 위해서는 맛이나 서비스에서 독특한 차별성을 지녀야 한다. 이를 위해 지속적인 메뉴 개발과 마케팅, 경영 기법들이 적용되었고 점차 분화·발전하면서 하나의 산업으로 인정받기에 이르렀다.

1980년대 초만 하더라도 우리나라의 외식업은 요식업으로 불리며 단순한 소매업 정도로 여겨졌다. 하지만 국민 경제 규모가 증가하고 가계별 가처분 소득이 증가하면서 외식업 수요가 커졌고 문화적 범주에서도 가치가 부각되고 있다. 즉, 단순 노동 집약적 산업이 아니라 제2, 제3의 가치를 만들어내는 부가가치 산업으로 인정받고 있다. 이제 음식을 판다는 것은 서비스를 파는 것이고, 이미지를 파는 것이며, 브랜드를 파는 것이고, 문화를 파는 것이다.

표 1-1 **음식 장사와 외식산업의 차이**

음식 장사	외식산업
경영주의 개성과 아이디어	시스템화, 신속화, 서비스화
점포 분위기 중시	작업 동선을 고려한 효율성 중시
경험과 직감에 의존한 관리 및 교육	매뉴얼에 의한 체계적 관리 및 교육
지역의 소상권 지향	상권의 지역성 탈피(광역권 상권)
원재료를 사용	반가공 재료를 사용
육감적 외관 중시	최신 시스템과 기기 도입
개인의 능력이 중시	팀워크가 중시
전통, 개성을 중시	경제성, 규모의 경제

'외식'은 말 그대로 가정 밖에서 음식을 먹는 것으로 조리의 주체가 세대 외의 사람이며 조리의 장소는 원칙적으로 가정 외에 있는 것을 의미했다. 그러나 현대적 개념의 식사에서는 출장 연회, 단체 급식, 배달 서비스, 테이크아웃 등을 통해 가정 내에서도 외식의 개념이 자리를 잡게 되었다. 가정 내에서 반조리 식품 혹은 완전 조리 식품의 형태로 얼마든지 외식이 가능하게 되면서 원재료를 구입해 가정 내에서 조리 과정을 거친 가정식을 제외한 모든 식생활 행위를 외식으로 보는 것이 일반적이다.

이러한 의미에서 외식업의 개념은 외식 행위를 가능케 하는 사업으로 풀이될 수 있다. 보다 구체적으로 외식사업을 정의한다면 '새로운 고객을 창출하고 고객들이 재내점할 수 있게 해 단골 고객을 확보하며, 단골 고객들이 즐겁게 먹고 그 만족에 따른 비용 지불로 이익을 창출해 나가는 사업', 즉 가치 창출의 사업으로 이해할 수 있다. 또 다른 측면에서는 '사람의 음식에 대한 욕구(식욕)를 요리나 음료, 주류를 통해서 직접 충족시켜 주기 위한 인적 서비스가(주방의 조리사, 홀의 서빙 등) 연출되고, 때로는 분위기가 있는 휴식 공간(장소)까지 제공되어 생활에 새로운 활력을 얻게 해 주는 것'으로도 정의될 수 있다.

외식업에 '산업'이란 개념이 더해지게 된 것은 미국의 경우 1940~50년대 산업화 단계에 진입한 이후였으며, 일본은 1970년 일본 정부의 공식 문서인 경제백서에 내용이 포함되면서부터이다. 우리나라는 그보다 늦은 1979년 근대적 프랜차이즈 시스템을 도입한 '롯데리아'의 개점을 기점으로 외식업이 하나의 산업군으로 인정받을 만큼 확대·발전하기 시작했다.

외식산업은 인간의 식생활을 풍부하고 건강하게 한다는 점에서 영리를 목적으로 판매 행위를 하는 기업성뿐만 아니라 가정적인 개념의 인적, 물적 서비스가 함께 이뤄져야 하고, 그에 따른 일정한 영업장(공간)과 시설도 구비되어야 한다. 이 외에도 외식산업은 식재료를 이용해 요리를 한다는 점에서 제조업의 기능을, 고객에게 직접 판매한다는 점에서 소매업의 기능을, 그리고 판매된 메뉴를 맛있고 즐겁게 먹을 수 있도록 하는 서비스업의

기능을 하면서 푸드코디가 겸비되고 Ubiquitous(시간과 장소에 구애받지 않고 언제 어디서나 정보 통신망에 접속해 다양한 정보 통신 서비스를 활용할 수 있는 환경), POS(Point of Sales) 등을 활용하는 복합적인 종합 예술성 첨단 문화 산업이라고 할 수 있다.

2) 외식산업의 분류

외식산업의 분류에서 가장 혼동되고 있는 부분이 업종·업태의 구분이다. 업종이란 판매할 메뉴의 대분류상의 구분으로 한식, 일식, 양식, 중식, 단란주점, 유흥주점 등을 말하며 업태는 업종에 대한 소분류를 나타내는 것으로 시간, 장소, 목적등에 따라 취급하는 상품의 분류 및 가격, 질, 운영 매뉴얼, 영업 방법, 서비스를 제공하는 방법, 점포 분위기 등에 차별을 둔 것을 말한다. 예를 들면 양식의 경우 패밀리 레스토랑, 스페셜 레스토랑, 디너 레스토랑 등으로 구분하고 한식의 경우에는 우동, 김밥 등의 분식점, 탕이나 찌개류, 돼지갈비 등의 일반 음식점, 호텔 등과같은 고급 한정식 전문점 등으로 구분하는 것을 말한다.

3) 식품위생법에 의한 분류

식품위생법에서는 외식업을 식품접객업으로 명명하고, 그 정의는 '음식류 또는 주류 등을 조리해 주로 음식점 내에서 고객에게 판매하는 영업 행위'로 규정하고

표 1-2 **식품위생법상의 식품접객업 분류**

식품접객업	분류내용
휴게음식점	음식류를 조리·판매하는 영업으로서 음주행위가 허용되지 아니하는 영업(주로 다류를 조리·판매하는 다방 및 주로 빵, 떡, 과자, 아이스크림류를 제조·판매하는 과자점 형태의 영업을 포함한다). 단, 편의점, 슈퍼마켓, 휴게소 같은 기타 음식류를 판매하는 장소에서 컵라면, 1회용 다류 기타 음식류에 뜨거운 물을 부어주는 경우를 제외
일반음식점	음식류를 조리·판매하는 영업으로서 식사와 함께 부수적으로 음주행위가 허용되는 영업
단란주점	주로 주류를 조리·판매하는 영업으로서 손님이 노래를 부르는 행위가 허용되는 영업
유흥주점	주로 주류를 조리·판매하는 영업으로서 유흥종사자를 두거나 유흥시설을 설치할 수 있고 손님이 노래를 부르거나 춤을 추는 행위가 허용되는 영업
위탁급식	집단급식소를 설치·운영하는 자와의 계약에 의해 집단급식소 내에서 음식류를 조리해 제공하는 영업
제과점	주로 빵, 떡, 과자 등을 제조·판매하는 영업으로서 음주행위가 허용되지 아니하는 영업

있다. 식품접객업에는 휴게 음식점업, 일반 음식점업, 단란주점업, 유흥주점업, 위탁급식, 제과점이 있으며 행정 업무와 관련해서는 대부분 이런 분류 방법에 의해 통제·관리되고 있다.

분류의 특성을 살펴보면 ◆ 판매 상품(메뉴)을 장소에서 먹거나 마시는 것(곳)인가 아닌가 ◆ 고객한테 주류를 판매할 수 있는가 없는가 ◆ 노래를 부를 수 있는가 없는가, 유흥 시설을 할 수 있는가 없는가 ◆ 유흥 종사자를 두고 가무를 할 수 있는가 없는가 등에 따라 분류를 해보면 더욱 쉽게 이해할 수 있다. 그 개념을 좀 더 자세히 살펴보면 다음과 같다.

4) 외식산업의 특성

외식산업의 특성을 정리해 보면 다음과 같다.

❶ 상품의 시간적, 공간적 제약을 받는다. 음식은 시간이 지나게 되면 품질이 떨어지고 상하게 되므로 철저한 위생 관리가 요구된다. 수요 예측을 잘못하면 막대한 손실을 가져올 수 있다. 또한 상품을 소비할 공간도 필요한데, 그 공간의 위치나 시설, 분위기 등이 매출에 큰 영향을 미친다.

❷ 계절, 시간 등에 따른 수요의 편차가 뚜렷하다. 메뉴의 특성 및 계절적 요인, 사회적 환경 변화 등에 의해 수요의 편차가 나타나고, 이로 인해 수요 예측이 매우 어렵다. 아침, 점심, 저녁 한정된 시간 내에 매출이 집중되어 있고, 기후 변화에 따른 수요 변동이 많아 인력의 수급과 공간 활용이 쉽지 않다.

❸ 유형의 상품과 무형의 서비스가 결합된 형태이며, 특히 인적 서비스에 대한 의존도가 높다. 음식의 조리에서부터 제공까지 모두 인적 서비스가 요구되며, 오랜 근무 시간과 강한 육체노동으로 타 산업에 비해 이직률이 매우 높은 편이다.

❹ 모방이 용이하다. 미묘한 맛의 차이는 있을 수 있으나 메뉴 모방이 쉬워 차별화하기가 쉽지 않다. 특히 인터넷과 매스 미디어의 발달로 외식 정보와 아이디어가 활발히 공유되고 있어 상품의 라이프 사이클이 점점 짧아지고 있다.

❺ 메뉴의 규격화, 표준화가 어렵다. 음식은 언제 어디서 만드느냐, 어떤 식재료를 사용했느냐, 누가 만들었느냐 등에 따라 맛이 달라질 수 있는 요인이 많다.

외식산업은 식품 제조업, 소매업(유통), 서비스업의 특성을 가진 복합 산업으로 다음과 같은 특징을 가지고 있다.

① 생산과 판매가 동시에 이루어지는 서비스 산업이다.

② 고객, 종업원, 경영주가 하나가 되어 고감도 서비스 연출(인간관계)로 이루어지는 사람 중심의 인재(People) 산업이다.

③ 상권과 입지 분석을 통해 경제성을 고려해 점포의 입지에 의존하는 입지 산업이다.

④ 표준화, 전문화, 단순화 등의 시스템을 체계적으로 기본화하는 매뉴얼 산업이다.

⑤ 식당 운영 경험과 고도의 노하우 등을 통한 다점포 전개에 따라 규모와 경제의 표준화가 가능한 프랜차이즈 산업이자 창업 선호 산업이다.

⑥ 식당의 기본 요소(품질, 청결, 서비스)에 분위기를 가미시켜 고객 만족의 가치를 추구하는 가치 판매 산업이다.

⑦ 복합 산업(식품, 식재, 급식, 조리, 제조, 호텔, 관광, 레저, 유통, 부동산, 패션, IT산업 등)의 최종 산물인 종합 예술성 첨단 문화 산업이라고 할 수 있다.

이 외에 외식산업의 장점으로는 현금 매출이 큰 비중을 차지하고 있어 자금 회전율이 빠르고 원가 관리 여부에 따라 타 산업에 비해 높은 영업 이익을 실현할 수 있다.

반면에 노동 집약적 경영 구조가 대다수이므로 경영 합리화와 서비스 수준 향상이 쉽지 않으며 수요 예측이 어렵고 식재료의 부패성이 높다. 또한 조·중·석식의 시간과 공간에 한계가 있으며, 종업원의 이직률이 높고, 개별 주문이 강한 업종이기도 하다. 식당의 건물, 설비, 분위기의 영향이 높으며, 다품종 소량 생산과 경영주의 개인적 성향이 경영 전반에 영향을 미칠 수 있다는 단점이 있고, 아직도 생계형으로 영세성을 면치 못하고 있는 점포가 많다.

2 외식산업의 문제점과 성장 요인

1) 외식산업의 문제점

외식업은 나날이 발전하고 있다. 특히 평가 기준이 양에서 질로 변해오면서 식당을 이용한 고객이 느끼는 가치가 더욱 중요시되고 있다. 이에 따른 당면 문제점을 파악해야 하는데 그 문제점은 다음과 같다.

첫째, 경영주의 의식 문제다. 외식업은 식품 제조, 판매, 서비스의 복합 산업으로서 경영에 관한 지식이 풍부해야 함에도 불구하고 경영주의 경험과 독단적 판단에 의해 경영하는 곳이 많다. 또한 타 업종에 비해 상대적으로 직업관이 결여되어 있는 점 등을 들 수 있다.

둘째, 인적 자원의 관리가 이루어지지 않고 있다. 식당 종사원의 직업 윤리관이 제대로 정립되지 않아 높은 이직률을 보이고 있고, 전문적인 교육 및 훈련의 부재 등으로 외식업을 발전시킬 수 있는 우수한 인적 자원의 부족 현상이 심각하다. 그러나 최근 외식업에도 고급 인력이 많이 유입되고 있고, 많은 대학에서 신규 전문 인력을 양성하고 있으며, 또 경영주의 의식 변화에 따른 기존 종업원들의 외식 및 조리 관련 교육·훈련이 강화되고 있는 추세이다.

셋째, 지속적인 메뉴 개선 및 개발의 의지가 부족하다. 고객의 욕구 파악이나 기존 메뉴, 신규 메뉴에 대한 분석 능력 부족, 데이터 자료 부족, 고객 지향적인 메뉴 가치 창출 미비와 점점 짧아지고 있는 메뉴 사이클에 대한 인지 부족 등의 문제점과 이를 극복하고자 하는 노력이 부족하다.

넷째, 품질 관리가 미비하다. 레시피에 의한 품질 기준과 실제 품질과의 차이가 발생하는데, 규정에 맞는 식재료를 사용하며 당도계, 염도계, 타임 기기, 전자저울 등을 사용한 보다 과학적이고 체계적인 레시피에 의한 품질 관리가 필요하다.

다섯째, 손익 계산에 의한 최적 원가 산정 능력과 의식이 부족하다. 주먹구구식 계산법으로 단순 이익만 생각하다 보니 감가상각비나 투자비에 대한 금리, 부가세 액을 원가에 넣지 않는 경우가 많다. 이익을 발생시킨 것 같은데 실제로는 이익이 발생하지 않는 원인이 여기에 있다.

여섯째, 주방 설비 및 기기의 취약성을 들 수 있다. 고품질의 상품 가치를 만들기 위해서는 우수한 주방의 설비와 기기가 필요한데, 이에 대한 전문 지식이 부족하다는 점과 기기의 소량 소비, 소량 공급 풍토로 좋은 품질의 주방 기기 구입이 좀처럼 쉽지 않다.

일곱째, 입지 의존성이 높다 보니 초기 투자비가 높다. 식당은 입지가 승패를 좌우하기 때문에 성공 시 점포의 확장 이전이 쉽지 않고, 입지 선정 잘못으로 실패 시 원상 복구가 어려운 업종이다.

여덟째, 점포 운영상의 문제점으로 열악한 근무 환경과 중간 관리자의 부족, 능력의 한계, 외식업 관련 법률, 세무, 행정상의 어려움이 많다.

아홉째, 운영 자금의 부족이다. 여유 자금 없이 외식업을 창업하는 경우가 대부

분이라 장기적인 계획 수립이 어렵고 창업 후 수익이 발생하기까지의 금융 비용 부담 등으로 인해 운영상의 문제점이 빈번하게 발생하고 있다.

2) 외식산업의 성장 요인

외식산업의 성장 요인은 다음과 같이 크게 네 가지로 요약할 수 있다.

❶ 사회적 요인

여성의 사회 진출과 맞벌이 부부의 확산, 고령화, 1인 가구 증가, HMR 간편식과 온라인 택배 배송 밀키트 활성화(마켓컬리, 쿠팡로켓 프레시지 등), 대량 생산, 대량 판매 대량 소비 사회, 생활관·가치관의 변화, 새로운 세대(MZ세대), 뉴 패밀리층의 출현, 레저 패턴의 다양화, 가정 개념의 변화(이혼 증가, 독신자 증가), 건강식 욕구 증대, 건강 레저의 관심 고조, 소득 증가로 인한 개별화, 고급화, 핵가족화, 농촌의 도시형 생활 확대, 소비자 편의주의 확산 등

❷ 경제적 요인

국내총생산(GDP. 1조 6310억 달러(약 1832조 원)), 가처분 소득 증가, 여가 시간 확대(노동 시간 감소), WTO에 따른 국제화, 세계화, 경제 조류, 시장 개방에 따른 수입 자유화, 대기업 외식시장 참여, 시장 환경의 세분화·다양화, 경영 기술 개선, 자가용의 보급 확대, 경쟁력 강화(UR, GR), UR 협상(Globalization), 주5일 근무제 도입, 대형 국제 행사의 유치, 대내외 경쟁력 강화 등

❸ 문화적 요인

고객의 욕구 변화, 식생활 패턴의 변화(외래 음식 문화 서구화 추이), 전통 음식 상품화, 한식의 세계화(K-Food), 사회 구성원 가치관 변화, 2030세대가 신규 외식 소비 세력으로 등장, 외식산업 종사자의 직업 의식 개선, 식당의 이미지 전환(먹는 장소에서 대화나 여가의 장으로), MZ세대 디지털 문화 확산(빠른 정보 파급력), 신속 간편 단순화 선호, 건강 지향의 안전 안심 욕구, 민속 민족 복고풍 음식 문화 부상, 문화 생활 의식의 향상 등

❹ 기술적 요인

주방 기기의 현대화, 과학화(설비 기구 장치의 발달), 식당용 컴퓨터 기기 보급 확산(과학화

컴퓨터화 전산화), 인터넷을 통한 정보화(IT), 스마트폰의 활용, 4차 산업혁명 및 푸드테크의 발달, 해외 유명 브랜드 도입 기술 제휴, 첨단 산업의 기술 도입(신기술, 신기법 도입<기술 혁신>)과 주방 설비 및 기기의 자동화, 보존 보관 저장 기술과 포장 기술의 발달(자동성형 진공포장기), 주변 환경의 변화, 국제품질인증제도, HACCP, FSSC22000, Central Kitchen System, Manual System, 프랜차이즈 시스템의 가속화, Cold Chain System 보급 및 확산, 효율적인 식당 관리 방식 도입, 전자 상거래(E-commerce), CRM(고객 관계 관리), Data Mining, POS 시스템에 의한 관리, SNS의 확산 등

제 2 절 프랜차이즈의 이해

1 프랜차이즈의 개요

1) 프랜차이즈 시스템의 개념

프랜차이즈 비즈니스는 계약 시스템으로 계약서를 기초로 한 상호 권리와 의무가 주어지며 상호 신뢰를 원칙으로 이루어진다. 위반 시 벌칙이 가해지는 관계이며 교육과 지도 사업으로 장소별(가맹본부, 가맹점, 외부 연수원), 시간대별(개업 전, 중, 후), 대상별(가맹점사업자, 점장, 사원, 파트타이머), 방법별(메뉴얼, 외부 특강, 각 직급별 교재)로 이루어지고 있다. 또 WIN-WIN 사업으로 가맹본부, 가맹점, 관련 협력 업체들과의 성장 밸런스와 의사소통이 원활하게 이루어져야 하고 매출과 이익, 경비의 밸런스, 제공 노하우와 가격의 밸런스 등이 적절하게 이루어진 사업 형태로, 보다 안정적인 창업에 많은 기여를 하다 보니 최근 들어 독립 점포 창업에 비해 비교적 위험 부담이 적은 가맹점 창업을 선호하는 경향이 높아지고 있다. 정부도 자영업 구조 조정의 일환으로 건전한 프랜차이즈 산업을 적극 지원, 육성할 계획을 밝힌 바 있다.

또한, 가맹사업거래의 공정화에 관한 법률 등 각종 제도적 장치가 마련되고 강화되고 있어 앞으로 보다 다양한 업종으로의 확대와 질적인 성장이 이루어질 것으로 예상된다. 이를 바탕으로 하나의 가맹본부가 여러 개의 복수 브랜드를 가지는 프랜차이즈 기업이 증가하고 있으며, 대기업의 참여, 외국계 브랜드의 국내 진출

과 함께 국내 브랜드의 해외 진출도 활발하게 이루어지고 있다.

이렇게 사회적 트렌드를 형성하고 있는 프랜차이즈에 대해서 알아보기에 앞서 먼저 '프랜차이즈(Franchise)'의 어원에 대해서 알아보면 '자유를 주다', '특권을 부여하다' 등의 뜻으로 특허, 특권, 독점권, 판매권의 개념 정도로 여겨졌다. 시간이 흐름에 따라 사회·경제적 환경이 변화하면서 오늘날에는 '가맹본부와 가맹점 간의 계약에 의한 상호 협력 시스템'으로 설명한다.

미국 프랜차이즈 협회(The International Franchise Association)가 정의한 프랜차이즈란 '어느 한 조직(Franchisor)이 일정 지역의 다른 조직(Franchisee)에 대해 자기의 상호, 상표 등 영업을 상징하는 표지를 사용해 제품 또는 서비스를 판매하거나 기타 영업을 할 수 있는 권리를 부여함과 동시에 영업에 대한 일정한 지시·통제를 하는 한편 선택적으로 그 영업에 대한 노하우를 제공하거나 상품을 공급하면 이에 대해 프랜차이즈는 프랜차이저에게 대가로 가맹비, 보증금 또는 로열티나 제품 대금 등을 지급하는 지속적인 계약을 체결하는 것'을 말한다.

우리나라의 경우 프랜차이즈 사업, 즉 가맹사업에 대해 공정거래위원회는 다음과 같이 정의하고 있다. '가맹본부(Franchisor)가 다수의 가맹점사업자(Franchisee)에게 자기의 상표, 상호, 서비스표, 휘장 등(영업표지)을 사용해 자기와 동일한 이미지로 상품 판매, 용역 제공 등 일정한 영업 활동을 하도록 하고, 그에 따른 각종 영업의 지원

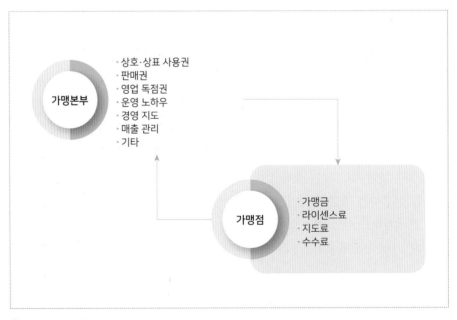

🍎 그림 1-1 **프랜차이즈 시스템**

및 통제를 하며 가맹계약자는 가맹사업자로부터 부여받은 권리 및 영업상 지원의 대가로 일정한 경제적 이익을 지급하는 계속적인 거래 관계'로 설명하고 있다.

즉, 프랜차이즈는 독립된 두 개체, 가맹본부와 가맹점의 계약에 의해 가맹점은 가맹본부에 가맹금, 로열티, 교육비 등을 지불하는 대신 가맹본부는 가맹점에 상호·상표 사용권 및 판매권, 영업 독점권 등을 부여하는 동시에 상품 공급, 운영 노하우 전수 및 경영 지도 등을 하는 유통 및 마케팅 시스템이라 할 수 있다. 가맹본부와 가맹점은 종속적 관계가 아니라 각각 독립된 주체로서 계약에 의한 일정 범위 내에서 영업에 대한 일정한 지시·통제가 가능하다.

가맹계약의 성립 요건은 첫째 가맹본부와 가맹점 간에 영업표지(상표, 상호, 휘장 등)의 사용 관계가 있어야 하고, 둘째 가맹점이 가맹본부의 통제를 받고 조직에 의해 시스템적으로 움직이는 관계여야 하며, 셋째 가맹본부와 가맹점은 상호 경영의 독립적인 관계여야 하고, 넷째 가맹본부와 가맹점은 가맹금 등을 지급하는 유상적인 대가 관계로 이루어져야 하며, 다섯 번째는 동일한 외관을 사용하는 관계이며, 마지막으로 계속적인 거래 관계로 이루어져야 한다.

프랜차이즈 사업을 성공시키기 위해서는 프랜차이즈 사업을 시작하기 전에 아래의 내용을 반드시 숙지하고 있어야 한다.

첫째, 가맹본부와 가맹점은 상호 협력을 통해 서로의 이익을 추구하는 이익 공동체로서 가맹본부는 사회 환경 분석 등을 통한 대안이나 사업 추진 방향을 가맹점사업자에게 제시해 실행시켜 나가야 한다.

둘째, 프랜차이즈 사업은 시스템(매뉴얼)과 노하우의 공유가 필수인 사업인 만큼, 직영점 운영에 따른 노하우를 매뉴얼화해 가맹점에 전수시켜 나가야 한다.

셋째, 가맹본부는 가맹점들이 지속적인 이익을 발생시킬 수 있도록 확실한 수익 모델을 제시해야 하며, 지속적으로 신메뉴 개발이나 마케팅 전략을 세워나갈 수 있어야 한다.

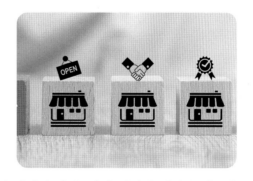

넷째, 가맹본부는 가맹점의 매출 증대, 효율적인 점포 운영 기법 제공 등을 통한 고객 만족을 유지·발전시켜 나가야 하며, 사업 성패의 핵심은 매뉴얼 사업이라는 것을 명심하고 체계화된 매뉴얼(운영 시스템과 노하우)을 가지고 사업을 전개해야 한다.

2) 프랜차이즈의 체인 형태에 따른 분류

(1) Regular chain(본부 직영 체인점 형태)

레귤러 체인의 경우 본부에서 직접 운영하는 직영점 형태를 말하며 체인 본부가 직접 점포마다 투자를 하고 직원들을 파견해 관리해 나가는 형태로 브랜드의 이미지를 보다 강력하고 일관되게 통제해 소비자에게 접근할 수 있는 장점이 있다. 그러나 많은 자본이 있어야 하므로 점포 전개 등의 효율성이 다소 떨어지는 단점도 있다. 대표적인 예로는 스타벅스나 TGIF 등과 같은 패밀리 레스토랑 등을 들 수 있다.

(2) Voluntary chain(임의적 체인점 형태)

직영 형태와 프랜차이즈의 중간 형태로서 공동 브랜드와 동일 업종을 조합해 전개하는 방식으로 체인 본부는 최소한의 기능을 담당하고 점포주가 특징을 살려 경영하는 형태이며 본부와 가맹점 간의 수평적인 관계로 운영되고 있다. 가격 경쟁이나 상품 취급의 한계를 극복할 수 있으나 체인 본부의 브랜드 이미지를 만들기 어려운 것이 단점이다. 외식업에는 거의 없으나 유통업에는 이마트24 등 소매 유통업 형태가 있다.

(3) Franchise chain(직영·가맹점 형태)

가맹본부와 가맹점은 각각 독립된 자본에 의한 별개의 사업자이지만 운영의 주체는 가맹본부에 있는 일반적인 가맹점 형태이다. 즉, 가맹본부가 개인에게 사업의 기회를 주는 사업 지원형으로 가맹점사업자는 소매 마진을, 가맹본부는 도매 마진을 지속적으로 확보하는 절약형 유통 사업 전개 방식이며, 전체 점포의 이미지 관리를 위해 강력한 통제와 관리가 필요하며 이에 따른 가맹점사업자의 순응이 요구되는 주종 관계로 형성되어 있다.

선진국의 경우 프랜차이즈 사업은 유통의 꽃이라 불리며 소매업 매출의 절반 이상을 점유하고 있을 정도로 급속도로 발전하고 있다. 우리나라의 경우 롯데리아, 놀부부대찌개, 원할머니보쌈 등을 비롯한 국내 대부분의 프랜차이즈 업체들이 이 방법을 채택하고 있으며, 현재도 지속적인 성장세를 보여주고 있다.

❷ 프랜차이즈 시스템의 장단점

1) 프랜차이즈 가맹본부 측면에서의 장단점

(1) 프랜차이즈 가맹본부의 장점

❶ 소규모 조직으로 큰 위험 부담없이 단시간에 전국적으로 광범위한 규모의 가맹점 확보에 따른 다점포화(사업 확장)가 가능하며, 이윤 획득을 할 수 있다.

❷ 가맹본부의 상호나 상표 등의 브랜드 이미지에 대한 가치를 단시간에 큰 투자 부담 없이 제고시킬 수 있다.(가맹점사업자의 자질이나 우수한 인재 확보에 의해 브랜드 이미지 향상 효과 가능)

❸ 직영점 운영에 필요한 종업원만 있으면 운영이 가능하고 가맹점 운영은 별도의 직원 없이 운영이 가능하므로 직원 관리가 용이할 뿐만 아니라 고용한 점장보다는 가맹점사업자의 높은 관리 의욕과 판매 능력 향상을 기대할 수 있다.

❹ 가맹점 운영은 그 지역 사정에 익숙한 사람이 운영할 수 있어 효율적이다.

❺ 전반적인 환경 조건을 체크하면서 가맹점 모집을 유동적으로 할 수 있다.

❻ 가맹비나 로열티를 확보할 수 있어 사업 운영을 보다 안정적으로 영위할 수 있다.

❼ 다점포화를 통한 구매력 증대와 물류 비용의 감소 등을 통한 규모의 경제 실현으로 가격 경쟁력을 증가시킬 수 있다.

❽ 생산과 유통 면에 있어서 규모의 이익이 발생되며 합리화와 상승 효과를 활용한 경영상의 유효한 효과가 증대된다.

❾ 마케팅의 정보 활용력의 증대와 고효율의 광고, 판촉 효과를 기대할 수 있다.

(2) 프랜차이즈 가맹본부의 단점

❶ 직접적인 통제의 어려움과 지속적인 관리(지도, 감독 등)를 위해 비용과 노력이 필요하다.(슈퍼바이징 시스템 운영, 광고, 홍보, 메뉴 개발 등)

❷ 가맹점에 대한 지속적인 지도와 원조는 차후 경쟁자를 양산할 수 있다. 가맹점 운영을 통해 노하우와 경험을 축적시킨 가맹점사업자가 독립하기도 하고, 최적의 입지와 상권에 위치해 영업 실적이 좋은 가맹점의 경우 가맹본부의 지시에 잘 따르지 않으려는 경향이 있다. 실례로 노하우를 습득한 후 계약 종료가 되면 유사 가맹본부로 독립하거나 고의적으로 가맹점의 내부 관리를 미흡하게 해 브랜드 이미지를 실추시키고 부실을 초래하는 등 가맹본부와의 트러블을 야기해 폐

점되기도 한다. 심지어는 타 브랜드로 상호 변경을 하겠다는 협박까지 하는 경우도 있다.

❸ 가맹점의 물품 대금이나 판촉 대금 등이 회수되지 않아 부실 채권이 발생하기 쉽다. 이는 가맹점이 많을수록 미수금액이 클 수가 있다.

❹ 가맹본부가 투자 효율성에 치중해 운영하기 쉽고 수익성을 위해 직영점 운영을 기피하는 현상이 나타날 수 있다.

❺ 가맹본부와 가맹점 간의 의사소통 문제나 불신이 소송으로 이어지는 경우가 많아 시간적, 금전적인 손실을 초래해 프랜차이즈 사업에 전념할 수 없는 경우도 있다.

❻ 가맹점을 지속적으로 교육하고 관리(품질, 서비스 등의 매뉴얼)해야 하며 물류 관련 사항이나 인테리어 시설, 비품, 물품, 소모품 등에 의견 대립이 빈번하게 발생할 수 있다.

❼ 매출액에 따른 로열티를 정할 경우 매출액 누락이나 세금 기피 현상으로 관리가 쉽지 않아 평당 로열티를 산정하기도 한다.

❽ 부진점이나 불량점에 대한 처리가 제한적이고 가맹점에 대한 철저한 경영과 관리에 제한성이 있다.

❾ 브랜드가 추구하는 동일한 이미지를 유지하는 데 한계성이 있다.

❿ 가맹점 운영을 통한 이익이 직영점의 이익보다 낮은 경우 대응책의 한계성이 있다.

2) 가맹점 측면에서의 장단점

(1) 가맹점의 장점

❶ 가맹본부에서 정해준 규정대로만 영업하면 되기 때문에 특별한 사업 경험이나 능력이 없어도 점포 운영이 가능하며 사전에 기존 점포 방문 등으로 검증할 수 있어 안정적이다.

❷ 가맹본부의 시스템과 축적된 노하우로 제품을 개발·공급하기 때문에 실패 위험이 적다.

❸ 다변화 시장에 대처하기 위해 가맹본부에서 지속적으로 신제품(메뉴)을 개발하고 불황을 타개할 수 있는 대책을 강구해 준다.

④ 개업 초기에 예상되는 재고 부담(패스트푸드점의 경우 대량으로 일회용 포장 소모품을 전부 제작해야 하나 가맹점 시 필요 수량만큼만 주문 가능)과 제품(메뉴)의 신뢰성 정도를 걱정할 필요가 없다.

⑤ 가맹본부에서 일괄적으로 영업, 광고, 판촉 등을 지원하므로 개별 판촉보다 큰 효과를 거둘 수 있고 처음부터 지명도가 높은 효과적인 점포 운영이 가능하다. 그렇기 때문에 곧 바로 매출과 직결되고, 특히 아이템에 따라 다르지만 투잡(Two Job)도 가능하다.

⑥ 점포 설비와 집기 비품 등을 가맹본부에서 일괄 구입해 설치하기 때문에 경비 절감 효과를 얻을 수 있고 소액 투자가 가능하다.

⑦ 가맹점사업자는 법률, 세무회계, 영업 외의 행정 업무, 매장 디스플레이 등 경영에 관한 지도를 가맹본부로부터 받을 수 있다.

⑧ 일정 수준의 독립성 보장과 함께 시장성과 수익성이 검증된 상품과 서비스를 판매할 수 있고 널리 알려진 브랜드를 활용할 수 있다.

⑨ 단일 가맹점으로 성공하면 또 다른 가맹점을 경영할 수 있기 때문에 여러 개의 가맹점 소유가 가능하다. 패스트푸드 프랜차이즈인 L 브랜드의 경우 한 가맹점 사업자가 8개 가맹점을 실제 운영하고 있다.

(2) 가맹점의 단점

① 가맹본부의 적극적인 지원·지도로 가맹점을 경영할 때 스스로 문제 해결이나 경영 개선의 노력을 게을리 할 수 있다.

② 동일 시스템의 타 가맹점이 실패할 경우나 어느 특정 가맹점에서 위생 등의 문제가 발생하게 되면 모든 가맹점의 신용이나 지명도 면에서 타격을 받을 수 있다.

③ 가맹본부가 운영 능력을 상실하거나 여러 가지 사유로 사세가 기울 때 가맹점은 덩달아 폐업하는 경우가 발생한다.(의사결정에 참여할 수가 없다)

④ 가맹본부 규정이 마음에 안 들거나 보다 좋은 아이디어가 있어도 반영이 힘들다. 하지만 최근 들어 일부 가맹본부는 가맹점사업자협의회를 거쳐서 의견 반영을 요청해올 경우 검토해 반영하고 있다.

⑤ 판촉 업무와 광고가 지역이나 지점의 특성에 맞게 이루어지지 않아 가맹점이 영업에 타격을 입을 수도 있다.(개별 가맹점보다는 전 가맹점에 초점을 맞추어 광고나 영업 활동에 주력하므로)

⑥ 서로 이해가 상반되는 경우 상호 독립 사업가이기 때문에 가맹본부에서 가맹점 사업자의 의사를 무시한다.

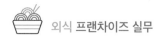

⑦ 계약서 내용 그대로 업무가 추진되기 때문에 가맹점사업자의 특별한 요구 사항 이나 조건 등이 반영되기 어려워 자율성이 결여되어 있다.
⑧ 계약 기간의 제약, 즉 계약 종료, 갱신 및 양도 등에 제약이 따른다.

3) 소비자 측면에서의 장단점

우수한 메뉴나 제품들이 표준화되어 균질의 서비스로 언제 어디서든 이용할 수 있으며 우수한 경영 기법의 가맹본부들이 보다 효율적인 시스템을 개발하고 지원 해 상품 판매에 대한 코스트를 억제해 줌으로 염가의 품질 좋은 상품들을 제공받 을 수 있다.

이에 반해서 가맹본부의 힘이 너무 강하게 작용해 가맹점들이 불리한 입장에 놓 이게 되면 가격, 서비스 등에 있어서 결과적으로 소비자에게 불이익이 돌아올 위 험성이 있고, 영업상의 책임 소재가 불명확해 상품에 대한 문제 발생 시 그 호소처 가 불분명하다는 단점이 있다.

3 프랜차이즈 시스템 특성과 역할

1) 프랜차이즈 시스템의 특성

프랜차이즈 시스템은 사업 확장 방법으로 적합한 특성을 지니고 있다. 먼저 가 맹점사업자들이 제공하는 자금과 인력으로 유통망을 빠르게 확대하고 사업 확장 의 위험을 함께 공유하며 투자된 자금에 대한 높은 수익을 가져다 준다. 또한 가맹 점사업자들의 자발적이고 동기 부여가 높은 경영으로 일정한 가맹점이 존속하는 한 지속적인 수익 창출이 가능하며 아이디어 개발과 접목 시 성공에 대한 성취감 을 느낄 수 있다. 그리고 타 업종이나 산업에 비해 효율적인 경영 구조 및 관계를 유지하며 성공하는 새로운 사업자들을 양성할 수 있다.

또한 예비 창업자에게 좋은 창업 방법의 하나로서 안정적이고 성공 확률이 높 은 사업 기회 제공과 일관성 있는 메뉴와 서비스로 고객을 지원할 수 있다. 그리고 오픈 전이나 오픈 후의 지속적인 관계 유지 및 지원을 하며 일정 수준의 독립성도 가진다. 시장에서 검증된 메뉴나 서비스를 판매하며 인지도 높은 브랜드를 활용한 고객 확보로 보다 안정성을 높여준다. 만일 창업 자금이 부족할 경우 일정 부분 지원이나 대출을 알선해주는 장점도 있다.

먼저 프랜차이즈 시스템은 가맹점의 자율성, 즉 가맹점의 독립성으로 이윤 흐름의 보장이나 계약 기간 내에 가맹본부와의 상호 사용, 기술 활용, 경영 기법 등을 언제든지 활용할 수 있다.

둘째는 일반 소비자들이 직영점이나 가맹점 구분을 잘 하지 못하는데, 만일 이 부분을 명확하게 파악한다면 어쩌면 직영점이 가맹점보다는 가맹본부에서 직접 운영하니까 뭔가 좀 더 낫지 않겠느냐 하는 기대감이 있을 수 있고 매뉴얼을 보다 철저하게 지키는 직영점들을 많이 이용하게 될 가능성이 높다.

셋째는 전국 어딜가나 동일한 맛과 동일한 제품으로 인식해 이벤트나 판촉 등 마케팅 활동에서 얻어지는 효과가 일반 외식업체보다는 높다고 할 수 있다.

넷째, 가맹본부와 가맹점이 서로 윈-윈하는 시스템으로써 협동성과 공동성이 공존하며 동고동락하는 공동 운명체이다.

다섯째 검증된 아이템으로 잘 모르는 지역에서 출점할 때는 그 지역을 잘 아는 가맹점사업자를 모집해 정보 부족에서 오는 불확실성을 낮출 수 있다.

마지막으로 독립점을 창업할 경우 일회용품 등의 기본적인 최소 수량을 제작해야 하나 가맹점 창업의 경우는 필요한 수량만큼 소량으로 주문해도 무방하므로 큰 자금 없이 소자본 창업으로도 창업이 가능하다.

이외에 소비자의 니즈 변화에 신속하게 대응할 수 있으므로 불황에 강하며, 업종, 업태의 구별 없이 사업 전개가 가능하고 유연성이 풍부한 사업이다. 또 경제적 독립을 희망하는 여성들에게 인기 있는 사업으로 미국의 경우 프랜차이즈 가맹점 사업자의 38%가 여성이라고 한다. 특히 프랜차이즈 시스템의 가장 큰 특징은 가맹본부와 가맹점 서로 간에 책임과 의무를 서술하는 계약이 존재한다는 점이다.

2) 프랜차이즈 시스템의 역할

프랜차이즈 시스템은 법률적으로 독립적인 가맹본부와 가맹점사업자 간의 Relation Ship에 의해 이루어지는 하나의 마케팅 방법 또는 유통 방법의 하나로 기업들에게는 적은 비용으로 신속하게 시장을 확대할 수 있는 가장 효과적인 사업 확대 방법 중 하나이다. 또한 예비 창업자들에게는 전문 지식이나 경험이 없어도 쉽게 창업할 수 있고 성공률이 높은 창업 방식 중 하나로 향후 지속적인 발전이 기대된다.

프랜차이즈 산업의 중요성은 국민 경제 성장에 기여할 뿐만 아니라 지역 경제 활성화에도 많은 기여를 할 수 있다는 것이다. 또한, 창업 기회 확대와 일자리 창출, 타 산업(1차, 2차, 3차 산업)과의 결합 및 파급 효과가 뛰어나다. 따라서 지역 특산물을 활용한 프랜차이즈의 급성장이 예상된다.

먼저 프랜차이즈 시스템은 검증된 아이템을 소자본으로 큰 경험 없이 안정적으로 창업할 수 있는 기회를 확대하고 가맹점 개설에 따른 일자리 창출로 실업 감소에 기여한다.

둘째, 공동 물류 시스템 및 각 지역의 물류센터 개설과 공동 마케팅으로 유통 구조 시스템을 개선시켜 유통 비용을 감소시키는 등 선진 유통 구조를 실현하고 있으며 국제 경쟁력을 강화시키는 데 큰 역할을 하고 있다.

셋째, 프랜차이즈 시스템은 국내외 지역에 관계없이 소비자들이 동일한 품질, 동일한 가격, 동일한 서비스를 받으며 이용할 수 있어 국민 후생의 증대와 지역 간 격차 해소뿐만 아니라 지역 경제 활성화에도 기여하고 있다.

넷째, 프랜차이즈 시스템은 불황에 강한 아이템으로 경기 변화에 영향을 덜 받을 뿐만 아니라 소비자의 욕구에 빠른 대응이 가능해 경기 안정에 큰 역할을 하고 있다.

다섯째, 프랜차이즈 시스템은 모든 산업과 연계가 가능해 연관 산업 발전에 기여할 수 있다. 즉 프랜차이즈 시스템은 농업, 수산업, 축산업, 임업 등과 같은 1차 산업과 연계할 수 있고, 주방 기기나 식품 가공 등과 같은 2차 산업인 제조업과의 연계 그리고 관광, 디자인, 인테리어, 유통업, 서비스업 등 모든 업종과 업태에 적용이 가능하다.

여섯째, 프랜차이즈 시스템은 21세기 신성장 동력 사업으로 인정받고 있어 유망한 수출 증대의 역할을 할 수 있다. 맥도날드, 스타벅스 등 다국적 프랜차이즈가 우리나라에 들어와 성업하고 있듯이 국내의 롯데리아, 파리바게트, 미스터 피자, 놀부, 본죽, BBQ 등 프랜차이즈 브랜드들이 해외로 진출하여 성공할 가능성이 얼마든지 존재한다.

일곱째, 프랜차이즈 시스템은 신경영 기법과 유통 기법 개발 창출에 크게 기여하며 많은 가맹점 간의 공동 사업 경영으로 새로운 아이디어 및 신경영 기법의 지속적인 발전뿐만 아니라 동업종·업태 간 선의의 경쟁이 그 효과를 배가시킬 수 있다.

4 프랜차이즈 산업의 문제점과 발전 방안

1) 국내 프랜차이즈 산업의 문제점

프랜차이즈 산업이 세계적으로 끊임없이 발전을 거듭하고 있지만 우리나라의 프랜차이즈 시장은 아래와 같은 문제로 인해 발전의 걸림돌이 되고 있다.

(1) 지역성 상실과 문화적 획일화

프랜차이즈 비즈니스가 고도로 발달하고 번창하게 되면 전반적 유통 시스템과 시장이 동일화·획일화되어 지역성 상실 및 전통적 고유 문화의 쇠퇴를 초래할 수 있다.

(2) 도덕적 해이와 방만 경영으로 인한 폐해

어느 정도 성공한 가맹본부들 가운데 도덕적 해이에 빠져 더 이상 신상품 개발이나 서비스에 대한 개선 노력을 하지 않고 우월한 지위를 남용하는 경우, 그 피해가 고스란히 가맹점사업자와 소비자에게 전가된다. 특히 가맹본부의 수명이 짧은 우리나라의 경우, 어느 정도 시간이 흐르고 일정 규모가 갖추어진 후에는 관리가 어렵다는 이유로 더 이상 투자하지 않고 내버려 두는 경우를 찾아볼 수 있다.

(3) 사업의 독립성 부재와 유연성 상실

프랜차이즈는 가맹본부의 상품, 서비스, 판매 방향, 운영 철학에 동의하고 이를 준수한다는 전제를 갖고 있어 가맹점사업자의 독자적인 아이디어나 상품 개발, 독자적 변화 추구 및 운영 철학 등을 관철시키기 어렵다. 또한 일관된 운영 방식이 일률적으로 적용되기 때문에 그때그때 가맹점사업자가 처한 상황 및 환경에 맞출 수 있는 유연성이 부족하다.

(4) 통일된 이미지 관리의 어려움

하나의 상호를 걸고 여러 가맹점이 영업하기 때문에 단 한 개 가맹점에서의 잘못된 행동으로 다른 가맹점까지 선의의 피해를 보는 경우가 생길 수 있다. 이러한

문제점을 안고 있다는 것을 알고 있음에도 불구하고 각각의 가맹점은 지역적으로 분산되어 있기 때문에 가맹본부로부터의 통제가 쉽지 않다.

(5) 산업 구조의 불균형성

우리나라는 주요 선진국에 비해 외식업의 비중이 지나치게 높으며, 창의적 아이디어 기반의 고부가가치 서비스 업종이 취약하여 전국적으로 사업망을 갖춘 대형 업체와 소수의 가맹점을 보유하고 있는 영세 업체 간 양극화 현상이 뚜렷하게 나타나고 있다.

2022년 공정거래위원회 통계에 따르면 가맹본부 8,183개, 브랜드 11,844개, 그리고 가맹점이 335,298개로 전년 대비 상승하는 변화를 보였고, 이 중에서 가맹점 수의 증가는 24.0%에 달했는데, 한식, 편의점 등에서 특히 두드러졌다.

외식업 브랜드와 가맹점의 숫자가 증가하긴 했지만, 평균 매출은 1.4% 감소해 2.79억 원을 기록했다. 더욱이 가장 많은 가맹점 수를 차지하면서 가장 높은 증가율을 보였던 한식 업종에서도 평균 매출은 감소하는 추세였다.

2021년 11월에 시행된 개정법에 따라 10개 미만의 가맹점을 보유한 브랜드 비중이 줄어드는 것을 확인할 수 있었다. 커피 업종은 코로나19에도 불구하고 매출이 6.0% 증가했고, 그 외 외식 업종은 평균 생존 기간이 전체 평균보다 2년 2개월이 짧게 나타났다.

2022년 12월 통계청 조사에서는 전체 취업자 중에서 자영업자의 비율이 가장 낮았고, 응답한 자영업자 중 33.0%는 폐업을 고려하고 있었다. 이들의 주된 고민은 영업 실적 감소로 인한 임차료, 인건비, 대출 상환 등의 부담이었다.(공정거래위원회. 2022년도 가맹사업 현황 통계 발표 재구성)

(6) 가맹본부의 경쟁력 취약

영세한 규모로 인해 연구 개발 및 마케팅에 대한 투자가 어려워 지속 성장에 한계가 있다. 국내 가맹본부의 자본금은 평균 18억 원이며 10억 미만인 기업이 약 72%이다. 이로 인해 브랜드 인지도가 낮은 경우가 많고, 로열티에 대한 부정적인 인식으로 지속적 수익 기반이 불안정하며 전문 인력 또한 부족해 경영 노하우 전수 등 가맹점 지원 능력이 취약하다. 외식 프랜차이즈 가맹본부별 슈퍼바이저 수는 평균 5명에 불과하며 슈퍼바이저의 가맹점 방문 횟수가 월 3회 이하인 경우가 67%에 달한다는 조사 결과가 이를 뒷받침해 준다.

(7) 인프라 및 제도적 기반 미흡, 사회적 신뢰 부족

막대한 초기 비용과 불확실성으로 물류 및 정보화 인프라 구축에 대한 투자 기피 현상이 나타나는데, 다양한 업종이 망라된 산업 특성상 통계 조사, 실태 분석 등 정책적 지원 기반이 취약하다.

가맹본부와 가맹점 간의 신뢰가 미흡하다는 점도 큰 문제점이다. 가맹본부의 허위·과장 광고, 무리한 가맹점 확대, 가맹점의 가맹본부 지침 위반 행태 등이 원인이다.

(8) 해외 시장 진출 부진

사업 특성상 글로벌화가 쉬우나 영세하고 글로벌 마인드를 가진 전문 인력이 부족해 해외 진출이 부진하다.

한국 외식산업의 글로벌화는 2022년에 두드러졌다. 그해, 전체 2,999개의 외식 기업 중 124개가 해외로 진출했고, 이들은 총 141개의 브랜드를 운영하면서 해외에서 3,833개의 매장을 설치했다. 특히, 이들 외식 기업들의 진출 목적지로서 미국이 압도적으로 많았는데, 2021년에 비해 46개의 기업이 미국으로 진출했다.

표 1-3 **외식기업 국가별 해외 진출 매장 수** (단위: 개)

국 가	2020년			2021년			2022년		
	기 업	브랜드	매 장	기 업	브랜드	매 장	기 업	브랜드	매 장
미국	40	42	528	38	40	600	46	46	673
중국	65	69	1368	47	49	886	36	36	648
베트남	31	38	462	29	36	488	37	37	519
캐나다	8	8	90	13	13	116	14	14	236
태국	20	20	110	19	20	117	23	23	210
대만	20	20	137	14	14	191	18	18	209
필리핀	16	16	246	20	20	174	22	22	190
일본	21	25	85	21	25	98	31	31	135
말레이시아	23	25	122	22	24	129	21	21	135
싱가포르	26	28	85	23	25	78	21	21	71
호주	11	13	33	13	15	55	22	22	68

그 뒤로 베트남과 중국이 이어졌다. 미국 내에서 우리나라 외식 기업들이 운영하는 매장 수는 전년 대비 27% 증가해 673개에 이르렀다. 그러나 코로나19 팬데믹과 중국 및 대만의 장기 봉쇄 조치로 인해 중국으로의 진출은 감소했다.

해외에서 한국 외식 기업들이 운영하는 주요 업종은 한식, 치킨, 김밥, 커피 전문점, 피자·햄버거·샌드위치, 주점 등으로, 이러한 업종 분포는 K푸드의 인기 상승을 반영하고 있다. 특히 미국 내에서는 로스앤젤레스(LA)가 한국 외식 기업들의 활동이 가장 활발한 도시로 주목받았다. K치킨 업종에서는 제네시스 BBQ 그룹이 미국에서 가장 많은 매장을 운영하고 있는 기업으로 부상했으며, 이 기업은 미주지역 22개 주에서 250개 이상의 매장을 운영하고 있다.

한국 외식 기업들의 해외 진출은 '현지인들의 한국 문화에 대한 선호도'와 '식자재 공급의 원활성'이 중요한 요인으로 작용했다. 이러한 변화는 한국 문화와 브랜드에 대한 전 세계적 인식 증가가 주도했다고 볼 수 있다. 미국에서 한국 외식 기업들의 활동은 여전히 다양하고 활발하다는 점을 주목할 필요가 있다.(한국농수산식품유통공사at. 2022 외식기업 해외진출 실태조사)

2) 국내 프랜차이즈의 발전 방안

이제 프랜차이즈 사업은 '21세기 유통의 꽃'으로 떠오를 만큼 많은 사람의 관심을 끌어모으고 있다. 프랜차이즈의 이런 장점들 때문에 프랜차이즈 사업은 새로운 사업 아이디어와 도전 의식을 가진 개인과 기업들이 최후의 승부처가 되었다.

특히 2008년 금융 위기로 인한 경제 침체 이후로 한국 경제가 침체의 늪을 허덕이고 있지만 프랜차이즈 산업은 향후 성장 동력으로서 큰 주목을 받고 있기에 2022년부터는 그 성장세가 눈에 띌 것으로 예상된다. 프랜차이즈 기업들이 글로벌 프랜차이즈로 성장하기 위해서 가맹본부와 가맹점사업자, 정부가 모두 힘을 합쳐야 할 순간이다. 이들이 성공적으로 사업을 운영하고 프랜차이즈 사업을 발전시키기 위해서는 아래와 같은 사항을 명심해야 한다.

첫째, 프랜차이즈 사업은 가맹본부와 가맹점의 상호 협력을 통해 상호 이익을 추구하는 이익 공동체에 기반을 두고 있다는 것이다. 가맹본부와 가맹점은 기업 철학과 비전을 공유해야 한다. 가맹본부는 시시각각 변하고 있는 사업 환경을 분석하고 현시점에서 왜 이 사업이 필요하며 사회적으로 어떤 이익을 주는지를 명확하게 제시함으로써 가맹점희망자들에게 사업 추진의 당위성과 실행 의지를 고양시킬 필요가 있다.

둘째, 프랜차이즈 비즈니스가 시스템과 노하우 사업이라는 새로운 인식이 필요하다. 프랜차이즈는 하나의 시스템, 즉 상호, 상표, 제품, 서비스, 비즈니스 시스템 등과 마케팅, 회계, 판매 방법 노하우를 공유하는 것이다. 따라서 가맹본부는 프랜차이즈 시스템을 설계하고 그 내용과 방법을 가맹점에게 전수해 가맹본부가 운영하는 직영점과 같은 수준으로 영업할 수 있도록 지원하는 것이 사업 전개의 최소한도의 조건이라고 할 수 있다.

셋째, 가맹본부는 확실한 수익 모델을 제시해야 한다. 가맹점의 이익을 보장하지 못하는 프랜차이즈 시스템은 공염불이 될 수밖에 없다. 가맹점들이 지속적으로 이익을 내는 것은 프랜차이즈 사업의 최대 관건이다. 이를 위해서 가맹본부는 실현가능성이 있고 타당한 마케팅 전략이 수립하지 않으면 안 된다.

넷째, 프랜차이즈 사업은 '사람'이 아니라 '매뉴얼'에 의해 운영되는 사업 전개 시스템이라는 것을 명심해야 한다. 다양한 형태의 매뉴얼은 가맹본부가 가맹점에 제공하는 시스템과 노하우의 중요한 부분으로 프랜차이즈 사업의 성패는 이들 매뉴얼의 완성도에 달려 있다고 해도 과언이 아니다. 따라서 프랜차이즈 가맹본부는 체계적이고 실행 가능성이 높은 매뉴얼 작성에 많은 노력을 기울여야 한다.

다섯째, 가맹본부는 가맹점의 매출 증대와 효율적인 점포 운영을 위해 적극적인 가맹점 지원 정책을 펴야 한다. 여기에는 교육 훈련, 경영 기술 지원, 영업 및 판촉 지원, 물류 관리, 광고 및 홍보 지원 등의 지원책이 포함된다.

여섯째, 가맹점사업자는 효율적인 점포 운영을 위해 업종에 맞는 효율적인 점포 경영 전략을 실행해야 한다. 가맹점은 또 지역 특성에 맞게 적응하는 영업 수단을 갖추어 매출 증대와 고객 만족을 위해 노력해야 한다.

일곱째, 정부는 프랜차이즈 사업이 고용 효과가 높고 경제 활성화의 기반이 된다는 점을 평가하고 적극적인 지원책을 펴야 한다. 이를 위해서는 우수 가맹점사업자에게는 점포 표준화 및 정보 시스템 도입을 지원하는 등 다양한 지원책을 마련할 필요가 있다.

마지막으로 국내 프랜차이즈 기업들이 글로벌 프랜차이즈로 성장하기 위해 내적 내실화와 시스템의 체계화로 기본기를 확실히 다져야 한다. 창업 희망자들도 스스로 창업에 대한 의식을 변화시키고 서비스 마인드 진작, 튼튼한 가맹본부를 선정할 수 있는 안목을 길러 실패를 줄이고 가맹본부와 함께 성공할 수 있는 성공 파트너가 되어야 할 것이다.

Chapter 02

외식산업과 외식 프랜차이즈 산업의 변천과 전망

제1절 외식산업의 변천과 전망

1 외식산업의 변천 과정

1) 우리나라 외식산업의 변천 과정

외식산업은 생산성 및 소득 수준과 밀접한 관계가 있는데 그 변화 과정을 살펴보면 다음과 같다.

표 2-1 **우리나라 외식산업의 변천사**[1]

연대별 구분	특 징
고조선~ 삼국 시대	• 주·부식 분리형의 식문화(주식: 쌀, 보리, 조 등) 　(부식: 장류, 장아찌, 생선포, 구이 등)
통일 신라~ 고려 시대	• 숭불 사상에 의한 다류, 한과류, 채소 음식 발달 • 고기 숭상과 요리법 재현 • 일상식과 다른 상용 필수 식품화
조선 시대	• 유교 사상을 근본으로 한 공동체 의식 • 대가족 제도와 식생활의 규범 정착 • 김치의 발달과 상용 필수 식품화
해방 이전	• 전통 음식점 중심의 요식업 태동 • 식품 소비 형태의 침체화 • 식량 부족과 빈곤으로 인한 식문화 침체(1945년 166점포) • 1902년 우리나라 최초의 양식당(손탁호텔) • 이문설렁탕(1907), 용금옥(1930), 한일관(1934), 안동장(1934) 등 설렁탕, 해장국이 주류
해방 후 1960년대	• 식생활의 궁핍 및 침체기 • 밀가루 위주의 식생활이 유입(UN 원조품) • 개인 업소와 노점상의 출현 • 소득 1인당 GNP(100~210$)

---

1) 강병남, 「강병남의 음식 장사 성공전략」, 서민사, 2001, pp.16~18.

연대별 구분	특 징
해방 후 1960년대	• 뉴욕제과 • 원조이동갈비 • 자장면, 떡볶이, 부대찌개, 오뎅찌개 • 분식의 장려 운동과 서구식 식생활의 유입

1970년대	• 영세성 요식업의 출현
	• 경제 발전과 핵가족화로 인한 식생활 수준 향상
	• 영양가와 맛의 추구
	• 한식, 분식, 중식 중심의 대중 음식점 우후죽순 출현
	• 해외 브랜드 도입 및 프랜차이즈의 태동(서구식 외식 시스템)
	   - 햄버거: 롯데리아 상륙(79년 10월 25일 롯데백화점 내 소공점), 난다랑 1978(국
	     내 효시)
	• 250~1,600$(1인당 GNP)

1980년대 초반	• 음식에 대한 가치관의 변화 • 외식산업의 태동기(요식업→외식산업) • 영세 체인의 난립(햄버거, 국수, 치킨, 생맥주 등) • 해외 유명 브랜드 진출 가속화 • 1,600~2,200$(1인당 GNP) (아메리카나 '80, 버거킹 '80, K.F.C '84, 피자헛 '84 등)
1980년대 후반	• 외식산업의 성장기(중소기업, 영세 업체 난립) • 식생활의 외식화, 국제화, 레저화, 가공식품화 • 건강식에 대한 관심 고조, 다이어트식 증대 • 패스트푸드 및 프랜차이즈 중심의 시장 확대 • 패밀리 레스토랑의 도입, 커피숍, 호프점, 양념치킨 약진 (맥도날드 '86, 코코스 '88, 크라운 베이커리 '88, 놀부보쌈 '88, 쟈뎅 '89 등) • 보쌈, 족발의 선호 • 2,200~4,100$(1인당 GNP)
1990년대 초반	• 외식산업의 전환기(산업으로서의 정착: 1995년) • 중·대기업의 신규 진출 가속화 및 해외 유명 브랜드 도입 • 프랜차이즈의 급성장 및 도태(외식 근대화) • 92년 히트 아이템 - 쇠고기 뷔페 • 시즐러 '93, 스카이락 '94, T.G.I F '92 등
1990년대 후반	• IMF 시대 외식산업의 최대 위기 돌출 • 중산층의 붕괴 및 소자본 창업의 증가 • 외식산업 혼돈의 시대 • 이탈리안 음식의 신장세 지속 • 퓨전 푸드 출현으로 음식의 무국적 시대 및 복합 점화 • 저렴하고 실속 있는 단체 급식의 급성장 • 가격 파괴점 속출, 고단가 음식의 신장세 지속, 마르쉐 '96, 아웃백 스테이크 '97 • 전원 카페 등 이색 업소 등장 '99(비행기, 열차, 배 카페 등)

연대별 구분	특 징
2000년대	• 이탈리안 음식(파스타, 스파게티 등)의 전성시대 • 한국 고유 음식의 재등장(보쌈, 두부 요리, 버섯 요리, 감자탕, 순대국 등) • 생돈까스, 요리 주점, 참치 등 일본식과 에스프레소커피 등 T/O 음식의 발전 • 기능성 식품(DHA 등), 건강 지향식(웰빙)과 다이어트 음식의 가속화 • 허브 등의 향신료와 신선한 재료를 이용한 음식의 소비량 증가 • 매운맛 열풍(불닭, 떡볶이, 낙지볶음 등) • 패스트푸드의 쇠퇴, 웰빙 트렌드와 함께 슬로푸드 급성장 • 가격 파괴, 트레이딩업 현상 등 양극화 심화(가격, 규모, 매출, 개설 금액 등) • 동남아 및 제3세계 음식 등장 • 한식 시장의 성장과 한식의 세계화 선언 • 커피 및 디저트 카페 급성장
2010년대	• 수제 버거와 일본 대중식 • 한류 열풍으로 인한 막걸리와 주먹밥 • 수제 고로케와 스몰 비어 • 샤브샤브와 포차 주점 • 프리미엄 김밥과 빙수, 한식 뷔페 열풍 • 프리미엄 어묵과 저가 커피, 대왕 카스테라 • 푸드 트럭 창업 열풍과 핫도그 및 에스닉 푸드 • 꼬막 비빔밥과 흑당 버블티 & 샌드위치 • 배달 플랫폼과 배달업계의 급성장(배달의민족, 요기요, 배달통)
2020년대	• 불황에는 매운맛 마라 유행 • 곰표, 말표 맥주 등 컬래버레이션 상품 유행 • 레스토랑 간편식 RMR(Restaurant Meal Replacement) 확대 • 상시 할인을 제공하는 구독 서비스(圖 편의점 구독) • 1인 가구 증가와 함께 편의점의 성장, 간편식 다양화 • 쿠팡, 마켓컬리 등 단기간 배송 • 오마카세 열풍(스시에서부터 한우, 파스타 등 다양) • 건강하면서 맛있는 건강 관리(효능 중심 건강식품도 맛 강화), 비건 식품 • 프리미엄 간편식, 고급 식재료, 건강한 간식, 스페셜티 커피 • 비대면이 선호와 인력난으로 푸드테크 확대 • 추억의 음식 수요 증가(달고나, 쫀드기, 피카츄돈까스, 아폴로 등) • 외식시장의 양극화(평일 점심은 도시락, 주말은 구찌 레스토랑) • SNS 발달로 인한 포모(FOMO - Fear Of Missing Out) 신드롬 • 코로나로 인해 로컬 푸드 관심 증가 • 돈까스의 고급 버전 카츠, 베이커리 성장과 함께 산도(샌드위치) 성장

외식산업은 식생활 문화의 변화와 함께 발전하고 변화해 왔다. 우리나라의 경우 본격적으로 외식업이 부각되기 시작한 것은 1970년대 이후로 볼 수 있다. 그전까지는 전쟁으로 인한 절대적 빈곤과 사회적 침체기로 중국집, 요정 정도가 외식업

의 주를 이루고 있었다. 그 규모 또한 작고 영세한 수준이었으며, 그나마 쌀 부족을 채우기 위해 실시됐던 분식 장려 운동은 라면, 빵 등과 같은 서구식 식문화가 자리 잡게 된 계기가 되었다.

그 후 70년대 본격적인 경제 개발이 시작되면서 절대적 빈곤이 해소되고 풍요로운 삶에 관심이 높아졌다. 또한 서구 문물의 영향으로 점점 다양하고 고급스러운 먹거리 수요가 증가하기 시작했다. 단지 배고픔을 채우기 위해 먹었던 것에서 탈피해 스스로 즐길 수 있는 외식 문화로 변화하게 된 것이다. 이러한 환경 속에서 최초로 프랜차이즈 형태를 도입한 외식업체들이 생겨나기 시작했다. 림스치킨을 시작으로 커피 전문점 난다랑, 그리고 본격적인 외식 프랜차이즈 시대를 여는 계기가 되었던 롯데리아가 생겨났다. 이때부터 우리나라의 외식산업은 시스템화된 프랜차이즈 형태였던 패스트푸드 중심으로 눈부신 발전을 하게 되었다.

1980년대로 넘어오면서 눈부신 경제 발전을 이루자 사람들은 이제 삶의 질에 관심을 갖기 시작했다. 식생활에 있어서도 더욱더 다양화·전문화된 것에 대한 수요가 늘고 버거킹, KFC, 피자헛, 맥도날드 등 수많은 외국 브랜드가 들어오게 되었다. 동시에 신라당, 독일빵집, 장터국수, 크라운베이커리, 놀부보쌈 등 자생적 외식업체들도 프랜차이즈 시스템을 도입해 프랜차이즈 사업에 뛰어들었다. 뿐만 아니라 업종의 다양화, 전문화가 뚜렷하게 나타나 양적으로나 질적으로 괄목할 수준의 발전이 이루어졌던 시기였다.

이러한 양적, 질적 성장은 1990년대에도 그대로 이어졌다. 소득의 증가와 여가 생활의 증가, 여성의 사회 진출로 인한 외식의 생활화, 대기업의 외식업 진출, 학교 급식의 증가, 해외 패밀리 레스토랑 론칭 등의 사회 현상이 외식산업의 확대와 변화로 이어지게 되었다. 그러나 과도한 외식 점포의 출점과 중소 프랜차이즈의 난립 등으로 시장은 포화 상태에 이르게 되었고 양적 성장에 비해 질적인 성장은 매우 저조했다. 이러한 현상은 1997년 말 IMF를 겪으면서 더욱 악화되게 되었다. 많은 외식업체가 출혈 경쟁으로 도산했으나 그럼에도 불구하고 대량 실업 사태로 인한 많은 실업자가 진입 장벽이 낮은 외식업으로 진출하게 되었다.

IMF 이후 지금까지 장기 불황이 계속되면서 외식산업 또한 고전을 면치 못하고 있다. 그러나 2000년대 들어서며 시작된 웰빙 열풍은 우리네 식생활에 있어서 건강과 안정성을 생각하게 했고 보다 안전한 먹거리, 건강한 먹거리에 대한 요구가 높아지게 되었다. 이러한 현상은 광우병, AI(조류독감) 등 잇따른 식품 사고로 인해 더욱 강화되었다. 또한 심각한 경제적 양극화 현상은 외식산업에도 양극화 현상을 가져왔다.

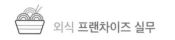

이렇듯 치열한 경쟁과 새로운 요구 덕분에 오늘날 외식업에는 보다 다양한 아이템들이 등장하고 있으며, 전체적인 서비스의 수준도 높아지고 있다.

시대별 선호 메뉴로는 1970년대 면류 및 돈가스, 자장면, 1980년대 육류(갈비 종류 등), 1990년대 육류(패밀리 레스토랑), 2000년대 매운맛 열풍과 씨푸드 등 로하스(LOHAS: Lifestyles Of Health And Sustainability)로 정리할 수 있다. 특히 2010년대에는 현재의 웰빙 영향에 이어서 친환경 자연식과 사찰 음식, 효소를 활용한 발효 음식, 한식 뷔페, 힐링(healing)식이 선호받는 메뉴였다.

2010년대부터는 옥외가격표시제(2013년)가 시행되었고 금연 구역이 확대되었다. 또한 퓨전 요리, 퓨전 문화로 빅블러(Big blur), 에스닉 푸드(Ethnic food), 가정 간편식, 푸드 테크, 팝업 스토어, 워라밸(Work-life balance) 등이 소비자들의 구매 행동으로 이어지고 있다.

2020년대는 음식 산업의 다양한 트렌드가 두드러진 시기다. 레스토랑의 간편식이 확대되는 형태로 나타나는 트렌드 중 하나는 RMR(Restaurant Meal Replacement)이다. 상시 할인 혜택을 제공하는 편의점 구독 서비스 또한 증가하는 추세다. 1인 가구의 증가에 따라 편의점의 성장과 간편식 다양화가 발생했고, 쿠팡과 마켓컬리 같은 기업들은 단기간 배송 서비스를 제공하고 있다.

오마카세 스타일의 서비스는 스시를 넘어 여러 음식에 적용되며 인기를 끌었다. 건강과 맛을 함께 고려하는 소비자들의 증가에 따라 건강 식품과 비건 식품의 수요가 상승했다. 프리미엄 간편식, 고급 식재료, 건강한 간식, 스페셜티 커피 등이 이 시대의 인기 트렌드로 떠올랐다.

푸드테크 업계의 발전은 멈추지 않았다. 비대면 수요와 인력 부족으로 인해 푸드테크 업계는 확대되었다. 음식에 대한 추억을 강조하는 경향은 달고나, 쫀드기, 피카츄돈까스, 아폴로 등과 같은 추억의 음식에 대한 수요 증가로 나타났다. 외식 시장은 평일 점심에는 도시락을 주로 선호하다가 주말에는 구찌 레스토랑과 같은 고급 음식점을 찾는 형태로 발전했다.

SNS의 발달과 함께 FOMO(Fear Of Missing Out) 신드롬은 새로운 사회 현상이 되었다. 코로나19로 인해 로컬 푸드에 대한 관심은 더욱 증가했으며, 돈까스의 고급 버전인 카츠, 베이커리, 산도(샌드위치) 등은 성장하는 트렌드 중 하나가 되었다. 이렇게 음식 산업은 변화와 트렌드를 지속적으로 경험하며 발전하고 있다.

이렇듯 고객의 기호와 욕구, 입맛에 따라서 시대별 선호 메뉴는 시시각각 변화한다. 이를 충족시키는 업소는 불황 속에서도 호황을 누리기도 하지만, 그렇지 못한 업소는 도태될 수밖에 없는 것이 현실이다.

2) 우리나라 외식산업의 최근 동향

소셜네트워크를 활용한 마케팅과 시장 확대, 1인 가구의 증가, 진화하는 콘텐츠의 소비 경험, IT 기술력의 진화로 인한 라이프스타일의 변화 등 정보 통신 기술과 외식업의 변화가 이뤄지고 있고 스마트폰 앱(APP)을 활용한 서비스가 확대되고 있다. 예를 들면 스타벅스의 사이렌오더, 베스킨라빈스의 해피포인터앱, SK플래닛의 시럽오더 등이 있다. 또한 스마트 쿠킹 기술이 주목받고 있는데, 쉐프의 스마트폰과 연결해 음식을 만드는 과정에서 온도와 시간을 조절해 완벽한 음식이 제공되도록 한다.

기술 기반 셀프 서비스는 언택트 시대에 적합한 터치 스크린, 무인 단말기(키오스크), 테이블 셀프 주문, 로봇 서비스 등으로 빅데이터를 활용한 고객 관리를 하면서 고객의 선호, 비선호 음식, 알레르기 유발 음식 자료를 확보하기도 한다. 그리고 레스토랑 경험과 가상 증강 현실을 활용한 테마 레스토랑, VR 레스토랑 등이 론칭되었으며 블록체인을 활용한 식품이 유통된다. 월마트, 돌푸드, 네슬레 등은 투명한 관리를 위해 블록체인 기술을 도입하는 등 외식업계에 급속한 변화가 이어지고 있다.

① 장기적인 경기 침체로 인해 소비가 위축되고 거기에 경영 노하우가 없는 신규 외식 업소들이 대거 등장함에 따라 매출이 급격하게 감소하고 있는 반면 원재료비, 인건비, 제경비 등의 원가는 상승하고 정부의 음식 가격 특별 관리 정책으로 일정한 수익을 내기가 점점 힘들어지고 있다.

② 중산층이 사라지고 소득의 격차가 커지면서 사회 전반에 양극화 현상이 심각하게 나타나고 있다. 외식업의 경우 규모·시설의 양극화, 가격의 양극화, 매출의 양극화가 심화되고 있다. 그중에서도 메뉴는 대중적인 저가 메뉴를 지향하면서 시설이나 규모, 서비스 등은 고급 식당의 형태를 띠는 경우가 늘고 있다.

③ 외식업 트렌드가 급변함에 따라 아이템의 라이프 사이클이 점점 짧아지거나 일부 유행 아이템에 의해 시장이 좌우되기도 한다.

④ 주5일 근무제의 시행과 여성의 사회 진출, 배달 및 테이크아웃 확대 등의 영향으로 번화가 및 오피스 상권에서 주택가 상권으로 소상권화가 진행되고 있다.

⑤ 평생직장의 개념이 무너지고 청년 창업, 투잡스족 등이 늘어남에 따라 젊고 유능한 고급 인력이 대거 유입되고 있다.

⑥ 최근 우리나라는 양과 질은 좋으면서 가격이 싼 것을 선호하는 추세다. 이제 웰빙은 세계적인 트렌드가 된 지 오래이며 안전한 먹거리의 선호도는 날로 증가하

고 있다. 이에 따라 우리나라 역시 웰빙과 퓨전 음식을 선호하고 있으며, 장기적인 불황 속에서 익숙하고 편한 음식을 선호하게 되면서 전통·토속 음식 등의 인기가 지속되고 있다. 특히 채소류, 장류 등의 발효 식품 중심의 토속 음식이 각광을 받고 있다.

또한, 2003년부터 대중 매체를 중심으로 웰빙(Wellbeing)의 개념이 도입되면서 육류를 선호하던 것에서 채식과 씨푸드, 유기농 등을 선호하는 방향으로 급속히 전환되었다. 이에 대기업의 참여를 통해 씨푸드 뷔페가 발전하게 되었으나 높은 식재료비와 인건비 등의 문제로 질이 떨어지다 보니 이용 기피로 사라지고, 그 자리에 한식 뷔페가 급성장하고 있다.

⑦ 최근 '장사해 봤자 적자'라는 말이 심심치 않게 나올 정도로 자영업의 위기가 심각하다. 가장 큰 원인으로는 자영업자 공급 초과를 들 수 있으며, 내수 부진(경기 침체, 교육비·노후 자금 등으로 소비 지출 확대), 유통 채널의 변화, 온라인 쇼핑의 급성장, 경쟁력 약화(다양하고 까다로워진 고객의 욕구에 비해 자영업자들은 여전히 예전 수준) 등의 원인도 존재한다. 여기에 수시로 나타나는 외식업의 각종 악재들(AI, 광우병 파동, 구제역, 각종 식품 사고 등)도 더해져 소규모 자영업자들을 더욱더 힘들게 하고 있다.

⑧ 코로나19 팬데믹은 전 세계에 큰 변화를 가져왔다. 특히, 한국외식산업경영연구원에 따르면 이 바이러스와 전 세계적인 경기 침체의 영향으로 국내외 외식 트렌드의 차이가 줄어들고 있다는 보고가 나왔다. 고물가, 고금리, 고환율 등 경기 불황 요인들은 엔데믹 시대의 변화와 결합해 외식시장에서 새로운 소비 패턴을 만들고 있다.

코로나19의 영향으로 외식 수요가 늘었지만, 외식업계는 인력 부족이라는 새로운 문제에 직면하게 되었다. 대면 근무에 대한 부정적인 인식이 증가하면서 노년층은 감염 위험으로 인해 조기 은퇴를 선택하게 되었다. 젊은층은 비대면 환경에서 일할 수 있는 기회를 찾아나서 이것은 외식업에서 필요한 인력 확보를 더욱 어렵게 만들었다. 이러한 인력 부족 문제를 해결하기 위해 기업들은 높은 수준의 급여를 제공하게 되었지만, 이 또한 인건비 상승이라는 새로운 문제를 야기했다.(출처: 식품외식경제 재구성)

3) 외식 프랜차이즈 업태별 최근 현황

최근 경기 침체와 그로 인한 불황기 속에서도 생존을 위한 노력에 박차를 가하고 있는 우리나라의 외식 프랜차이즈업계별 현황을 살펴보면 다음과 같다.

① 한식 업계

한국의 프랜차이즈 시장은 굉장히 활발하게 움직이고 있다. 특히 2021년에 한식 업체의 총 매출액이 11조 1,441억 원에 이르며, 10조 원을 넘어선 것이 그 증거다. 이러한 성장세에도 불구하고 경쟁은 가열되고 있으며, 몇몇 토종 프랜차이즈 기업들이 선두 자리를 굳건히 지키고 있다. 본아이에프와 더본코리아가 그 좋은 예이다. 본아이에프는 2,991억 원의 매출을 기록하며 2020년 대비 20.5% 증가했고, 더본코리아는 2,822억 원의 매출을 올리며 같은 기간 45.4% 성장했다.

한식 프랜차이즈의 성장세를 더욱 밝혀주는 것은 그 가맹점 수다. 2021년에 한식 업종의 가맹점 수는 3만 6,015개에 이르렀다. 이 수치는 치킨 프랜차이즈 가맹점 수를 넘어섰으며, 2020년 대비 매장 증가율이 39.8%로 전체 평균을 크게 웃돈다. 그러나 프랜차이즈 시장은 언제나 변화가 빠르다. 소비자의 기호, 트렌드 변화, 음식 유행 등에 따라 프랜차이즈의 생존 여부가 결정되기 때문이다. 이런 가운데 한식 프랜차이즈는 상대적으로 안정적인 수익을 창출할 수 있는 분야로 평가받고 있다.

그렇지만 한식 프랜차이즈 시장의 경쟁은 여전히 치열하다. 2021년 한식 업종 가맹점의 점포당 평균 매출액은 2020년 대비 6% 감소한 2억 7,700만 원이었다. 이는 코로나19의 영향으로 외식 소비가 줄어들었기 때문인 것으로 분석된다. 또한

표 2-2 한식 프랜차이즈 가맹본부 매출액 순위

순위	2020년	2021년	2022년
1	본아이에프	에스에이치	본아이에프
2	명륜당	본아이에프	지앤푸드
3	디딤	명륜당	더본코리아
4	더본코리아	더본코리아	한솥
5	한솥	한솥	원앤원
6	이바돔	디딤	기영에프앤비
7	놀부	원앤원	명륜당
8	본푸드서비스	본푸드서비스	콜라겐랩
9	원앤원	놀부	어판왕어업회사법인
10	해피브릿지협동조합	이바돔	놀부

* 출처: 2022년도 공정위 정보공개서 등록년도 기준(대기업 계열·관계사 제외)

폐점률도 점차 증가하고 있어 한식 프랜차이즈의 시장 안착이 쉽지 않다는 것을 보여준다.

그럼에도 몇몇 한식 프랜차이즈는 꾸준히 성장하며 상위권에 머무르고 있다. 본아이에프, 더본코리아, 한솥이 그 예시이며, 이들은 모두 오랜 업력을 가진 토종 프랜차이즈다. 이들은 오랜 기간 동안 쌓은 경험과 노하우를 바탕으로 시장의 변화에 빠르게 대응하고 있다. 프랜차이즈 업계 관계자는 "단기적인 트렌드에 집중하는 기업들은 급격한 성장을 거듭하다가도 폐업하는 경우가 많다"며 "규모의 경제를 이뤄 원가를 절감하고 선진적인 운영과 품질 관리를 지향한 기업들이 시장 선두를 차지하고 있다"고 말했다.(출처: 2022년도 통계청 프랜차이즈 조사 재구성)

❷ 패밀리 레스토랑 업계

패밀리 레스토랑은 20세기에 가장 트렌디한 음식점으로 손꼽혔지만 21세기에 들어서는 1인 가구의 증가 등으로 레드오션 시장에 접어들면서 아예 시장에서 철수하거나 순차적으로 폐점하는 등 대대적인 구조 조정에 들어갔다. 이는 동반성장위원회의 규제로 외형 성장이 묶인 데다 불황에 내수 침체까지 겹치면서 경영 악화를 이기지 못하자 결국 몸집 줄이기에 나선 것으로 풀이된다. 패밀리 레스토랑들은 각자 다양한 콘셉트, 메뉴 부분의 질적인 성장, 저렴한 가격 등을 차별화 전략으로 내세워 성장보다는 내실을 다지는 정책을 쓰고 있다.

코로나19 팬데믹 기간 동안 패밀리 레스토랑 업계는 많은 도전에 직면했다. 이에 따라 많은 레스토랑들이 RMR(Restaurant Meal Replacement) 시장으로 이동해 난관을 극복했다. 그러나 현재, 코로나19의 상황 변화와 함께 이들 업계도 새로운 전략을 세우고 있다. 패밀리 레스토랑 중 주요 브랜드인 아웃백 스테이크하우스와 빕스는 각각 자신들만의 방식으로 경쟁력을 강화하고 있다.

아웃백 스테이크하우스는 '투 트랙 전략'을 선정했다. 이는 리로케이션, 즉 기존 매장의 위치를 이동시키는 것과 동시에 복합 쇼핑몰 등에 새로운 매장을 오픈하는 방식이다. 이 전략을 통해 아웃백 스테이크하우스는 고객들에게 보다 편리한 접근성을 제공하면서 다양한 소비자층을 확보하고자 한다.

반면, 빕스는 매장 리뉴얼과 프리미엄 전략을 강조하고 있다. 즉, 기존 매장의 인테리어를 개선하고, 고급 메뉴 등을 도입함으로써 고객들에게 새로운 경험을 제공하려는 것이다. 이런 방식을 통해 빕스는 기존 고객들의 충성도를 높이고, 동시에 새로운 고객을 끌어들이려는 목표를 가지고 있다.

이렇게 각기 다른 전략을 가지고 있는 두 대형 패밀리 레스토랑 브랜드는 코로나19 이후 변화하는 소비자의 요구와 패턴에 맞춰서 성장을 이끌어내고 있다. 이는 새로운 상황에 대응할 수 있는 유연성과 혁신적인 사고가 기업의 성장에 중요한 역할을 한다는 것을 보여준다.

❸ 커피 업계

커피 프랜차이즈 업계는 양극화 현상이 나타났는데, 먼저 스페셜티 커피를 선보이며 보다 특별한 커피 수요를 원하는 고객 창출에 주력했다. 비싼 가격 논란에도 불구하고 원두 커피가 대중화되면서 개인의 기호에 따라 차별화된 맛을 원하는 수요층이 생겨났기 때문이다. ㈜스타벅스 코리아는 지난 2015년 스페셜티 커피 수요 증가와 커피 애호가들의 높아진 기호를 반영해 프리미엄 커피 매장 '스타벅스 리저브'를 추가해 전국 12개 도시에서 86개의 매장을 운영하고 있으며, '엔제리너스커피'도 '엔제리너스커피 스페셜티 매장'을 열고 스타벅스 뒤를 이어가고 있다.

한편, 고급화 추구에 반해 스마트 소비 니즈에 맞춰 저가 콘셉트가 인기몰이를 하고 있는데 이들은 가성비를 앞세운 제품들을 전면에 내세워 소비자들을 공략하며 고성장을 하고 있다. 이디야, 빽다방, 커피베이, 컴포즈, 더 벤티 등이 대표적인 브랜드이다.

코로나19 팬데믹으로 인해 커피 전문점 방문이 제한되자 많은 사람이 집에서 커피를 준비하는 '홈카페' 문화를 즐기게 되었다. 이러한 추세는 커피 머신과 원두에 대한 프리미엄화를 촉진했다. 커피 전문점들의 가격 인상에 대한 반응으로 이런 관심은 더욱 확대되었다.

2023년 음료 시장에서 주목받은 키워드는 '제로'였다. 탄산음료는 제로 칼로리를, 맥주는 무알콜을 강조했고, 커피에서는 디카페인이 주목받았다. 디카페인 커피는 카페인을 95~99% 제거해 카페인에 민감한 사람들도 부담 없이 즐길 수 있게끔 개발되었다.

가성비가 높고 간편하게 구매할 수 있는 RTD(Ready To Drink) 커피도 사랑받았다. 특히, 코로나19로 인한 커피 전문점 이용 제한과 재택 근무 환경이 만들어진 상황에서, 집 주변 편의점에서 구입 가능한 RTD 커피를 찾는 소비자들이 늘었다. 이런 변화는 RTD 커피 시장에 다양한 제품 출시와 성장을 도왔다.(출처: 농림축산식품부. 2022년 5월 3주 식품시장 뉴스레터)

❹ 피자 업계

코로나19와 장기적인 불황이라는 어려운 환경 속에서도 피자 산업은 다양한 방법으로 극복하려 노력했다. 국내 프랜차이즈 피자 시장의 규모가 대략 2조 원에서 1조 원으로 줄어든 가운데, 이벤트와 프로모션을 통해 가성비 좋은 피자와 저렴한 피자 시장의 성장을 촉진했다. 2022년 5월에 론칭된 '빽보이피자'는 저렴한 가격과 풍부한 맛으로 고객들의 마음을 사로잡았다. 2023년 1월에는 100호점을 돌파하며 현재 국내외에서 180여 개의 매장을 운영하고 있다.

냉동 피자 시장 역시 큰 변화를 겪었다. 2016년부터 풀무원, CJ제일제당 등 다양한 기업이 프리미엄 냉동 피자를 출시해 국내 냉동 피자 시장은 2016년 약 200억 원에서 2020년에는 약 966억 원, 그리고 지난해에는 약 1,200억 원으로 성장했다. 이는 5년간 6배 이상 커졌다.

다른 측면에서 보면, 배달 피자 시장은 동일 기간 동안 2조 원대에서 1조 원대로 축소되었다. 그러나 피자 프랜차이즈 업계는 가성비 좋은 피자 출시, 가격 경쟁력 강화, 창의적인 전략 적용 등을 통해 변화를 꾀했다.

'빽보이피자'와 '고피자'와 같은 신규 브랜드들의 성장은 이러한 노력의 결과로 볼 수 있다. '고피자'는 고봇 스테이션을 통해 혁신을 선보였다. 사람이 피자를 넣으면 로봇이 자동으로 굽고 잘라내어 고객에게 제공하기까지의 과정을 관리하는 이 시스템은 기술적 진보를 반영했다. AI를 활용한 고봇은 고객이 선택한 피자를 인식하고 적절한 소스를 뿌려주는 등의 기능을 제공했다. 이와 같은 기술적 발전이 피자 산업의 성장을 이끌어 나갈 것으로 보인다. 또한, 국내 빅3 피자인 도미노피자와 한국파파존스, 한국피자헛 외에도 '가성비 버거'로 성공한 '맘스터치'가 '맘스피자'로 '굽네치킨'은 '굽네피자'로 피자 시장에 진입했다.

❺ 패스트푸드 업계

장기 불황 속에서도 패스트푸드 업계는 고객 니즈를 파악한 프로모션과 마케팅, 서비스 다양화를 통해 꾸준한 성장을 보이고 있다. 중소기업 적합 업종 계획이 최종 철회됨에 따라 제약 없이 확장이 가능한 점도 꾸준한 성장에 한몫했다. 중소형 수제 버거 브랜드와 해외 브랜드의 국내 시장 진입 등으로 치열한 경쟁이 예상된다.

특히 맘스터치가 싸이버거로 히트치면서 매장 수가 급격히 늘어났으며 국내 두 개의 법인으로 운영되던 맥도날드가 하나로 통합·운영되면서 가맹사업을 강화했다. 또 버거킹, KFC가 외국계 사모펀드에 매각되면서 본격적으로 가맹사업에 뛰어들어 지속적인 가맹점 개설과 성장으로 이어질 전망이다. 또한, AI(인공지능) 키오스크의 보급은 패스트푸드 업계에서 급속하게 이루어지고 있다. 로봇이 직원의 역할을 대체해 음식을 준비하고 고객에게 전달하는 것이다. 수익 감소에 대처하기 위해 많은 식당이 직원 채용 대신 이 기술을 도입하고 있다. 이를 통해 비용 효율성과 서비스 품질의 동시 개선을 꾀하고 있다.

❻ 치킨 업계

치킨 업계는 메르스와 세월호, AI, 코로나19 등 이중, 삼중고를 겪었다. 주춤한 소비 심리로 인해 기대만큼의 매출을 올리지 못했고, 특히 족발 시장의 성장과 스몰비어 브랜드 등 경쟁 업종의 성장에 따라 심각한 시장 위축 현상을 겪기도 했다.

한편 치킨 시장의 트렌드가 급격히 변해가고 있다. 치킨 시장에는 두 마리 치킨과 세 마리 치킨순으로 진입했다. 그러나 이제는 고급화 추구 전략으로 시장에 진입하는 치킨 업계 기업들이 나오고 있다. 세계적인 한류를 통해 K-FOOD의 열광 속에 국내 치킨 프랜차이즈 기업들은 치열한 생존 경쟁 속에 처해졌다. 셀럽 마케팅을 통한 고급스러운 포장 패키지와 세련된 매장 인테리어 서비스를 고객들에게 제공해 새로운 뉴 트렌드를 제시하고 있다. 또한, 브랜드의 성장 가능성과 경쟁력을 인정받으며 예비 프랜차이즈 창업자에게 새로운 트렌드를 제시하고 있다. 예비 프랜차이즈 창업자들은 대부분 가맹본부 브랜드를 선정할 때 창업 비용이 좀 비싸더라도 대기업 프랜차이즈를 우선 선호한다. 그 이유는 대기업에서 제공하는 브랜드 신뢰도 및 광고 홍보의 시너지 효과 혜택이 많을 것이라는 생각과 큰 기업이니 안정적으로 가맹점 관리를 잘 받을 수 있을 것이라는 기대심 때문이다. 또한, 로봇 기술의 발전은 치킨 프랜차이즈 업계에도 큰 변화를 가져왔다. 이루에프씨의 치킨 프랜차이즈 브랜드인 '바른치킨'은 이를 잘 보여주는 사례이다. 바른치킨은 '바른봇'이라는 치킨로봇을 도입해 사람을 대신해 치킨을 조리하는 바른봇 스토어를 운영하고 있다. 바른봇은 튀김 공정을 자동화함으로써 인력 부족 문제를 해결했다. 이는 인건비 절감을 통해 매출 증대와 수익 구조 개선 효과를 가져왔다. 이러한 변화는 로봇 매장과 무인 브랜드에 대한 관심이 높아지는 현상을 보여주며, 기술의 발전이 어떻게 사회와 산업에 영향을 미치는지를 잘 보여준다.

⑦ 디저트 업계

디저트 시장은 다양한 제품과 소비자 취향이 크게 작용하는 곳이라고 할 수 있다. 그 중심에서는 제품의 외관, 맛, 콘셉트를 다르게 만들어 시장을 키우는 데 주력하는 기업들이 두각을 나타내고 있다. 이 중요한 변화는 코로나19 이후 더욱 가속화되었다. 스트레스 해소와 기분 전환을 위해 이색적이면서도 달콤한 디저트를 찾는 소비자들이 늘어난 것이다.

도넛이나 케이크 같은 디저트는 그들만의 독특한 맛을 자랑하며 소비자들로부터 꾸준한 사랑을 얻고 있다. 탄수화물, 지방, 당류의 높은 함량에도 불구하고 순간적인 즐거움을 가져다주기 때문에 소비자들은 계속해서 구매하려는 의향을 보인다. 또한, 새로운 맛, 외관, 조리법에 대한 탐색은 여전히 진행 중이며, 도넛, 케이크, 마카롱과 같은 디저트는 소비자의 개인적인 취향을 반영할 수 있는 다양한 색상과 모양을 가질 수 있다는 장점이 있다.

이런 트렌드에 맞춰 기업들은 참신한 콘셉트의 제품을 출시하고 있으며, 협업 상품이나 DIY 트렌드를 반영한 홈베이킹 디저트 제품도 선보이고 있다. 그렇지만, 건강에 대한 인식 증가로 인해 유해 성분 무첨가 또는 기능성 성분 추가를 고려한 제품 출시에도 집중하고 있다. 이처럼 디저트 시장은 국내 생산 농산물을 활용한 제품에 대한 관심도 높아지는 등 변화하는 흐름 속에서 성장을 이어가고 있다.

국내 디저트 시장은 급속히 성장하고 있으며, 아직 외식시장 내에서는 작은 규모를 차지하고 있어 외국과 비교하면 아직 개척해야 할 영역이 많다. 해외에서 유명한 디저트 브랜드의 국내 진출이 활발하게 이루어지고 있으며, 소비자들은 합리적인 고급 제품을 선호하는 소위 '스몰 럭셔리' 트렌드를 보이고 있다. 이를 통해 디저트 시장은 마카롱, 초콜릿, 눈꽃빙수 등 다양한 아이템이 출시되고 있고, 해외 고급 디저트 브랜드의 국내 진출도 확대되고 있다.(출처: 농림축산식품부 식품시장 트렌드 디저트류 2022. 재구성)

⑧ **분식 업계**

분식 업계는 경제적 불황을 극복하려는 다양한 전략을 적용하고 있다. '바르다 김선생', '가마솥 김밥', '로봇 김밥', '고집쟁이 김팔이', '고봉민 김밥' 같은 프리미엄 김밥 브랜드들은 건강과 고품질에 중점을 두어 고급화된 메뉴를 선보이고 있다. 이런 흐름은 고객들이 비용을 더 지불하더라도 품질이 좋은 식품을 선호하는 추세를 반영하고 있다.

코로나19 규제 완화 이후, 분식업계에서는 '헬시 플레저' 트렌드를 반영한 '스내킹' 열풍이 일어나고 있다. MZ세대 직장인들 사이에서 간단한 식사로 주로 애용하는 꼬마김밥의 판매량이 증가하고 있다. 이처럼 양극화된 메뉴 구성은 분식 업계에서 다양한 고객층을 만족시키는 전략으로 작용하고 있다. 또한 분식업계에서는 효율성 향상을 위한 자동화 시스템의 도입이 주목받고 있다. '얌샘 김밥'은 인건비 절감 및 서비스 향상을 위해 자동화 시스템을 성공적으로 도입했다. 양극화 전략과 자동화 시스템의 도입이 분식업계에 새로운 가능성을 제시하면서도 새로운 도전을 요구하고 있다.

⑨ 주점업계

외식시장에서는 코로나19 팬데믹으로 인해 변화가 일어나고 있다. 사람들의 모임과 주점 방문이 증가하면서 주점 프랜차이즈 업계도 적극적인 대응을 진행하고 있다. 간편 조리와 오퍼레이션 시스템의 발전, 배달 및 포장 서비스 강화, 신메뉴 개발, 마케팅 활동 등을 통해 코로나19의 영향을 극복하려는 노력을 기울이고 있다.

이러한 상황에서 주점 프랜차이즈 창업은 각 브랜드의 독특한 메뉴와 차별화 전략을 갖추고 치열하게 경쟁하고 있다. 경쟁에서 우위를 점하기 위해서는 차별성을 갖추는 것이 중요하다. 따라서 가격, 메뉴, 분위기 등의 차별화를 통해 충성 고객들을 확보하고 지속적인 신규 고객 유치를 위해 신메뉴 개발과 적극적인 마케팅이 필요하다. 또한, 상권 분석과 입지 선택도 중요한 요소로써 이것들의 분석을 통해 예상 매출액을 확인하는 것이 주점 창업의 성공에 도움이 된다.

주점 외식시장에서는 치킨과 피자를 기반으로 한 주점들이 주목받고 있다. 이러한 주점들은 전문점 수준의 품질로 치킨과 피자를 제공하며, 수제 맥주와 다양한 안주를 함께 판매해 차별화를 이루고 있다.

'역전할머니 맥주'를 시작으로 저렴한 가격 전략을 성공적으로 적용한 주점들이 성장하고 있다. '용용선생'은 홍콩 레트로 스타일의 주류 전문점으로 젊은 세대에게 인기를 끌고 있으며, '금별맥주'는 계절별 적합한 수제 맥주와 다양한 안주 메뉴를 제공해 겨울에도 잘 어울리는 맥주집으로 알려져 있다. '인쌩 맥주'은 수제 맥주와 치킨, 소주 안주를 함께 제공해 다양한 고객들의 관심을 받고 있다.

주점들은 맥주와 안주를 전문점 수준의 맛과 품질로 제공함으로써 고객들에게 다양한 선택지를 제공하고 있다. 수제 맥주의 인기와 함께 치킨과 피자의 매출도 상승하고 있어 주점들은 성공적인 성과를 거두고 있다.

주점 브랜드들은 맥주 품질 관리에 신경을 쓰기 위해 자체 양조장을 운영하고 있으며, 협업을 통해 개성 있는 플랫폼 서비스를 제공하기도 한다. 이러한 주점들은 치킨 전문점에도 수제 맥주를 도입해 신선한 생맥주를 제공하고 고객들의 만족도를 높이고 있다.

❿ HMR 업계

일반적으로 가정에서 음식을 먹을 때의 과정은 '만들 음식의 식재료 구입 → 전처리 과정(식재료 손질) → 음식 조리'를 통해 시식 섭취로 진행되는데, HMR(Home Meal Replacement: 가정식 대체 식품)은 이런 과정에서의 노력과 시간을 최대한 줄이려는 목적으로 일종의 인스턴트식품(즉석식품)으로 만들어져 있다. HMR의 분류는 크게 RTE , RTH, RTP, RTC 네 가지로 분류하고 있다.

프리미엄 가정 간편식(HMR) 시장의 확대에 따라 고급 재료와 차별화된 제조 공법을 활용한 경쟁이 점점 더욱 치열해지고 있다. 주요 원인으로는 건강한 집밥에 대한 소비자들의 선호도가 높아지고, 간편식에 대한 기대치가 상승하고 있는 것이다. 기업들은 이 시장에 더욱 깊게 발을 들여놓기 위해 다양한 전략을 세우고 있다.

표 2-3 **HMR 업계**

구분	분류	내 용	종 류
HMR (Home Meal Replacement) HMR	RTE (Ready to Eat)	먹을 준비가 됐다는 뜻처럼 구입 후 바로 먹을 수 있는 형태의 식품	샌드위치, 김밥 등
	RTH (Ready to Heat)	구입 후 열을 가해 데운 후 바로 섭취하는 형태의 식품	레트로트의 단량 제품 (육개장, 김치찌개, 된장찌개, 냉동 만두, 냉동 피자)
	RTP (Ready to Prepare)	식재료들을 조리하는 전처리 과정을 지나 편하게 세척·절단되어 유통하기 편리한 형태의 식품	스테이크 재료 (채소, 통조림)
	RTC (Ready to Cook)	위 형태의 식품과 다르게 상대적으로 긴 조리 과정을 거치나 간단하게 조리 후 섭취할 수 있는 형태의 식품	파스타, 스파게티
CMR (Convenient Meal Replacement)		따로 데우거나 조리하지 않고 바로 먹을 수 있는 형태의 식품	시리얼바, 파우치 용기에 담긴 죽

오뚜기는 '오즈키친 파우치죽'을 출시하며 풍부한 원재료와 우수한 식감, 풍미를 강조하고 있다. Hy는 고품질 채소를 사용한 프리미엄 샐러드 제품 라인을 확장함으로써 시장 점유율을 높이고 있다. 또한, 풀무원은 프리미엄 한식 전문 브랜드 '반듯한식'을 통해 국·탕·찌개 HMR 시장에 성공적으로 진출했다. 이 제품은 출시 후 약 1년 만에 250만 개의 누적 판매량을 기록하는 성공적인 프리미엄 가정 간편식이 되었다.

소비자들이 건강을 중요시하면서 나트륨 섭취를 줄이고 영양 밸런스를 고려한 제품 개발이 주요한 특징으로 대두되고 있다. 소비자들은 건강한 집밥을 선호하고, 외식보다는 가정에서 건강한 식사를 즐기려는 변화가 나타나고 있다. 이런 추세에 따라 HMR 제품에 대한 품질 기대치도 상승하고 있는 상황이다.

4) 외식 창업 시장의 환경

창업 박람회나 창업 교육 수강생을 대상으로 예비 창업자 설문 조사를 실시한 결과 주변의 여건 등을 모두 감안해 예비 창업자가 가장 선호하는 업종이 다름 아닌 외식업으로 조사되었다. 외식업은 제도적으로도 어느 누구나 쉽게 할 수 있는 업종이다 보니 그만큼 경쟁이 치열한 업종(휴게 음식(커피, 제과점 포함), 일반 음식, 단란주점, 유흥 음식점 들을 포함하면 약 70만여 개 정도이며, 이 외에 허가받지 않은 포장마차나 노점상까지 포함한다면 엄청난 점포 수)이라고 할 수 있다. 기존의 식당들을 살펴보면 제법 잘되는 식당은 전체의 5% 이내, 좀 되는 식당은 20%, 그저 그런 식당(별 수익 없이 운영만 하고 있는 정도)이 50%, 적자를 면치 못하고 있는 식당은 25% 정도로 약 75% 정도의 식당이 운영에 어려움을 겪고 있다. 그만큼 외식업은 치열한 생존 경쟁의 시대에 있다.

예전의 식당들은 맛만 있으면 영업이 잘되었다. 하지만 이제는 맛은 당연히 갖춰야 할 기본이 되는 시대가 되었다. 따라서 맛, 서비스, 청결은 기본이고 여기에 부가적으로 분위기와 자기 식당만의 개성, 차별화를 통해 고객이 지불한 식비보다 이용 후 느끼는 가치가 높아 높은 만족을 느낄 수 있어야만 한다.

식당 운영에 따른 관리적인 면에서도 원가 관리에서 손익 분기점 관리로 변화되고 있다. 즉 지금까지는 매출 목표 달성, 다점포화에 의한 대량 판매 전략, 식재료의 원가 관리를 중시해 왔는데, 원가율이 패스트푸드 35~45%, 패밀리 레스토랑 30~40%, 한정식 25~30%, 한식류 30~35%, 일식 45%, 육류 전문점은 평균 38~45%이며 재료비 원가에 인건비를 합하면(Food + Labour cost) 60~65% 정도 유지를 해왔다. 이제는 손익 분기점 관리(이익관리)를 해나가야 한다. 매출 목표 관리와 함께 투자 규모의 축소, 종업원 등 인원 축소, 메뉴 종류의 축소 등으로 손익 분기점 매출을 낮추어야 하는 시대에 직면하고 있는 것이다. 이제 식당은 외형보다는 실속 중심으로 운영되어야 한다.

외식업 노동 환경의 변화로 주5일 근무 실시에 따른 인력의 재활용, 국제무역기구(WTO) 체제 속의 24시간 비즈니스 시대에 따라 종업원의 확보, 관리에 새로운 시각으로 접근해야 할 때이다. 외식업의 특수한 근무 조건(열악한 근무 환경, 일반적인 식당의 경우 대부분 12시간이라는 장시간 근무에 평균 월 2회 휴무)을 감안한다면 이에 따른 종업원의 근무 환경 개선, 비전 제시 등을 통한 유능한 인재 확보가 바람직하겠다.

실버 인구의 증가, 맛의 평준화, 식당 수의 증가, 음주 단속 강화 및 주5일 근무제에 힘입어 오피스가 상권에서 주택가 상권의 발달로 이어졌다. 따라서 큰 상권에서 중상권 및 소상권으로의 상권 축소 현상이 가속화될 것으로 보이며, 이제는 특별히 멀리까지 가서 외식할 필요성이 줄어들고 있다.

정보화 시대에 따른 신용카드 제도의 정착, 주류 카드제, 현금영수증 도입 등에 의한 식당 경영의 투명성으로 매출이 100% 노출되고 있다. 종업원에 대한 4대 보험 및 각종 보험료 부담, 전 사업장 퇴직금 지급 실시, 과세 특례 제도 폐지 등 과다한 세금으로 수익은 점차 줄어들고 있다. 투명성과 경영 악화 초래로 먹는 장사도 망하는 시대에 접어든 지 오래되었으며, 앞으로 이런 현상은 더욱 두드러질 전망이다.

가맹사업거래의 공정화에 관한 법률에 의한 프랜차이즈 운영 형태도 시대에 맞게 수시로 수정되고 있다. 부실 가맹본부의 사기 행위 등의 방지책이 더욱 강화될 것으로 보이는데, 원칙을 지키는 가맹본부는 지속적인 발전을, 그렇지 않은 가맹본부는 정부의 규제가 가해질 것이다. 뿐만 아니라 창업 관련 기본 지식을 습득한 예비 창업자가 증가하면서 발전과 도태가 자연스럽게 이루어질 전망이다.

식당 창업에 대한 고정 관념도 파괴되고 있는데, 대표적인 예가 업종·업태(아이템)의 라이프 사이클이 보통 5년에서 4년, 3년으로 단축되더니 최근 들어서는 2년 이하로 줄어들고 있는 현상을 보이고 있다. 이에 따라 항상 잘되는 업종·업태(아이템)가 존재하지 않기 때문에 늘 연구하고 교육·훈련 등을 통해 노력하는 식당만이 살아남을 수 있는 시대임을 알아야 한다.

5) 10년간 국내 외식 트렌드 핵심어 변화

매년 농림축산식품부는 식품외식산업전망대회를 주관하고 최신 외식 트렌드 키워드를 발표한다. 이 대회는 국내 외식산업의 주요 트렌드를 선별하고 예측하는 역할을 담당하고 있다. 지난 10년 동안 이 대회를 통해 다양한 키워드가 세상에 알려졌는데, 이 키워드들은 그해의 주요 외식 트렌드를 잘 반영했다.[표 2-4]

표 2-4 **10년간 외식 트렌드**

2012~13	2014~15	2016	2017	2018	2019	2020	2021	2022	2023
1인 외식	먹방 신드롬	미각 노마드	나홀로 열풍	가심비	비대면 서비스화	Buy me For me	홀로 만찬	퍼플오션 다이닝	양극화
매스티지	로케팅 소비	푸드 플랫폼	반외식의 다양화	빅블러	편도족의 확산	멀티스트 리밍소비	진화하는 그린슈머	취향을 공유하다	경험이 곧 소유
홈메이드	한식의 재해석	나홀로 다이닝	패스트 프리미엄	반외식의 확산	뉴트로 감성	편리미엄 외식	취향소비	속자생존 24시	건강도 힙하게
복고	HMR	SNS 외식 경험	모던한식의 리부팅	한식 단품의 진화	간편식	그린오션	안심 푸드 테크		휴먼테크
슬로푸드, 웰빙	가치소비	1인가구, HMR	쿡방, 먹방, SNS	골목상권 체크슈머	친환경	온라인 체험소비	동네상권의 재발견		

* 출처: 2012~2023 식품외식산업전망대회, 농림축산식품부 자료 재구성

코로나19 이후의 엔데믹 시대가 왔지만, 이게 끝이 아니다. 고물가, 고금리, 고환율이 주도하는 경기 불황도 겹치는 바람에 외식시장은 쉴 틈이 없다. 소비자들의 소비 패턴은 이 모든 환경 변화에 따라 이전과 다른 방향으로 가고 있다. 이런 대외 환경 변화에 대응하려 외식시장도 새로운 소비 트렌드를 찾아나가고 있다. 이런 고물가, 고금리, 고환율 현상은 국내뿐만 아니라 전 세계적인 현상이다. 그렇기 때문에 국내 트렌드를 잘 살펴보면 전 세계적인 트렌드를 알 수 있다.

(1) 양극화

최근 외식 트렌드에서 주목받는 키워드는 양극화이다. 어려운 경제로 인해 저렴한 제품과 '짠테크'를 추구하며 가성비에 주목하고 있다. 외식 횟수는 줄어들지만, 한 번 외식할 때는 좋은 음식을 선호하는 경향이 있어 프리미엄 외식이 지속되고

있다. 양극화는 소득 수준뿐만 아니라 개인의 취향과 가치에 따라 절약형 또는 대담한 플렉스 소비자로 변화하는 특징이 있다. 이러한 소비 행태는 개인의 취향과 가치를 중요시하며 외식 트렌드에 영향을 미치고 있다.

(2) 편의점 간편식의 다양화

편의점 업계는 다양한 생활 밀착형 서비스를 강화하며, 양극화로 인해 주목받는 주요 짠테크 유통 채널이다. 편의점은 간편식의 다양성을 높이고자 외식업체와 협력하고 자체 PB 상품을 활용하며 시장을 확대하는 전략을 추구하고 있다. CU는 2022년 4분기 동안 200여 종의 차별화 상품 출시로 간편 식사류 라인업을 강화하고 있으며, BGF리테일과 GS리테일도 투자와 제품 개발을 통해 역량을 키우고 있다.

(3) 건강식

코로나19로 인한 여건 변화로 건강에 대한 관심이 높아진 젊은 세대는 즐거운 운동, 맛있는 다이어트, 스트레스 관리, 마음의 건강을 중시하며 자신의 건강을 챙기는 노력을 기울이고 있다. 이에 따라 건강 식품에 대한 선호도가 높아지고, 기능성 식품 섭취, 채식, 운동, 식단 관리 등을 실천해 건강을 유지하는 것이 주목받았다. 이러한 변화로 인해 건강은 중장년층뿐만 아니라 젊은 세대에게도 큰 관심사로 자리잡았다. 이전에는 힘든 운동과 영양제 복용이 중심이었지만, 지금은 보다 다양한 방식으로 건강을 추구하고 있는 것이다.

(4) 푸드테크 혁명

푸드테크를 활용하는 외식업계는 운영 효율성을 높이고 있으며, 예약, 주문, 조리, 인력 관리 등에 기술을 적용해 인력 부족 문제를 해결하고 효율성을 극대화하고 있다. 이는 외식업체에 인력 대체와 업무 간소화의 이점을 제공하고, 직원들은 전문 분야에 집중할 수 있는 환경을 조성한다. 또한, 푸드테크를 통한 편리한 예약과 주문, 비대면 수령 등은 고객들에게 혜택을 제공하고 있다. 코로나19 팬데믹 이후 외식업계의 푸드테크 활용은 더욱 증가하고 있으며, 휴먼테크의 역할을 수행해 사람 중심의 경험과 서비스를 제공한다. 이러한 푸드테크의 발전은 외식업계의 혁신과 고객 만족도 향상에 기여하고 있다.

(5) 제로(ZERO) · 프리(FREE)

MZ세대는 건강과 맛을 모두 중요시하는 트렌드로, '제로' 탄산음료 시장에서 큰 인기를 끌고 있다. 제로 탄산음료는 인공 감미료를 사용해 칼로리를 줄이면서도 단맛을 유지한 음료로써 시장 규모가 크게 확대되고 있다. 2021년에는 2,189억 원으로 성장했으며, 2022년에는 3,000억 원 이상이었다. 건강 우려와 건강한 미모 추구를 위해 식재료 출처, 계절에 맞는 식재료 사용, 건강에 이로운 조리 방법에 대한 관심이 높아지고 있다. 특히, 젊은 세대는 '프리'나 '제로' 트렌드를 따라 무설탕, 무알코올, 무염의 식품이나 음식을 선호하는 경향을 보이고 있다.

(6) 레스플레이션

고객의 요구에 따라 호텔 뷔페 가격이 상승되었다. 이로 인해 2022년 말과 2023년 초에는 예약이 조기에 마감되었다. 특히 저녁 시간에는 1인당 비용이 15만 원을 넘는 곳도 있었으며, 그럼에도 불구하고 예약 대기 현상이 이어졌다. 이와 같은 경향은 호텔 뷔페뿐만 아니라 유명한 레스토랑에서도 관찰되었다. 주중에는 저렴한 편의점 도시락을 선택했지만, 주말에는 10만 원 이상의 고급 레스토랑을 찾는 극단적인 소비 행태를 보였다. 이러한 상황은 '레스플레이션' 현상과 연관되어 가격이 계속해서 상승하는 추세를 보였다. 이러한 소비 행태는 특별한 날에 고급 음식점을 선호하는 소비자들이 점차 증가하는 것으로 알 수 있으며, '구찌 레스토랑'이나 '포시즌스 호텔'에서도 이러한 현상을 확인할 수 있었다. 이러한 변화는 현재도 계속되고 있다.

(7) 특화 매장

맞춤형 매장은 소비자들에게 특별한 브랜드 경험을 제공하며, 외식산업에서 인기를 얻고 있다. 독특한 디자인과 특정 매장에서만 제공하는 메뉴와 한정판 상품 등을 통해 소비자를 유혹하고, 인스타그램 친화적인 요소를 제공하고 있다. 예를 들어, 제주도의 '해녀의 부엌'은 해녀들의 이야기와 식사를 동시에 즐길 수 있는 차별화된 경험을 제공하고 있다. 이러한 매장들은 식사나 음료를 넘어서 체험, 문화, 재미를 제공해 소비자의 만족도를 높이고 있다.

(8) 컬래버레이션의 확대

컬래버레이션 확대는 소비자의 새로운 재미와 경험을 위한 욕구를 반영하고 있으며, 편의점 산업과 외식업소들이 이를 적극적으로 채택하고 있다. 곰표 맥주와 말표 맥주, 서울장수막걸리와 파리바게트의 협업, 그리고 설빙과 보해양조의 컬래버레이션은 다양한 연령층의 관심을 확대시키고 소비자들에게 재미있는 요소를 제공하고 있다. 이는 소비자들이 자신의 경험을 인증하고 소장하고자 하는 욕구를 충족시키는 효과를 가지고 있다.

(9) 외식형 간편식의 확대

외식의 즐거움으로 인해 간편식 시장이 성장하고 있다. 대형 식품업체들은 외식업체와 협력해 RMR(레스토랑 간편식)을 출시하며 시장을 주도하고 있다. 이는 코로나 19 이후 외식 문화와 간편식에 대한 인식 변화를 보여주는 중요한 단서이다.

(10) 인증샷 전성시대

SNS에서 음식 사진은 일상적인 행위로 자리잡았다. 핫한 장소에서 찍은 사진을 올리거나 오픈런에 참여하는 것도 일상이 되었다. 이는 자신의 존재를 인증하고 소장 욕구를 충족시키며, 과시욕과 포모 신드롬에서도 영향을 받은 것이다. 이러한 요인들이 결합해 SNS에서 음식 사진을 공유하는 행위가 자연스럽게 이루어진다.

매년 변화하는 트렌드는 소비자의 선호도와 소비 패턴의 이해를 도와준다. 이해력은 외식업계뿐만 아니라 다양한 산업에서 적절한 전략을 세우는 데 중요한 역할을 한다.

외식업에서는 고객의 메뉴 선호도, 식사 시간의 변화, 공간에 대한 선호도 등을 계속해서 관찰하며, 이를 바탕으로 신메뉴를 개발하거나 서비스를 개선한다. 이는 단순한 판매 전략을 넘어, 고객의 생활 방식과 가치를 이해하고, 이를 기반으로 고객 중심의 서비스를 제공하려는 노력이다.

모든 트렌드와 변화는 소비자의 소비 패턴을 이해하고, 그에 맞게 적응하고 혁신하는 데 필요한 중요한 단서이다. 이는 미래의 소비자를 이해하고, 더 좋은 서비스를 제공하려는 모든 산업에서 필요한 핵심적인 인사이트라 할 수 있다.

2 외식산업의 새로운 환경과 전망

1) 20세기와 21세기 외식산업의 새로운 환경

(1) 20세기의 외식업 환경

20세기까지 외식업의 성장 배경을 간략하게 살펴보면, 제2차 세계 대전 후 태어난 베이비붐 세대들이 20세기 외식산업을 발전·유지시켜 왔으며, 이들이 대량 생산과 대량 소비를 주도해 왔다. 이때는 단순히 품질, 서비스, 청결이라는 기본적인 관리만으로도 고성장이 가능했다. 패스트푸드와 패밀리 레스토랑을 그 대표적인 예로 들 수 있다.

(2) 21세기의 새로운 외식산업 환경

21세기 시작부터 경제가 장기 불황으로 접어들면서 외식산업도 깊은 불황에 허덕이고 있다. 불황 초기에는 과도한 가격 파괴와 출혈 경쟁을 불사하며 불황 탈출을 시도했지만, 불황이 장기화되면서 새로운 메뉴 및 아이템 개발, 서비스 업그레이드, 최신 경영 전략 도입 등 질적 성장을 통한 불황 극복에 힘이 실리고 있다. 오히려 불황이 외식시장의 옥석을 가리고 질적 경쟁력을 갖추는 촉매제가 되었다고 해석할 수도 있다. 이와 같은 해석은 21세기는 과거와 같이 기본만으로는 살아남을 수 없으며, 음식 장사는 무조건 남는다는 안일한 생각과 주먹구구식 경영으로는 결코 성공할 수 없다는 뜻과도 일맥상통한다.

특히 21세기에는 20세기 외식업의 발전을 주도해온 베이비붐 세대들이 실버 세대로서도 많은 영향을 끼치게 될 전망이다. 이들 실버 세대들은 주거 중심의 특정 지역에서 한정적인 외식 생활을 하는 경우가 대다수임에 따라 상권의 축소 현상도 가속화될 것으로 전망된다. 21세기의 새로운 외식산업 환경을 몇 가지 요약해 보면 다음과 같다.

첫째, WTO 체제가 굳어지면서 국제화가 가속화될 것이고, 이에 따른 24시간 비즈니스 시대가 도래할 전망이다. 따라서 외식업도 24시간 영업으로 늘어날 것이고 그에 따른 심야 메뉴 개발과 운영 시스템 등을 개발해 국제화 시대에 발맞추어 나가게 될 것이다.

둘째, IT 산업의 발전에 따른 최첨단 장비를 통한 고객 관리, 인터넷과 같은 다양한 마케팅 구사(SNS 등) 등 고객을 더욱 세분화시켜 관리해 나갈 전망이다.

셋째, 고객의 다변화된 욕구에 따른 퓨전화와 복합화, 개별화, 신토불이화가 가속화될 전망이다.

넷째, 주5일 근무제에 따른 외식업의 발전과 고급 인력의 재활용, 정부의 프랜차이즈 활성화 정책 등으로 외식산업이 많이 발전될 것이다.

20세기와 21세기의 외식산업을 비교해 보면 [표 2-5]와 같다.

2) 우리나라 외식산업의 변화 전망

70조 원대를 상회할 것으로 추정되는 우리나라 외식산업 시장은 앞으로도 지속적인 성장을 할 것으로 예상된다.

① 업종·업태가 더욱 세분화될 것이고 국제화, 세계화와 더불어 해외 브랜드의 국내 유입뿐만 아니라 국내 브랜드의 해외 진출 등이 더욱 활발하게 전개될 것으로 예상된다. 성장의 가속화와 함께 각 영역별 경쟁이 더욱 치열해질 것이다.

② 복고, 신토불이 메뉴 등 전통적 외식업과 디저트 카페, 한식 뷔페와 같은 새로운 외식업의 상호 경쟁적 발전이 가속화될 것이다.

③ 인터넷의 보편화와 디지털 문화의 확산 등 정보 사회로의 진행에 따른 고객 관리가 보다 체계적으로 이루어질 것이며, 보다 과학적인 관리 및 네트워크 구축을 위한 외식업의 기업화, 아웃소싱 등이 더욱 가속화될 전망이다.

④ 외식 프랜차이즈 산업이 보다 양극화되어 놀부, 롯데, SPC, CJ, 제너시스BBQ, 비알코리아 등과 같은 검증받은 가맹본부는 지속적으로 성장할 것이며, 이에 따른 프랜차이즈 사업의 대기업화·계열화가 이루어질 것이다.

⑤ 센트럴 키친화(C·K)와 이를 통한 반가공 식재료 물류화, 레토르트 식품 등의 지속적인 증가가 예상된다.

⑥ 이미지 향상을 위한 외식업이 메뉴나 인테리어, 싸인물의 디자인화 등 보다 전문화될 것이며 새로운 업태가 다양하게 등장할 것으로 예상되는데, 예를 들면 복합화, 퓨전화, 택배화, 음식 백화점화 등을 들 수 있다.

⑦ R&D 투자, HACCP 도입, 인재 육성, 전문성 제고를 위한 교육·훈련 등이 더욱 강화될 것이다.

⑧ 규모의 경제나 효율적인 경영 전략을 추구할 것이다. 이에 따라서 이업종 간에는 전략적인 제휴가 이루어져 편의점의 즉석 식품과 패스트푸드점처럼 경쟁이 치열해질 것이다.

표 2-5 20C 외식산업과 21C 외식산업의 비교[2]

구분 \ 항목	20세기의 외식산업	21세기의 외식산업
1. 핵심 고객	① 1946~1964년에 태어난 베이비붐 세대 ② 단란한 가족 고객	① 개성파, 신인류를 지칭하는 베이비붐 세대의 2세들 ② 의학의 발달과 건강 영양 식품의 개발로 수명 연장에 따른 65세 이상의 실버 세대
2. 성장 업종·업태	① 롯데리아, 맥도날드와 같은 패스트푸드 ② 스카이락, 코코스와 같은 패밀리 레스토랑 ③ T.G.I.F, 아웃백스테이크, 베니건스와 같은 대형 레스토랑 ④ 놀부, 투다리, 제너시스 등과 같은 다브랜드 프랜차이즈 기업	① 하드락 카페, 푸드 카페 등 캐주얼 레스토랑 ② 피자, 햄버거, 스파게티, 우동, 국수, 만두, 냉면 등과 같은 소규모 전문점 ③ 가정 대용식 전문점(Home Meal Replacement) ④ 배달 전문의 택배업(Home Delivery) ⑤ 도시락 등의 T/O(take out) 전문 식당 ⑥ 전원 카페 등과 같은 민속 요리점(Ethnic) ⑦ 한·중·일식 등을 같은 식당에서 제공하는 종합 레스토랑이나 푸드코트 ⑧ 시간대별로 분위기, 메뉴, 서빙 방법 등 운영 차별화한 일업태 다기능 점포 ⑨ 산업체와 같은 단체 급식이나 전문 식재료 납품 업체 ⑩ 유기농, 자연식과 같은 웰빙, 로하스, 슬로푸드, 사찰 음식, 발효 음식, 힐링 등
3. 소비 형태	① 대량 생산과 대량 소비 패턴 ② 획일적인 소비인 모방 소비와 저가주의 형태 ③ 빠른 조리, 신속한 서비스가 효율성의 기준	① 개성화(탈일상화)와 차별화 ② 개식화(個食化)와 소식화 ③ 1일 3식에서 5식화 ④ 다이어트를 위한 편식화, 기능식화, 건강식화 ⑤ 주5일 근무 확대 실시에 따른 여행, 오락에 관련된 외식업 발전 ⑥ 지산지소의 로컬 푸드 소비의 확산
4. 인구 동태, 사회 구조	① 주니어 세대인 10~20대의 증가 ② 노인층의 점진적 증가(7~8%) ③ 핵가족	① 의학 발달에 따른 실버족의 증가(2030년에 23~24%로 추정) ② 아이를 갖지 않는 맞벌이 부부인 딩크(DINK: Double Income No Kids)족의 증가 ③ 출산 기피에 따른 10대 인구의 격감 현상(다양한 출산 장려 정책) ④ 이혼 및 독신 증가에 따른 독신 세대의 증가

2) 김헌희, 이대홍, 「외식창업실무론」, 백산출판사, 1999, pp.18~19.

이제는 외식산업이 주변 환경의 변화에 발 빠르게 대처하기 위해서 기존의 경영 전략에 대해 근본적 재검토가 필요한 시점이 되었다. 지금까지의 기본적인 규칙이나 질서가 붕괴되어 불확실성의 시대로 접어들면서 선택의 다양화, 자기만의 맞춤 상품 등을 선호하는 경향이 더욱 증가될 전망이다. 또 라이프 사이클의 단축과 함께 이업종 간의 경쟁처럼 경쟁 상대도 수시로 바뀌는 등 경쟁의 규칙이 없어지는 시대를 맞이하게 될 것이다. 특히 불황으로 분식점에 많이 팔리던 1,000원하는 김밥이 물가급등에 따라 1,500원으로 가격이 상승함에 따라 고객들이 편의점의 삼각김밥을 선호하게 되어 결국은 분식점의 경쟁 상대는 편의점이 되고 있다는 점도 주목해야 한다. 외식업계도 이러한 변화에 따른 대비로 외식산업의 구조 개편, 미래 지향적인 연구 등 시대 흐름에 맞는 단기·중장기 전략 수립과 사업 목표를 명확히 하는 등 준비를 해나가야 한다.

제2절 외식 프랜차이즈 산업의 변천과 전망

1 국내외 외식 프랜차이즈의 역사

1) 한국

우리나라의 외식산업의 발전은 프랜차이즈 시스템과 매우 밀접한 관계에 있다. 메뉴의 표준화·전문화를 통한 외식업의 프랜차이즈화가 오늘날 거대한 외식산업으로 성장할 수 있는 밑거름이 되었다.

국내 프랜차이즈의 효시를 1975년 '림스치킨'으로 보는 견해와 1979년 커피 전문점 '난다랑'으로 보는 견해가 있지만, 1979년 10월 25일 소공동 롯데백화점 내에 개점한 '롯데리아'로 보는 것이 일반적 견해이다. 롯데리아의 성공에 힘입어 80~90년대를 거치면서 패스트푸드, 양념치킨류, 제과점 등의 외식산업을 중심으로 프랜차이즈가 성장했고, 90년대에 들어서면서는 외식산업뿐만 아니라 편의점, 부동산 중개업, 세탁소, 사설 학원, 약국, PC방 등 유통 및 서비스업 등 다양한 업종으로 확대되어 1997년 IMF 사태를 겪었음에도 불구하고 현재까지 급속한 성장을 거듭하고 있다.

2022년 말에 등록된 정보공개서를 기준으로 보면, 가맹본부 수는 8,183개로 2021년 대비 증가했으며, 상표(브랜드) 수는 11,844개, 가맹점 수는 335,298개로 이루어져 있다. 이는 2021년 대비 모두 증가하는 추세를 보였는데, 특히 가맹점 수는 24.0%인 64,813개 증가해 가맹본부(11.5%), 상표(브랜드) 수(5.6%)보다 더 큰 폭으로 증가했다. 이러한 증가는 주로 한식 업종, 편의점 업종에서 이루어진 것으로, 한식 업종은 2020년 25,758개에서 2021년 36,015개로 증가했다. 또한, 편의점 업종은 2020년 48,738개에서 2021년 52,168개로 약간 증가하는 모습을 보였다. 이러한 증가는 2021년 11월 19일에 시행된 개정법이 시장에 안정적으로 정착됨에 따른 결과로 보인다.

외식 업종의 브랜드 수는 9,422개, 가맹점 수는 167,455개로 2021년 대비 각각 4.9%, 23.9% 증가했지만, 가맹점 평균 매출액은 2.79억 원으로 2021년 대비 1.4% 감소했다. 한식 업종은 가맹점 수가 36,015개로 전체 외식 업종 중 21.5%를 차지해 가장 많았으며, 그 증가율도 39.8%로 가장 높았다.

가맹점 평균 매출액의 경우, 커피 업종은 코로나19의 여파에도 불구하고 6.0% 증가했지만, 치킨, 한식, 피자 업종은 각각 2.2%, 6.0%, 6.5% 감소했다. 또한, 2021년 외식 업종의 가맹점 평균 매출액 대비 가맹점 평균 차액 가맹금 비율은 4.3%로, 주요 세부 업종별로는 치킨 업종이 7.0%로 가장 높았다. 이어 제과제빵(6.0%), 피자(5.0%), 한식(4.2%), 커피(3.6%) 업종순이었다. (출처: 공정거래위원회 2022년 가맹사업 현황 통계 발표)

오늘날 많은 외식기업이 프랜차이즈 개념을 외식시장에 도입해 국내는 물론 세계로 진출해 국제화에 성공하고 있다. 향후 보다 빠른 발전을 위해서는 확고한 브랜드 콘셉트나 맛, 즉 품질 관리, 소비자 기호도 변화에 따른 신속한 대처, 서비스의 차별화, 지속적인 가맹점에 대한 마케팅이나 경영 관리의 지원, 슈퍼바이징, 생산 및 유통 단계의 축소 및 물류 시스템 구축 등이 필요하다.

표 2-6 **국내 프랜차이즈 산업의 변천사**

시대별	구 분	주요 브랜드 및 이슈
1970년대	**태동기** • 프랜차이즈 산업 모델 국내 첫선 • 기업형 프랜차이즈 탄생	▶ 1977년 림스치킨 ▶ 1979년 7월 국내 프랜차이즈 1호점 난다랑(동숭동) ▶ 1979년 10월 롯데리아 소공동
1980년대	**도입 및 성장기** • 패스트푸드 도입에 따라 대기업의 외식업 진출 • 해외 패스트푸드 프랜차이즈 국내 진출 • 한식 프랜차이즈 시작(놀부보쌈/송가네왕족발/감미옥 등) • 88서울 올림픽 개최	▶ 1982년 페리카나 ▶ 1983년 장터국수 ▶ 1984년 KFC/버거킹/웬디스 ▶ 1985년 피자헛/피자인/베스킨라빈스31 ▶ 1986년 파리바게트 ▶ 1987년 투다리 ▶ 1988년 코코스 ▶ 1989년 도미노피자/놀부/멕시카나
1990년대	**성숙기** • 국내 프랜차이즈 기반 구축 • 국내 최초 패밀리 레스토랑 개념 도입 • 1988년 외환 위기 • 1989년 (사)한국프랜차이즈 산업협회 설립	▶ 1990년 미스터피자 ▶ 1991년 원할머니보쌈/교촌치킨 ▶ 1992년 맥도날드/TGI프라이데이스 사업 개시 ▶ 1993년 한솥도시락/미다래/파파이스 ▶ 1994년 데니스/던킨도너츠 ▶ 1995년 베니건스/토니로마스/씨즐러/BBQ ▶ 1996년 김가네/마르쉐/쇼부 ▶ 1997년 빕스/아웃백스테이크/칠리스/우노 ▶ 1998년 쪼끼쪼끼/스타벅스커피/코바코 ▶ 1999년 BBQ 국내 최초 가맹점 1000호점 달성 ▶ 1999년 (사)한국프랜차이즈협회 설립인가
2000년대	**해외 진출 초창기/일부 업종 포화기** • 국내 외식 브랜드 중국, 일본 등 해외 진출 가속화 • 2002년 한일 월드컵 개최 • 치킨 프랜차이즈 붐업	▶ 2000년 미소야, 투다리 중국 청도 진출 ▶ 2001년 퀴즈노스/매드포갈릭/사보텐/파스쿠찌 ▶ 2002년 파파존스/본죽, 분쟁조정협의회 설치 ▶ 2003년 프레쉬니스버거/명인만두/피쉬앤그릴 BBQ 중국 진출 ▶ 2004년 크리스피크림도넛 ▶ 2005년 뚜레쥬르 중국 진출 ▶ 2006년 토다이, 놀부 일본 진출 ▶ 2007년 BBQ 싱가포르 진출

시대별	구 분	주요 브랜드 및 이슈
2010년대	저성장기/해외 진출 가속화 • 식재료 수급 불안정 • 해외 진출 가속화 • 외식업 관련 법과 제도 정비 • 중소기업 적합 업종 선정 • 대기업 빵집 사업 철수 • 공정위 모범 거래 기준안 발표 • 가맹사업법 추진 • 음식점 금연 구역 전면 시행 (2015) • 디저트 업종 활성화 • 일본, 유럽 등 해외 디저트 브랜드 도입 활발 • 소프트아이스크림, 팥빙수, 츄러스 등 브랜드 활성화	▶ 2010년 채선당 인도네시아 진출 ▶ 2012년 파리바게뜨 중국 100호점, CJ푸드빌 해외 100호점 ▶ 2011년 놀부 NBG, 美 모건스탠리PE에 지분 매각, 제스터스/잠바주스/ 망고식스 ▶ 2012년 베코와플,투뿔등심,와플트리,모스버거 ▶ 2013년 바르다김선생/고봉김밥/설빙/깐부치킨/ 이옥녀팥집/족발중심/미스터시래기/고디바/소프트리 ▶ 2014년 자연별곡/올반/계절밥상 등 한식 뷔페 ▶ 2015년 11월 미스터피자 중국 100호점 출점 ▶ 2015년 12월 파리바게트 해외 200호점 ▶ 2017년 비비고 해외 370호점 출점 ▶ 2018년 GS25 베트남 진출 ▶ 2018년 4월 CU 몽골 진출 ▶ 2018년 커피베이 미국 진출 ▶ 2019년 신세계푸드 '노브랜드버거' 출시
2020년대	• 2020년부터 불어닥친 RMR 열풍으로 가맹점 창업 문의부터 점포 오픈까지 만나지도 않고 비대면 창업 • 콜라보의 '빅블러(Big Blur)' 시대 • 코로나19 확산과 경기 불황이라는 유례 없는 악조건 변화에 대한 빠른 대처 • 본사와 가맹점의 상생 협력, 차별화된 경쟁력과 서비스' 등으로 어려움을 이겨내고 있는 브랜드 • 중저 가격대 커피 전문점으로 창업자들의 시선 • 수입 맥주 대신 수제 맥주…주세법 개정에 '골든존(음료 진열대) 인기 코너 수제 맥주 • 러시아 전쟁으로 식자재 값 상승 • 고물가, 고환율, 고금리 • 인구 감소, 인력 부족으로 자동화 • 외식 브랜드의 양극화	▶ 2020년 설빙 태국, 일본 진출 ▶ 2021년 이디야 가맹점 국내 3000호점 출점 ▶ 2021년 메가커피 국내 1600호점 출점 ▶ 2021년 컴포즈커피 국내 1100호점 출점 ▶ 2021년 파리바게트 인도네시아 1호점 출점(해외 430호점) ▶ 2021년 고피자 싱가포르 10호점 출점 ▶ 2021년 교촌치킨 두바이 1호점 출점 ▶ 2021년 BBQ치킨 해외 76호점 출점 ▶ 2022년 탐앤탐스 몰디브 출점 ▶ 2022년 고피자 싱가포르 20호점 출점 ▶ 2023년 BBQ치킨 미국, 캐나다, 독일, 일본, 말레이시아, 파나마 등 세계 57개국에서 700여 호점 출점 ▶ 2023년 bhc치킨 말레이시아 2호 출점

* 출처: 가맹사업진흥을 위한 중장기 발전발안 연구, 변명식, 지식경제부, 2008. 재구성

2) 미국

프랜차이즈의 본고장이라고 할 수 있는 미국의 경우 남북 전쟁 당시 1850년 경 싱거(Singer) 재봉틀 회사에서 자본 확보를 위한 판매 촉진의 일환으로 처음 프랜차이즈 시스템을 도입했다. 이후 1979년 연방 '프랜차이즈 거래법'이 제정되었고 IFA(International Franchise Association - 미국 프랜차이즈협회)와 같은 연합 기구가 결성되면서 프랜차이즈 사업은 성장일로를 달리게 되었다.

외식업에 최초로 프랜차이즈를 도입한 것은 1919년 알렌과 라이트(Allen&Wright)로 캘리포니아에서 A&W라는 상호로 프랜차이즈를 전개했다. 이후 1950년대 경제부흥기를 거치면서 외식산업과 호텔에 프랜차이즈 시스템과 혁신적인 경영 관리 체제가 도입되었고 이때 KFC(1952년), 피자헛(1953년), 버거킹(1955년), 맥도날드(1955년), 웬디스(1959년) 등이 나타났다. 특히 맥도날드는 포드(Ford)의 대량 생산 체제를 외식산업에 도입해 메뉴의 단순화, 조리 공정의 개선, 셀프 서비스, 품질의 균일화 등을 시도함으로써 표준화 및 원가 절감으로 대형 프랜차이즈 사업을 전개할 수 있는 토대를 마련했다.[3]

한국농수산식품유통공사에 따르면 2017년 미국 프랜차이즈 기업 수는 약 76만 개, 전체 생산량은 약 7천6백억 달러로 추정되며, 약 8백만 명 이상 고용하고 있는 것으로 나타났다. 프랜차이즈 시장의 가장 큰 분야는 패스트푸드로 프랜차이즈 산업의 총 생산량에서 약 2천5백억 달러 이상을 차지하고 있다. 미국을 대표하는 프랜차이즈로는 맥도날드이며 2018년 960억 달러 매출액을 기록했고, 세븐일레븐은 맥도날드에 이어 860억 달러의 매출액을 기록했다. KFC, 버거킹, 서브웨이 등이 그 뒤를 잇고 있다.

미국의 프랜차이즈 시장은 오랜 연혁을 지닌 브랜드가 시장을 꾸준히 선도하고 있는데, 샌드위치, 피자, 커피 브랜드 등의 브랜드가 인기이며, 맥도날드와 KFC를 필두로 하는 패스트푸드 등 비교적 간단한 메뉴를 취급하는 아이템의 선호도가 꾸준하다. 하지만 최근 몇 년 새 변화의 조짐이 서서히 보이고 있다.

코트라 워싱턴 무역관의 보고서에 따르면 비건 시장이 급속도로 성장하고 있으며, 이러한 추세는 미국 프랜차이즈 시장에서도 확인될 수 있다. 다양한 식품 분야에서 비건 치킨, 대체육, 식물성 계란, 비건 베이커리 등이 나타나고 있으며, 식품

---

3) 이정실, 「외식기업경영론」, 기문사, 2002, pp.39~41.

을 넘어서 비건 의류, 화장품 등으로 확장되고 있다. 비건 시장의 성장은 윤리적, 환경적 문제에 대한 인식의 변화, 건강을 중요시하는 경향, 그리고 비건을 홍보하는 유명인, 인플루언서, 블로거들의 영향으로 추측된다.

미국의 대표적인 비건 프랜차이즈로는 '러빙 헛', '아이 러브 주스 바', '시나홀릭' 등이 있으며, 이들은 각각 다양한 비건 메뉴를 제공하며 매출 성장을 보이고 있다. 2023년 현재 미국 비건 시장은 32억 7000만 달러로, 2030년까지 2배 이상 성장할 것으로 전망된다. 이는 오프라인과 온라인 모두에서 판매가 증가하고 슈퍼마켓, 편의점, 프랜차이즈 등 전문점을 통한 판매량이 늘었기 때문이다.

무역관은 한국 기업들이 미국 시장을 적극적으로 공략한다면 한국식 비건 프랜차이즈도 성장할 가능성이 크다고 예상하고 있다. 한국은 비건 식품을 만들 수 있는 음식이 다양하며, 비빔밥, 순두부찌개 등 다양한 식재료 개발을 통해 발전할 가능성이 충분하다는 의견을 제시했다.(출처: KOTRA 해외뉴스)

2023년 미국 프랜차이즈 시장의 주요 트렌드 중 하나는 홈 서비스다. 팬데믹 이후, 홈 서비스는 강력한 단위 경제학, 낮은 투자 비즈니스 모델, 그리고 프랜차이즈 기업과 프랜차이즈 소유주 모두에게 확장 가능한 프랜차이즈 모델을 통해 성장했다. 이로 인해 Bloomin Blinds, No-H2O, All Dry Restoration, Men in Kilts, Showhomes Home Services 등의 브랜드는 2021년과 2022년 동안 프랜차이즈 시스템을 성장시키는 데 있어 가장 좋은 해를 보냈다.

음식 서비스 분야도 다시 성장하고 있다. 팬데믹은 이 분야에 엄청난 영향을 미쳤지만, 2022년에는 음식 서비스 분야로의 회복력이 매우 크다는 것을 보았다. 이는 모든 음식 서비스 모델에 균등하게 적용되는 것은 아니지만, 현재 시장 트렌드에 맞게 모델을 구축하고 정의한 브랜드들은 매우 잘하고 있다. Chicken Salad Chick, Al's Hot Chicken, 등의 새로운 프랜차이즈 치킨 브랜드는 놀랄 만큼 빠르게 성장하고 있다. 또한, Chicago Pizza with a Twist, Champion Pizza 등의 새로운 프랜차이즈 브랜드도 효과적으로 프랜차이즈 모델을 통해 성장했다.

미국의 패스트푸드/퀵서비스 레스토랑(QSR) 시장은 2030년까지 454.3억 달러에 이를 것으로 예상되며, 이는 연평균 성장률(CAGR) 5.60%의 성장을 의미한다. 이러한 성장은 주로 소비자의 편의성에 대한 증가된 요구와 디지털화에 따른 변화에 기인한다. 세계적인 팬데믹 상황에도 불구하고, 패스트푸드/퀵서비스 레스토랑(QSR) 시장은 지속적인 성장을 보이고 있다. 이는 주로 온라인 주문 및 배달 서비스의 증가, 향상된 음식 품질, 그리고 다양한 메뉴 옵션 때문으로 보인다.(출처: franchisewire.com)

미국 시장에 성공적으로 진출하기 위해서는 철저한 기초 시장 조사를 통해 본국과 현지와의 문화적 차이 극복 방안을 마련해야 하며, 현지의 경쟁 사항을 체크하고 경제 환경이 고려된 적절한 가격을 책정하는 것이 중요하다. 이 외에도 필수 인력 확보, 본국과 현지와의 인건비 차이 극복, 필요한 물품 공급, 현지 납품업체 선택, 세금과 수입 관련 관세 확인 등이 중요한 성공 요소로 작용된다.(출처: 식품외식경제)

3) 일본

1960년대부터 일본은 외식 기업의 빠른 성장을 경험했으며, 이는 해외 브랜드의 프랜차이즈 방식을 도입함으로써 다점포 전개와 점포 운영의 표준화가 가능해진 결과였다. 이러한 성장세는 지금도 계속되고 있으며, 일본의 프랜차이즈 산업은 대체로 외식, 소매, 서비스의 세 가지 분야로 구분되고 있다.

2021년에는 총 1,286개의 프랜차이즈 체인이 있었는데, 이는 2020년의 1,308개에 비해 22개가 줄어든 수치다. 점포 수는 약 1.5% 감소해 20만 288개로, 이전 해인 2020년의 25만 4,017개보다 줄어들었다. 그러나 매출액은 1.8% 증가해 2021년에는 총 25조 8809억 300만 엔에 달했다.

한편, KOTRA의 보고서에 따르면, 2021년에는 한류 열풍이 일본의 프랜차이즈 시장에서 한국의 식품 및 제품에 대한 수요 증가를 이끌었다. 일본은 그린 이노베이션과 노동력 부족 문제 해결을 위한 다양한 방안을 도입하고 있으며, 이 변화들은 한국 기업에게 새로운 시장 기회를 제공하고 있다.

친환경 탄소 절감 방식으로 제품과 서비스를 개발하는 기업은 이 트렌드를 이용해 일본의 프랜차이즈 시장에서 높은 경쟁력을 보일 수 있다. 패밀리마트 같은 일본의 대표적인 프랜차이즈는 무인 결제 시스템과 셀프 계산대를 도입해 이 변화를 주도하고 있다.

㈜일본프랜차이즈 체인협회의 통계를 보면, 일본의 프랜차이즈 시장은 계속 변화하고 있다. 2021년에는 전체 체인 수와 점포 수는 줄었지만, 매출액은 1.8% 증가했다. 특히 '카레·규동·각종 덮밥', '햄버거', '배달 피자' 등 일본의 프랜차이즈 시장은 계속 변화하고 있다. 2021년에는 전체 체인 수와 점포 수는 줄었지만, 매출액은 1.8% 증가했다. 특히 '카레·규동·각종 덮밥', '햄버거', '배달 피자' 등의 카테고리는 매출 증가를 보였다. 그러나 '술집·펍' 카테고리는 코로나19의 영향으로 인한 영업 제한으로 점포 수와 매출액이 감소했다.

KOTRA의 분석과 ㈜일본프랜차이즈 체인협회의 통계를 통해 볼 때, 친환경 정책과 자동화 기술의 도입이 일본의 프랜차이즈 시장에서 새로운 시장 기회를 제공하고 있다. 한편 한류 열풍을 이용한 한국 기업들의 진출은 일본의 프랜차이즈 시장에서 큰 경쟁력을 가질 것으로 보인다.(출처: KOTRA 일본 프랜차이즈 업계의 동향 및 과제 2023. 재구성)

4) 중국

중국 최초의 외식업 프랜차이즈는 현지 국유 기업과 합작 투자 형태로 1987년 1호점을 개설한 KFC이며, 1990년에는 맥도날드와 피자헛과 같은 미국 패스트푸드 기업이 뒤를 이어 진출하면서 외식업 프랜차이즈의 물꼬를 텄다. 그 후, 외국 프랜차이즈를 모델로 중국 기업이 프랜차이즈 방식을 채택해 시장에 대거 진입하기 시작했는데, 그 예로 1993년 첸쥐더(全聚德)와 마란라멘(馬蘭拉面), 1996년 동라이(東來順) 등을 꼽을 수 있다. 중국 외식업 프랜차이즈 시장이 확대됨에 따라 중국 정부는 1997년 최초로 관련 법규인 사업프랜차이즈 관리시범방법을 발표했다. 이를 계기로 외국 프랜차이즈 기업의 진출이 급성장해 2003년 말 중국은 세계 최다 프랜차이즈 기업 보유국으로 부상했고, 2004년 이후부터는 프랜차이즈와 외식업 관련 법규가 전면 도입되고 제도가 정비되면서 외국 프랜차이즈 기업의 진출이 본격화되었다.

중국의 외식업 시장은 국가의 경제 발전과 주민 소비 증가에 힘입어 지속적으로 성장하고 있다. 패스트푸드, 배달 음식, 훠궈 프랜차이즈 등이 빠르게 발전하면서 대규모 직영 프랜차이즈 운영 방식이 각광받고 있다. 시장 규모는 2015년 3조 2,310억 위안에서 2019년 4조 6,721억 위안으로 성장했다. 그러나 2020년에는 코로나19의 영향으로 일시적으로 시장 규모가 감소했지만, 2021년부터 다시 성장세를 보이며 2025년에는 5조 5,635억 위안에 이를 것으로 전망되고 있다.

중국의 외식업 체인화율은 선진국에 비해 낮은 수준이지만, 연간 복합 성장률은 10.2%로 빠르게 증가하고 있다. 이러한 흐름에 따라 2025년에는 체인화율이 20%를 넘어설 것으로 전망되며, 프랜차이즈 시장은 1조 2,700억 위안에 이를 것으로 예상되고 있다.

'하이디라오'는 훠궈 식당으로 중국 외식업 프랜차이즈 업계에서 한 획을 그은 브랜드로 인지되고 있다. 코로나19로 인해 약 300개의 매장이 폐업되었지만, 친절하고 다양한 서비스와 퍼포먼스를 제공하며 중국 외식업 프랜차이즈계에 새로운 변화를 주었다.

코로나19는 중국 외식업 프랜차이즈 업계에 많은 변화를 가져왔다. 온라인 판매의 증가와 밀키트 소매 판매 등의 새로운 비즈니스 모델이 등장했다. 외식업 업계는 원가 압력과 효율성 향상에 주의해야 하며, 브랜드 인지도와 경쟁력 강화를 위한 분석과 노력이 요구되고 있다. 중국 외식업 프랜차이즈 산업은 앞으로도 다양한 변화와 소비자 대상의 확대가 예상되므로 현지 운영 방식과 수익 모델을 검토하는 것이 중요하다.

한국의 외식업 프랜차이즈 브랜드도 중국 시장에서 주목받고 있다. 중국에서 외식업 프랜차이즈는 중국과 해외 기업의 구성으로 이루어져 있으며, 외국인 투자 기업 매장 수가 가장 많다. 음료, 베이커리 디저트, 해외 음식 등 체인화율이 가장 빠르게 성장한 카테고리는 음료와 패스트푸드, 바비큐이다. 중국 브랜드는 대부분 중저가로 대규모 체인점을 운영하며, 한국 브랜드는 소규모로 중고가의 새로운 레스토랑 콘셉트를 주로 갖추고 있다.(출처: kotra 2023 중국 해외 뉴스 재구성)

2 외식 프랜차이즈 산업의 현황과 발전 방향

1) 외식 프랜차이즈 산업의 현황과 성장 요인

외식 프랜차이즈 산업은 우리나라에서 핵심적인 역할을 수행하고 있으며, 프랜차이즈 도입 이후 꾸준한 성장세를 보이고 있다. 2022년 말 기준으로 볼 때, 공정거래위원회의 자료를 보면 가맹본부 수는 8,183개에 달하고, 브랜드 수는 11,844개로 집계됐으며, 가맹점 수는 총 335,298개에 이른다. 이는 2021년 대비 모든 요소가 증가한 것이며, 특히 가맹점 수의 증가율이 24.0%에 달해 가맹본부 수의 11.5% 증가와 브랜드 수의 5.6% 증가에 비해 눈에 띄는 상승세를 보여준다.

2021년 11월 19일에 적용된 가맹사업법 개정은 이러한 성장의 주요 요인 중 하나로 꼽힌다. 개정된 법은 가맹사업을 시작하려는 사람들에게 직영점을 최소 1년 이상 운영하라는 요구를 담고 있으며, 소규모 가맹본부에 대한 정보공개서의 등록 및 제공 의무도 새롭게 도입했다. 법 시행 이후에는 가맹본부와 브랜드 수의 증가율이 각각 31.1%, 58.1%에서 11.5%, 5.6%로 낮아졌는데, 이는 새로운 법의 안정적인 정착을 반영한 결과라고 볼 수 있다. 따라서, 가맹본부 및 브랜드 수의 증가율은 평균 수준으로 회복된 것으로 보인다.

표 2-7 **최근 6년 가맹본부 · 브랜드 · 가맹점 수 및 증감표**

구분	2017		2018		2019		2020		2021		2022	
	개 수	증감률	개 수	증감률	개 수	증감률	개 수	증감률	개 수	증감률	개 수	증감률
가맹본부	4,631	8.5%	4,882	5.4%	5,175	6.0%	5,602	8.3%	7,342	31.1%	8,183	11.5%
브랜드	5,741	8.9%	6,052	5.4%	6,353	5.0%	7,094	11.7%	11,218	58.1%	11,844	5.6%
가맹점	243,454	5.4%	254,040	4.3%	258,889	1.9%	270,485	4.5%	335,298	24.0%	-	-

* 자료출처: 한국공정거래위원회 (www.ftc.go.kr)

외식, 서비스, 도소매 업종의 가맹본부 및 브랜드 수가 모두 증가했다는 점은 주목할 만하다. 이러한 증가율은 2021년과 비교하면 감소했지만, 그럼에도 불구하고 그것은 평년 수준으로 다시 되돌아온 것이다. 업종별로 볼 때, 브랜드 수의 비중은 외식 업종이 79.7%로 가장 높았다. 뒤이어 서비스 업종이 15.2%, 도소매 업종이 5.1%로 이어졌다. 이는 외식 업종의 프랜차이즈가 우리나라에서 가장 큰 비중을 차지하고 있음을 잘 보여준다.

표 2-8 **업종별 가맹본부, 브랜드 수 및 증감률**

구분		외 식			서비스			도소매			계
		개 수	비 율	증감률	개 수	비 율	증감률	개 수	비 율	증감률	
가맹본부	2020년	4,208	74.5%	9.0%	1,114	19.7%	8.3%	330	5.8%	15.8%	5,652
	2021년	5,661	77.1%	34.5%	1,346	18.3%	20.8%	502	6.8%	52.1%	7,509
	2022년	6,308	75.7%	11.4%	1,475	17.7%	9.6%	554	6.6%	10.4%	8,337
브랜드	2020년	5,404	76.2%	12.8%	1,340	18.9%	7.3%	350	4.9%	12.2%	7,094
	2021년	8,999	80.2%	66.5%	1,662	14.8%	24.0%	557	5.0%	59.1%	11,218
	2022년	9,442	79.7%	4.9%	1,797	15.2%	8.1%	605	5.1%	8.6%	11,844

◆ 하나의 가맹본부가 2개 이상 업종의 가맹사업을 영위하는 경우가 존재해 업종별 가맹본부 수의 합이 전체 가맹본부 수와 상이

* 자료출처: 한국공정거래위원회 (www.ftc.go.kr)

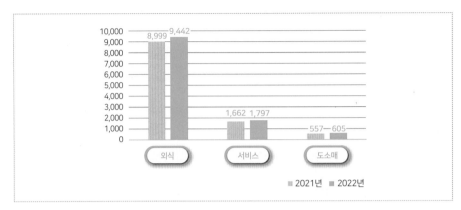

🍎 그림 2-1 **업종별 브랜드 수 증감**

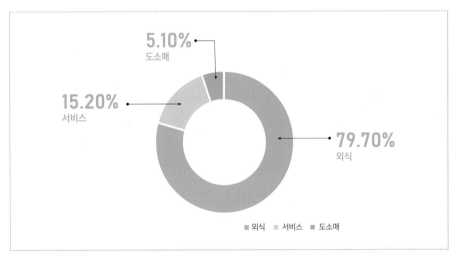

🍎 그림 2-2 **업종별 브랜드 수 비중**

　전체 브랜드 중에서 100개 이상의 가맹점을 보유한 브랜드는 총 468개로, 이는 전체 브랜드의 4.0%를 차지하며, 2021년에 비해 비중이 늘어난 것으로 나타났다. 반면에 10개 미만의 가맹점을 보유한 브랜드의 비중은 73.0%로, 2021년에 비해 약간 감소한 수치를 보이고 있다.

　이러한 변화는 2021년 11월 19일에 시행된 개정 가맹사업법의 영향을 받았다고 해석할 수 있다. 이 법은 가맹사업을 시작하려는 사람들에게 직영점을 최소 1개 이상, 1년 이상 운영하도록 요구하고, 또한 소규모 가맹본부에 대한 정보공개서의 등록 및 제공 의무를 새로이 부과했다. 이런 법의 시행으로 인해 작년에 관찰된 소규모 브랜드의 증가 추세는 완화되었다고 보인다.

표 2-9　가맹점 수 기준 업종별 브랜드 수 분포(2022년)

가맹점 수	외식			서비스			도소매			전체		
	개수	비율	21년	개수	비율	21년	개수	비율	21년	개수	비율	21년
100개 이상	290	3.1%	2.7% (240개)	140	7.8%	7.0% (116개)	38	6.1%	6.1% (34개)	468	4.0%	3.5% (390개)
10개 이상	2,053	21.7%	17.9%	533	29.7%	26.5%	142	23.5%	18.7%	2,728	23.0%	19.2%
10개 미만	7,099	75.2%	79.4%	1,124	62.5%	66.5%	425	70.2%	75.2%	8,648	73.0%	77.3%
계	9,442	100%		1,797	100%		605	100%		11,844	100%	

* 자료출처: 한국공정거래위원회 (www.ftc.go.kr)

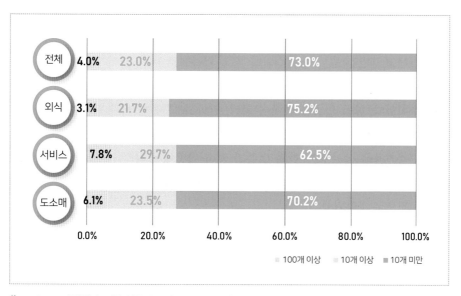

그림 2-3　가맹점 수 기준 업종별 브랜드 수 분포 비율

(1) 브랜드 수

2022년에 외식 업종의 전체 브랜드 수는 9,442개로 집계되었으며, 이는 2021년 도에 비해 4.9% 증가한 수치다. 세부 업종을 살펴보면, 한식 업종의 브랜드 수가 3,269개로 가장 많았다. 뒤를 이어 커피 업종의 852개, 치킨 업종 683개, 제과제빵 업종 270개, 그리고 피자 업종이 243개였다. 그러나 모든 세부 업종 중에서 치킨

업종의 브랜드 수만이 2021년도에 비해 2.6% 감소한 것으로 보고되었다. 이는 외식 업종 전체에서 브랜드 수가 증가한 추세와는 대조적인 변화다.

표 2-10 **외식 업종 중 주요 세부 업종별 브랜드 수**

구분	치킨		한식		커피		제과제빵		피자		외식업 전체	
	개수	증감률	개수	증감률	개수	증감률	개수	증감률	개수	증감률	개수	증감률
2020년	477	–	1,768	–	390	–	155	–	156	–	5,404	–
2021년	701	47.0%	3,047	72.3%	736	88.7%	254	63.9%	240	53.8%	8,999	66.5%
2022년	683	△2.6%	3,269	7.3%	852	15.8%	270	6.3%	243	1.3%	9,442	4.9%

* 자료출처: 한국공정거래위원회 (www.ftc.go.kr)

(2) 가맹점 수

2021년, 외식 업종의 가맹점 수는 총 167,455개로 집계되었으며, 이는 이전 해인 2020년에 비해 23.9% 증가한 수치다. 세부 업종별로 보면, 한식 업종의 가맹점 수가 가장 많았으며, 총 36,015개를 차지했다. 이는 전체 가맹점의 21.5%를 차지하는 비중이었다. 한식 업종을 뒤이어 치킨, 커피, 제과제빵, 피자 업종이 차례로 뒤따랐고, 그 가맹점 수는 각각 29,373개, 23,204개, 8,779개, 8,053개였다. 각 업종의 가맹점 증가율을 살펴보면, 한식 업종과 커피 업종에서 각각 39.8%, 30.0%로 증가했으며, 이들 업종의 가맹점 수 증가가 전체 외식 업종의 가맹점 수 증가에 크게 기여한 것으로 파악되었다.

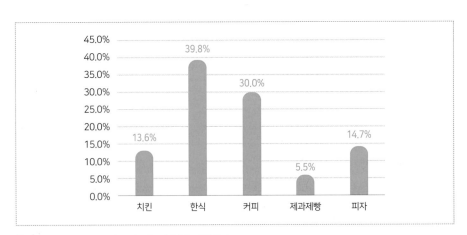

그림 2-4 **외식 업종 중 주요 세부 업종별 가맹점 수**

(3) 개·폐점률

외식 업종 전체에서 개점률은 26.2%이고, 폐점률은 12.6%로 보고되었으며, 세부 업종별로 보면 한식 개점률이 35.1%로 가장 높았다. 그러나 한편으로는 폐점률역시 14.5%로 가장 높은 수치를 보였다. 이는 한식 업종의 높은 시장 흐름의 변동성을 보여주는 지표로 볼 수 있다.

표 2-11 외식 업종 중 주요 세부 업종별 개·폐점률 (단위: %)

구분		치킨	한식	커피	제과제빵	피자	외식업 전체
개점률	2020년(A)	20.3	32.4	23.9	11.2	17.9	25.3
	2021년(B)	17.3	35.1	25.1	13.4	20.3	26.2
	증감률	△3.0	2.7	1.2	2.2	2.4	0.9
폐점률	2020년(A)	11.9	14.1	7.9	8.5	7.9	12.2
	2021년(B)	13.7	14.5	7.8	8.9	8.5	12.6
	증감률	1.8	0.4	△0.1	0.4	0.6	0.4

○ 개점률 = 해당 업종의 당해년도 신규 개점 가맹점 수 / 해당 업종의 당해년도 말 기준 가맹점 수

　폐점률 = 해당 업종의 당해년도 계약 종료·해지 가맹점 수 / 해당 업종의 당해년도 말 기준 가맹점 수

* 자료출처: 한국공정거래위원회 (www.ftc.go.kr)

(4) 가맹점 수 분포

외식 업종에서 가맹점이 100개 이상인 브랜드는 총 290개였으며, 이는 2020년대비 50개가 증가한 수치다. 반면, 가맹점이 10개 미만인 브랜드의 비중은 75.2%로, 이는 2020년 대비 소폭 감소한 비율이다. 세부 업종 중에서는 치킨과 피자 업종에서 가맹점을 100개 이상 운영하는 브랜드의 비중이 각각 7.8%, 7.4%로 상당히 높았다. 그러나 가맹점이 10개 미만인 소규모 브랜드의 비중은 대체적으로 감소했다. 그럼에도 불구하고 한식과 커피 업종에서는 이 비율이 80%에 달해 여전히 높게 나타났다. 이는 각각의 업종에 따른 시장의 특성과 경쟁 구조를 반영한 결과라고 볼 수 있다.

표 2-12 **가맹점 수 기준 외식 업종 중 주요 세부 업종별 브랜드 수 분포** (단위: 개, %)

가맹점수	치킨			한식			커피			제과제빵			피자			외식업 전체		
	개수	비율	21년	개수	비율	21년	개수	비율	21년	개수	비율	21년	개수	비율	21년	개수	비율	21년
100개 이상	53	7.8	7.0	63	1.9	1.5	38	4.5	4.6	9	3.3	3.5	18	7.4	7.1	290	3.1	2.7
10개 이상	185	27.1	23.3	640	19.6	15.6	149	17.5	14.8	56	20.7	16.1	70	28.8	22.1	2,053	21.7	17.9
10개 미만	445	65.2	69.8	2,566	78.5	82.9	665	78.1	80.6	205	75.9	80.3	155	63.8	70.8	7,099	75.2	79.4
계	683	100		3,269	100		852	100		270	100		243	100		9,442	100	

* 자료출처: 한국공정거래위원회 (www.ftc.go.kr)

(5) 가맹점 평균 매출액

2021년의 외식 업종에서 가맹점의 평균 매출액은 약 2.79억 원으로, 이는 2020년에 비해 1.4% 감소한 수치이다. 주요 세부 업종을 살펴보면, 커피 업종에서는 코로나19가 지속되는 상황임에도 불구하고 가맹점 평균 매출액이 6.0% 증가했다. 이와는 반대로, 치킨, 한식, 피자 업종에서는 가맹점의 평균 매출액이 각각 2.2%, 6.0%, 6.5% 감소했다. 이러한 현상은 각 업종의 특성과 코로나19로 인한 소비자의 행동 변화 등 여러 요인에 의해 영향을 받았다고 볼 수 있다.

표 2-13 **외식 업종 중 주요 세부 업종별 가맹점 평균 매출액** (단위: 백만 원, %)

구분	치킨	한식	커피	제과제빵	피자	외식업 전체
2020년	285	294	197	442	273	283
2021년	279	277	209	453	255	279
증감률	△2.2%	△6.0%	6.0%	2.4%	△6.5%	△1.4%

➲ 해당 자료는 정보공개서에 기재된 가맹점 연간 평균 매출액을 가중 평균해 도출(가맹점 미운영 등의 이유로 평균 매출액을 작성하지 않은 브랜드 등은 집계 대상에서 제외)

* 자료출처: 한국공정거래위원회 (www.ftc.go.kr)

표 2-14 **2022년 주요 외식 업종 현황**

구 분	치 킨	한 식	커 피	제과제빵	피 자
가맹점 수	29,373	36,015	23,204	8,779	8,053
브랜드 수	683	3,269	852	270	243
개점률	17.3%	35.1%	25.1%	13.4%	20.3%
폐점률	13.7%	14.5%	7.8%	8.9%	8.5%
가맹점 평균 매출액	279백만 원	277백만 원	209백만 원	453백만 원	255백만 원

*자료출처: 한국공정거래위원회 (www.ftc.go.kr)

가맹점 평균 매출액이 3억 원 이상인 브랜드의 비중은 27.2%로, 이는 2021년에 비해 2.3% 포인트 감소한 수치이다. 반면에, 가맹점 평균 매출액이 1억 원 미만인 브랜드의 비중은 19.2%로 2021년에 비해 0.2% 포인트 증가했다. 이 결과는 경제 상황과 시장 변화 등에 따라 브랜드의 매출액이 다르게 변화하고 있다는 것을 나타낸다.

표 2-15 **가맹점 평균 매출액 기준 외식 업종 중 주요 세부 업종별 브랜드 수 분포** (단위: 개, %)

가맹점 평균 매출액	치 킨			한 식			커 피			제과제빵			피 자			외식업 전체		
	개수	비율	21년	개수	비율	21년	개수	비율	21년	개수	비율	21년	개수	비율	21년	개수	비율	21년
3억 이상	23	8.1	9.7	339	37.8	44.0	16	6.4	4.5	20	24.4	17.9	21	20.8	24.1	799	27.2	29.5
2억 이상	47	16.6	19.1	203	22.6	21.8	55	21.9	12.3	15	18.3	16.4	29	28.7	27.7	629	21.4	21.2
1억 이상	128	45.2	45.3	213	23.7	20.8	108	43.0	44.7	30	36.6	47.8	37	36.6	32.5	941	32.1	30.3
1억 미만	85	30.0	25.8	142	15.8	13.5	72	28.7	38.5	17	20.7	17.9	14	13.9	15.7	564	19.2	19.0
계	283	100%		897	100%		251	100%		82	100%		101	100%		2,933	100%	

* 자료출처: 한국공정거래위원회 (www.ftc.go.kr)

(6) 가맹점 평균 차액가맹금

❶ 차액가맹금이란?

차액가맹금은 가맹점사업자가 상품, 원재료, 부재료, 정착물, 설비 및 원자재의 가격이나 부동산의 임차료를 가맹본부에 지급할 때 적정한 도매 가격을 초과하는 부분을 의미한다. 이는 일종의 유통 마진이다. 가맹본부는 이런 차액가맹금을 수취하기 위해 가맹점사업자에게 필수 품목을 구매하도록 한다. 가맹본부가 직접 생산한 품목을 통한 마진은 제외하고, 차액가맹금은 정보공개서에 기재해야 한다. 이렇게 차액가맹금을 통해 가맹본부와 가맹점사업자 간의 거래에서 발생하는 추가 수익을 투명하게 관리하게 된다.

❷ 지급 금액

2021년 외식 업종에서 가맹점의 평균 차액가맹금 지급금액은 1700만 원이었다. 주요 세부 업종에서는 피자 업종이 3,200만 원으로 가장 높았으며, 그 뒤를 치킨 업종(2100만 원), 제과제빵 업종(1700만 원), 한식 업종(1600만 원), 커피 업종(900만 원) 순서로 뒤따랐다.

❸ 지급 비율

2021년 외식 업종에서 가맹점 평균 매출액 대비 가맹점 평균 차액가맹금 비율은 4.3%였다. 주요 세부 업종에서는 치킨 업종이 7.0%로 가장 높았으며, 그 뒤를 제과제빵 업종(6.0%), 피자 업종(5.0%), 한식 업종(4.2%), 커피 업종(3.6%) 순서로 이어졌다.

표 2-16 **외식 업종 중 주요 세부 업종별 가맹점 평균 차액가맹금**　　　　(단위: 백만 원, %)

2021년	치킨	한식	커피	제과제빵	피자	외식업 전체
지급 금액	21	16	9	17	32	17
지급 비율	7.0	4.2	3.6	6.0	5.0	4.3

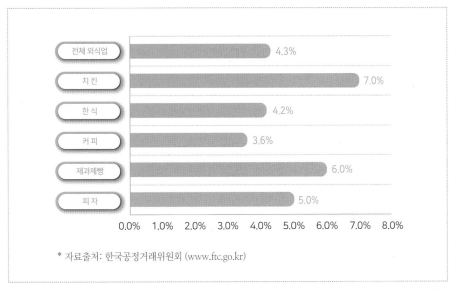

* 자료출처: 한국공정거래위원회 (www.ftc.go.kr)

○ 일정 규모 이상의 안정적인 수입이 보장되는 브랜드를 대상으로 통계를 추출하기 위해 가맹점 평균 매출액이 2억 원 이상인 가맹점을 대상으로만 집계

(7) 2022년 세부 업종별 가맹점 수, 신규 개점 수, 평균 매출액 상위 업체

　업종별 가맹점 수, 신규 개점 가맹점 수가 많은 상위 5개 브랜드와, 가맹점 평균 매출액이 높은 상위 5개 브랜드는 다음과 같다.(공정위 가맹사업정보제공시스템(franchise.ftc.go.kr)

을 통해 자료 추가 확인 가능)

표 2-17 **외식 업종 가맹점 수, 신규 개점 수, 평균 매출액 상위 업체**   (단위: 개, 천 원)

구 분		가맹점 수		신규 개점 수		가맹점 평균 매출액	
업종	순위	브랜드	수 치	브랜드	수 치	브랜드	수 치
치킨	1	비비큐(bbq)	2,002	비비큐(bbq)	442	교촌치킨	753,720
	2	비에이치씨(BHC)	1,770	비에이치씨(BHC)	370	치맥킹	724,793
	3	교촌치킨	1,337	자담치킨	238	비에이치씨(BHC)	632,531
	4	처갓집양념치킨	1,241	처갓집양념치킨	156	청년치킨	602,674
	5	굽네치킨	1,095	바른치킨	110	푸라닭	536,287
한식	1	본죽	891	담꾹	394	먹보한우	2,737,962
	2	한솥	747	김준호의 대단한갈비	278	하누소	2,511,903
	3	본죽&비빔밥	657	집밥뚝딱	158	소플러스	1,771,006
	4	두찜	571	본죽&비빔밥	154	고창면옥	1,442,017
	5	고봉민김밥人	562	순수덮밥	143	삼육가珍	1,402,780
커피	1	이디야커피	3,005	컴포즈커피	573	카페온화	536,445
	2	메가엠지씨커피	1,593	메가엠지씨커피	417	투썸플레이스	506,059
	3	투썸플레이스	1,330	더벤티	269	The Coffee Bean & Tea Leaf	473,334
	4	컴포즈커피	1,285	빽다방	258	아필코(APILCO)	375,181
	5	빽다방	971	이디야커피	218	디저트 39	374,855
제과 제빵	1	파리바게뜨	3,402	뚜레쥬르	90	레이어드	2,265,641
	2	뚜레쥬르	1,285	던킨/던킨도너츠	90	아우어베이커리	979,741
	3	던킨/던킨도너츠	613	츄러스1500	86	삼송빵집	955,675
	4	명랑시대쌀핫도그	613	크라상점	84	WOO'Z	903,303
	5	홍루이젠	247	파리바게뜨	76	CAFE빵선생	745,435
피자	1	피자마루	603	피자나라 치킨공주	102	도미노피자	814,801
	2	피자스쿨	599	반올림피자샵	80	잭슨피자	741,257
	3	오구쌀피자	480	청년피자	77	반올림피자샵	564,650
	4	피자나라 치킨공주	471	빅스타피자 (Bigstar Pizza)	75	핏제리아오	494,850
	5	도미노피자	365	프레드피자	57	아메리칸피자	425,555

* 자료출처: 한국공정거래위원회 (www.ftc.go.kr)

(8) 시사점

가맹사업 시장의 특성을 살펴보면, 2022년에는 몇 가지 주요 특징을 발견할 수 있다. 2021년에 시행된 개정 가맹사업법이 가맹본부와 브랜드 수에 큰 영향을 미쳤다. 이 법은 직영점을 적어도 하나 이상 운영해야만 신규 정보공개서 등록이 가능하도록 규정했고, 이를 통해 소규모 가맹본부에 정보공개서 등록 및 제공 의무를 새롭게 부과했다. 이로 인해 가맹본부와 브랜드 수가 크게 증가했으나 법이 시장에 안착하면서 가맹본부와 브랜드 수의 증가율은 다시 평년 수준으로 돌아갔다.

가맹점 수는 2021년도 대비 24.0% 증가해 64,813개를 기록했다. 이는 가맹본부 증가율 11.5%와 브랜드 수 증가율 5.6%를 상회하는 수치였다. 특히, 한식, 편의점 등의 특정 업종에서 가맹점 수가 크게 증가했다. 그러나 대부분의 외식 및 도소매 업종에서는 코로나19의 영향으로 가맹점 평균 매출액이 감소했다. 가맹점 운영에 어려움이 늘어나고 있음이 확인된 것이다.

이러한 어려움을 겪고 있는 가맹점주들을 돕기 위해 공정위는 가맹종합지원센터를 계속 운영하고 있으며, 표준계약서의 보급을 확대하고 필수 품목의 합리화 등을 통해 가맹본부와 점주 간의 상생 협력을 촉진하고자 다양한 정책을 추진한다는 계획이다.(출처: 공정거래위원회 2022년 가맹사업 현황 통계 발표)

그러나 이러한 양적 성장에도 불구하고 질적인 면에서는 많은 문제점을 드러내고 있다. 아직도 많은 가맹본부가 프랜차이즈에 대한 기본적인 개념도 없이 단지 장사가 잘되니까, 남들이 다 하니까, 많은 돈을 벌 수 있을 것 같아서 무작정 프랜차이즈 사업에 뛰어드는 경우가 다반사다. 상황이 이렇다 보니 프랜차이즈 가맹본부에서 기본 시스템이나 매뉴얼조차도 없이 주먹구구식으로 운영하는 경우가 많아 그 피해는 고스란히 가맹점으로 돌아가고 있다. 물론 가맹점 또한 충분한 사전 조사 없이, 외식업에 대한 막연한 희망을 품고 가맹계약을 맺는 경우가 많다 보니 자신이 경영 주체임에도 불구하고 어떠한 문제나 난관에 봉착했을 때 모든 책임을 가맹본부에 떠넘기는 경우를 많이 보게 된다.

그럼에도 불구하고 대기업과 외국계 브랜드의 외식 프랜차이즈 사업 진출과 질적인 성장을 이룩한 우수한 외식 가맹본부의 증가, 가맹사업거래의 공정화에 관한 법률 등 제도적 장치 강화, 예비 창업자들의 수준 향상 등으로 질적인 성장도 이루어지고 있는 실정이다. 나아가 성공한 국내 외식 브랜드의 해외 진출이 활발히 이루어지고 있어 앞으로 질적인 면의 성장도 가속화될 전망이다.

외식 프랜차이즈 산업이 성장할 수 있었던 가장 큰 요인은 프랜차이즈 사업 방식이 타 사업 기법에 비해 장점이 많은 데 있다. 가맹본부만의 자금이 아닌 각 가맹점사업자들이 창업 자금을 투자하다보니 창업 자금 조달이 용이하고, 성공한 사업 모델로 가맹점을 모집하다 보니 급성장이 가능했으며 가맹점에 의한 위험 분산이 가능해 규모의 경제를 실현할 수 있었다. 또한 전문품에 대한 욕구가 강하고, 산업의 중심이 제조업에서 서비스 업종으로 이동했기 때문이다. 그리고 서비스 업종 중 프랜차이즈 산업은 비중 있는 산업으로 비약적인 성장을 가져왔는데, 그 배경은 가처분 소득과 여성의 사회 진출, 맞벌이 부부의 증가에 의해 외식 빈도가 증가한 때문이라고 할 수 있으며 여기에 컴퓨터를 통한 전산화와 인터넷을 통한 새로운 매뉴와 맛집 등의 외식 정보 공유는 더욱 빠른 촉매 역할을 했다. 또한, 편리성 추구, 교육 수준의 향상, 기술 발전으로 중앙 공급식 주방 시스템화, 중식 시장의 성장, 신메뉴에 대한 젊은층의 호기심 등을 들 수 있다.

2) 외식 프랜차이즈 산업의 발전 방향

30여 년도 안 되는 짧은 프랜차이즈의 역사와 법적·제도적 장치가 미비함에도 불구하고 지금까지 우리나라 외식 프랜차이즈 산업은 놀랄 만한 속도로 발전을 거듭해 왔으며 경제 발전에도 큰 기여를 하고 있다. 앞으로 외식 프랜차이즈 산업의 질적 성장을 위해 다음과 같은 핵심 역량을 강화하기 위해서 노력해야 한다.

(1) 확실한 브랜드 이미지 확립

롯데리아나 놀부, 원할머니보쌈, BBQ와 같은 몇몇 대형 브랜드를 제외하고는 패스트푸드, 패밀리 레스토랑, 피자 업계에서 국내 고유 브랜드를 찾아보기 힘들다. 이처럼 한국은 경영 관리에 있어서 브랜드 관리 및 브랜드 홍보 차원의 관리가 선진국에 비해 많이 떨어지므로 좀 더 브랜드 관리에 투자해야 한다. 앞으로의 글로벌화에 있어서 브랜드의 위력은 더욱 더 높은 차원의 힘을 발휘할 것으로 예상된다. 즉 맥도날드와 코카콜라가 미국을 대변하듯 몇 개의 세계적인 브랜드가 그나라의 위상과 권위를 대변해 주는 시대에 살고 있는 것이다. 그러므로 우리 고유의 브랜드가 세계적인 브랜드로 발전할 수 있도록 부단한 노력이 필요하다.

(2) 체계적인 교육 및 시설 확충

외식 프랜차이즈 산업에서는 서비스에 대한 업체의 중요성에 대한 인식은 높지만 이에 따른 교육 수준은 매우 낮은 편이다. 서비스에는 시설적인 면도 중요하지만 밑바탕의 고객 감동 서비스는 사람에게서 온다고 할 수 있을 만큼 무엇보다도 체계적인 교육이 중요하다. 세계 어디에서나 똑같은 양질의 가치 있는 음식과 서비스를 제공할 수 있는 것, 그리고 세계 어디서나 똑같이 직원 한 사람 한 사람에게 무한한 자기 성장의 기회를 제공할 수 있는 것이 곧 교육이 가지는 힘이다. 그러므로 매장 운영 방식, 고객 만족 및 가치의 서비스 정신, 장비 관리 기술, 리더십, 경영 기획에 이르기까지 각 단계별로 다양하고 완벽한 교육이 이루어져야 한다. 이처럼 직원들의 만족이 결국은 고객의 만족으로 이어진다는 사실을 직시해야 한다.

(3) 외식 프랜차이즈의 차별화

해외 브랜드의 유입으로 과도한 경쟁이 이루어지는 만큼 단순히 선진 외식기업의 브랜드를 모방만 하는 차원에서 탈피하여 차별성을 창출해야 하며 국제 경쟁력을 갖추어 나가야 한다.

위의 내용들도 중요하지만 앞으로 외식 프랜차이즈 산업의 보다 높은 이익 창출과 장기 존속을 위해서는 무엇보다도 외식 프랜차이즈 가맹본부와 가맹점 간의 긴밀한 관계 유지도 절실히 요구된다. 그러므로 가맹본부와 가맹점들 간의 관계 만족에 대한 인식이 재정립되어야 할 것이다.

Chapter 03

외식 프랜차이즈 인적 자원 관리와 매뉴얼

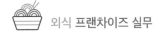

제1절 외식 프랜차이즈 가맹본부의 인적 자원 관리

1 인적 자원 관리의 개요

1) 인적 자원 관리의 개념

어떠한 형태의 기업이든 경영자 1인 기업이 아닌 이상 인적 자원에 대한 관리가 필요하다. 직원이 많아지고 직무 형태가 다양하고 복잡해질수록 사람들 간에는 많은 문제들이 발생하기 마련이다. 공동의 성과를 내기 위해 많은 사람이 상호 협력하는 유기적 활동이 원활하게 이루어지기 위해서는 먼저 인적 자원 관리가 제대로 이루어져야 한다.

인적 자원 관리란 조직의 목적을 달성하기 위해 활용해야 하는 자원 중에 인적 자원을 확보하고, 평가, 개발, 보상, 유지하기 위한 계획과 실행, 평가 활동으로 정의할 수 있다.

인적 자원 관리는 당연히 1차적으로 효율적인 생산성 향상을 목표로 하게 된다. 이와 동시에 구성원, 즉 직원들의 만족도 충족이라는 목표도 가지게 되는데, 목표 달성에 대한 충분한 보상은 직원의 만족도를 충족시킬 뿐만 아니라 다음 직무 수행에도 긍정적인 영향을 미치게 된다.

과거 Taylor는 과업 관리(task management)를 위해 과학적 관리법의 이론을 창안했고 Gilbreth 부부는 시간 및 동작을 연구했으며, Gantt는 간트 차트를, Ford는 포드 시스템이라는 컨베이어 시스템에 의한 대량 생산 방식을 추진했다. 가히 혁명적인 생산성 향상을 이룩해낸 이론들이었다. 그러나 인간성을 무시하고 생산성과 능률만을 강조했다는 점에서 많은 비판을 받게 되었다. 이러한 문제에 대한 반성으로 등장한 것이 Mayo의 호손 실험(Hawthorne experiment)으로 그는 능률보다 인간관계에 초점을 두었다. 그러나 이 또한 지나치게 인간적인 요소만을 강조해 합리성이 결여되었다는 비판을 받게 되었다.

이렇게 생산성 강조에서 인간성 강조로 인적 관리의 변화를 거쳐오면서 어느 하나에만 치중하다 보면 다른 것을 잃게 된다는 것을 알게 되었다. 따라서 오늘날에는 이 두 가지의 조화를 시도하는 현대적 개념의 인적 자원 관리(Human Resource

Management:HRM)가 등장하게 된다. 이는 다시 HRP(Human Resource Planning:인적 자원계획), HRD(Human Resource Development:인적 자원 개발), HRU(Human Resource Utilization:인적 자원 활용)의 세 가지 측면으로 나뉘며 채용, 선발, 배치에서부터 교육, 훈련까지 포괄하는 광범위한 개념으로 주목받고 있다.

표 3-1 **HRM의 도입으로 인한 변화**

	전통적 조직	미래 조직
인적 자원 관리 관점의 변화	직무, 연공 중심의 인사 관리 • 연공 중심 • 직무 중심(훈련 중시) • 수직적 경력 관리 • 승진과 보상의 연계 • 직급과 직책의 연계 • 고정급	사람, 능력 중심의 인사 관리 • 직능 중심 • 사람 중심(교육 중시) • 수평적 경력 관리 • 승진과 보상의 분리 • 연봉급
조직에서 요구하는 개인의 특성 변화	말 잘 듣는 사람 • 성실성 • 명령 수용적 • 내부 지향적 • 자기 고집적 • 위험 회피적	자율적, 창의적인 사람 • 창의성 • 자율적 • 미래 지향적 • 고객 지향적 • 학습 지향적 • 위험 선호적
관리자 역할의 변화	지시, 통제자 • 지시적 • 관리, 통제 • 정보 독점 • 권력 추구	비전 제시자, 후원자 • 참여적, 설득적 • 코치, 후원 • 정보 공유 • 권한 위양

2) 인적 자원 관리의 의의

(1) 인적 자원 관리의 중요성

디지털 시대의 발달과 노동 시장의 구조 변화, 글로벌 경쟁 시대 도래, 지식 중심의 시대를 맞으면서 인적 자원 관리 환경도 변화하고 있으며 조직 구조가 보다 유연하고 탄력적인 네트워크 조직으로 급변하고 있다. 지금까지의 인적 자원 변화를 살펴보면 1980년대는 안정적인 경영 환경에 연공서열과 인간적인 면이 강했고 1990년대는 국제통화기금(IMF)을 통한 구조 조정이라는 과도기적인 기업 환경 변화로 팀제 중심의 신인사 제도가 생겨나면서 디지털 시대를 맞아 더욱 급변했다. 사람은 이윤 창출 활동에서 가장 중요한 자산이며 외식산업이나 외식 프랜차이즈 산업뿐만 아니라 타 산업의 모든 조직에서도 사람을 잘 관리하는 일은 중요하다. 하지만 인적 관리는 갈수록 어려워지고 있다. 건물, 기계, 자금 등은 대여할 수 있는 부분이지만 인재의 채용은 불가능하다.

인적 자원 관리란 개인과 조직의 목표를 성취하기 위한 인적 자원의 계획과 확보, 활용과 유지, 보상과 개발 등의 행위를 말한다. 외식 프랜차이즈 산업은 원재료를 구입해 가공한 후 소품종 다량 생산을 하고, 인적 서비스를 더해야 비로소 상품으로서 역할을 한다. 이외에도 즐거운 식사를 하도록 청결을 유지하고 분위기 있게 장식해야 하는 등 많은 부분이 기술 집약적이고 노동 집약적 산업이라고 볼 수 있다. 그러므로 사람에 대한 의존력이 높은 외식 프랜차이즈 산업에서는 우수한 인재를 확보하고 개발해 유지하는 인적 자원 관리가 매우 중요하다.

(2) 인적 자원 관리의 구성

인적 자원 확보는 직원의 모집, 면접, 선발 등의 채용 활동을 말하며 인적 자원 개발은 직원의 잠재 능력을 실현할 수 있도록 교육 훈련과 능력 개발 및 배치, 전직, 승진 등의 활동을 말한다.

인적 자원 유지는 직원의 보상과 복리 후생 및 안전 위생, 의사소통, 제안 제도 등을 통해 좋은 직무 환경과 분위기를 유지하는 활동이며, 인적 자원 조정은 효율적인 조직 규모를 구성할 수 있도록 구성원 수를 조정하는 활동을 말한다.

오늘날 외식 프랜차이즈와 같은 서비스업의 성패는 서비스의 질에 달려 있다고 할 정도로 고객 만족, 고객 감동이 성공을 위한 필수 조건이 되고 있다. 먼저 음식의 맛이나 분위기에 의해 고객 만족이 이루어진다면 종업원의 마음가짐, 인정, 배려 등에 의해 고객 감동의 단계에 이르게 된다. 즉 외식 프랜차이즈의 인적 자원 관리는 행복한 고객을 위한 매우 중요한 분야이며 적절한 교육과 훈련이 수반되어야 한다.

외식 프랜차이즈의 인적 자원 관리는 '외식 프랜차이즈가 필요로 하는 적합한 인력을 고용해 유지하고 교육과 훈련으로 능력을 개발해 외식 프랜차이즈 가맹본부와 가맹점의 운영에 맞게 활용하는 동시에 종업원의 자발성과 자율성의 원리에 입각해 계획·조직·통제하는 것'으로 정의할 수 있다. 식당의 인력 구성은 시간의 흐름에 따라서 변화하는데 인적 자원 수급 계획에 의거해 가장 적합한 지원자를 확보해야 한다.

3) 인적 자원 관리의 계획

(1) 계획 과정

인적 자원 계획을 수립하기 전에 수요와 공급 측면에서 직무 분석을 해야 한다. 수요 측면에서 기업이 목표를 달성하는 데 필요한 직원의 수와 그 자질을 명확히 하는 과정을 인력 수요 분석이라고 한다. 그리고 공급 측면에서 필요한 인적 자원을 충족시키기 위해 직원을 기업의 외부 또는 내부에서 충당할 것인지를 결정하는 과정을 노동 공급 분석이라고 한다.

인력의 수요와 공급 분석이 끝나면 직원이 부족한지 또는 과잉인지에 대한 결정을 하게 된다. 만일 직원이 부족하다고 예상되면 외부에서 적절한 자격을 갖춘 직원을 확보해야 한다.

(2) 직무 분석

❶ 직무 분석의 개념

직무를 통해서 직원의 자기 만족을 충족시켜 주고 자기 만족으로부터 유발되는 사기는 생산성 증대에 영향을 미친다.

직무 분석은 인력 관리의 기초적 정보의 하나로서 각 직무의 내용, 특징, 자격 요건을 설정하고 직무를 수행하는 데 요구되는 기술, 지식, 책임 등을 분명히 밝혀 주는 절차를 말한다. 직무 분석은 실질적으로 채용 기준의 설정, 교육 훈련과 배치 및 전환의 자료 제공, 효율적인 노동력 이용, 적정 임금 수준의 결정, 직무의 상대적 가치를 결정하는 자료를 제공하기 위해 한다.

직무 분석 자료를 수집하는 방법에는 관찰, 실무자와 감독자의 면접, 직무 분석 설문지 등이 있는데, 그중에서 설문지법이 가장 널리 이용된다. 직무 분석의 결과로 직무기술서와 직무명세서가 작성되며, 이것은 조직의 전반적인 직무 설계와 직무 평가의 기초 자료가 된다.

❷ 직무기술서와 직무명세서

직무기술서는 직무의 목적, 업무 내용, 책임, 의무 등을 기술한 것으로 채용, 급여 결정, 승진, 배치, 훈련 등의 인사 관리를 실행하는 데 기초가 된다.

　　직무명세서는 직무를 수행하는 데 필요한 교육 수준, 기술, 경험 등의 인적 특성, 즉 인적 요건을 기술한 것으로, 직무의 특성에 중점을 두어 기술된 직무기술서를 기초로 해 직무에 요구되는 상세한 개인적 요건을 정리한 문서이다. 직무명세서의 용도는 다음과 같다.

- 신규 인력 채용 광고를 위한 정보 출처
- 직무를 수행하기 위해 요구되는 교육 수준의 규정
- 직무를 수행하기 위해 요구되는 경력이나 특별 교육의 규정
- 직무에 특별히 필요한 육체적인 조건이나 규정

직무기술서의 예

- 근무 장소: 주방
- 직　　책: 제1 조리사
- 보 고 자: 조리장
- 직무 내용: 조리장의 지시에 따라 안전하고 위생적인 조리 작업을 수행한다.
  1. 식재료의 보관 및 수량 관리를 책임진다.
     특히 식재료의 질과 신선도를 점검할 수 있는 능력을 배양한다.
  2. 필요량의 식재료를 충분히 확보하고 관리한다.
  3. 보조 조리사를 관리·감독한다.
  4. 항상 주방 내 청소와 위생 관리에 신경쓴다.
  5. 조리장의 부재 시 조리장을 대신해 조리 작업을 한다.
  6. 항시 피크 타임에 대한 사전 준비를 한다.
  7. 육류·생선·야채 등의 식재료를 신선하게 준비한다.
  8. 조리장의 조리를 도와주고 다른 조리사를 도와준다.
  9. 냉동·냉장고의 온도 및 상태를 점검한다.
  10. 틈나는 대로 보조 조리사를 육성한다.

✿ 직무명세서의 예

- 직　　　명: 웨이터/웨이트리스
- 근무 시간: 아침 9시~오후 6시, 주 5일 근무
- 일주일 총 근무 시간: 40시간
- 휴　　　일: 일주일에 2회
- 휴가 기간: 1년에 2주
- 교육 수준: 고졸, 전문대졸, 대졸
- 성　　　격: 고객들에게 친절히 대해야 함
- 보 고 자: 지배인
- 연　　　령: 18~60세
- 경력 요구 사항: 2년
- 신체 조건: 양호한 건강 상태
- 특별 기술 요구 사항 없음
- 직무에 대한 특기 사항: 본 직무는 웨이터나 웨이트리스가 현금을 담당하며 알코올 음료를 제공하는 업무가 포함되어 있다. 이런 업무들은 직원에게 높은 책임감과 주의력을 요구한다. 그러나 이런 도전에도 불구하고 웨이터나 웨이트리스는 매달 지배인으로 승진하는 기회를 얻을 수 있다, 이는 개인의 역량을 향상시키고 경력을 발전시키는 좋은 기회다.

❸ **직무 평가**

직무 평가는 각 직무 간의 상대적인 가치를 객관적으로 측정하는 절차이다. 합리적인 임금 구조를 결정하기 위한 것이 가장 큰 목적이지만, 직무 평가 과정에서 수집된 자료를 인적 자원 관리에 다양하게 활용한다. 직무 평가에는 서열법, 분류법, 점수법, 요소 비교법 등이 있다.

4) 인적 자원 활동

인적 자원 활동은 인력의 수요와 공급을 예측해 필요한 인적 자원을 계획하고 모집·선발 과정을 거쳐 적임자를 채용하는 것에서부터 시작된다. 인적 자원이 확보되면 교육 훈련, 배치, 전직, 승진 인사 고과 등의 인적 자원 개발 활동을 하고, 인적 자원을 유지하기 위한 임금 관리·보상·복리 후생 등의 인적 자원 유지 활동을 하게 된다.

(1) 인적 자원 확보

인적 자원 관리의 성패는 채용에 달려 있다고 해도 과언이 아니다. 채용 과정은 다음과 같다.

❶ 모집

효과적인 충원을 하기 위해서는 직무명세서에서 요구하는 능력과 기술을 가진 사람들을 모집해야 한다. 외식 프랜차이즈 산업에 적합한 자격을 갖춘 직원을 모집하기란 쉽지 않다.

❷ 선발

선발은 규정에 의해 지원자를 평가해 선택하는데, 최고를 향한 열정이 있어야하며 강한 승부 근성을 가진 사람, 감성 지능이 있고 도덕적 겸양이 있는 사람, 직업 윤리를 가진 사람, 핵심 가치에 맞는 가치관을 가진 좋은 사람을 선발해야 한다. 지원자를 생활정보지 광고, 인터넷 검색, 헤드헌터 이용, 학원, 학교, 신문, 고용안정센터 등을 통해 확보해야 하며 선발 과정에는 지원서(이력서, 경력증명서, 자격증, 자기소개서, 졸업증명서, 성적증명서, 주민등록등본 등)를 기초 자료로 해서 채용 시험, 면접, 개인적 배경 조사, 신체 검사, 수습 기간 등의 단계로 진행된다. 선발 방법으로는 지원자에 관한 조서를 평가해 판단하는 조서관찰법, 면접에 의해서 신상 조사를 관찰하는 면접법, 테스트를 통해서 지원자의 정신적인 특징을 측정·평가하는 테스트, 부여되는 과제에 적응하는 지능 정도를 측정하는 학식 검사, 그리고 지능 검사 등이 있다.

표 3-2 **채용 과정**

1. 소요 인원	2. 모 집	3. 선 발	4. 배 치
인원 계획	• 채용 전략 수립 • 지원서 교부 접수 [외부 모집] 외식업중앙회 및 각 지회, 잡코리아, 워크넷, 사람인, 인터넷, 추천, 식당 관련 전문 잡지, 국가 고용 기관, 대학 취업 정보 센터, 사설 직업 소개소 [내부 모집] 이동, 승진, 재배치	• 서류 전형 • 1차 채용 시험(실기) • 2차 면접 시험 • 오리엔테이션, 신체 검사, 적성 검사 • 최종 합격자 발표	• 신입 사원 교육 • 배치 및 직능 교육

외식 프랜차이즈 산업의 업무 중에서도 가장 어려운 부분이 자기 브랜드에 가장 적합한 인재를 구하는 일이다. 누구에게 종업원 문제를 의논해야 할지 막연한 경우도 많고 특히 3D 업종 기피 현상으로 가면 갈수록 인재 구하기가 어려워지고 있다. 요즘은 외식 전문 컨설팅사나 인크루트, 워크넷, 잡코리아 등 구인 업체, 인테리어 업체, 주방 업체, 식재료 납품업체에게 의뢰해서 채용하는 경우가 많고, 또 자주 이용하는 식당 경영주나 주방장에게 부탁해 추천을 받아 채용하기도 한다. 이러한 인재 확보 문제는 뚜렷한 해결책이 있는 것이 아니며 주어진 브랜드의 환경, 경영주의 의지나 경영 방침, 종업원의 외식 프랜차이즈 산업인으로서의 건전한 직업 의식 등에 의해 해결 방법을 찾아야 한다.

⊛ 직원 채용 방법

① 가장 먼저 가족 중에서 가능한 인원을 찾아보고 나서 지인이나 연고자를 통해서 인재를 확보하면 잦은 이직 등의 부담을 줄일 수 있다.

② 자기가 운영할 브랜드와 비슷한 수준의 규모나 업종·업태의 점포에서 필요한 인력을 스카우트하는 방법이 있으나 급여도 현재보다 높여주어야 하고 상도의상의 문제 등으로 악순환이 될 수도 있다.

③ 대학이나 교육 기관에 의뢰하는 방법이 있으며 또 외식업 중앙회나 각 지회·지부, 조리사협회, 어머니회 등에 문의해서 조리사나 찬모, 보조, 서빙 인력 등을 소개받을 수도 있다.

④ 예정 메뉴와 유사한 점포의 주방장 밑에 있는 조리사를 주방장으로 승진시켜 스카우트한다.

⑤ 대학의 외식, 조리 관련 학과나 외식 컨설팅 전문 기관에 의뢰한다.

⑥ 직접 식당에 취업하거나 조리 전문 기관에서 전문 지식을 습득한다.

⑦ 주방 기기 납품업체나 식자재 납품업체의 소개를 받는다.

⑧ 지역에 있는 시청이나 구청 또는 고용안정센터, 정부의 양성 기관, 어머니회에 추천을 의뢰한다.

⑨ 지역 신문이나 생활정보지, 식당 관련 전문 잡지(월간식당, 외식경영, 프랜차이즈 등)나 신문(식품외식경제신문) 등에 구인 광고를 낸다.

⑩ 1~2개월간 유능한 조리사를 채용해 기술 전수 계약을 하고 기술을 습득하는 방법이 있는데 고액 요구와 실속 면에서의 문제점이 내포되어 있다.

직원 선발 시 체크 사항

직원 선발 시 사전에 근무 조건을 명확하게 제시하거나 취업 동기도 파악해보고 기존 종업원이 만족하면 좋은 인력을 소개받을 수 있다는 점도 알고 있어야 한다. 급여는 업계 평균 수준 또는 그 이상을 넉넉하게 대우를 해주면 좋다. 그리고 충분한 인력풀을 확보해 유사시를 대비하는 것이 좋고, 좋은 인력도 교육을 통해 보다 나은 성과를 기대할 수 있다. 안전사고에 대비한 교육을 하고 직원 간의 갈등을 방지해야 하며, 업주로서 직원의 주말 휴무나 개인 사정을 챙기고 배려하면 보다 장기적인 근무를 유도할 수 있다.

표 3-3 **면접표(파트타임, 아르바이트)**

성 명		성 별	남 · 여	전 화	
				휴대폰	
직 업		일반, 주부, 회사원, 학원생, 학생 (대학 학과 학년 재·휴학)			
생년월일		년 월 일	주민등록번호	—	
주소(e-mail)					
근무시간	시 간	(희망) 시 ~ 시 (가능 시간) 시 ~ 시			
	요 일	월, 화, 수, 목, 금, 토, 일, 공휴일			
	기 간	년 월 일 ~ 년 월 일			
질문 사항		답 변 내 용			
경 험		무 · 유 (내용:)			
가족 관계					
가족의 동의		받았다 · 못 받았다			
현재의 건강 상태					

면 접 평 가 (A B C 로 평가한다)		
1	자세·복장·태도·화장(청결감이 있는가)	A, B, C
2	느낌·앉은 자세(바른가)	A, B, C
3	이야기하는 방법(경어 사용, 언행 및 눈을 보고 이야기하는가)	A, B, C
4	동작의 신속성 여부	A, B, C
5	이해력(질문에 곧 대답할 수 있는가)	A, B, C
6	협조성(인간관계는 좋은가)	A, B, C
7	성격이 시원시원하고 표정이 밝은가	A, B, C
8	호감을 주는 인상인가	A, B, C
9	점포의 근무 조건과 주 고객층과 연령이 일치하는가	A, B, C
10	근무 동기는 명확한가	A, B, C
11	점포로 출퇴근은 편리한가	A, B, C

연락 일시	월 일 시 Tel _____	보류__ 채용__ 불채용__		
출근 예정 일시	월 일 시	평점	점	
기 타	시간급: 자료: 보관·반환 응모 경로 :	담당자	점장	사장
	건강진단증 준비 (사진 2매, 주민등록증, 수수료)			

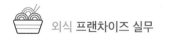

(2) 인적 자원 개발

❶ 배치

직무에 적합한 사람을 선발했다고 해서 채용의 모든 절차가 끝난 것은 아니다. 미래의 기업을 이끌 사람과 직무를 합리적으로 연결시켜 주는 배치의 과업을 수행해야 한다.

배치 방법에는 적성 배치와 적정 배치가 있다. 적성 배치에는 적성에 맞는 일을 할 수 있도록 배치하는 것이고, 적정 배치는 업무량의 예측에 기초를 둔 적정한 수의 인원 배치를 목적으로 한다. 적성 배치가 직원의 질적인 부분을 고려한 것이라면 적정 배치는 어떤 작업에 얼마만 한 인원을 배치하는 것이 합리적인가 하는 문제를 다룬다.

❷ 전직

전직은 직원을 동등의 직급으로 수평적으로 이동시켜 만족감을 주고 기업에도 최대로 공헌할 수 있는 지위로 배치시키는 방법이다. 임금, 직책, 위신 등에서 기존의 직급과 별 차이가 발생하지 않는다.

전직은 작업 요건의 변화에 대응하고 잘못된 배치를 교정하며 작업의 단조로움에서 벗어나게 해준다. 또한 직원 상호 간의 불화를 막아주고 창의적 활동에 대한 기회를 부여하며 장래의 승진에 대비한 훈련을 가능하게 한다.

❸ 승진

승진은 직원이 보다 유리한 직무로 이동하는 것을 말한다. 승진으로 권한과 책임의 영역이 커지며 임금 상승도 따른다. 승진은 조직의 목표를 조화시켜 주고, 직원에 대한 가장 유효한 커뮤니케이션 수단이 되며, 인사 정체 현상을 해결해 준다.

합리적인 승진은 직원의 능률과 사기를 증진시키고 잠재적 직원에게 조직에 참여하고자 하는 동기를 부여하므로 적재적소, 업적, 인재의 육성, 동기 부여의 기회 제공 등의 기본 원칙에 따라 실행한다.

❹ 인사 고과

인사 고과는 직원이 자신이 속한 조직에 대해 가지는 잠재적 유용성에 관해 조직적으로 평가하는 제도이다. 직원의 가치를 객관적으로 정확히 측정해 합리적인 인사 관리의 기초를 부여함과 동시에 직원의 노동 능률을 형성하는 데 목적이 있으며, 승진, 배치 전환, 급여, 해직, 채용 순위 및 복직 순위 등에 사용된다.

⑤ **교육 훈련**

교육 훈련의 목적은 지식, 기능, 태도를 향상시켜 조직을 강화하고 직원 각자 직무에 만족을 느끼게 하며 직무 수행 능력을 향상시켜 보다 중요한 직무를 수행할 수 있도록 한다. 체계적인 교육 훈련은 생산성 향상, 원가 절감, 조직의 안정성과 유연성 향상에 기여할 수 있는 필수적인 요소이다.

교육 훈련은 외식 프랜차이즈 산업의 전반적인 이론 등 특정 직무와 관련되지 않는 일반 지식과 기초 이론을 가르치는 것을 말한다. 훈련은 서빙이나 조리 등 특정직업 또는 특정 직무와 관련된 학문적 지식, 육체적인 기능 등을 습득시키며 숙달시키는 것을 의미한다. 즉 교육과 훈련은 종업원의 능력 개발을 목표한 것으로 그 주요 목적은 다음과 같다. 첫째, 채용된 인재를 육성해 기술을 축적하고, 둘째, 원활한 의사소통을 통해서 조직 간의 협력 관계를 유지하는 데 기여하도록 하며, 셋째, 자기 발전의 욕구 충족을 통한 동기 유발을 시켜나가는 것이다.

교육 훈련은 대상에 따라 신입 직원 교육 훈련, 직원 교육 훈련, 경영자 교육 훈련이 있으며 방법과 장소에 따라서는 대표적으로 현장 교육 훈련(OJT)과 직장 외교육 훈련(OFF JT), 온라인 교육 훈련 등이 있다. 먼저 OJT(on the job training)는 오래되고 보편화된 훈련 방법으로 실제 몸을 움직여 시범을 보이면서 가르치는 트레이닝 기법으로 짧은 기간에 배울 수 있으며 학습 동기도 증진시킬 수 있어 우리 외식 프랜차이즈 산업에서 가장 많이 활용하고 있다. OFF JT(off the job training)는 현장, 직장, 직무와 관련된 모든 사내 교육·훈련을 말하며, 온라인 교육은 시간과 공간을 초월해 언제 어디에서나 교육이 가능한 효율적인 교육 훈련 프로그램으로 원격 학습을 말한다.

이외에 국내외 연수 프로그램 참여, 분의 토의, 사내외 교육의 전파 및 공유, 홀과 주방의 순환 근무제 등을 들 수 있다.

(3) 인적 자원 유지

기업은 사람들의 집합체이기 때문에 직원의 도움 없이는 성공할 수 없으며, 또한 각 구성원들이 어떤 역할을 하는가에 따라 성패가 좌우된다. 조직의 구성원들에게 가장 큰 영향을 미치는 임금·보상·복리 후생 등의 인적 자원유지 활동이 필

요하다. 특히 외식 프랜차이즈에서 인적 자원을 확보하고 유지하는 문제는 지역적으로 제한되어 있고 심지어는 지역의 인재들이 크고 유명한 외식 브랜드를 선호하기 때문에 기업 전략과 연계된 인적 자원 유지 활동이 필요하다.

② 종업원 정착화 방법과 임금 산정

1) 종업원 관리의 문제점

외식 프랜차이즈 산업은 타 업종과 다른 특수성으로 인해 누구나 한번은 종업원 관리에 어려움을 겪는다. 잦은 이직으로 손발을 맞추기가 쉽지 않아 서비스의 질이 떨어지는 경우를 많이 경험하며 또 주방장이 그만두면 맛의 일관성을 유지하지 못해 점포 경영 자체가 흔들리는 경우도 있다.

종업원 관리가 어려운 이유를 알아보면 다음과 같다.
❶ 각양각색의 고객 기호에 맞춘 인적 서비스를 제공해야 하고 특정 시간에 업무가 집중된다는 점, 열악한 작업 환경 및 급여나 복지 수준이 상대적으로 낮다는 점 등이 직무에서 오는 주된 갈등 요인이 되고 있다.
❷ 장시간 근무에 따른 사적 친교 시간의 부족과 휴일에 일하고 평일에 쉰다는 상대적 스트레스가 가족 및 사회와의 유대감을 약화시킨다.
❸ 서비스업 자체에 대한 이해 부족과 3D 업종으로 보는 부정적 시각이 강해 투철한 직업 의식이나 장인 정신을 기대하기 어렵다.
❹ 전문적인 교육 기관의 부족으로 교육 및 개발의 기회가 부족하며, 전문 인력 수급이 원활하지 못하다.

2) 인적 자원 관리의 기능[4]

인적 자원 관리는 기업의 성과와 구성원의 만족에 조화와 통합을 시도하는 일련의 기능이다. 인적 자원 관리의 기능은 기업의 입장과 근로자의 입장으로 나누어볼 수 있다.

---

4) 산업자원부/한국프랜차이즈협회, 「프랜차이즈 경영가이드 총서 3」 – 프랜차이즈 인적 자원 관리, 2004, p.10

(1) 기업 지향적 인적 자원 관리의 기능

기업 지향적 기능은 경영의 목표를 경제적 효율성, 구체적으로는 수익성 증대에 있기 때문에 성과주의 방향으로 전개되며 그 기능을 분류하면 다음과 같다.

❶ 확보 관리

인적 자원 확보 계획에 따라 인력을 충원하고 충원된 인력을 최대한으로 활용하는 과정을 말하며, 구체적으로는 모집, 채용, 배치, 승진 등이 이에 속한다.

❷ 개발 관리

확보된 인적 자원이 기업에서 잠재된 능력을 충분히 발휘하고 좋은 성과를 나타낼 수 있도록 교육하고 훈련시키는 과정을 말한다.

(2) 근로자 지향적 인적 자원 관리의 기능

근로자 지향적 기능은 그 목표를 구성원 만족 증대에 두고 인간성 중시 방향으로 전개되며 그 기능을 분류하면 다음과 같다.

❶ 보상 관리

임금은 근로자가 제공한 노동에 대한 대가로 근로자에게 있어서는 최대의 관심사라고 할 수 있다. 임금에는 돈과 같이 직접적으로 받는 것과 복리 후생과 같이 간접적으로 제공받는 것이 있다.

❷ 유지 관리

확보된 인력을 개발하고 노동에 대한 대가로 보상하는 것도 중요하지만 직장 생활에서 안정감을 누리지 못하고 하루하루 힘들게 보낸다면 그것보다 어려운 일도 없다. 따라서 보상과 교육만으로 해결되지 않는 기본적인 근로자의 욕구와 고민을 파악해 이직하지 않도록 하는 과정이 필요한데, 안전·보건 관리, 인간관계, 노사 관계 관리, 이직 관리 등이 이에 속한다.

3 인적 자원 관리의 주요 내용

앞서 살펴본 바와 같이 오늘날 인적 자원 관리는 성과와 구성원의 만족 두 가지 측면을 모두 고려해 조직의 유기적 활동이 조화롭게 이루어지도록 하는 것이다. 그리고 이것은 인력의 확보 관리, 개발 관리, 보상 관리, 유지 관리 등의 기능으로 이루어진다고 했다. 외식 프랜차이즈 기업에서의 각각의 기능에 대해 보다 자세하게 살펴보자.

오늘날 외식 프랜차이즈와 같은 서비스업의 성패는 서비스의 질에 달려 있다고 할 정도로 고객 만족, 고객 감동이 성공을 위한 필수 조건이 되고 있다. 음식의 맛이나 분위기에 의해 고객 만족이 이루어졌다면 직원의 마음가짐, 인정, 배려 등에 의해 고객 감동의 단계에 이르게 된다. 즉 외식 프랜차이즈의 인적 자원 관리는 고객의 행복을 위한 매우 중요한 분야이며, 적절한 교육과 훈련이 수반되어야 한다.

외식 프랜차이즈의 인적 자원 관리는 '점포에서 필요로 하는 적합한 인력을 고용해 유지하고 교육과 훈련으로 능력을 개발해 점포 운영에 맞게 활용하는 동시에 직원의 자발성과 자율성의 원리에 입각해 계획·조직·통제하는 것'으로 정의할 수 있다. 따라서 외식 프랜차이즈 기업 또한 이러한 외식 프랜차이즈가 요구하는 인적 자원을 확보하고 개발, 유지해 적재적소에 활용할 수 있어야 한다.

특히, 외식 프랜차이즈 기업은 가맹본부 및 직영점의 직원뿐만 아니라 가맹점의 직원 관리 및 교육·훈련 등에도 상당 부분 관여하게 되므로 외식 프랜차이즈 산업 현장에서의 전반적인 인적 자원 관리에 대해 숙지하고 있어야 한다.

1) 인력의 확보 관리

인적 자원 관리를 위한 시작이 바로 인력의 확보이다. 인적 자원의 확보 관리는 현재 확보하고 있는 직원이 적정한가, 앞으로 인력 수요는 어떻게 될 것인가, 우수 인력을 확보하기 위해 어떠한 노력을 할 것인가, 우수 인력을 선발하기 위한 최선의 선발 방법은 무엇인가 등을 포함하는 것이다.

일반적으로 외식 프랜차이즈 사업에서 인적 자원을 확보할 때는 필요한 능력을 갖춘 외부 인력을 채용할 수도 있고 내부 직원을 훈련·육성해 확보할 수도 있다. 물론 후자의 경우가 비용 면에서나 경험, 요구하는 스킬, 보안, 적응도 등 여러 가지 면에서 유리할 수 있으나, 창업 초기나 소규모의 프랜차이즈 회사의 경우에는 직접 육성하기는 힘든 면이 있으므로 외부 인력을 채용하는 것이 좋다. 혹은 직영점이 있다면 직영점에서 경험을 쌓은 우수 직원을 발굴해 슈퍼바이저 등 가맹사업에 필요한 인력으로 육성하는 것도 좋은 방법이 될 수 있다.

직원 선발은 각 회사의 규정에 의해 지원자를 평가해 선발하게 된다. 외식 프랜차이즈 사업이 요구하는 직원은 최고를 향한 열정이 있어야 하며 강한 승부 근성을 가진 사람, 감성 지능이 있고 도덕적 겸양이 있는 사람, 직업 윤리를 가진 사람, 핵심 가치에 맞는 가치관을 가진 사람 등이다.

우수 인력을 획득하는 과정에서 생활정보지 광고, 구직 사이트인 잡코리아, 사람인 등 인터넷 검색, 헤드헌터 이용, 학원, 학교, 신문, 고용안정센터 등을 활용할 수 있고 선발은 일반적으로 지원서(이력서, 경력증명서, 자격증, 자기소개서, 졸업증명서, 성적증명서, 주민등록등본 등)를 기초 자료로 해 면접, 시험 등을 거쳐 선발하게 된다.

2) 인력의 개발 관리

외식 프랜차이즈 기업이 확보하고 있는 인력이 가진 최대한의 능력을 발휘하게 하기 위해서는 인력의 개발 관리가 반드시 이루어져야 한다. 일에 대한 기회를 부여해 가장 적합한 직무를 찾아내고 직무에 적합한 교육·훈련 프로그램을 통해 효율적인 직무 수행이 이루어지도록 관리해야 한다. 그러기 위해서는 다양한 연수 계획이 있어야 하고 기업의 특성에 맞는 교육·훈련 프로그램이 실시되어야 한다. 맞춤형 교육이나 점포 관리자 및 중간 관리자 능력 향상 교육을 대내외 교육 훈련 및 자격 기관을 통해 교육을 이수한 수료자에 한해 인센티브를 주거나 인사 고과에 반영하는 등 다양한 방법을 활용해야 한다.

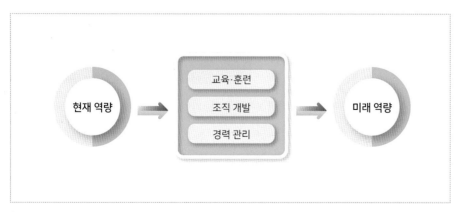

그림 3-1 **인적 자원 개발**

외식 프랜차이즈 기업에서도 채용된 직원을 유능한 직원으로 양성하기 위해서는 교육·훈련이 반드시 필요하다.

3) 인력의 보상 관리

능력과 자질을 갖춘 우수한 인재를 확보하고 직무에 필요한 교육·훈련을 통해 개발했다 하더라도 직원이 최선을 다해 직무에 임하게 하기 위해서는 적절한 보상이 반드시 동반되어야 한다.

보상은 외적 보상과 내적 보상으로 나눌 수 있는데, 외적 보상은 업무 성과(목표 달성, 주류·음료 판매왕, 친절 서비스왕 등)에 따라 급여나 성과급의 차등 지급 등으로 직무에 대한 의욕을 고취시키는 것을 말한다. 내적 보상은 업무 수행 과정에서 만족감이나 의욕을 높여주고 기대감을 부여해 직원 스스로가 업무 의욕을 높이는 것이다. 내적 동기 부여 방법으로는 교육비를 지원하여 교육 훈련을 하거나 경력 개발 시스템 등을 활용한다. 이는 직원 스스로 성장할 수 있다는 자신감과 비전을 갖게 함으로써 직무에 대한 의욕을 고취시킬 수 있다.

외식 프랜차이즈 기업에서도 적절한 보상 관리가 필요하다. 특히 급여 수준을 결정할 때 기술 수준이나 직종, 직무별로 차등 지급하기 위해서는 본봉과 제 수당으로 구분하는 것이 좋으며 이렇게 하면 차등 지급 사유를 명확하게 할 수 있다. 같은 직급인 경우 본봉은 같게 하고 수당에서 기본 틀은 같지만 새벽 근무, 심야 근무, 공휴일 근무에 따른 특별 수당 지급, 장기 근무자에 대한 근속 수당 지급 등으로 직원의 근무 의욕을 높일 수 있고, 동기를 부여해줄 수 있다.

그리고 입사 시 제시한 금액이 총액인지, 실수령액인지 분명히 해 오해의 소지가 없도록 하며 지급 기일을 명확하게 정해 반드시 지키고, 퇴직금과 상여금 지급 규정도 확립해야 한다.

인건비의 구성 요소

인건비는 기본 급여와 제 수당 그리고 상여금 등으로 구성된 직접 인건비와 간접 인건비로 구성되어 있다.

1) 직접 인건비: 기본 급여, 각종 제 수당, 상여금

2) 간접 인건비: 교육 훈련비, 국민연금, 통근 교통비, 구인 광고비, 식비, 피복비, 고용 보험, 산재 보험, 퇴직 적립금, 복리 후생비, 건강 보험 등

인건비에 대한 인식 전환의 필요성이 대두되고 있으며 점포의 전체 지출액 중 식재료 다음으로 높은 부분이 인건비(호텔 외식사업부의 경우 인건비가 식재료보다 더 높은 비중을 차지하고 있음)이므로 효율적인 관리 없이는 식당 운영이 어려워진다. 종업원들에게 시간만 소비하는 개념이 아닌 초, 분 단위 개념을 도입하여 시테크를 자율적으로 관리할 수 있도록 해야 하며, 인간의 개성과 감정 관리에 유의한 노동 시간을 합리적으로 관리할 수 있는 방법 등에 대한 검토도 필요하다.

최근 들어 퇴직금 등에 따른 문제점 제기, 효율적인 인사 관리를 위해 연봉제를 많이 선호하고 있는 실정이므로 충분한 검토 후 적용 여부를 결정해야 한다.

4) 인력의 유지 관리

외식 프랜차이즈 기업은 사람들의 집합체이기 때문에 직원의 도움 없이는 성공할 수 없으며 각 구성원들이 어떤 역할을 하는가에 따라 성패가 좌우된다. 따라서 조직의 구성원들에게 가장 큰 영향을 미치는 임금, 보상, 복리 후생 등의 인적 자원 유지 활동이 중요할 수밖에 없다. 특히 소규모 외식 업소에서 인적 자원을 확보하고 유지하는 문제는 지역적으로 제한되어 있고 지역의 인재들이 크고 유명한 외식기업을 선호하기 때문에 기업 전략과 연계된 인적 자원 유지 활동이 필요하다.

아웃백 스테이크하우스는 레스토랑에 관한 모든 일을 처리하는 지배인과 주방 책임자인 조리장에게는 10% 정도의 지분 투자를 의무화하도록 한 뒤 수익금의 일부를 나눠주고 있다. 이러한 지분 참여 경영 정책은 레스토랑의 핵심 인력인 매니저와 주방장에게 적지 않은 동기 부여를 제공하는 것은 물론 인적 자원을 유지하는 데도 효과적이다. 이러한 시스템 때문에 아웃백 스테이크하우스는 빠른 속도로 성장하기도 했으며 매장 운영의 효율을 극대화시킨 사례로 꼽는다.

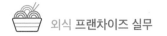

(1) 임금 관리

효과적인 임금 관리는 우수한 인재를 확보하고 육성하는 데 중요한 역할을 한다. 임금(wage)은 사용자가 근로자에게 임금, 급여, 수당, 상여 또는 그 밖의 명칭으로 근로의 대가로 지급하는 것이다. 임금은 근로자 생계의 근거가 되고 그들의 사회적 지위를 결정하는 것으로 근로자의 생리적·사회적 욕구를 충족시켜 주는 수단이 된다.

임금 관리는 조직 내의 모든 직원에게 여러 가지 방법으로 실시되고 있는 보수에 영향을 미치는 모든 요인을 분석하고 발전시키는 것으로 중요한 역할을 한다. 인적 자원 관리의 목적을 달성하기 위해 기업이 지불하는 임금 수준과 제도를 재무 관리나 그 밖의 여러 경영 관리와 관련시키면서 서로 균형을 유지하도록 한다. 한편 임금 수준은 기업의 지급 능력, 생계비의 보장, 사회적 균형, 생산성, 법령, 경제적 환경 등의 요인에 의해 결정된다.

(2) 보상

외식 프랜차이즈 기업마다 이직을 막고 우수한 인재를 확보하기 위해 보상과 복리 후생에 많은 노력을 기울이고 있다. 보상은 조직 내 인적 자원의 효과적인 활용과 관리를 용이하게 해 직원의 능률과 생산성을 높이는 중요한 역할을 한다. 특히 재무적 보상 제도는 직원의 욕구를 충족시켜 주지 못하는 임금 구조에 매우 긍정적인 역할을 한다.

보상 프로그램들은 과거의 성과를 보상하고 기업의 경쟁적 우위를 확보하며 우수한 인재를 모집하고 직원의 직무 만족을 높이는 데 목적이 있다. 물론 보상 제도가 추가적인 비용 지출이기는 하지만 직원에게 동기적 가치와 원활한 의사소통의 요소로 작용해 비용을 절감시켜 주는 측면도 있다.

보상 제도를 효율적으로 운영하기 위해서는 과업 달성을 위한 합리적 기준 설정, 예산과 운영 계획의 수립이 필요하고 보상 제도를 직원들에게 전사적으로 인식시켜야 한다. 보상에 대한 관리가 공평하지 못하거나 불충분한 계획 아래에서 시행된다면 직원에게 불평 요인 또는 사기 저하로 작용할 수 있다.

(3) 복리 후생(employee benefits)

외식 프랜차이즈 기업의 인적 자원 관리에서 복리 후생은 중요한 관리의 하나이다. 복리 후생을 높이는 것은 노사 쌍방 모두에게 이득을 가져다 준다. 즉 기업의 생산성을 높일 수 있는 동시에 직원의 생활 향상을 꾀할 수 있는 방안이 된다. 특히 우수한 인적 자원을 유지하기 위해 기업은 많은 유인책을 마련하는데, 다양한 복리 후생은 직원들로 해금 직장과 가정 생활 간 균형을 유지하도록 도와준다. 스타벅스는 기업의 경쟁력이 사람에게 달려 있다고 보고 종업원이란 말 대신에 동업자(partner)라고 부르며 비정규직에게도 의료보험을 제공하고 있다.

복리 후생은 직원의 기본 임금과 수당 인센티브 이외에 경제적 안정과 생활의 질을 향상시키기 위한 간접적인 보상 또는 이와 관련된 시설, 활동, 제도, 프로그램 등을 총칭해 말한다. 이러한 복리 후생은 직원의 생활 안정과 건강 유지, 좋은 직장 환경, 원만한 인간관계를 관리하는 데 중점을 두고 있다.

기업의 복리 후생은 국가나 기업에 따라 다양하게 전개되고 있으며 기업의 근로 조건, 노사 관계, 노동 법규, 사회 시설 등에 의해 크게 영향을 받는다. 또한 그 최저 한도를 확보하기 위해 법률로 강제 실시되거나 사회 보장 제도로 발전하고 있다.

법정 복리 후생은 4대 보험(의료, 고용, 산재, 연금)과 같이 법률로 정해진 일정한 조건 아래 사람을 고용하는 기업에게 법률에 의해 강제된 사회 보험과 법정 보상을 말한다. 그리고 법정 외 복리 후생은 기업이 주체가 되어 임의로 자체의 직원만을 대상으로 비용을 부담하고 직원의 생활을 직접 배려하거나 통제하려고 하는 현금 또는 현물 급부를 말한다.

한편 주택 시설, 급식 시설, 여가 시설, 탁아 서비스, 동아리 지원, 건강 검진 프로그램, 가족 원조, 공제 제도 등의 복리 후생 시설 및 활동도 필요하다.

제2절 외식 프랜차이즈 슈퍼바이저

1 슈퍼바이저

Super와 Visor가 결합된 단어로서 원래의 뜻은 ~의 위에서 ~를 보는 사람이란 의미를 가지고 있다. 즉 조직이나 단체에서 일하는 사람들을 지도, 관리, 지휘, 감독하는 사람들을 의미하며, 일반적인 의미는 감독자라는 뜻이지만 외식 프랜차이즈 업체에서는 점포 운영 시스템의 모든 동작 상태를 관리하고 감독하는 핵심 직원을 뜻한다.

프랜차이즈에 있어서 슈퍼바이저(Supervisor)는 '프랜차이즈 시스템의 꽃', 즉 '프랜차이즈 시스템의 핵심'이라고 해도 과언이 아닐 정도로 매우 중요한 위치에 있다. 슈퍼바이저란 '지도 감독에 임하는 사람'이라는 의미로, 프랜차이즈 가맹본부의 대변자, 즉 회사를 대표하는 최고 경영자의 분신으로서 가맹점 운영을 개선, 유지, 발전시키기 위한 직무를 담당하며 제안, 불평, 불만 사항을 가맹본부에 제안하는 동시에 지도 감독을 행하는 사람이다. 즉 가맹본부의 정책이나 지침을 가맹점에 전달하고 가맹점의 상황이나 건의 사항을 가맹본부에 보고함으로써 양자 간의 커뮤니케이션 채널로서의 역할을 하는 것이다.

소규모 프랜차이즈 업체의 경우 가맹본부의 사장이나 직원이 직접 슈퍼바이저의 기능을 담당하게 되는데, 제대로 된 개념이나 훈련 없이 일방적으로 가맹본부의 방침대로 강제하는 경우를 종종 보게 된다. 가맹본부와 가맹점 간에 분쟁이 끊이지 않는 이유가 바로 이 때문이다.

성공한 프랜차이즈들은 하나같이 유능한 슈퍼바이저를 보유하고 있다. 다시 말하면 유능한 슈퍼바이저의 유무가 사업의 성패를 좌우한다는 것이다. 이처럼 슈퍼바이저의 역할은 중요하다. 이들의 말 한 마디, 행동 하나가 가맹본부의 입장을 그대로 대변하고 있다고 할 수 있다. 하지만 앞에서 지적했듯이 슈퍼바이저의 필요성이나 중요성을 제대로 인식하지 못하고 있는 가맹본부가 아직 많이 있다. 프랜차이즈 사업에서 성공하기 위해서는 유능한 슈퍼바이저가 필요하고, 그러기 위해서는 체계적이고 전문적인 교육을 통한 고급 인력의 양성이 무엇보다 시급하다.

1) 슈퍼바이저의 업무와 기능

슈퍼바이저의 사명은 가맹본부와 각 가맹점 간에 공존 공생한다는 협조 분위기를 조성하고, 각 점포의 영업 실적이 향상될 수 있는 여건을 만들기 위한 지도 업무를 수행하는 것이다.

슈퍼바이저는 권한의 범위 내에서 다음과 같은 역할을 수행한다.

① 관리하는 점포 환경(경쟁 상황 등)의 조사 분석과 대책의 계획 실시
② 관리하는 점포 상황, 즉 점포 연출, 메뉴, 서비스, 청결 등을 체크하고 지도
③ 관리하는 점포의 관리 업무 등의 관리 지도
④ 관리하는 점포 설비 및 시스템의 보수 및 유지 관리
⑤ 관리하는 점포의 인사(모집, 교육, 근무 일정 작성 등) 관리의 지도 원조

⑥ 가맹본부의 방침과 지시에 대한 가맹점의 상황 확인과 지도 지원

⑦ 관리하는 점포별 판매 촉진 등에 대한 계획 수립 및 실시

⑧ 관리하는 점포의 계약 변경, 갱신, 해약 및 점포 변화에 따른 설명 및 교섭

이 외에도 점포의 상황이나 건의 사항을 전달하는 전달자이며 원활한 커뮤니케이션 채널이자 프랜차이즈 운영 시스템의 핵심 역할을 하면서 지속적인 매출 및 이익 증진의 계획자이며 실행자의 역할을 하고 있다.

구체적으로 슈퍼바이저의 업무를 살펴보면 다음과 같다.

- 관리 지역의 오픈 준비를 위한 지도 지원 업무
- 개점 후의 지도 지원 업무
- 사후 관리 및 교육 훈련 업무
- 경영 지표의 데이터 작성 지도와 수집 업무
- 감사 업무(가맹점이 바로 이해하고 실천하는지 여부 점검)
- 운영 기준, 운영 방법 등 개선 보완 기능(제안, 불편, 불만 처리 해결 가능)

위와 같은 업무를 수행함으로써 슈퍼바이저는 여러 가지 기능을 하게 된다.

첫째, 가맹본부와 가맹점 간의 커뮤니케이션을 가능케 하는 연결고리로서의 기능을 한다. 이를 통해 가맹점은 수시로 가맹본부의 기본 방침을 재인식하고 가맹본부는 새로운 전략이나 전술을 점포에 전달한다. 또 가맹점의 건의 사항이나 요청 사항들을 원활하게 가맹본부에 전달해야 한다.

둘째, 가맹점 운영에 대한 컨설턴트로서의 기능을 한다. 각 가맹점의 점장이나 점주의 경우 자기 점포의 업무 내용에 대해서는 비교적 잘 파악하고 있겠지만, 관련 업계의 동향이나 전국적인 시장 동향 등 전반적인 경영 전략이나 판촉 전략, 경쟁 점포의 동향 등에 대해서는 부족한 부분이 있으므로, 이들에 대한 지원과 조언 업무를 집행해야 한다.

셋째, 표면적인 경영지도뿐만 아니라 인간적 문제, 고민, 가정의 어려움 등에 대한 진지한 경청자로서 또는 해결사로서의 카운슬링 기능까지 갖추어야 한다. 점포 지도에 있어서 인간적인 유대 관계는 점포를 육성해 성공시키기 위한 가장 중요한 부분이라 하겠다.

넷째, 오퍼레이션, 전표나 수치, 계약서 준수 체크를 한다. 즉 체크로 시작해서 체크로 끝이 난다고 해도 지나친 말이 아니다.

다섯째, 점포를 종합적으로 점검하고 조정할 수 있는 능력이 요구되며 본부와 가맹점 간, 가맹본부 스태프와 가맹점 간, 협력 업체와 가맹점 간의 연결 고리 기능도 하고 있다.

이외에 가맹점 운영에 따르는 외부 지원(광고·홍보의 프로모션 기능, 원재료의 조달, 세무 문제, 종업원 채용, 점포 개보수 등) 기능, 일정한 기준을 세우고 통일성 있게 움직이도록 조정, 점검, 통제하는 기능 등을 수행한다. 이를 종합해서 Communication, Consulting, Counseling, Control, Coordination과 Promotion으로, 즉 슈퍼바이저는 5C + 1P라고 하기도 한다.

2) 슈퍼바이저의 필요성

점포의 확대에 따른 오퍼레이션이 필수불가결한데 이에 따른 조직의 원칙에서도 CEO가 모든 업무를 다할 수 없으므로 슈퍼바이저가 CEO의 경영 방침을 전달하고 그 방침에 따라 실행해나가야 하다 보니 필요성이 대두된다. 또한 경영 이념에 입각해 철저한 교육이나 매뉴얼 실행 없이는 장기적인 존속이 불가능할 수 있으므로 가맹본부의 경영 이념을 실행하기 위해서 슈퍼바이저가 필요하다. 가맹점 사업자 또는 가맹점 관리자들을 지속적으로 교육해 나가야 하므로 통일된 비즈니스 이미지의 정확한 정착 지도와 중단기적인 계획을 실행하기 위해서도 필요하며 주변의 환경 변화 등 리서치를 위해서도 슈퍼바이저는 필수불가결하다.

3) 슈퍼바이저의 자격 요건

❶ 고객을 상대로 하는 점포의 영업 특성상 판매, 고객 서비스에 대한 경험은 필수로 가지고 있어야 한다. 이상적인 것은 점포의 매니저, 점장을 거쳐 슈퍼바이저가 되는 것인데, 그렇지 않을 경우 본인 스스로 점장이나 슈퍼바이저 교육 과정과 점포에서의 경험을 최대한 많이 해서 그 능력을 배양하는 길을 찾아야 한다. 그뿐만 아니라 고객 서비스 스킬과 점포 직원 관리 능력도 필요하다.
❷ 점포의 아르바이트, 파트타이머, 직원, 매니저, 점장과 가맹점사업자에 이르기까지 관리할 수 있는 능력뿐 아니라 행정적인 문서 작성 기능을 가지고 있어야 한다.
❸ 회사를 대표하기 때문에 책임감과 프로 정신이 반드시 필요하다.
❹ 관리하는 점포를 체크할 때 점포에서 발생되는 각종 경비 지출의 타당성 여부를

판단할 수 있는 수리적 능력이 필요하며 이익을 증대시키기 위한 경영 관리 방안을 제시할 수 있어야 한다.

⑤ 슈퍼바이저의 업무는 대부분 점포 현장에서 발생되는 경우가 대부분이기 때문에 잦은 출장과 이동 시간 등으로 건강한 체력은 기본이다.

⑥ 많은 사람을 만나는 것이 주 업무이므로 타인과의 원만한 관계를 유지할 수 있는 성격 또한 필수 조건이다.

⑦ 상대방에게 신뢰감을 줄 수 있는 성실한 자세를 갖추어야 하며 리더십을 발휘할 수 있어야 한다.

⑧ 프랜차이즈 사업에 대한 사명감으로 가맹본부에 제안하거나 가맹점의 무리한 요구에 NO를 명확하게 할 줄도 알아야 하며 항상 가맹점의 입장에서 판단할 수 있어야 한다. 그러기 위해서는 자기 계발에 노력을 쏟지 않으면 안 된다.

유능한 슈퍼바이저 양성을 위한 프로그램 진행은 다음과 같다.

점포 직원으로서의 업무 교육 → 점포 직원으로서의 근무 → 매니저 또는 부점장으로서의 근무 → 점포 관리자인 점장이 되기 위한 교육 → 점장(점포 관리자)으로서 근무 → 슈퍼바이저가 되기 위한 교육 → 예비 슈퍼바이저 근무로 선배 슈퍼바이저와 동행하거나 보조해 업무를 익힘 → 슈퍼바이저 근무로 지금껏 배우고 익힌 능력을 발휘

슈퍼바이저는 우수한 인력 채용과 양성, 직무 관련해서 개선을 위한 토의나 회의 진행 기법, 시간이나 지식, 건강 관리 등의 자기 경영 관리 방법, 수치나 회계를 보는 방법과 관리하는 법, 상권을 분석하는 방법, 회사의 시스템을 충분히 이해하고 계약과 관련해서 전문 지식 습득, 점포나 업무 지도 하는 방법이나 영업 계획 시스템의 핵심인 점포 매출 향상과 이익 증진 기법들에 대해서 습득해 잘 활용해야 한다. 이외에도 경영 이념을 이해시킬 수 있어야 하며 가맹점의 입장을 잘 이해한 상태에서 전달 및 지도, 설득하는 능력이 필요하다.

4) 슈퍼바이저의 가맹점 방문 요령 및 행동 지침

슈퍼바이저는 가맹점 방문에 앞서 슈퍼바이저로서의 기본적인 자세를 익히고 있어야 한다. 항상 성실한 태도와 존경하는 마음으로 예의를 갖춰야 하며 가맹점이 곧 가맹본부의 고객임을 절대 잊지 말고 가맹점과의 약속을 반드시 지켜야 한

다. 또 항상 밝은 태도로 대할 수 있도록 건강 관리를 해야 하며 가맹점으로부터 무례한 말을 듣더라도 감정으로 대해서는 안 된다. 가맹점 지도는 항상 고객의 입장이 되어서 제언하고 지도해야 한다.

또한 가맹본부의 방침 및 업무 내용을 숙지하고 점포에 주시시켜야 하며 가맹점과의 계약서나 매뉴얼 등에 능통해 바르게 운영할 수 있도록 해야 한다.

(1) 슈퍼바이저의 가맹점 방문 요령

슈퍼바이저는 수시로 가맹점을 방문하는데 방문 전에는 사전에 철저한 준비를 하고, 필요에 따라서는 담당자와 미리 통화해 필요한 부분을 체크해야 한다. 또한 방문 시마다 명확한 방문 목적을 가지고 있어야 하며 전회 방문 시 지적 상황 또는 지도 사항을 반드시 체크하도록 한다.

슈퍼바이저가 가맹점 방문 시 체크할 부분은 크게 다섯 가지로 구분할 수 있다.

첫째, 가장 중요한 매출과 손익 관련 문제로 매출 목표, 인건비, 판촉, 경쟁점, 손익 분석 등을 체크해야 한다. 둘째, 운영 계획에 관한 것으로 각종 서식, 매뉴얼 준수 여부, 오퍼레이션 등을 체크한다. 셋째, 점장, 매니저, 직원 등 인간관계에 있어서 살펴보아야 하고 넷째, 다음 방문과 관련해 재확인 사항, 점검 사항 등을 안내하며 다섯째, 인력 육성·개발과 관련해서도 체크한다.

이러한 부분들을 효율적으로 진행하기 위해서는 각종 체크리스트를 작성해 활용하는 것이 좋다. 체크리스트를 작성하면 체크 작업에 시간을 절약할 수 있고 가맹점 경영주와 서로 이야기하는 시간을 효율적으로 활용할 수 있다. 그러나 가맹점사업자의 앞에서 평가하기 곤란할 때는 우회적으로 전달할 수 있다. 체크리스트를 작성하면 다음 방문 시 개선 여부를 확인하기 쉽다.

(2) 슈퍼바이저의 행동 지침

슈퍼바이저가 자신의 업무를 원활히 수행하고 제 기능을 다하기 위해서는 다음과 같은 행동 지침이 필요하다.

첫째, 가맹본부의 방침과 업무 내용을 이해하고 있어야 한다.

둘째, 가맹점의 경영 자원이나 상황을 충분히 파악하고 있어야 한다.

셋째, 계약서와 매뉴얼에 정통해야 하는데 이는 점포 경력자만이 가능하다.

넷째, 예측할 수 없는 사건에도 재빠르게 성의를 가지고 대응할 수 있어야 한다.

다섯째, 프로세스에 따른 데이터를 정확하게 해석할 수 있어야 한다.

여섯째, 여러 가지 일의 본질을 파악해 정열을 가지고 설득하며, 가맹점사업자의 생각을 적절하게 변화시킬 수 있는 커뮤니케이션 스킬이 필요하다.

5) 슈퍼바이저의 커뮤니케이션 스킬

(1) 가맹점과의 커뮤니케이션

슈퍼바이저가 접촉하는 사람은 가맹점사업자, 점장, 매니저, 사원, 아르바이트 등 매우 다양하다. 따라서 각 상대의 입장이 되어 기분을 이해하고 그들에게 적합한 커뮤니케이션 방법을 취해야 한다. 슈퍼바이저가 이들을 설득하고 변화를 유도하기 위해서는 여러 가지 기술이 필요하다. 먼저 상대의 수준에 맞고 이해할 수 있는 용어를 사용하고 명쾌하게 이야기를 해야 한다. 상대의 이해 정도나 반응을 빠르게 캐치해 이야기가 일방적으로 흐르지 않도록 배려해야 한다. 또한 상대의 이야기에 관심을 갖고 경청하는 자세로 상담 내용을 정리하고 상담 마지막에 내용을 재확인하도록 한다.

슈퍼바이저의 설득을 위한 다섯 가지 포인트는 다음과 같다.

❶ 상대방의 자존심(입장, 능력, 성격, 캐리어 등)이 상하지 않도록 해야 하며 그들의 자존심을 세워주면서 설득할 수 있어야 한다.

❷ 박력 있게 설득해야 한다.
- 생동감 있고 매력 있는 눈으로 대응한다.
- 생생한 사실, 현실을 과제로 한다.
- 자신의 경험이나 사례를 활용한다.
- 타 점포나 다른 가맹점의 성공 사례와 비교해 경쟁심을 일으킨다.
- 매출이나 인건비 등 수치를 시각화한다.
- 성공 사례로 설득한다.
- 납득 가능하며 공감 가는 사례를 그 점포 주변으로부터 찾아낸다.
- 말로 하기 어려운 경우는 리포트로 대응한다.

❸ 전달하는 내용은 알기 쉽고 명확해야 하며 납득할 수 있는 논리와 공감할 수 있는 내용으로 개선 및 강화 방안을 정리한다.

❹ 가맹점사업자의 고충을 파악했다면 할 수 없는 것은 왜 안 되는지 이유를 설명하

며 확실히 거절할 수 있어야 한다. 모르는 내용을 질문받았을 경우에는 즉시 확인하거나 상사나 가맹본부의 스텝을 활용해 대답해주어 질문이나 의문을 방치해 두지 않는다.

❺ 가맹점사업자의 말의 본질을 정확히 파악하기 위해서는 대화 과정에서 드러나는 감정까지 파악해야 한다.

(2) 보고를 위한 기술

슈퍼바이저가 가맹본부와 가맹점 간의 의견 전달자의 역할을 어떻게 수행하느냐에 따라서 분쟁의 소지를 미연에 방지하고 양자 간의 상호 협력적인 관계를 오래도록 유지할 수 있다. 상대가 누구이든 내용을 전달할 때는 다음 사항을 지키도록 한다.

❶ 계약 위반 등 나쁜 내용일수록 신속하게 보고한다

계약 위반, 프랜차이즈 시스템 매뉴얼 미준수, 프랜차이즈 가맹 관련 이미지 유지 곤란 사항, 운영상 문제나 기타 문제점 발생 등은 미루게 되면 더 큰 문제로 이어질 수 있기 때문에 신속하게 보고하고 대책을 마련해야 한다. 또한 뉴스, 인터넷의 안티 여론 등에도 적절하게 대응해야 한다.

❷ 먼저 결론부터 이야기하고 그 다음에 경과순으로 기술한다

일의 결말을 제일 마지막에 이야기하는 슈퍼바이저는 머릿속에 사건 정리가 되어 있지 않다는 증거이고 보고 방법이 몸에 배어있지 않은 사람이다. 일이 일어난 순서대로 이야기하지 말고 결론을 먼저 이야기하고 거기에 이르는 경과는 후에 설명하는 것이 보고를 명료하게 하는 방법이다.

❸ 요점을 간결하고 명료하게 정확히 전달한다

단순한 보고나 연락이라 해도 애매모호한 말이나 혼동하기 쉬운 표현은 사용하지 말아야 한다. 보고는 객관적인 사실을 정확하게 파악해야 한다. 자신의 의견이나 추측을 첨가한다면 듣는 쪽에서 판단에 오류가 발생할 수 있으므로 사실과 의견을 확실히 구별해야 한다. 어디까지나 객관적, 논리적으로, 간결, 명료하게 표현한다. 보고 사항은 요점을 분류하여 정리한 다음에 객관적으로 하는 것이 기본이다.

❹ 성실하게 보고하고 상대방에게 신뢰감을 준다

현재까지의 진행 상태를 보고하되 만약 늦으면 그 원인과 향후 대책까지 구체적으로 설명해 보고받는 쪽이 신뢰할 수 있도록 한다.

2 가맹점 진단

1) 가맹점 진단이란?

프랜차이즈 시스템은 시대의 변화에 대응해 변화하는 것을 철칙으로 하고 있다. 트렌드가 변화되면 변화에 맞추어 시스템을 변경해야 하지만 시대의 트렌드가 변화해도 프랜차이즈 시스템이 지켜나가지 않으면 안 되는 원칙은 지켜나감으로써 가맹사업의 차별화를 꾀할 수 있고 변화에 대응할 수 있다. 가맹본부에서는 이 원칙을 가맹계약서에 정해놓고 있다. 원칙의 준수 여부를 지도, 관리, 감독하는 것을 가맹점 진단이라고 한다.

2) 가맹점 진단의 중요성

슈퍼바이저는 가맹점이 매뉴얼을 철저하게 지키도록 하는 것이 중요하다. 그렇게 하지 않으면 프랜차이즈 가맹본부로서의 존재 가치가 없어지며 가맹본부 간의 험난한 경쟁에서 이겨 나갈 수 없다. 또한 가맹점도 슈퍼바이저의 객관적 진단을 통해 점포를 판단하는 데 도움을 받을 수 있다.

슈퍼바이저의 가맹점 진단은 가장 중요한 업무이며 가맹본부와 가맹점 모두의 매출과 이익을 좌우하는 요소가 된다. 왜냐하면 문제점이나 과제는 항상 점포에서 발생하므로 그것을 가장 빨리 발견해 개선하는 것이 경쟁에서 이기는 최대의 요소이기 때문이다.

3) 가맹점 진단의 시점

각각의 가맹점이 점포 운영 면에 있어서 고객에게 만족을 주고 있는가, 고객의 지지를 받을 수 있는 시스템을 유지하고 있는가를 중심으로 진단의 시기를 정한

다. 하지만 이러한 가맹점 진단은 수시로 비정기적으로 계속 진행해야 한다.

4) 가맹점 진단의 장점

① 가맹점 전체의 이미지를 높인다.
② 타 가맹점과 비교 시 기초 데이터가 된다.
③ 가맹점이 기본으로 돌아가는 계기가 된다.
④ 수시로 진단을 실시해 개선함으로써 매출 이익의 향상을 꾀할 수 있다.
⑤ 점포 시스템 운영의 잘못된 점, 시스템 위반 등을 조기에 발견할 수 있어 개선이 용이하다.
⑥ 점포를 진단할 수 있는 슈퍼바이저의 능력이 향상되어 슈퍼바이징의 향상을 꾀할 수 있다.

5) 가맹점 진단의 방법

가맹점 진단은 점포 순회 시에 실시하며 그 방법은 다음과 같다.

① 점포 체크리스트를 작성한다.
② 진단 결과를 가맹점사업자에게 확인 및 이해시킨다.
③ 개선 방법을 양자가 검토한다.
④ 개선 방법을 계획해 실행한다.
⑤ 결과를 평가해 재발 방지에 힘쓴다.

슈퍼바이저의 가맹점 지도 흐름을 살펴보면 다음과 같다.

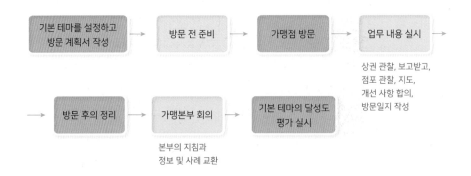

⏱ 표 3-4 **판촉 결과 보고서**

판 촉 결 과 보 고 서

점포 → SV → 운영관리과 보관

실시	점포 형태	보고일 년 월 일	SV	운영부	본부장
년 월		점 명			
		점 장			

월, 일 /요일	1	2	3	4	5	6	7	8	9	10	11	12	13	14	15	16	17	18	19	20	비고
	( )	( )	( )	( )	( )	( )	( )	( )	( )	( )	( )	( )	( )	( )	( )	( )	( )	( )	( )	( )	
	21	22	23	24	25	26	27	28	29	30	31										
	( )	( )	( )	( )	( )	( )	( )	( )	( )	( )	( )										

전체적 판촉 스케줄 전단지·카드 배포 상황 시간·장소·매수	
소규모 판촉 스케줄 카드배포·사무실방문건수 이벤트 기타	

1. 카드(신메뉴·서비스권·할인권·무료 음료 및 시식권)

종류	대 상	배포 매수	회수매 수	부가금 액	부가금액/ 매
		매	매	원	원
		매	매	원	원
		매	매	원	원
		매	매	원	원
합계		매	매	①	원

2. 이벤트

실시일시	내용	참가자수	참가율
		인	%
		인	%
		인	%
		인	%

3. VIP 회원

금월 신회원수		인
합계 회원수		인
월간 이용 횟수		회
월간 이동률		%
월간 부가금액	②	원
부가금액 / 회		원
매상 / 회원수		원
부가금액 전월대비		%
발생 경비		원

4. DM

발송일	DM 내용	발송 매수	회수 매수	비고
/		매	매	
/		매	매	
/		매	매	
/		매	매	

5. 캐터링·점두판매

당월 캐터링	③
당월 점두 판매실적	④

6. 당월 누적 실적

항목	계산명세	금액
증가실적	A=①+② +③+④	
원 가	B	
이 익	C=A-B	
경 비	이벤트관련 경비	D	
	추가 인건비	E	
	기타	F	
이익	G=C-D- E-F	

7. 예산 관리

	월간 예산	원
월 간	당월 실적	원
	예산 달성율	%
연 간	연간 예산	원
	금년실적누계	원
	연간 달성율	%
	연간예산잔액	원

8. 점장 결과 분석

9. SV 결과 분석

표 3-5 **판촉 신청서**

판 촉 신 청 서 (점포용)
(카드·이벤트·디스카운트·협찬·외판·CR·그 외)

점포 형태	신청일 년 월 일	점 장
	점명 印	印

1. 판촉 명칭·실시 기간

명 칭	
기 간	월 일 ~ 월 일 ( ) 일간

2. 현황 분석·목적

현황과 실적 :

목 적 :

상권 조사: 실시·미실시

3. 구체적인 전개 방법
앙케이트: 실시·미실시

4. 준비물　　　　　　　　　　　(납품 희망: 월   일까지)

내　　　용	경　　비
	합 계 원

특이 사항

5. 수지 예측

항 목		계 산 명 세	금 액
매출 증대 예측(A)			원
원 가(B)			원
매출 이익(C=A-B)			원
경 비	준 비 물(D)		원
	현 금 지 출(E)		원
	원 재 료(F)		원
영업 이익 (G=C-D-E-F)			원

6. 개별 판촉 예산 관리

관리 항목	금 월	관리 항목	금 년
월 예 산(H)	원	연간 예산(H)	원
당 월 실적 누계(I)	원	금 년 실적 누계(I)	원
월 달성율 (J=I÷H×100)	%	연간 진도율 (J=I÷H×100)	%
월 예산 잔액 (K=H-I)	원	연간 예산 잔액 (K=H-I)	원

7. SV 의견 사전 신청: 전화 연락(/), FAX(/), 전자 결재(/)

	확 인
	(인)
	발 주
	(인)

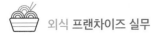

표 3-6 **사업장별 손익계산서**

과 목	당기		전년		전기 대비			
	금 액	구성비	금 액	구성비	구성비 차	증감액	증감율	비고
1. 매출액								
1) 현금 매출								
2) 카드 매출								
2. 매출 원가								
1) 제품 매출 원가								
2) 직접 소모품비								
3. 매출 총이익								
4. 판매비와 일반관리비								
1) 급 료								
2) 상여금								
3) 파트·아르바이트 급여								
4) 퇴직급여충당금전입액								
5) 복리 후생비								
6) 여비·교통비								
7) 통신비(인터넷)								
8) 수도광열비								
9) 제세공과금								
10) 임차료								
11) 감가상각비								
12) 수선비								
13) 매출 운임(택배)								
14) 카드 수수료								
15) 소모품비								
16) 교육 훈련비								
17) 보험료								
18) 판매 촉진비								
19) 지급 수수료								
20) 도서·신문비								
21) 광고 선전비								
22) 연구 개발비								
23) 매장 관리비								
24) 본부 로얄티								
25) 잡 비								
5. 영업 이익								
1) 잡수익								
2) 잡지출								
3) 고정자산처분이익								
4) 고정자산처분손실								
법인세 공제전 순이익								

사업장별 손익계산서
당기 200 년 월 일 - 월 일 / 전년 200 년 월 일 - 월 일 / 담당 / 점장 / 사장

사업장별 손익계산서
200 년 월 일 - 월 일 / 200 년 월 일 - 월 일

표 3-7   QSC 인스팩션 시트

QSC 인스팩션 시트

점포 형태: _____

점 장 명: _____

맛 내 기 항 목	○ . X
1. 원재료의 특성을 지키고, 선입선출을 시행하기 위해 원재료 납품일을 기입하고 있다.	
2. 냉동·냉장고의 보관 상태는 올바르고, 온도 관리도 기준대로이다.	
3. 각 기기의 설정 온도는 기준대로이다. (그리들·후라이어·토스터·warmer)	
4. 고기의 배열법, 반전 작업은 기준대로 행해지고 있다.	
5. 각 소스류의 정량은 기준대로이고 드레싱도 깨끗하다.	
6. 포테이토의 시즈닝 작업은 정확하고, 포테이토의 정량은 기준대로이며, 즉시 포재에 넣고 있다.	
7. 각 원재료의 튀김색은 좋고, 기름떨이 시간은 지켜지고 있다.	
8. 각 드링크의 드링크 레벨은 올바르고, 얼음의 양, 온도는 기준대로이다.	
9. 퀄리티 카드를 사용하고 있고, 홀딩 타임이 지켜지고 있다.	
10 손씻는 습관과 매회의 크롤린 시험지 검사는 확실히 실시되고 있다.	
빛 내 기 항 목	○ . X
1. 전면 간판은 파손, 오염, 먼지가 없다.	
2. 점포 앞 입구의 유리문, 손잡이, 샷시는 오염, 먼지, 손자국이 없다.	
3. 테이블, 의자에 파손, 긁힌 자국이 없고 오염, 먼지가 없다.	
4. 바닥에 쓰레기가 없고, 기둥부를 포함해 파손, 오염, 먼지가 없다.	
5. 화장실(수도, 비누, 변기, 탱크)의 파손, 오염, 먼지가 없다.	
6. 카운터 위에 불필요한 물건이 없고, 오염, 먼지가 없다.	
서 비 스 항 목	○ . X
1. 몸가짐은 규정대로이고, 전원이 지키고 있다.	
2. 고객의 출입에 주의하고, 인사는 확실히 실시하고 있다.	
3. 스마일과 눈인사는 확실히 실시하고 있다.	
4. 제품 서빙 시, 신속한 움직임과 상품 체크는 확실히 행해지고 있다.	
5. 플로어 라운드의 타이밍은 터득하고 있고, 플로어의 일은 확실히 실시하고 있다.	

※ 기입 방법
 ·되어 있는 항목은 ○, 그렇지 않은 경우는 X
 ·해당하지 않는 항목은 「/」를 기입하시오.
 ·채점은 소수점 제2자리에서 사사오입.

A. 대상 항목 수	
B. O의 수	
채점 (B÷A×100)	
체크 일시	월 일:
확인자명	

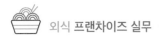

표 3-8 **점포 방문 기록**

점포 방문 기록

점포명:

구분	평가 항목	1차 (/)	2차 (/)	3차 (/)	4차 (/)	평균	평가 결과
청결 위생	1. Down 작업을 미루지 않고 매일매일한다.						
	2. 냉장동고 내외부는 청결하다(성에 제거, 정리 정돈 등)						
	3. 홀내 구석 정리 정돈을 통해 산뜻한 분위기를 자아낸다.						
	4. 간판과 유리창이 청결하고 POP 부착 상태가 어수선하지 않다.						
	5. 주방 기기 기름때 제거 및 청결 상태가 잘 되어 있다.						
	6. 바닥 및 타일의 청결 상태가 양호하다.						
	7. 개인위생 및 유니폼, 크린캡, 앞치마를 항시 착용한다.(아르바이트 포함)						
서비스	1. 전화 응대 시 접객 용어를 적극적으로 사용한다.						
	2. 배달에 대한 클레임 접수 시 우선 사과부터하고 후속 조치를 한다.						
	3. 고객 클레임 접수 시 우선 사과부터 하고 후속 조치를 한다.						
	4. 쿠폰제 운영 등 서비스 품목에 대한 고객 클레임이 없다.						
매뉴얼 준수	1. 쿠킹 시간 및 방법을 준수한다.(후라이기 2대, 그릴러, 그리들토스터기)						
	2. 가맹본부에서 지정한 직구입품을 사입 제품으로 사용하지 않는다.						
	3. 살균액을 기준 내로 제조해 비치하고 사용한다.(Duster 청결 포함)						
	4. 원재료에 유통 기한이 명시되어 있고 재고 관리를 잘한다.						
	5. Display가 매뉴얼대로 정리되어 있다.						
	6. 오일의 신선도 및 깨끗함을 유지한다.						
	7. 신선육 염지액 제거 및 채반 시간을 준수한다.						
	8. 파우더 사용량이 신선육 대비 기준량을 사용한다.(:)						
기타 관리	1. 고객 관리 대장을 작성 또는 별도의 방법으로 고객 명단을 작성, 활용한다.						
	2. 매출 목표 달성 의지가 강하며 월별 분석 및 대책을 수립한다.						
	3. 적극적인 영업 활동을 한다.(전단지, 스티커, 대체 용품)						
	4. 월단위 매출 신장을 위한 판촉 행사를 실시하고 있다.						
	5. 서비스 구역을 준수하며 영업을 한다.						
	6. 개, 폐점 시간 기준을 준수하고 있다.(:00 ~ :00)						
총 점							
서명	가맹점 대표 :					매우양호: 4점, 양호: 3점, 보통: 2점, 불량: 1점, 매우불량: 0점	
	S V 명 :						

표 3-9 SV점포 업무 순서와 포인트 워킹시트

SV점포 업무 순서와 포인트의 워킹시트

점포명:

업무 내용	체크포인트	확인	코멘트 월/일(요일)	확인	코멘트 월/일(요일)
① 경쟁점 시찰	매출 추정, 고객 파악 등				
	중점 판매 메뉴 동향, 정보 수집				
② 점포 주변 상황	상권 변화, 통행객의 흐름, 포장재, 전단지, 청결 상태				
	점포 고지물 체크				
③ 점포앞·점포 외부	간판, 주차장, 유리창, 자동문, 식목 상태, 화분				
	판넬 사진, 회전 깃발, 행거, 점내 POP, 조명, BGM 음량, 입구 매트				
	점장, 메니저, 아르바이트의 움직임(언제나 활기찬)				
④ 점포 내 체크	입점 시 인사, 복장, 인사, 미소, 권유할 때 접객 용어 사용				
	테이블, 의자, 벽, 천정, 조명, 휴지통, POP, 화장실, 식목				
⑤ 주방 내 체크	냉동, 냉장고 보관 상태, 온도, 창고의 정리정돈, 원재료 체크, 주방 내 청결 상태				
	기기 비품의 위치, 보관 상태, 품질 체크(정량, 쿠킹, 적온, 요리 순서 등)				
⑥ 사무실 정리정돈	사무실의 정리정돈, 판촉 자재의 보관(카드, 전단지 등), 책상, 서류함, 서류 파일				
	탈의실, 휴게실, 각종 서류의 보관 상태, 불필요한 것은 없는지				
⑦ 지난번 방문 시	지도, 지시 내용의 이행 상태 확인 체크, 평가와 재지도				
⑧ 매출 분석	영업일보, 매출달성의지, 매출달성상태, 요일별 일정표, 전년대비, 고지(NSP, BSP)				
	시간대별 매출 체크, 요일별 신장율				
	POS 데이터 체크, 메뉴 상황(NSP, BSP)				
	구체적 대책안 검토				
	이벤트, 게이트링, 카드, 제휴 광고				
⑨ 인건비 분석	기본시프트의 체크(리포트작성상태), 업무목표				
	매출대비컨트롤상태, 매니저별 매출달성 상황				
	원인의 명확과 구체적인 대책 지시				
	사원의 근태 수정 상황				
	아르바이트 급여 리포트 체크				
⑩ 경비 분석	전화 요금 체크				
	전기, 냉온풍기, 소모품				
	수도, 가스점검(OP리포트)				
	구매품 내용 체크(출납장, 영수증 체크)				
	소모품 사용 상태 체크				
⑪ 로스 분석	발주 재고, 이동 전표 처리				
	원재료 체크(주간, 재고, 로스금액계산표파악)				
	정량 체크, 폐기박스(QSC 체크표, 제품폐기상황)				
	판촉 처리 상황(판촉 리포트, 무료 금액, 개수)				

⑫ 금전	금전등록기 정산, 은행 입금 의뢰				
	매출액 카운터				
	(1) 매출금관리보고서(내용체크, 사원수정 등록 등)				
	반품키와 금액, 모니터 확인				
	정정키, 오등록 POS(금액, 메뉴 등)				
	정산 영수증 확인, 일짜, 시간, 확인인				
	정산금 부족 발생과 처리	수정 후 지불액 처리			
		정산금 부족에 따른 지도			
	차액 발생과 그 대책	오늘의 시프트, 시간 체크표			
	(2) 금고 내 체크				
	(3) 잔돈, 소액, 교환금, 현금 체크				
	(4) 현금출납장, 영수증(카드)내용 체크				
	(5) 매출 반환금				
⑬ 노무	(1) 직원타임카드(근태 수정 상황, 근로 시간)				
	(2) 직원 시프트표, 휴일 근무				
	(3) 직원 카운터 판매				
	(4) 미성년자 심야 근무				
	(5) 차 이용 체크, 사원 및 아르바이트 육성 평가 리스트				
⑭ 사무 보고	(1) 보고서류, 지시 내용 이행 여부, 이해 여부				
	(2) 보고서류장 기일까지 제출 여부				
⑮ 안전 체크	(1) 화재 예방(입구 비상등, 오일등) 소화기				
	(2) 기기 메인터넌스, 안전 체크				
	(3) 보수, 개보수				
⑯ 위생	(1) 화장실				
	(2) 유니폼(청결, 사이즈)				
	(3) 위생, 수건, 사용 상태(물수건)				
	(4) 살균액 사용 체크				
	(5) 냉동·냉장고 내 청소 상태, 원재료 보관 상태, 유효 기간				
	(6) 자체 위생 검사				
⑰ 점포 방문의 목적 점포방문기록 작성 미팅	1. 매출 대책 2. 인건비 3. QSC 체크표 4. 캠페인				
	5. CR 6. 상담 7. 지도 8. 점주 면담				
	9. 점포의 테마 10. 그 외의 점포손익표(P/L)				
	매니저의 구체적 지도, 다음까지의 개선 테마 설정, 이해도 확인과 스케줄, 역할 사전 준비 미팅				
	사원, 아르바이트 커뮤니케이션 미팅 노트				
기타	할 수 있다는 자신감의 어필, 확인, 제안 활동				
	각종 체크표 확인				

⏱ 표 3-10 **체크리스트**

CHECK LIST

가맹점명	(보쌈점)
방문일자	년 월 일 요일
방문시간	○ 점심시간 ○ B타임 ○ 저녁시간
담당자명	

분류		항목	점수		
청결	1	간판 청결 상태 및 점포 외부 관리	3	2	1
	2	현관·홀 유리창 청소 상태	3	2	1
	3	부착물(POP, 판넬) 부착 상태	3	2	1
	4	환풍기 작동 및 부착 상태	3	2	1
	5	장판, 벽지 노후 여부 및 방석 정리	3	2	1
	6	의·탁자 청결 및 노후 상태	3	2	1
	7	전등 점등 상태 / B타임 시 소등 여부	3	2	1
	8	냉장고 외부 청결 및 내부 정리 상태	3	2	1
	9	주방 내 정리 상태 및 청결 상태	3	2	1
	10	화장실 청결 상태와 타올, 휴지 비치	3	2	1
서비스	1	직원들의 제반 근무복 착용 여부	3	2	1
	2	직원들의 인사성과 미소	3	2	1
	3	접객 요령 / B타임 시 종업원의 위치	3	2	1
	4	계산 시 친절도 / 카운터 정리 상태	3	2	1
	5	추가 찬 서비스 / 음료냉장고 정리 상태	3	2	1
	6	B.G.M(배경음악) 실시 여부	3	2	1
	7	계절에 맞는 물 제공 상태	3	2	1
	8	후식 제공 여부	3	2	1
	9	고객 편의시설 유무(전화, 자판기류)	3	2	1
	10	에어콘, 히터 가동 여부	3	2	1
품질	1	주방 내 매뉴얼 비치 유무	3	2	1
	2	돈육 삶는 방법과 사용 요령, 재고관리 상태	3	2	1
	3	00보쌈 김치 신선도, 고기 셋팅 상태	3	2	1
	4	00보쌈 절인배추 염도 및 보관 상태	3	2	1
	5	모듬보쌈 셋팅 및 초무침 야채 상태	3	2	1
	6	쟁반막국수 셋팅 및 야채 상태	3	2	1
	7	새우젓, 쌈장 제조 및 마늘, 고추 절단 상태	3	2	1
	8	반찬 구성과 맛	3	2	1
	9	돌솥밥 조리 요령과 보관 상태	3	2	1
	10	순두부 염도와 매뉴얼 준수 여부	3	2	1
기타	1	영업시간 및 B타임 시 점주 상주 여부	3	2	1
	2	점주의 영업에 대한 의욕	3	2	1

위의 체크 사항들을 담당 슈퍼바이저와 함께 공유했습니다.

경영주   (인)

구분	5	3	2	1
갯수				
점수				
합계				
등급				

부정 사용 식자재		
담당자 의견		
체인점주 건의사항	품질 컴플레인	
	시설 컴플레인	
	기타	
부서장 의견		
점포환경 지수		

결재	담당	주임	대리	과장	차장	이사

1 외식 프랜차이즈 매뉴얼

1) 외식 프랜차이즈 매뉴얼의 의미

프랜차이즈 가맹본부나 가맹점 운영에 종사하고 있는 사람이라면 누구나 매뉴얼(Manual)이라는 용어를 자주 접해보았을 것이다. 그러나 정작 매뉴얼의 필요성을 인식하고 제대로 활용하고 있는 직원들은 드물다.

매뉴얼의 사전적 의미는 어떤 기계의 조작 방법을 설명해 놓은 사용 지침서로 사용서, 설명서, 안내서 등의 의미를 지닌다. 프랜차이즈 시스템에 있어서 매뉴얼은 프랜차이즈 비즈니스의 이미지를 하나로 통일화하기 위해 업무의 가장 핵심이 되는 부분을 함축시킨 도구라 할 수 있다. 다시 말해서 휴대폰에 있어서 정밀하게 설계된 사용설명서만 있다면 각각 다른 사람이 구매해서 사용하더라도 똑같은 사용 방법을 파악할 할 수 있는 것처럼 매뉴얼이 바로 그러한 역할을 한다. 예컨대 외식 프랜차이즈의 경우 음식을 상품으로 하는 사업이므로 언제, 누가, 어떻게 요리하느냐에 따라 상품의 질이 현격하게 달라질 수 있다. 이러한 차이를 극복하고 상품의 균일화, 표준화를 이루기 위해서는 정확한 조리(가공) 매뉴얼이 있어야 하는 것이다. 즉 매뉴얼은 프랜차이즈 시스템을 안정적이고 효율적으로 운영되도록 하기 위한 핵심 도구인 셈이다.

다시 말해 매뉴얼은 3S, 즉 표준화(Standardization), 전문화(Specification), 신속화(Speed)를 가능케 하고 지식 및 정보의 공유, 동일한 브랜드 이미지 구현 등을 위해 꼭 필요하다.

사람들이 매뉴얼을 잘못 생각하는 경우는 둘로 나뉜다. 하나는 매뉴얼을 만고불변의 절대적인 진리인 양 지나치게 강조하는 경우이고, 다른 하나는 반대로 매뉴얼이라는 자체가 필요 없다고 생각하는 경우이다. 전자의 경우, 앞에서 말했듯이 매뉴얼은 일관적이고 효율적인 업무를 위한 하나의 지침이기 때문에 경험을 통해 수시로 수정, 발전시켜 정밀도가 높아지도록 해야 한다. 그러한 매뉴얼이야말로 기업의 모든 역량과 노하우가 축적된 바이블로서의 역할을 할 수 있다. 세계적 프랜차이즈 맥도날드의 경우 매뉴얼 무게만 1,600kg 이상이라 할 정도로 어마어마한 분량을 가지고 있으며 그만큼 사소한 부분까지 상세하게 매뉴얼화되어 있다.

　반대로 매뉴얼의 존재를 부정적으로 바라보는 경우는 지나치게 매뉴얼화된 작업에 대한 반감에서 시작되었다. 실제로 패스트푸드점 등에서 아무 감정 없이 매뉴얼대로 읊어대는 접객 용어를 접할 때면 도리어 불쾌감을 느끼는 경우도 많다. 그러나 미숙련 신입 사원이나 아르바이트생을 제대로 훈련하고 교육하기 위해서는 반드시 매뉴얼이 필요하다. 다만, 앞에서 이야기한 병폐를 막기 위해서는 수시로 작업 상황을 분석해 수정할 필요가 있다.

　이처럼 매뉴얼이 프랜차이즈 사업에서 매우 중요한 역할을 하지만, 프랜차이즈 시스템의 본질을 유지하기 위한 최소한의 기준일 뿐 사업의 매뉴얼대로 한다고 해서 무조건 사업이 성공하는 것은 아니다. 매뉴얼을 기초로 해 그 이상의 경영과 서비스가 이루어질 때, 비로소 좋은 결과를 가져올 수 있다.

　매뉴얼을 제작하지 않는 이유는 첫째, 매뉴얼 없이도 잘해 왔는데 하는 경영주의 자만과 매뉴얼이나 레시피를 만들어놓으면 잘릴 수도 있고 주방장의 파워가 약해질 수 있다는 주방장의 오판이 주 요인이며 둘째, 세무 행정 등 투명 경영을 하지 않는 경영주들의 문제 때문이다. 셋째, 점포의 노하우를 노출시키려 하지 않는 경영주들의 사고 방식 때문이며, 넷째, 매뉴얼 초기 적응의 어려움과 제작 능력의 미숙 때문이다. 그로 인해 아직까지 한식 분야의 경우 제대로 된 매뉴얼이 만들어지지 않은 상태이다 그러나 최근 들어 한식의 세계화에 힘입어 매뉴얼을 많이 개발하고 제작하고 있는 추세에 와 있다.

2) 매뉴얼의 필요성과 사용

　외식 프랜차이즈 사업에 있어서 매뉴얼이 필요한 이유를 정리하면 다음과 같다.

❶ 사업 전에 사업계획서를 작성하듯이 매뉴얼을 작성하면 계획성 있는 교육 스케줄로 직원들의 팀워크를 확고하게 할 수 있는 동기를 부여할 수 있다.

❷ 일반적인 전달 사항과 영업 방침을 일관성 있게 전달하는 매개체로 활용할 수 있다.

❸ 브랜드 이미지의 통일화, 매니지먼트의 표준화를 가능케 한다. 평소의 주먹구구식인 영업 방침이나 수시로 상황에 따라서 변경되는 브랜드 이미지를 표준화할

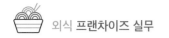

수 있다. 일관성 있는 경영은 대외 이미지를 비롯해 고객에게 신뢰감 부여하고 관리 감독이 없어도 운영할 수 있는 시스템을 만들어준다.

④ 프랜차이즈 기업의 책임감 있는 가맹점 모집으로 신뢰감을 고취시킬 수 있고 품격을 높일 수 있다.

⑤ 합리적인 경영을 앞당겨 산업의 한 분야로서의 위상을 확립할 수 있다.

⑥ 경영주의 경영 철학 정립으로 자신만의 캐릭터 설정이 가능하다. 예를 들면 ㈜놀부의 경우 한식 매뉴얼과 경영 방침이 뚜렷해 한식과 한국식 양식당의 프랜차이즈화에 무한한 가능성을 제공하고 있다.

매뉴얼은 존재한다고 되는 것이 아니라 제대로 사용할 수 있어야 한다. 그리고 사용하면서 수시로 수정·보완해야 하는데 다음과 같은 방법으로 효율적으로 사용 및 유지·개선할 수 있다.

① 정기적인 반복 교육과 분야별 테스트를 실시해 직원들에게 경각심을 부여하고 업무 촉진, 합리적, 이론적 분위기와 학습하는 자세를 촉발시킬 수 있다. 객관적 인 인사 고과 자료로 활용해 승진이나 승급 시 참조가 가능하다.

② 경영주의 정기적인 자체 평가(Evaluation)를 실시해 운영 전반에 걸쳐 항목별로 매뉴얼에 의한 경영이 이루어지고 있는지 평가해 본다.

③ 모든 매뉴얼의 체크리스트를 작성해 지속적인 업데이트를 실시한다. 시대의 흐름이나 젊은 직원들의 아이디어를 수렴하고 현실적으로 수정·보완하도록 한다.

④ 직원들과의 수시로 미팅을 실시해 의견을 청취하고 매니저에 대한 정기적인 자체 평가를 월별로 실시한다.

⑤ 매뉴얼을 지키는 데는 예외가 없다는 것을 보여주어야 한다. 사장이나 매니저가 지키지 않는 매뉴얼은 직원들에게 불신감을 줄 수도 있으므로 모두가 매뉴얼을 준수하는 분위기를 만들도록 한다.

3) 매뉴얼의 체계와 작성 방법

(1) 매뉴얼의 체계

매뉴얼은 프랜차이즈 시스템의 기능에 따라 다양한 종류가 있다. 크게는 가맹본부 운영에 필요한 본부용 매뉴얼, 가맹점에 지급하는 가맹점용 매뉴얼로 나눌 수 있다.

❶ 가맹본부용 매뉴얼(지역본부가 있을 경우 지역본부도 필요한 매뉴얼임)

- **㉠ 브랜드, CI 매뉴얼** 상표 관리, 간판, 서비스 마크, 캐릭터, 로고, 홈페이지 등(상표, 서비스표 등록)
- **㉡ 경영 지도 매뉴얼** 슈퍼바이징, 정보 시스템
- **㉢ 교육 연수 매뉴얼** 교육 과정(입사, 중간 관리자, 서비스, 가맹점사업자 등), 연수, 기획 실시
- **㉣ 판매 촉진 매뉴얼** PR, 광고, 캠페인, SNS
- **㉤ 자재 구입, 공급 매뉴얼** 상품화 계획, 배송
- **㉥ 가맹점 운영 매뉴얼** 가맹점 관리, 행사
- **㉦ 경영 정보 시스템 매뉴얼** POS 시스템의 활용과 취급 요령
- **㉧ 메니지먼트 매뉴얼** 경영 이념, 비전, 경영 전략, 회사 방침 등
- **㉨ 가맹점 개발 시스템 매뉴얼** 개발 전략, 입지 조사, 경합점 조사, 가맹점 모집 계획
- **㉩ 물류 관리 매뉴얼** 구매 관리, 생산 관리, 품질 관리, 물류 관리
- **㉪ 계약 매뉴얼** 프랜차이즈 계약서 및 정보공개서

❷ 가맹점용 매뉴얼

- **㉠ 점포 운영 매뉴얼** 계수 관리, 인사 관리, 설비 관리, 기기 관리, 장부 관리, 보고
- **㉡ 교육·훈련 매뉴얼** 고과, 교육, 지도, 훈련, 불만 처리
- **㉢ Q.S.C.A 매뉴얼** 구매, 시스템, 조리, 접객, 청소, 위생, 분위기
- **㉣ 서비스 매뉴얼** 접객 서비스, 고정 처리의 방법

상기 외에 머천다이징 매뉴얼, 판매 촉진 매뉴얼, POS 매뉴얼, 클레임 처리 매뉴얼, 사무 관리 매뉴얼, 긴급 처리 매뉴얼, 창고 작업 매뉴얼, 결산 처리 매뉴얼, 메인터넌스 매뉴얼 등이 있다.

4) 매뉴얼 작성 원칙[5]

매뉴얼은 실제로 활용하기 위한 것이므로 실제적이고 이해하기 쉽게 작성되어야 한다. 우선 사업 아이템의 특성에 맞아야 하고 일관성 있게 구성되어야 한다.

매뉴얼 작성의 기본 원칙을 정리하면 다음과 같다.

① 모든 업무 집행 방법이 고객의 입장에서 정리 정돈되어야 한다.

② 최우선 업무가 어떤 것이어야 하는가를 결정한다.

③ 업무의 목적을 명확히 해야 한다.

④ 3S(단순화(Simplification), 표준화(Standardization), 전문화(Specialization))주의에 철저해야 한다.

⑤ 세부 업무별 목적 및 목표를 명확히 하고 현재의 수행 업무를 충실히 매뉴얼화하는 것이 매뉴얼 도입의 최대 포인트이며 관행을 기준으로 작성해야 한다.

⑥ 매뉴얼은 문자화해 책자로 제작하는 것이 원칙이나 이용자들의 편의를 위해 영상화나 도표, 일러스트, 만화나 그림 등을 사용하면 편리하다.

⑦ 매뉴얼은 기본적으로 문자와 표, 그림으로 표현하지만, 이를 형상화해 교육하면 집중력이 훨씬 강화된다.

⑧ 부정적 표현보다 긍정적 표현이 좋다.

⑨ 매뉴얼은 항상 개정 또는 개선을 염두에 두고 관리해야 한다.

⑩ 작업 순서만을 명기한 매뉴얼이 되지 않도록 하며 위생 단속 등 예외가 발생할 수 있는 것은 그 처리 방법도 매뉴얼화한다.

매뉴얼 작성 시 유의 사항은 다음과 같다.

① 보통 기업체에서는 기획 부분의 우수 인재를 선발해 매뉴얼 작성 작업에 참여하도록 한다. 그러나 실제 매뉴얼에 의해 현장 작업을 하는 사람은 미숙련 아르바이트인 경우가 많다. 따라서 내용이 무경험자가 습득하는 데 무리가 없도록 작성되어야 한다.

② 사람의 능력 범위 내에서 수행 가능한 내용이어야 한다. 매뉴얼을 작성할 때에는 상당히 높은 수준에서 제반 기준을 설정한다. 인간의 능력에는 한계가 있으므로 이를 넘어서지 않도록 해야 한다는 인식이 따라야 한다.

---

5) 김헌희, 「외식 프랜차이즈 경영 전략」, 백산출판사, 2003, pp.213~217.

❸ "실패는 성공의 어머니"라는 말과 같이 실패 사례는 좋은 교과서이다. 매뉴얼은 가맹점 운영의 지도서에 불과하지만, 이 실패 교훈이 중요한 역할을 한다는 것을 잊어서는 안 된다.

❹ 예외가 없는 법칙(규칙)은 없기 때문에 '예외가 발생하는 경우의 처리 방법'을 명확히 설정해 두고 나머지는 보편적인 원칙에 의해 정리해야 한다.

❺ 현장에서 요구한다고 해 바로 간단하게 수정해서는 안 된다. 좀 더 치밀하게 조사해 그 사항이 모든 점포에 상당 기간 공통적으로 발생한 내용인지를 검토한 후 기본 원칙의 수정을 행해야 한다.

② 외식 프랜차이즈 교육 시스템

프랜차이즈 가맹점에 대한 교육과 훈련 프로그램은 가맹본부의 운영 방침이나 지식, 노하우를 전수하고 통일된 브랜드 이미지 구축, 경영 환경 개선, 가맹본부와 가맹점 간의 상호 협력 및 신뢰 구축, 의욕 고취 등 여러 가지 긍정적 결과를 가져온다. 가맹본부는 가맹계약 이전에 가맹점 교육 시스템을 충분히 설명해야 하고 가맹희망자도 미리 가맹본부의 교육 훈련에 대해 확실하게 체크해 두어야 한다.

1) 개점을 위한 초기 교육·훈련

가맹점 교육 시스템 중에서 특히 개점 전후의 교육은 가맹점을 이끌어가는 데 결정적인 역할을 하게 되므로 매우 중요하다. 따라서 그만큼 철저하게 진행되어야 한다.

개점을 위한 초기 교육은 동일한 상품을 고객들에게 같은 방법으로 전달하기 위해 필요한 모든 분야의 교육이 실시된다.

다음과 같은 내용이 일반적이다.[6]

• 표준들과 운영 절차들
• 음식 및 식품 안전 관리와 조리 방법
• 메뉴와 서비스의 기술적인 운영 매뉴얼
• 리더십과 기업 경영

---

6) 임재석·엄명철, 「프랜차이즈 창업실무」, 무역경영사, 2004, pp. 244.

- 문제 해결 방식
- 고객 서비스 이해
- 브랜드 위치와 인식
- 머천다이징과 가격 정책
- 마케팅과 광고
- 노무 관리(채용, 지도, 동기 유발 등)
- 직원 교육 기법
- 청결과 유지 보수
- 안전과 보안
- 벤더 관계(원자재 구매, 수령, 재고 관리 등)
- 재무 관리와 사업 계획 개발
- MIS(회계, 급여)/POS(가격, 금전등록기, 재고 조사) 시스템
- 대내외 커뮤니케이션
- 입지 선정, 인테리어, 환경, 점포 디자인
- 시설 및 기기 보수 관리 등

2) 지속적인 보수교육·훈련

초기 교육 이후에도 개점 후 지속적인 교육이 필요하다. 점포 운영에 관한 내용 뿐만 아니라 신제품이나 새로운 서비스 방법, 신경영 기법 등을 수시로 교육하고 지도해야 한다. 방법은 여러 가지가 있겠지만, 큰 규모의 기업이 아닌 이상 집합 교육보다는 슈퍼바이저를 활용한 방문 교육이 선호되고 있다. 이 외에 외부 전문 교육기관에 교육을 의뢰하는 방법도 있다.

Chapter 04

외식 프랜차이즈 관련 법규에 의한 분쟁의 해결

제1절 외식 프랜차이즈 관련 법규의 제정

1 가맹사업거래의 공정화에 관한 법률

2002년 11월 1일부터 시행되고 있는 '가맹사업거래의 공정화에 관한 법률'은 가맹본부에 의한 정보 공개, 불공정 거래 행위 금지, 계약 해지 제한 등의 제도를 통해 공정하고 투명한 가맹사업거래 질서를 확립하고 법 위반 행위의 시정 및 가맹점사업자 피해의 구제를 위한 절차를 규정하고 있다.

그리고 2021년 5월 18일 일부 개정된 법률이 2021년 11월 19일부터 시행됨에 따라 가맹사업거래에 있어서 가맹본부와 가맹희망자 또는 가맹점사업자 간 정보의 불균형으로 인해 발생할 수 있는 부작용을 예방하고, 상대적으로 불리한 지위에 있는 가맹희망자와 가맹점사업자의 권익을 보호할 수 있을 것으로 기대된다.

개정된 주요 내용을 살펴보면 다음과 같다.

❶ 가맹희망자의 범위 확대 및 권리보호 강화

가맹희망자의 범위를 정보공개서 제공의 서면 신청 여부와 관계없이 가맹계약을 체결하기 위해 가맹본부나 가맹지역 본부와 상담하거나 협의하는 자로 규정해, 사실상 가맹점사업자가 되기 위해 가맹본부와 상담하거나 협의하는 자라면 누구나 정보공개서를 반드시 제공받을 수 있고, 일정한 경우 가맹금의 반환을 요구할 수 있게 됨으로써 사회적 약자에 대한 권리 보호에 충실하게 되었다.

❷ 정보공개서 등록 제도의 도입

2008년 8월 4일부터는 가맹본부가 가맹점사업자를 모집하기 위해 가맹희망자에게 정보공개서를 제공하는 경우, 반드시 공정거래위원회에 등록된 정보공개서를 제공하도록 했다. 이렇게 함으로써 정보공개서의 투명성 및 신뢰성이 확보되고 가맹사업의 건전한 거래 질서가 확립될 수 있게 되었다.

정보공개서란?

- 창업을 하려는 '가맹본부'의 재무 상황, 가맹점 수, 가맹금, 영업 조건, 교육 내용 등을 가맹사업법에 따라 70여 가지로 기재한 것.
- 가맹계약 체결 전 창업을 하려는 '가맹본부'의 재무 상황, 가맹점 수, 가맹금, 영업 조건, 교육 내용 등을 가맹사업법에 따라 70여 가지로 필요한 각종 정보를 담은 문서.
- 가맹계약 체결에 앞서, 가맹본부는 반드시 공정거래위원회에 등록한 정보공개서를 가맹희망자에게 계약 체결 14일 전까지 제공할 의무
  (※ 단, 변호사나 가맹거래사의 자문을 받은 경우 제공 기간을 7일로 단축할 수 있음)
- 정보공개서 사전 제공 제도는 2002년 가맹사업법 제정 시 도입
  (※ 근거 규정: 가맹사업법 제6조의 2 및 제7조)
  2022.12.31. 기준 11,844개 브랜드(8,183개 가맹본부)가 공정거래위원회에 등록

정보공개서의 주요 내용

- 가맹본부의 일반 현황: 가맹본부의 기본 정보, 계열 회사 정보, 임원 명단 및 사업 경력 등
- 가맹사업 현황: 최근 3년간 가맹점 현황(출점, 폐점 수 포함), 가맹본부가 운영하는 다른 브랜드 정보, 전년도 가맹사업자 평균 매출액(추정치)
- 법위반 사실: 최근 3년간 공정거래법 및 가맹사업법 위반, 가맹사업과 관련된 민사, 형사상 법 위반 내역
- 가맹점사업자의 부담: 영업 개시 이전(가맹금, 보증금, 설비 등 기타 비용), 영업 중(로열티, 가맹본부의 감독 내역), 계약 종료 후(재계약, 영업권 양도 시 부담 비용)
- 영업 활동 조건 및 제한: 상품 판매, 거래 상대방, 가격 결정에 따르는 제한, 영업 지역 설정, 변경 등에 관한 내용, 계약 기간, 계약 연장·종료·해지 등에 관한 내용
- 영업 개시 절차: 영업 개시까지 필요한 절차, 기간, 비용
- 교육·훈련: 교육·훈련의 내용, 이수 시간, 부담 비용, 불참 시 불이익

③ 가맹금 예치 제도의 도입

가맹희망자가 계약 시 가맹본부에 지급하는 가맹금을 제3의 기관에 예치한 후, 가맹희망자가 정상적으로 영업을 개시하거나 가맹계약 체결일부터 2개월이 경과한 후에 예치한 가맹금을 가맹본부에 지급하도록 해 가맹본부로부터의 안정적 영업 지원을 받고 사기 거래의 위험을 방지할 수 있을 것으로 기대된다. 다만, 가맹본부 피해보상보험을 체결한 경우에는 가맹금 예치제의 적용을 배제할 수 있다.

예치해야 할 가맹금은 계약금, 가입비, 교육비, 가맹비 등 처음 계약 체결을 위해 지급한 대가와 계약의 이행을 위한 계약 이행 보증금에 한한다. 따라서 가맹점포 개설을 위한 물품 공급 대금, 인테리어 공사 비용 등은 예치 대상에서 제외된다.

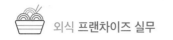

가맹본부에 가맹금이 지급되기 전 문제가 있다고 판단될 경우 소송을 제기, 분쟁조정협의회에 조정 신청을 하거나 공정거래위원회에 신고하면 된다. 이 경우 분쟁의 결과가 나올 때까지 가맹금 지급이 보류되므로 가맹희망자나 가맹본부는 안심할 수 있다.

❹ 가맹금 반환 요구 요건 확대

앞으로는 가맹희망자나 가맹점사업자가 가맹본부로부터 가맹금의 최초 지급일 또는 가맹계약 체결일 중 빠른 날부터 14일 전(변호사, 가맹거래사 등의 자문을 받은 경우에는 7일 전)까지 공정거래위원회에 등록된 정보공개서를 제공받지 못한 경우나 정보 제공 과정에서 허위, 과장 정보를 제공하는 경우 등에도 가맹금의 반환을 요구할 수 있게 했다. 이렇게 함으로써 성실한 정보공개서 제공을 유도하고, 정보공개서를 적기에 제공받지 못한 자의 권리 보호에 기여하도록 했다.

❺ 가맹점사업자의 영업 구역 보호

가맹본부나 계열 회사가 계약 기간 중에 가맹계약을 위반하고 가맹점사업자의 영업 지역 안에 가맹점사업자와 동일한 업종의 직영점이나 타 가맹점을 설치하는 행위를 금지함으로써 가맹본부로부터 부당하게 영업 구역을 침해당하는 것을 방지하고 안정적으로 영업을 수행할 수 있도록 했다.

❻ 가맹점사업자의 가맹계약 갱신 요구 제도 도입

가맹본부는 가맹점사업자가 가맹계약서에 게재한 가맹금 등의 지급 의무를 지키지 않거나 가맹사업의 유지를 위해 필요한 가맹본부의 중요한 영업 방침을 지키지 아니한 경우 등을 제외하고는 가맹점사업자의 갱신 요구를 거절하지 못하도록 함으로써 가맹점사업자가 지속적인 거래를 통해 투자한 자본을 적절하게 회수할 수 있도록 했다.

❼ 가맹사업거래분쟁조정협의회의 이관

「독점규제 및 공정거래에 관한 법률」에 따라 설립되는 제3의 기관인 한국공정거래조정원에 가맹사업거래분쟁조정협의회를 설치함으로써 분쟁 조정 업무의 신뢰성을 높였다.

⑧ 가맹사업거래 상담사 제도를 가맹거래사 제도로 변경

가맹사업거래 상담사의 명칭을 가맹거래사로 변경하고, 그 업무 범위에 가맹사업 관련 분쟁 조정 신청과 정보공개서 등록 신청의 대행 업무를 추가해 가맹거래사의 활동이 활발해졌으며 이로 인해 가맹사업거래에 대한 신뢰성이 제고되고, 가맹사업의 공정한 거래 질서가 확립되는 데 기여했다.

2 외식 프랜차이즈 표준 약관

1990년대를 기점으로 국내에서 프랜차이즈 산업이 비약적인 발전을 거듭해 오고 있고, 특히 외식업은 전체 프랜차이즈 산업의 반 이상을 차지할 정도로 비중이 높아지고 있지만 아직까지도 법적·제도적 장치는 여타의 선진국 수준에 미치지 못하고 있는 실정이다.

공정거래위원회에서는 이렇게 양적인 성장만을 추구해 오던 프랜차이즈 가맹본부와 업체 사이에 있을 수 있는 불만 사항 및 이해 부족으로 인한 폐해를 다소나마 해결하기 위해 프랜차이즈(외식업) 약관을 제정·시행하고 있다. 그전까지의 가맹계약은 가맹사업자에게만 유리하도록 작성되는 경우가 많아 가맹계약자가 불이익을 당하는 경우가 많았다. 그러나 표준 약관을 제정·시행함으로써 불공정 약관으로 인한 분쟁을 사전에 예방, 가맹계약자의 피해를 줄이고 사업 실패의 위험을 감소시키는 동시에 가맹사업자의 효율성 제고 및 신뢰 확보를 기대할 수 있게 되었다.

표준 약관의 주요 내용은 다음과 같다.

❶ 계약 기간

종래는 주로 1~2년을 계약 기간으로 정했는데 표준 약관을 통해서 가맹계약자가 개점 초기에 점포 개설 비용과 가입비 등 거액을 투자하는 점을 감안해 가맹계약자의 생계 안정과 투자비 회수를 위한 갱신요구권제 도입을 통해 가맹점의 영업을 보장토록 했다.

❷ 가맹비 반환

가맹사업자의 귀책 사유로 사업이 중단된 경우, 종래는 가맹비를 전혀 반환해

주지 않았지만 표준 약관을 통해서 최초 계약 시점을 기준으로 잔여 계약 기간에 해당하는 만큼의 가맹비를 반환토록 했다.

❸ 영업 지역

종래는 가맹사업자가 일방적으로 직영 매장이나 타 매장을 설치할 수 있어 기존 가맹계약자의 이익 침해 우려가 있었지만, 표준 약관을 통해서 기존 가맹계약자의 영업 지역 내에 직영 매장 또는 다른 가맹계약자의 점포를 신설할 경우, 기존 가맹계약자의 동의를 얻도록 했다.

❹ 영업 양도 시 양수인의 가입비 면제

종래는 모든 양수인에 대해 가입비를 청구했지만 표준 약관은 영업 양수를 통해 새로이 가맹계약자의 지위를 승계한 자에게는 가입비를 받지 않도록 했으나 소정의 교육비는 부담하도록 했다.

❺ 점포 인테리어 시공업자 임의 선정

가맹점포의 실내외 장식이나 설비 등의 설치에 있어 종래는 가맹사업자 자신 또는 가맹사업자가 지정한 업체만이 시공 가능했지만 표준 약관을 통해서 가맹계약자가 직접 시공하거나 가맹사업자가 지정한 업체를 선정할 수 있도록 했다.

❻ 상품 공급처의 제한

가맹사업의 목적 달성 범위를 벗어나거나 가맹사업자가 정당한 사유 없이 공급을 중단하는 경우 종래는 브랜드 동일성 유지와 상관없는 상품에 대해서도 자사 제품의 사용을 강요하거나 억지로 공급하기도 했는데 표준 약관을 통해서 가맹계약자가 원부자재를 직접 조달·판매할 수 있도록 했다.

❼ 반품 및 교환

종래는 반품 시기를 즉시로 제한하거나 상품의 반품 가격을 매우 낮게 책정하는 사례가 빈번했는데 표준 약관을 통해서 상품 특성상 즉시 하자를 발견할 수 없는 경우 6개월 이내에 통지·교환토록 하고, 계약 해지로 인한 정상품의 반품은 출고 가격으로 상환토록 했다.

⑧ **광고·판촉**

가맹계약자에게 광고·판촉비를 분담시킬 경우 종래는 가맹계약자에게 광고·판촉 비용 일체를 부담시키기도 했는데 표준 약관을 통해서 산출 근거를 서면으로 제시토록 하고, 판촉비 분담을 요구하려면 가맹계약자의 동의를 얻도록 했다.

⑨ **금전 채무 보상**

종래는 가맹계약자에게만 지연 이자 납입 의무를 규정했지만 표준 약관을 통해서 가맹사업자와 가맹계약자 둘 모두에게 계약의 중도 해지에 따라 발생한 자신의 채무를 일정 기간 내에 상환할 의무를 부여해 이를 이행치 않을 경우 상호 지연 이자를 부담토록 했다.

⑩ **가맹사업자의 의무**

종래는 가맹계약 전 필요 자료 공개에 관한 약관 조항이 없었지만 표준 약관을 통해서 가맹희망자들이 가맹 여부를 적정하게 판단할 수 있도록 가맹사업자의 재무상황, 최근 3년간 사업 경력, 상품·자재의 공급 조건 등의 자료 및 정보를 공개하도록 했다.

3 가맹사업 진흥에 관한 법률

2007년 11월 23일 '가맹사업진흥에 관한 법률'이 국회에서 통과되어 또 하나의 새로운 프랜차이즈 관련 법규가 제정되게 되었다. 주요 내용은 다음과 같다.

1) 제정 이유

가맹사업(프랜차이즈)은 가맹본부(프랜차이즈본부)가 가맹점사업자(가맹점)에게 상호·경영 노하우(Know-How) 등을 지속적으로 제공하면서 가맹점을 통해 상품과 서비스를 판매하는 시스템으로서, 1970년대에 우리나라에 처음 도입된 이후로 지속적으로 급격히 성장을 했다. 그리해 현재 표준산업분류표상 도매 및 소매업, 숙박 및 음식점업, 기타 서비스업 등 광범위한 산업 분야로 나뉘어 존재하고 있으며 이 가맹사업은 향후에도 성장 가능성이 높아 차세대 성장 동력 산업으로 육성 및 보급이 필요하다. 그러나 사실 도소매 업종을 영위하는 가맹사업자에 대한 경영 개선 지원을 규정하고 있는 유통산업발전법 등 개별법을 제외하고는 가맹사업자를 체계적으로 관리·육성할 수 있는 제도적 기반이 없는 실정이다. 따라서, 가맹사업진흥시책의 수립, 가맹사업의 진흥 및 지원, 가맹사업의 창업 지원 등에 관한 「가맹사업 진흥에 관한 법률」을 제정함으로써 가맹사업을 체계적으로 지원해 차세대 성장 동력 산업으로 육성하고 자영업의 가맹사업화를 유도해 국민 경제의 안정에 이바지하고자 한다.

2) 주요 내용

① 가맹사업진흥계획의 수립·시행

ㄱ 산업통상자원부 장관은 가맹사업 발전에 대한 기본 방향을 설정하고 5년마다 가맹사업 진흥을 위한 기본 계획을 수립·시행해야 한다.

ㄴ 산업통상자원부 장관은 매년 기본 계획 시행을 위한 가맹사업 진흥 시행 계획을 수립·시행해야 한다.

② 가맹사업 진흥을 위한 협조 체제 구축

ㄱ 기본 계획 및 가맹사업 진흥을 위한 중요 사항 심의를 위해 산업통상자원부에 '가맹사업진흥심의회'를 설치·운용하도록 한다.

ㄴ 산업통상자원부 장관은 심의회의 심의를 거친 사항에 대해 관계 행정 기관의 장 및 지방자치단체의 장에게 협조를 요청할 수 있도록 한다.

③ 가맹사업에 대한 실태 조사

산업통상자원부 장관은 가맹사업에 대한 실태 조사를 할 수 있으며, 실태 조사를 위해 필요한 경우에 관계 중앙 행정 기관의 장, 지방자치단체의 장, 공공 기관의 장 등에게 필요한 자료를 요청할 수 있도록 한다.

④ 가맹사업의 진흥 및 지원

ㄱ 산업통상자원부 장관은 가맹사업 물류 및 정보화의 촉진과 가맹사업 부문의 전자 거래 기반을 넓히기 위해 가맹사업 물류 및 정보화 시책을 수립·시행하도록 한다.

ⓛ 산업통상자원부 장관 또는 중소벤처기업부 장관은 가맹사업자의 전문성 제고를 위해 교육 연수 사업을 할 수 있도록 한다.

ⓒ 정부는 가맹사업과 관련된 기술 및 지적 재산권의 개발을 촉진하기 위한 시책을 추진하고 이에 소요되는 자금을 지원할 수 있다.

ⓔ 정부는 가맹사업 지적 재산의 개발을 지원하고 육성하기 위해 가맹사업과 관련된 지적 재산권 보호 시책을 강구해야 한다.

ⓜ 산업통상자원부 장관은 가맹사업의 진흥과 관련해 교류·협력 사업을 수행하고, 국제화를 촉진하기 위한 사업을 추진할 수 있다.

ⓗ 산업통상자원부 장관은 가맹사업의 진흥·창업 및 사업 전환을 촉진하기 위해 관련 정보가 효과적으로 생산·관리 및 활용될 수 있도록 데이터베이스 및 정보제공 시스템의 구축 등 시책을 추진할 수 있다.

⑤ 가맹사업의 창업 지원

ⓞ 정부는 가맹사업의 창업을 활성화하고 가맹사업 창업자의 안정적인 성장·발전을 위해 필요한 지원과 창업에 관한 지도 사업 및 컨설팅 사업을 실시할 수 있다.

ⓛ 정부는 창업 및 가맹사업의 성장·발전에 필요한 자금, 인력, 기술, 판로 및 입지 등에 관한 정보를 제공하기 위해 필요한 시책을 강구해야 한다.

ⓒ 산업통상자원부 장관 또는 중소기업청장은 중소기업자가 가맹사업자로 전환하는 것을 지원하는 시책을 수립·추진할 수 있도록 한다.

ⓔ 정부는 가맹사업으로 전환을 추진하는 중소기업자와 업종 전환·사업 전환기타 폐업을 추진하는 가맹사업자 등에게 판로·기술 및 진출 업종 등 사업 전환에 관한 정보의 제공과 경영·기술·재무·회계 등의 개선에 관한 컨설팅 지원을 실시할 수 있다.

ⓜ 「중소기업진흥 및 제품구매 촉진에 관한 법률」에 의한 중소기업 진흥 및 산업 기반 기금을 당해 기금 운영 계획에 따라 가맹사업자에게 지원할 수 있다.

ⓗ 「지역신용보증재단법」에 의한 신용보증재단은 가맹사업자에 대해 신용 보증을 할 수 있도록 한다.

ⓢ 산업통상자원부 장관은 가맹사업에 대한 국민의 인식 제고와 창업 촉진을 위한 사업과 창업 아이디어를 사업화하는 데 필요한 기업을 알선하거나 사업화하는 기업에 대해 소요되는 자금을 융자할 수 있다.

⑥ 산업통상자원부 장관은 가맹사업 육성의 체계적·효율적 추진을 위해 전담 기관을 지정해 운영할 수 있고, 전담기관은 가맹사업과 관련한 국내외 정보의 수집·분석 및 보급, 가맹사업자의 전문성 제고를 위한 연수 교육, 가맹사업자에 대한 상담 및 정보 제공 등 업무를 담당하도록 한다.

⑦ 산업통상자원부 장관은 권한의 일부를 대통령령이 정하는 바에 따라 중소기업청장, 시도지사 또는 시장·군수·구청장에게 위임하거나 전담 기관, 사업자 단체에 위탁할 수 있다.

⑧ 기금 지원 또는 신용 보증을 받고자 하는 자는 가맹사업에 관한 현황 또는 사업 계획을 대통령령이 정하는 바에 따라 전담 기관의 장에게 신고해야 한다. 다만, 「가맹사업거래의공정화에 관한 법률」에 의해 정보공개서를 등록한 가맹본부와 이에 속한 가맹점사업자에 대해는 그 등록을 신고한 것으로 본다.

⑨ **부칙 제2조**(다른 법률의 개정)

    ㄱ 「중소기업창업지원법」 제3조 단서를 다음과 같이 개정 "다만, 숙박 및 음식점업·부동산업 등 대통령령이 정하는 업종의 중소기업(「가맹사업 진흥에 관한 법률」 제2조제1호의 규정에 의한 가맹사업은 제외)에 대해는 이를 적용하지 아니한다."

    ㄴ 「산업발전법」 제28조 제7호 및 제31조 제6호를 다음과 같이 신설 "「가맹사업 진흥에 관한 법률」 제2조 제1호의 규정에 의한 가맹사업의 발전을 위한사업"

④ 가맹사업거래의 공정화에 관한 법률 시행령 개정 (2021.11.19 시행)

1) 제안 이유

직영점 운영 경험이 있는 가맹본부만 가맹사업에 참여할 수 있도록 하는 새로운 원칙이 도입되었다. 이는 가맹점주의 권익을 더욱 강화하고 가맹사업의 성공 가능성을 높이는 역할을 한다. 가맹본부는 온라인 판매와 관련된 정보를 정보공개서에 명시해야 하며, 이는 가맹점주가 사업을 시작하기 전에 중요한 사항들을 더욱 투명하게 파악하는 데 도움이 된다. 더 큰 범위에서 보면, 소규모 가맹본부에 대한 법적 적용 범위가 확대되어 가맹점주의 보호가 강화되고, 이들 가맹본부에 대한 엄격한 관리를 통해 전반적인 가맹시스템이 개선되고 있다. 서울, 인천, 경기, 부산 등의 지자체장이 과태료를 부과할 수 있는 권한을 부여받음으로써 위반 행위에 대한 신속하고 효과적인 대응이 가능해졌다. 이런 조치는 가맹사업의 투명성과 공정성을 증진하는 데 기여한다.

표 4-1 **개정 가맹사업 법령 및 고시 주요 내용**

구 분	주요 내용
가맹점주 권익 증진	① 직영점 운영 경험이 있는 가맹본부만 가맹사업에 참여(가맹사업법 제6조의3제1항, 시행령 제5조의5) ② 정보공개서 기재 사항 확대(가맹사업법 제2조, 시행령 별표1, 정보공개서 표준 양식 고시 별지서식) ③ 소규모 가맹본부에 대한 법 적용 범위 확대(가맹사업법 제3조제2항)
위법 행위 신속 조치	④ 지자체의 과태료 부과 권한 확대(시행령 제35조) * 해당 내용은 지자체 준비 기간을 고려해 2022년 5월부터 시행 예정

신규 가맹사업 법령과 정보공개서 표준 양식 고시가 도입되면서 변화가 예상된다. 가장 중요한 것은, 검증된 가맹본부만이 가맹사업을 시작할 수 있게 되어 가맹점주의 리스크가 감소하고, 이에 따라 그들의 권익이 증진될 것이다. 정보 제공의 범위 확대는 가맹희망자가 사업을 시작하기 전에 충분한 정보를 얻을 수 있게 해, 가맹점주의 피해를 예방하는 데 도움이 될 것이다. 이런 변화는 전체 가맹사업의 투명성과 안정성을 향상시키는 긍정적인 영향을 미칠 것으로 보인다.

2) 주요 내용

❶ 직영점 운영 경험이 있는 가맹본부만 가맹사업에 참여(가맹사업법 제6조의3제1항, 시행령 제5조의5)

기존의 가맹사업법은 시장에서 검증되지 않은 가맹본부가 가맹사업에 참여하는 문제를 초래했다. 이는 사업 경험이 없는 가맹본부도 가맹사업에 참여할 수 있게 했기 때문이다. 이 문제를 해결하기 위해 개정된 가맹사업법은 1개 이상의 직영점을 1년 이상 운영한 경험이 있는 가맹본부만 가맹사업에 참여할 수 있게 규정했다. 직영점이란 가맹본부의 책임과 계산하에 직접 운영하는 점포를 의미한다.

그러나 예외적인 사항도 있다. 국내외에서 해당 가맹사업과 같은 업종의 사업을 1년 이상 운영한 경험이 있는 경우에는, 가맹본부가 직영점을 운영한 경험이 없어

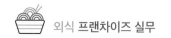
도 가맹사업에 참여할 수 있게 했다. 이 경우에는 사업 내용이 이미 검증된 가맹본부가 가맹사업에 참여하는 것이다.

② 정보공개서 기재 사항 확대

최근 가맹본부에서 온라인과 직영점 판매의 증가가 관찰되고 있다. 가맹점 매출에 부정적인 영향을 미칠 수 있는 이런 추세에 대비하기 위해 개정된 시행령에서는 가맹본부가 정보공개서에 온라인과 직영점을 통한 판매 관련 정보를 반드시 포함하도록 요구했다. 이 정보에는 온라인 및 오프라인 매출액 비중과 온라인 및 오프라인 전용 상품의 비중 등이 들어간다. 정보공개서에는 가맹본부의 직영점에 대한 정보 역시 요구되는데, 그 정보는 직영점의 명칭, 소재지, 평균 운영 기간, 연간 평균 매출액 등이다. 개정 시행령에 따르면, 가맹본부가 등록한 정보공개서의 내용이 사실과 다른 경우에는 시도지사로부터 정보공개서 등록 취소 처분을 받게 된다. 이때의 상황은 정보공개서에 기재되어야 한다는 점을 잊지 말아야 한다.

③ 소규모 가맹본부에 대한 법 적용 범위 확대(가맹사업법 제3조 제2항)

종전 가맹사업법은 소규모 가맹본부(연간 매출액 5천만 원 미만, 가맹점이 5개 미만이거나, 6개월 동안의 가맹금 총액이 100만 원 미만인 경우)를 고려해 허위 정보 제공 금지와 가맹금 반환 의무 외에는 대부분의 의무가 적용되지 않도록 했다. 이는 법 준수 비용 등을 고려한 결과였다.그러나 개정된 가맹사업법은 소규모 가맹본부와 거래하는 가맹점주의 보호를 강화하기 위한 목적으로 작성되었다. 이를 위해, 소규모 가맹본부도 정보공개서를 공정위 또는 시도지사에 등록하고, 가맹희망자에게 등록된 정보공개서를 제공하며, 가맹금을 제3의 금융 기관에 예치해야 한다는 내용이 포함되어 있다.

④ 지자체의 과태료 부과 권한 확대(시행령 제35조)

과거의 가맹사업법 시행령은 가맹본부가 정보공개서의 변경 등록 및 변경 신고를 이행하지 않은 경우에 한해 지방자치단체장에게 과태료 부과의 권한을 부여하고 있었다. 이 규정은 가맹본부가 법률 준수를 장려하는 역할을 수행하고 있었다. 그러나 개정된 시행령에서는 이 범위가 확대되어 가맹본부가 가맹점에 대한 예상 매출액 정보를 제공하지 않거나, 가맹계약서를 보관하지 않는 행위에 대해서도 지방자치단체장(서울, 인천, 경기, 부산)이 과태료를 부과할 수 있다는 내용을 담고 있다. 그렇지만, 이 규정은 지방자치단체가 법률 집행을 준비하는 데 시간이 필요하다는 점을 고려해 2022년 5월부터 시행되도록 규정했다.

⑤ 기대 효과

신규 가맹사업법 시행령이 도입되었다. 이 법에 따르면, 사업 내용이 이미 검증된 가맹본부만이 가맹사업에 참여할 수 있게 되었다. 이전에는 사업 경험이 없는 가맹본부도 가맹사업을 영위할 수 있었던 점을 개선한 것이다. 이로 인해 특히 직영점을 1년 이상 운영한 경험이 있는 가맹본부만이 가맹사업에 참여할 수 있게 되었다.

또한, 이번 개정된 법에 따르면, 가맹본부가 가맹점에 대한 예상 매출액 정보를 제공하지 않거나 가맹계약서를 보관하지 않는 행위에 대해 지자체가 과태료를 부과할 수 있게 했다. 이는 집행력이 강한 지자체에서 이러한 위반 행위를 억제하게 해줄 것이다.

더욱 자세한 정보를 원한다면, '가맹사업거래 홈페이지'를 방문하면 된다. 이 웹사이트에는 개정된 가맹사업법에 대한 상세한 정보가 모두 담겨 있다.(출처: 공정거래위원회)

제2절 외식 프랜차이즈의 분쟁과 갈등

1 외식 프랜차이즈 가맹본부와 가맹점의 관계

1) 외식 프랜차이즈 가맹본부와 가맹점 간의 우호적인 관계 유지 전략

외식 프랜차이즈 가맹본부가 프랜차이즈 시스템을 운영할 때는 가맹점 하나하나의 특수성을 고려할 수 없기 때문에 전체적이고 일반적인 견지에서 운영 및 경영 방침을 세우게 된다. 경우에 따라서는 가맹점의 실정에 맞지 않아서 실패할 수도 있다.

따라서 외식 프랜차이즈 가맹본부와 가맹점사업자 간의 우호적인 관계를 지속하기 위해서는 슈퍼바이저를 통한 가맹본부와의 원활한 정보 교류와 면담으로 지역적 특성이나 입지, 소비자 수준 등 가맹점 실정에 맞는 합리적인 경영이 되도록 하는 것이 필요하다. 또한 가맹본부의 이익만을 생각한 일방적인 정책을 강요할 경우를 대비해 가맹점 간의 커뮤니케이션 시스템을 구축해 놓는 것도 좋다.

(1) 가맹본부와의 커뮤니케이션

가맹점사업자는 자기 점포에 국한되는 문제만 생각하기 마련이다. 그러나 프랜차이즈 가맹본부와 가맹점 전체가 성장 발전하지 않으면 가맹점의 일원으로서 자기 점포의 장래도 없다는 사실을 인식해야 한다.

즉 가맹 후 가맹본부와 가맹점의 관계는 하나의 운명 공동체이기 때문에 서로의 역할을 책임지고 협력하는 일이 프랜차이즈 전체의 존속이나 성장에 불가결한 요소이다.

가맹본부와의 갈등은 매일 일어나는 사소한 일에 관한 커뮤니케이션의 부족이 그 원인이다. 따라서 가맹점은 대부분 슈퍼바이저를 통해 이루어지는 가맹본부와의 커뮤니케이션(보고, 연락, 상담)에 있어서 다음의 내용을 꼭 지키도록 하자.

❶ 가맹점이 정기적으로 가맹본부에 보고해야 할 사항을 지체 없이 보고한다.
❷ 신상품 도입이나 판매 촉진 캠페인 등과 같은 가맹본부의 요청에 대해 연락이나 발주 관계의 룰을 지킨다.
❸ 이와 같은 일에 태만하게 대응함으로써 가맹본부 측에 비협조적인 가맹점으로 낙인 찍히지 않도록 한다.
❹ 보고 사항 담당자의 이름을 알아둔다.
❺ 적극적으로 인사한다.
❻ 가맹본부 내부 평가가 좋으면 지원을 받는 것이 용이하다.

❼ 슈퍼바이저의 지도를 희망하는 경우는 사전에 상담 내용을 전화로 알린다.
❽ 슈퍼바이저의 내점 빈도는 많지 않으므로 갑작스러운 상담 희망은 효과가 적다.
❾ 상담 노트를 준비한다. 과거에 지도를 받은 사항, 그 후의 개선 사항, 활동이나 실적, 의문점 등을 기록하고 금회의 상담 사항 등을 정리해 두면 단시간에 효과 있는 상담을 받을 수 있다.

🌸 슈퍼바이저 응대 방법

문제 해결형, 커뮤니케이션으로 슈퍼바이저와 응대한다.

가맹본부와의 관계 = 슈퍼바이저와의 관계

① 불평불만이나 일방적인 푸념은 슈퍼바이저의 발길을 멀게 한다.

② 슈퍼바이저와의 커뮤니케이션은 객관적인 문제나 사실을 지적하는 것과 같이 가맹점으로써 아이디어를 제안하는 것이 중요하다.

③ 판매 촉진, 메뉴 개선 등 마케팅 정책은 시행착오를 거치면서 가맹사업 노하우가 구축되므로 가맹점으로부터의 정보 수집이 슈퍼바이저의 중요한 역할임을 인식한다.

④ 슈퍼바이저도 인간인 이상 적극적인 가맹점에는 협력을 하기 마련이며 일방적인 문제 지적만은 피해야 한다.

(2) 가맹점 회의 및 가맹본부 회의

외식 프랜차이즈 가맹본부와 가맹점은 계약상 대등한 관계이지만 프랜차이즈 전체에 대한 의사 결정은 가맹본부가 행하게 된다. 따라서 가맹점 회의 및 가맹본부 회의 등에 적극적으로 참여해 자신의 의사, 요청 사항을 이러한 회의에서 적극적으로 진술하도록 한다. 단, 자기 점포만의 특수 사정을 전면에 내세워서는 곤란하며, 어디까지나 가맹본부나 가맹점 전체의 이익을 고려한 발언이 포인트가 되어야 한다. 자기 의견이 채택되지 않았다고 가맹본부의 지시를 어기거나 자기 마음대로 점포를 운영하는 것은 더 큰 트러블을 야기시킬 수 있으므로 주의한다.

(3) 외식 프랜차이즈 가맹본부와 마찰은 금물

가맹점이 없으면 가맹본부의 이익도 없고, 외식 프랜차이즈 가맹본부 없는 가맹점은 성공할 수 없다. 가맹점 경영주들은 매출액이 조금만 오르지 않아도 "외식 프랜차이즈 가맹본부에서 경영 지도를 하러 오지 않는다, 가맹본부의 원재료 공급가격이 비싸다, 처음 약속한 대로 매출이 오르지 않는다, 같은 지역 내에 가맹점을 또 개점시켜 준다, 광고를 해주지 않는다"와 같은 불만을 제시하며 가맹본부와 문제를 일으키는 경우가 있다.

가맹본부는 씨를 뿌리고 자기 밭에 뿌린 씨는 가맹점사업자 스스로 노력해 가꾸어 나가야 한다는 사실을 알아야 한다. 가맹본부가 기능적으로 가맹점 개개 점포

의 경영 관리, 즉 매출 관리, 이익 관리, 고객 관리 등을 해줄 수 없다는 것이다. 판촉 업무 또한 가맹본부의 판촉 담당 직원이 일일이 해줄 수는 없으므로 가맹점포의 기본 관리는 가맹점사업자의 책임하에 이루어져야 한다.

외식 프랜차이즈 가맹본부는 기업의 계속성을 유지하기 위해 새로운 시스템 개발, 신제품 개발, 전국적인 영업 전략 수립, 신기술 개발 등의 업무를 담당하는 고유의 업무 영역이 필요함을 인정하며 그러한 노력으로 장기적인 비전을 갖게 됨을 인식하고 점포 운영을 할줄 알아야 한다.

2) 가맹본부와 가맹점의 협력 체계

가맹계약을 한 그 시점부터 가맹점은 가맹본부의 브랜드 가치를 유지하기 위한 시스템 운영에 전적으로 협력하기로 약속한 것이며, 가맹본부는 가맹점이 시스템을 잘 실천할 수 있도록 지원해야 한다. 그러나 가맹본부가 가맹점에 대해 지도하고 지원할 때는 지원한 그 이상의 것, 즉 수익의 성장 또는 브랜드 이미지 제고에 대한 기대가 있기 때문이며 가맹점이 그 시스템을 잘 실천해 고객에게 좋은 이미지를 심어준다면 가맹본부는 그 점포를 더욱 지원해 모델점으로 활용하게 되는 것이다. 따라서 가맹점이 가맹본부의 시스템을 지키고 협력하려는 노력은 다른 누구도 아닌, 바로 자신의 사업을 성공시키기 위한 길이다.

굳이 말하지 않더라도 프랜차이즈 사업을 한 번이라도 해본 사람이라면 가맹본부와 가맹점 간의 협력 관계가 얼마나 중요한지 알고 있을 것이다. 가장 중요한 것은 서로에게 얼마만큼의 신뢰를 보여주는가 하는 것이다. 능숙한 가맹본부는 매일 열심히 일하는 가맹점을 영원한 파트너로 만들어서 지원해 준다. 가맹점 또한 그런 가맹본부를 신뢰한다. 좋은 관계를 유지하기 위해 무엇보다 중요한 것은 바로 대화다. 즉 가맹본부와 가맹점 간의 형식적인 것이 아닌 진정한 사업 파트너로서의 원활한 커뮤니케이션이 이루어져야만 한다. 가맹점이 가맹점에서 생긴 문제를 가맹본부에 이야기하지 않는다면 가맹점은 물론 가맹본부도 망하게 된다. 물론 가맹본부에 이야기한다고 해서 가맹본부가 모든 문제를 해결해 주지는 못한다. 그러나 적어도 조언을 구할 수 있고, 함께 해결책을 찾을 수도 있으며, 다시 이러한 문제가 생기지 않도록 예방책을 마련할 수 있다.

가맹점은 경험이 없는 사업을 프랜차이즈 가맹본부가 가진 노하우를 이용함으로써 실패를 줄이고 성공하기 위해 택한 길이다. 따라서 자신의 사업을 위해서라도 서로 협력하고 노력해야만 한다. 반목과 불화가 쌓이면 피차 서로에게 불이익만 줄 뿐이라는 사실을 잊어서는 안 된다.

2 분쟁의 발생과 해결

외식 프랜차이즈 사업에서 생기는 분쟁의 대부분이 가맹본부와 가맹점 간 이해관계의 대립에서부터 시작된다. 본래 프랜차이징이라는 것이 가맹본부와 가맹점이 상호 협력하는 긴밀한 관계 속에서 제대로 역할을 수행한다면 얼마든지 함께 발전해 갈 수 있는 시스템임에도 불구하고, 현실에서는 잦은 마찰과 잡음이 끊이지 않는 것이 사실이다. 그 사이에는 저마다 복잡 미묘한 이해관계가 내재되어 있겠지만, 대체로 가맹점에서는 가맹본부로부터 계속적인 지원과 도움을 바라는 반면, 가맹본부에서는 지원해 주는 것 이상의 결과나 대가 없이 계속적인 지원은 불가능하다는 기업 논리로 대응해 거기서부터 대립이 시작된다.

그러나 소송이나 분쟁은 가급적 피하는 것이 최선이다. 비용도 비용이거니와 분쟁과 관련된 기록들이 정보공개서 등에 그대로 남게 되어 이미지 실추의 원인이 되기 때문이다. 만약 문제가 생기면 가급적 갈등이 합리적으로 해결될 수 있도록 양자가 모두 노력해야 한다.

1) 외식 프랜차이즈 분쟁의 효과적인 대처 요령

외식 프랜차이즈 분쟁의 대상을 살펴보면 주로 가맹본부의 지원에 대한 문제, 인테리어나 비품, 기물에 대한 문제, 배송품의 하자나 반품 문제, 배송품에 대한 결제나 상권 구분에 관한 문제, 예상 매출이 달성되지 않는 경우, 사후 관리의 미비 등이다. 이러한 문제를 해결하는 방법으로는 공정거래위원회에서 고시한 가맹사업거래의 공정화에 관한 법률을 준수하는 가맹본부인지, 계약서는 표준 약관을 지키고 있는지를 반드시 확인하고 아래 사항들을 체크해 나가야 한다.

① 계약서상의 분쟁을 예방하기 위해 가맹계약서를 꼼꼼하게 읽어보면서 의문시되는 점은 반드시 확인하고, 분쟁 예상 항목 해결책 등에 대해 구체적으로 명기해 사전에 그 대책을 반드시 마련한다.

② POS 시스템을 구축하면 데이터에 의한 거래 물품과 반품의 여부, 운영(매출, 고객층 등), 마케팅의 효율적 관리가 가능해지므로 보다 효과적이다.

❸ 물류 배송에 대한 시스템, 즉 물류 관련 내용을 치밀하게 구축해 운영으로 인한 분쟁의 여지를 최소화하거나 물류 관련 계약서를 보다 구체화(배송 장소, 배송 일자, 배송 시간, 배송 방법 등)해 계약을 한다면 효과적이다.

❹ 외식 프랜차이즈 가맹본부는 브랜드 이미지 향상을 위해서 계속적이고 적극적인 활동을 전개해야 한다. 즉 지역 사회에 기여할 수 있는 사업이나 환경 친화적인 사업에 적극적으로 참여하거나 획기적인 판촉 기법을 전개하는 등 꾸준한 브랜드 홍보와 광고를 해야 한다.

❺ 가맹점의 효과적 관리를 위해 관련 프로그램을 지속적으로 관리하고 개발해야 한다. 이러한 체계적인 전산 프로그램을 이용한 데이터 분석을 통해 보다 효과적인 대처나 전개가 가능해진다.

❻ 기존 메뉴나 점포 전개 등 전반적으로 정체 시기에 돌입하고 있다고 판단되거나 포화 상태에 직면하고 있다면, 기존 점포를 재단장하거나 신규 메뉴를 도입, 기존 점포를 재활용할 수 있는 제2 브랜드를 출시하는 것과 같이 새로운 활력소를 통해 정체 국면을 정면 돌파해 나갈 수 있는 능력이 우선시되므로 그러한 능력을 갖춘 가맹본부를 선택해야 한다.

또, 아무리 계약서를 잘 작성하고 대처 요령을 활용했다 하더라도 계약 내용 대로 이행되지 않을 때는 법적으로 대응할 수밖에 없다. 그럴 경우에는 가맹본부와 가맹점이 최대한 타협해 스스로 해결 방법을 찾도록 하는 것이 최선의 방법임을 알아야 한다. 실제로 개인이 기업을 상대로 법적 절차를 밟는다는 것이 그리 쉬운 일은 아니며, 대부분의 계약서가 가맹본부에 유리하게 작성되어 있기 때문에 사전에 공정거래위원회에서 고시한 외식업 표준 약관을 사용하는 가맹본부와 계약을 하도록 한다.

2) 분쟁과 갈등의 예방과 해결[7]

(1) 분쟁과 갈등의 예방

가맹계약 체결 시 분쟁 예방을 위한 가맹본부의 기본 자세는 다음과 같다.

---

7) 산업통상자원부/한국프랜차이즈협회, 「프랜차이즈 경영가이드 총서 2」 - 프랜차이즈 본부 창업시스템 개발론, 2004, pp.244~246.

❶ 계약 전 철저하고 충분한 입지 선정을 실시하고 성공 확률이 높은 경우에만 계약을 체결하도록 한다.

❷ 질보다 양을 추구하는 가맹점 우선 방침은 절대 금물이다. 특히 안일하고 달콤한 예측은 금물이다. 오히려 조심스런 예측치를 가지고 설명하도록 한다.

❸ 손익 분기점은 안전선에서 설정하도록 한다.

❹ 제시된 수치는 어디까지나 가맹점사업자의 경영 능력과 성실한 경영 자세 여하에 따라 달라질 수 있다는 것을 확실하게 설명해야 한다.

가맹계약 체결 시 분쟁 예방을 위한 가맹사업자의 기본 자세는 다음과 같다.

❶ 가맹본부의 예상 매출 또는 이익에 대한 설명을 듣게 될 경우는 그 근거를 자세히 들어야 하며, 본인이 충분히 이해할 수 있을 때까지 이를 수차례 반복해서라도 꼼꼼히 검토해야 한다.

표 4-2 **조정 신청 사건의 처리 현황**   (단위: 건, %)

구분		접수 현황		처리 현황 및 유형					성립률 [A/(A+B)]
		건수	증가율	계 [A+B+C]	증가율	성립 [A]	불성립 [B]	종결 [C]	
2021년	소 계	2,894	△4	2,936	△1	1,156	392	1,388	75
	공 정	1,054	8	1,054	13	337	129	588	72
	가 맹	490	△5	483	△3	165	62	256	73
	하도급	855	△5	863	△10	386	128	349	75
	유 통	31	-	25	△32	9	3	13	75
	약 관	393	△23	427	△11	255	60	142	79
	대리점	71	△11	84	20	34	10	40	77
2022년	소 계	2,846	△2	2,868	△2	1,202	339	1,327	78
	공 정	1,085	3	1,119	6	423	148	548	74
	가 맹	489	-	513	5	230	54	229	80
	하도급	901	5	853	△1	361	95	397	79
	유 통	28	△13	34	36	21	1	12	95
	약 관	257	△35	271	△37	141	27	103	84
	대리점	86	21	78	△7	26	38	38	65

* 출처: 한국공정거래조정원

❷ 가맹본부의 설명을 무조건 믿는 것은 가맹점사업자의 잘못이다. 자신의 독자적 사업을 위한 사업 계획의 수립 또는 검토 과정에서 모든 것을 스스로 판단해야 한다는 의지로 가맹본부와 협의를 진행해야 한다.

❸ 만일 가맹본부가 일정한 매출액 또는 이익을 보증한다는 약속 조건부 계약을 유도하는 경우에는 이를 확실하게 서면으로 작성해 보관하도록 한다.

(2) 분쟁과 갈등의 해결

가맹점 불만 사항에 대한 가맹본부의 유의 사항과 대응책 방안을 살펴보면 다음과 같다.

첫째, 건설적인 비판은 폭넓은 아량으로 받아들여야 한다. 이것은 때로 가맹본부의 경영에 자극제가 되기도 한다. 시스템의 개선에 기여하는 효과가 있고 가맹점의 자주성 및 가맹점의 적극성 향상에 동기 부여 효과가 있다.

둘째, 시스템의 기본에 관계되는 문제인 경우 무조건 고쳐야 하는 것은 아니다. 특히 시스템은 다수의 개별 제도가 유기적으로 연결되어 하나를 이루고 있는 것이므로 일부분의 개선으로 전체에 심각한 영향을 줄 수는 없기 때문이다. 이런 경우 가맹점에 대해 가맹본부 시스템의 기본적 구조를 자세하게 설명함으로써 가맹점이 이를 충분히 이해할 수 있도록 해주어야 한다.

3) 가맹사업거래 분쟁조정협의회

가맹사업거래 분쟁조정협의회는 가맹사업거래와 관련해 발생한 분쟁에 대해서 당사자가 협의회에 직접 서면으로 조정을 신청하거나 공정거래위원회에서 위탁한 분쟁을 대상으로 조정을 이루어내는 기구로서 한국공정거래조정원에 설치되어 있다. 공정거래위원회장이 위촉한 9명의 전문 조정위원들에 의해서 조정이 행해지게 되는데 전문 조정위원은 공익위원(3인), 가맹본부 이익을 대표하는 위원(3인), 가맹점사업자의 이익을 대표하는 위원(3인)으로 구성되며 그 위원장은 공익 위원 중 공정거래위원회장이 위촉한다.

불공정 거래 행위로 인한 분쟁에는 거래 거절 행위, 차별적 취급 행위(가격, 거래 조건 등), 경쟁 업자 배제 행위, 부당한 고객 유린 행위, 거래 강제 행위(끼워팔기), 거래상 지위의 남용 행위, 구속 조건부 거래, 사업 활동 방해 행위 등이 있다.

특히 가맹본부와 가맹점사업자 간의 분쟁에는 가맹본부의 허위·과장된 정보 제공(예상 매출액 등), 부당한 계약 해지 및 종료, 영업 지역의 침해, 기타 가맹본부의 불공정 거래 행위 등이 있다.

한국공정거래조정원(조정원)의 자료에 따르면, 가맹점주나 가맹사업을 준비하는 사람들이 가맹본부와 겪는 분쟁의 대다수는 계약 해지와 관련된 문제이며, 이는 분명하게 나타나고 있다. 조사 결과, 실제 수익이 처음 예상했던 매출액에 비해 현저히 낮게 나타나는 경우가 가장 많이 보고되었으며, 이는 가맹본부의 불공정한 행위로 인한 분쟁이 빈번하게 발생하는 원인 중 하나로 드러났다. 더욱이, 계약 종료 후에 요구되는

위약금이 과도하다는 이유로 분쟁이 발생하는 경우도 상당수였다.

조정원이 2020년 1월부터 2022년 10월까지 가맹사업 분야의 분쟁 조정 건수를 분석한 결과, 전체 1,397건 중에서 가맹점주들이 계약 해지를 요구하는 사례가 약 60.3%, 총 842건에 이르는 것으로 확인되었다. 이러한 결과는 가맹점주와 가맹본부 간의 문제가 여전히 심각한 수준에 있음을 보여주며, 이는 가맹사업 분야에서의 주요 이슈로 부각되고 있다.

표 4-3 **최근 3년간 가맹점주의 계약 해지 요구 관련 조정 신청 사유**

(단위: 건, 기간: 2020. 1. 1. ~ 2022. 10. 31.)

구 분	계	2020년	2021년	2022년
① 허위·과장 정보 제공 등 관련	355	144	107	104
② 불공정 거래 행위* 관련	232	115	70	47
③ 위약금 청구 관련	138	59	30	49
기 타**	117	41	44	32
계	842	359	251	232

* 점포환경개선 강요, 부당한 영업시간 구속 등

** 가맹점주의 건강문제 또는 단순변심에 따른 해지요구, 해지 후 보증금 미반환, 물품 반품 거절 등

* 출처: 한국공정거래조정원

🌹 주요 사례 및 유의 사항 요약

- **(허위·과장된 정보 제공)** 과장하거나 객관적 근거 없이 작성한 예상 매출액 자료 또는 확정되지 않은 상권 정보 제공
  (유의 사항) 가맹본부는 객관적 근거를 바탕으로 산출된 예상 수익 정보 등을 서면으로 제공해야 하고, 가맹희망자는 가맹본부 제공 정보의 사실 여부를 확인하고 계약 체결 여부를 신중히 결정해야 한다.
- **(기만적인 정보 제공)** 중요 사항을 은폐하거나 축소해 작성된 정보공개서 제공
  (유의 사항) 가맹본부는 계약 체결·유지에 중요한 사항을 정보공개서 등을 통해 가맹점주에게 미리 알려야 하며, 가맹희망자는 가맹본부가 제공한 정보 외에도 계약 체결 전 가맹점의 사업성 등을 면밀히 검토해야 한다.
- **(불공정 거래 행위)** 부당한 점포 환경 개선 강요, 부당한 영업 시간 구속 등
  (유의 사항) 가맹본부는 정당한 사유 없이 점포 환경 개선을 강요하거나 부당하게 영업시간을 구속해서는 아니 되고, 가맹점주는 가맹본부의 법정 비용 부담 비율 및 영업시간 단축 요구 사유 등을 숙지할 필요가 있다.
- **(부당한 손해 배상금 부과)** 소비자 피해에 대한 손해 배상 의무 전가, 부당한 영업 위약금 부과
  (유의 사항) 가맹본부는 계약 해지 시 가맹점주의 귀책 사유 정도 또는 잔여 계약 기간 등에 비추어 부당한 손해 배상 의무를 부과해서는 아니 되고, 가맹점주는 계약 체결 전 중도 해지 시 가맹점주의 비용 부담 등에 관한 사항을 확인할 필요가 있다.

* 출처: 한국공정거래조정원

가맹점주 또는 가맹희망자는 가맹본부의 불공정 거래 행위와 관련해 조정원 '온라인 분쟁조정 시스템(https://fairnet.kofair.or.kr/)'을 통해 분쟁 조정을 직접 신청할 수 있고, '분쟁조정 콜센터(대표전화 1588-1490)' 또는 '가맹종합지원센터(대표전화 1855-1490)'를 통해 상담도 가능하다.

조정의 효과는 조정 성립의 경우 조정 조서는 가맹본부가 가맹사업법을 위반했다고 하더라도 특별한 사정이 없는 한 공정거래위원회로부터 시정 조치나 명령 등이 면제된다. 반대로 조정 불성립의 경우 공정거래위원회의 정식 사건으로 처리된다.

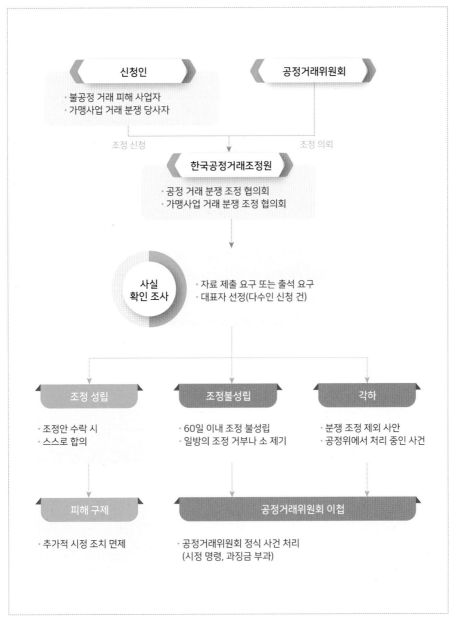

🍧 그림 4-1 **분쟁 조정 절차**

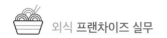

제3절 외식 프랜차이즈 정보공개서와 표준 계약서

1 정보공개서

1) 정보공개서 목적

정보공개서는 가맹희망자에게 실효적인 정보공개서를 제공하고 가맹본부의 업무 편의를 높이며 나아가 가맹사업의 공정한 거래 관행이 정착되게 함을 목적으로 하고 있다.

2) 정보공개서 작성 원칙

❶ 정보공개서는 가맹희망자나 가맹점사업자의 입장에서 읽기 쉽도록 명확하면서도 구체적으로 작성되어야 한다.

❷ 정보공개서는 읽는 사람의 이해를 쉽게 하기 위해 표, 그림, 그래프 등 시각적 효과를 높이는 도구를 가능한 많이 사용하고, 중요한 내용은 별도의 색상, 글꼴, 글씨 크기 등으로 작성해야 한다.

❸ 정보공개서의 내용 중 사실과 가맹본부의 의견(전망, 예상, 추정 등을 포함한다.)은 분리해 작성해야 한다.

❹ 정보공개서는 기재 사항 순서대로 작성해야 한다.

3) 정보공개서 양식

정보공개서의 표준 양식은 다음과 같으며, 정보공개서의 표준 양식은 가맹본부 또는 가맹본부로 구성된 사업자 단체에 그 사용을 권장하고 있다.

공정거래위원회 가맹사업거래의 홈페이지(http://franchise.ftc.go.kr)를 활용하며 다양한 서식과 관련 법령 등의 정보들과 현재 정보공개서 등록 상황 등을 접할 수 있다.

2 표준 계약서

1) 표준 계약서의 목적

표준 계약서는 외식업을 운영하는 가맹사업에 있어서 가맹본부와 가맹점사업자 간에 공정한 계약 조건에 따라 가맹계약(프랜차이즈 계약)을 체결하도록 하기 위한 표준적 계약 조건을 제시함에 그 목적이 있다.

2) 표준 계약서의 양식

표준 계약서의 양식은 다음과 같다. 표준 계약서에는 외식업 가맹사업의 운영에 있어서 표준이 될 계약의 기본적 공통 사항만을 제시했으므로 실제 가맹계약을 체결하려는 계약 당사자는 이 표준 계약서의 기본 틀과 내용을 유지하는 범위에서 이것보다 더 상세한 사항을 계약서에 규정하거나 특약으로 달리 약정할 수 있다.

또한 이 표준 계약서의 일부 내용은 현행 「가맹사업거래의 공정화에 관한 법률」 및 그 시행령을 기준으로 한 것이므로 계약 당사자는 이들 법령이 개정되는 경우에는 개정 내용에 부합되도록 기존의 계약을 수정 또는 변경할 수 있다. 특히 개정 법령에 강행 규정이 추가되는 경우에는 반드시 그 개정 규정에 따라 계약 내용을 수정해야 한다.

공정거래위원회 가맹사업거래(http://franchise.ftc.go.kr)에서 법령 및 제도를 클릭하면 관련 표준 계약서 양식이 나오므로 잘 활용하면 된다.

Chapter 05

외식 프랜차이즈 재무·회계 관리

외식 프랜차이즈 회계 관리

1 회계 관리의 기본

1) 회계의 기초 개념

(1) 회계의 의의

회계(accounting)의 사전적 의미는 나가고 들어오는 돈을 따져서 셈을 하는 것으로 미국공인회계사회의 회계 용어 공보에 의하면 '거래·사상을 기록, 분류, 요약하고 그 결과를 해석하는 기술'로 정의하고 있다. 이것은 회계의 전통적인 개념으로서 주로 회계 보고서의 작성에 관련된 것을 의미하고 단순한 기술, 실무적 학문으로 간주했다.

그러나 미국회계학회의 기술적 회계 이론에 관한 보고서(ASOBAT:A Statement of Basic Accountion Theory)에서는 회계란 '경제적 정보를 측정·전달하는 과정으로 정보 이용자의 경제적 의사 결정에 유용한 정보를 제공하는 것'으로 정의했다. 이것은 회계를 정보 지향적 접근법에 의해 정의한 것으로 정보의 측정과 전달 그리고 정보 이용자의 의사 결정에 유용한 정보의 제공을 강조했다. 이로써 회계학은 기술의 범주를 벗어나 사회 과학으로서 인식되게 되었다.

이를 모두 종합하면 회계란 '재무적 성격을 가지고 있는 거래나 사건을 일정한 방법으로 화폐적 가치를 평가해 기록, 계산, 분류, 요약해 경영·경제적 정보를 측정하고 파악해 전달하는 모든 과정'으로 정의할 수 있다.

(2) 회계의 목적과 체계

회계의 목적은 일반적으로 '정보 이용자가 의사 결정하는 데 유용한 정보를 제공하는 것'으로 받아들여지고 있으며 다음과 같은 세 가지의 유용성(효익)을 지닌다.

첫째, 기업 등 경제적 실체의 재무 상태, 경영 성과, 현금 흐름의 상황을 기록해 '재무 회계(financial accounting)의 기초'가 된다. 즉 기업의 이해관계자는 회계 정보를 이용해 경제적 의사 결정을 할 수 있게 된다는 것이다.

둘째, 기업의 경영자가 회계 정보를 관리적 차원에서 이용할 수 있어 '관리 회계(management accounting)의 기초'가 된다. 경영자는 회계 정보를 이용해 기업 목표 달성을 위한 경영 계획을 수립하고 경영 통제를 수행할 수 있게 된다.

셋째, 회계는 '사회적 차원'에서 정보의 경제 정책, 규제, 가격 결정에 이용되고 기업 등 경제적 실체의 사회적 역할과 책임을 평가하는 데 이용된다.

이와 같이 회계는 기업경영뿐만 아니라 사회적으로 사회 발전과 인간 생활의 향상을 위한 제도적 견인차로서의 역할을 수행하고 있다.

다음으로 회계의 체계에 대해 살펴보면, 회계는 정보 이용자에 따라 재무 회계, 관리 회계, 세무 회계로 분류되며 목적에 따라 영리 회계와 비영리 회계로 분류된다. 또한 개별 경제 단위 차원에서 이루어지는 미시 회계와 국민 경제 차원에서 이루어지는 거시 회계로 나눌 수 있다.

2) 대차대조표와 손익계산서

(1) 재무제표

재무제표(Financial Statements)란 거래를 측정·기록·분류·요약해서 작성되는 회계 보고서로 최종적으로 요약되는 보고서를 말한다. 종류로는 대차대조표, 손익계산서, 이익 잉여금 처분계산서, 현금흐름표가 있다.

❶ 대차대조표(Balance Sheet)

대차대조표는 일정 시점에 있어서의 재정 상태를 명확히 파악하기 위해 자산, 부채, 자본을 간결하게 표시한 보고서다.

❷ 손익계산서(Income Statement, Profit & Loss Statement)

손익계산서는 일정 기간 동안의 경영 성과를 정확히 평가하기 위해 수익과 비용을 대응시켜 순손익을 계산하는 보고서다.

❸ 이익 잉여금 처분계산서(Statement of Appropriation of Retained Earning)

이익 잉여금 처분계산서란 이월 이익 잉여금의 수정 사항과 이익 잉여금의 처분 사항을 명확히 나타내기 위한 보고서다.

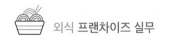

④ 현금흐름표(Statement of Cash Flows)

현금흐름표는 일정 기간 동안의 현금의 유입과 유출 내용을 표시하는 보고서다.

(2) 대차대조표

대차대조표는 일정 시점의 재무 상태를 나타내는 것으로 자산(Assets), 부채(Liabilities), 자본(Capital)을 표시한다. 또한 일정 시점이라는 특정 시점에서 측정되기 때문에 저장량(Stock)의 개념을 지닌다.

[대차대조표 등식]

자산　=　부채 + 자본
(자금의 운용 상태)　(자금의 조달 원천)

---

① 자산

자산은 특정 기업 또는 경제적 실체가 과거의 거래·사상의 결과로 획득하거나 통제하고 있는 미래의 가능한 경제적 효익으로 현금, 매출 채권, 유가 증권, 재고 자산, 토지, 건물 등이 이에 속한다.

② 부채

부채는 특정 기업 또는 경제적 실체가 과거의 거래·사상의 결과로 미래에 다른 기업 또는 경제적 실체에 자산을 이전하거나 용역을 제공해야 하는 현재의 의무로부터 발생하는 것으로, 미래의 가능한 경제적 효익의 희생으로 볼 수 있다. 다시 말해서 다른 개인 또는 조직에게 일정 금액을 지불해야 할 의무, 다른 말로 타인 자본이라고도 한다. 매입 채무, 단기 차입금, 사채, 장기 차입금 등이 있다.

③ 자본

자본은 기업의 자산으로부터 부채를 차감하고 남은 잔여 지분으로 소유주의 순자산, 자기 자본이라고도 한다. 주식회사의 자본은 자본금, 자본 잉여금, 이익 잉여금, 자본 조정 네 가지로 구성된다.

(3) 손익계산서

손익계산서는 일정 기간의 경영 성과를 나타내는 것으로, 수익(Revenues), 비용(Expenses)의 산정으로 순이익(Net Income)을 결정한다. 이는 일정 기간 동안의 성과로 유량(Flow)의 의미를 지닌다.

[손익계산서 등식]

기말 자본 　－ 　기초 자본 　= 　당기 순이익

(기말 자산 – 기말 부채) (기초 자산 – 기초 부채)

❶ 수익

수익은 경제적 실체의 경제 활동인 재화의 인도·생산 및 용역의 제공으로 발생하는 것으로 자산의 유입 또는 부채의 감소 형태로 나타난다. 매출액, 이자 수익, 유형 자산 처분 이익 등이 있다.

❷ 비용

비용은 수익 창출 활동과 관련해서 발생하는 자산의 유출, 부채의 증가액을 이야기한다. 매출 원가, 급여, 임차료, 이자 비용 등이 있다.

❷ 외식 프랜차이즈 회계 관리[8]

1) 프랜차이즈 주요 계정 처리

가맹점은 프랜차이즈 비즈니스를 위해 사용권과 노하우를 제공받는 대신 가맹비, 로열티, 상품 등의 구입 가격, 인테리어비, 보증금 등을 지급하는 것이 일반적이다. 이러한 프랜차이즈 비즈니스의 특수한 거래의 회계 처리는 다음과 같다.

---

8) 산업자원부/한국프랜차이즈협회, 「프랜차이즈 경영가이드 총서 1」 – 프랜차이즈경영론, 2004, pp.214~224.

(1) 가입금(가맹비)

가입금은 가맹비라고도 하며 프랜차이즈 계약 시 가맹점이 가맹본부에 지급하는 프랜차이즈 패키지에 대한 수수료이다.

❶ 프랜차이즈의 가맹점 개설 시

| 현 금 | 330,000,000 | 매 출 | 300,000,000 |
| | | 부가세 예수금 | 30,000,000 |

❷ 외부 업체로부터 가맹점 개설에 필요한 집기 구입 시

| 매 입 | 100,000,000 | | |
| 부가세대급금 | 10,000,000 | 현 금 | 110,000,000 |

(2) 로열티

로열티는 계약 기간 중 가맹본부가 가맹점에 노하우 부여 및 상표 사용 허락 등의 대가로 제공하는 것이다.

가맹본부 A는 가맹점 B에 제공한 프랜차이즈 패키지에 대한 사용료로 매월 매출액의 5%를 지급받기로 계약했고 당월 5,000만 원의 매출에 대한 로열티를 현금으로 지급받았다.

| 현 금 | 2,500,000 | 로열티 사용료 | 2,500,000 |

2) 회계 장부의 조직

기업의 경영 활동에서 발생하는 각종 거래를 기록, 계산, 정리하기 위한 지면을 장부라 한다. 장부는 주요부(Main Book)와 보조부(Subsidiary Book)로 구분하며 주요부는 분개장(Journal)과 총계정 원장(General Ledger)이 있으며 보조부에는 보조 기입장(Subsidiary Journal)과 보조 원장(Subsidiary Ledger)이 있다.

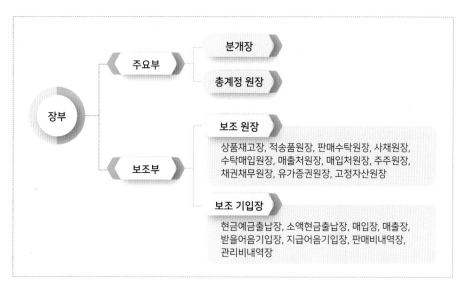

🍮 그림 5-1 **회계 장부의 장부 조직(System Structure of Books)**

③ 외식 프랜차이즈 원가 회계

1) 원가의 개념과 분류[9]

프랜차이즈 사업의 형태에 따라 구입한 상품을 그대로 판매하는 일도 있고, 원 재료나 미가공품 등을 구입해 이를 조리, 가공하고 상품화한 후에 판매하는 경우 도 있다. 후자의 경우에는 상품 제조에 관한 규칙이 정해지고, 매뉴얼의 교부, 지 도, 연수 등에 의해 노하우가 전수된다. 계약 조항으로서는 가맹점 측에서 제조, 조 리 가공하는 제품의 특징, 원재료와 반제품 등의 선정 방법, 제조 방법의 결정과 같 은 내용이 들어간다. 이와 같이 상품의 제조는 소비자를 대면해 실시하되 영업 활 동이므로 상품 제조 판매에 관한 규칙 설정은 프랜차이즈 시스템을 운영하는 가장 중요한 계약 사항의 하나이다.[10]

이러한 원가는 여러 가지 분류 기준에 따라 다음과 같은 유형으로 분류해 볼 수 있다.

---

9) 산업자원부/한국프랜차이즈협회, 「프랜차이즈 경영가이드 총서 1」 – 프랜차이즈경영론, 2004, pp.225~229.
10) 김진섭, 김혜영, 「프랜차이즈시스템의 이해」, 대왕사, 2002.

(1) 원가의 형태별 분류

① 재료비(Material Costs)

재료비란 제품의 제조에 소요되는 재료의 소비액을 말하는 것으로 재료, 원료, 구입 부품, 연료, 소모품, 소모 공구 기구 비품 등의 소비액이 재료비를 구성한다. 매입한 재료 중 소비된 것만 재료비가 되며 나머지는 이월된다.

② 노무비(Labor Costs)

노무비는 제품을 제조하는 데 소요되는 종업원의 노동력에 대해 지급되는 임금, 급여, 잡급, 종업원 상여금, 수당 등을 말하며, 이는 보통 작업 시간, 제품의 산출량 등을 기준으로 계산한다.

③ 제조 경비(Factory Overhead Costs)

제조 경비란 재료비, 노무비를 제외한 모든 원가 요소로서 공장 건물 및 기계 설비에 대한 감가상각비, 수선비, 보험료 등과 공장 건물을 운영하기 위한 수도 광열비, 여비 교통비 등이 있다.

(2) 제품의 추적 가능성에 의한 분류

① 직접비(Direct Costs)

직접비란 특정 제품 또는 특정 부서별로 추적이 가능한 원가로서 특정 제품에 직접 부과해 그 제품의 원가로서 집계할 수 있는 원가 요소를 말한다. 직접 재료비, 직접 노무비, 직접 경비로 분류할 수 있고 이 모두를 합한 것을 제조직접비라 한다.

② 간접비(Indirect Costs)

간접비는 여러 제품에 공통적으로 소비되어 특정 제품 또는 특정 부서별로 추적할 수 없는 원가로서 간접 재료비, 간접 노무비, 간접 경비가 있으며 이 모두를 합한 것을 제조간접비라 한다.

(3) 경영 활동 직능에 따른 분류

① 제조원가(Manufacturing Cost)

제조원가는 제품을 제조하는 데 발생하는 원가를 말하는 것으로 제조직접비에 제조간접비를 가산한 원가이다. 생산 원가, 공장 원가라고도 한다.

② 총원가(Total Cost)

총원가란 제조원가에 판매비와 일반 관리비를 가산한 원가로 제품의 판매 가격을 결정하는 기초 자료가 된다.

③ 판매비(Selling Expense)

판매비는 제조 활동이 완료되고 나서 판매가 이루어지기까지 나타나는 모든 비용을 말한다. 판매원의 급료, 여비 교통비, 광고 선전비, 견본비, 적송비 등이 있다. 마케팅비(마케팅원가), 분배비(분배원가)라고도 한다.

④ 관리비(Administrative Expense)

관리비는 경영 활동과 관련해 조직 내에서의 전반적인 지시, 통제, 관리 등 제반 과정에서 나타나는 원가를 말한다. 관리 사원의 급료, 수당, 대손금, 통신비, 사무 용품비, 감가상각비 등이 있다. 판매비와 관리비를 합해 영업비라고 하며 제조원가에 판매비와 관리비를 합하면 총원가가 된다.

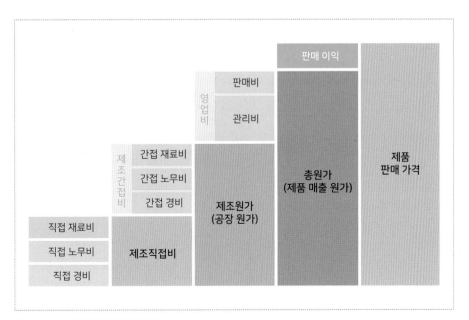

🍎 그림 5-2 **제품 판매가격의 구성**

⑤ 판매 가격(Selling Price)

판매 가격은 총원가에 판매 이익을 가산해 매출되는 제품 가격을 말한다. 프랜차이즈 시스템에서는 판매 가격은 가맹본부와의 계약에 의해 표준 가격을 설정한다.

(4) 조업도에 따른 분류

① 변동비(Variable Cost)

조업도의 증감에 따라 원가 총액이 비례적으로 증가 또는 감소하는 성격의 원가 요소이다. 그러므로 조업도가 0인 경우에 변동비는 전혀 발생하지 않으며, 직접 재료비, 직접 노무비, 포장 재료, 매출액 비례 판매 수수료 등이 있다. 프랜차이즈 사업에서 매출액 대비 혹은 이익 대비 일정 비율로 판매 수수료를 지급하기로 계약한 경우에 변동비가 된다.

② 고정비(Fixed Cost)

일정 기간에 조업도와 관계없이 일정액이 발생하는 비용을 말한다. 지급 임차료, 경영자 급여, 재산세, 건물이나 기계 설비의 감가상각비, 집세, 지대 등이 포함되며 프랜차이즈 사업에서 일정액의 로열티를 지급하기로 계약한 경우 고정비가 된다.

③ 준변동비(Semi-Variable Costs, Mixed Costs)

변동 원가와 고정 원가의 두 가지 요소가 모두 포함되어 있는 것으로 조업도가 0인 경우에도 일정액이 발생하고 그 이후로부터 조업도에 따라 비례적으로 증가하는 원가를 말한다. 전기료, 가스료, 수도료, 전화료, 기계 수선비 등이 있다.

④ 준고정비(Semi-Fixed Costs, Step- Costs)

일정한 조업도 내에서는 고정되어 있으나 그 한계를 넘으면 비례적으로 증가하고, 그 후에는 다시 일정한 조업도 내에서 고정되는 원가 요소이다. 공장 감독자 급여, 간접 공임금 등이 이에 해당한다.

2) 외식 프랜차이즈업의 원가 관리[11]

(1) 표준 원가와 실적 원가

❶ 표준 원가는 점포가 지켜야 할 기준 원가로서 표준적인 식재료 사용 원가에 의한 표준 레시피로 작성된 원가이다. 같은 의미로 표준적인 조리 매뉴얼 작업에 의해 작성된 기준 원가, 개별 품목 원가와 메뉴 판매액 백분비에 의해 산출된 기초 원가, 점포 관리 및 식재료 관리의 기준과 장기간 점포의 경험과 합리적 작업에 의해 정리된 식재료 사용 수율에 기초한 작업 원가이며, 이 표준 원가의 정확도는 점포 노하우 수준으로 평가되고 있다.

❷ 실적(실제) 원가는 점포 단위의 실제 작업에 의해 작성된 표준 원가와 차이가 나며 원가로 표준 원가와 최소의 차이일 때 우수한 품질 관리가 되었다고 할 수 있다.

🍽 그림 5-3 **표준 원가와 실적 원가 도표**

(2) FOOD + LABOUR COST(FL Cost)

식재료 원가 + 인건비로 구성된 원가로 보통 60~70%로 점포 이익 관리라고도 한다. FL Cost를 낮추기 위해서는 식재료의 합리적인 수율 관리와 노동 생산성을 향상시킴으로 가능하며 관리가 가능한 원가이다. 최근에는 FL Cost를 잘 관리하지 못하면 점포 운영의 어려움에 직면하게 될 정도로 중요시되고 있다.

---

11) 김헌희 · 이대홍, 외식창업실무론, 백산출판사, 1999, pp.317~330.

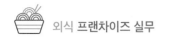

(3) 표준 원가 작성 방법

각 메뉴별로 정확한 레시피와 작업 수율을 작성해 메뉴별 실제 사용된 식재료량을 산출한다. 이때 메뉴별로 실제 사용된 사용량 × 단위당 구입 단가를 해서 전부 합하면 그 메뉴의 원가가 나온다.

메뉴 원가 ÷ 순판매가(VAT별도의 매출액) × 100% = 메뉴 원가율이 된다. 전 메뉴를 이런 방법으로 메뉴별 원가를 구해서 그 메뉴별로 판매량을 곱해주면 메뉴별 총원가가 나온다. 총원가에서 총매출액 중 VAT를 제외한 순매출을 나누어 100%를 곱해주면 그 점포의 표준 원가가 된다. 즉 메뉴별 원가에 메뉴별 판매량을 곱해서 나온 메뉴별 총원가를 전부 더한 다음 순매출액으로 나누어 100%를 곱해주면 그 점포의 표준 원가가 된다.

(4) 표준 원가를 틀리게 하는 요인들

재고 조사나 검수 관리를 정확하게 하지 않았거나 카운터 계산의 실수, 분실, 잘못된 조리나 서빙에 따른 로스로 폐기 처분 규정을 무시한 경우, 금전 사고, 허락이나 기록 없이 지인에게 무료로 제공한 경우 등을 들 수 있다.

3) 외식 프랜차이즈 점포의 손익계산서

현재 자기 점포 위치 파악 및 점포 운영에 있어 효과적인 비용 지출을 통한 점포 경영의 성공을 위해 손익계산서의 관리는 필수적이다

(1) 손익계산서 작성 시 체크 사항[12]

❶ 실제 총매출액에서 할인된 금액을 공제한 다음 부가세(10%)를 공제한 순매출액으로 적용한다.

❷ **원재료비**

　　㉠ 대형 점포의 표준 원가 계산 = 총 식자재 원가율 × 매출 총액
　　㉡ 소규모 점포의 원가 총 사용액 = (기초 재고액 + 당월 사입액) - 기말 재고액

---

12) 김헌희·이대홍, 외식창업실무론, 백산출판사, 1999, pp.317~330.

③ 인건비는 점포 운영에 직접 투입된 인원에 대한 경비로 월급여, 제수당, 복리 후생비, 보너스와 퇴직금을 합해서 12개월 분할 계산한다.

④ 감가상각비는 정액법, 또는 정률법으로 한다. 개인 점포는 정액법으로 하면 무난하며 보통 계산 시 잔존가를 10%로 보고 있다. 품목마다 산정해야 하나 일반적으로 50평 이내의 경우 인테리어 부문 5년, 주방 기기 5년, 주방 비품 5년, 건물을 20년으로 보고 있다. 업종·업태별 사이클이 짧아지면서 산정 연수 또한 줄어들고 있는 추세다.

⑤ 지급 이자는 총 투자 금액에 적정 금리를 적용시켜 12월로 나누면 된다. 이때 특별한 이유가 없는 한 차입금과 자기 자본을 구분할 필요성은 없다.

⑥ 이때 관련 영수증을 반드시 모아두어 자료로 활용하고 차후 소득세 신고를 위한 근거 자료로 활용해야 한다.

이와 같이 작성된 월차 손익계산서를 토대로 월간, 연간 매출액 및 사용 경비 흐름을 파악할 수 있으며 그에 대한 대비책과 타개책 수립 등을 할 수 있다.

이월차 손익계산서를 잘 활용하는 점포는 성공적인 외식업 경영자가 될 것이다.

(2) 손익계산서의 분석[13]

① 매출 분석

업자는 매출액이 증가하고 있는지 감소하고 있는지, 매출 증감 이유는 무엇인지 알고 싶어 하며, 물리적인 시설의 가치나 좌석의 수 또는 투자의 규모에 적합한 판매인지를 파악하고자 한다.

당해 매출액의 증가나 감소는 상대적 수치로 나타난다. 그리고 매출의 구성을 아는 것이 중요하다. 개개의 기간에 방문한 고객들의 수는 중요하다. 만약 알코올 음료가 판매된다면 총 매출액은 그들의 공헌도를 파악하기 위해 분류되어야 한다. 만약 다른 상품이 취급된다면 이것도 분류되어야 한다. 어떤 업자는 매출에서 개개의 식사를 따로 파악할 수 있도록 식사 시기별로 분류하고 싶어 한다. 당해의 총매출과 전해의 총매출은 이런 방식으로 파악될 수 있다.

또한 매출액은 월별, 연도별로 비교할 수 있다. 그 형태는 판매 변화뿐만 아니라 감소나 증가 비율을 보여준다. 만약 음식 판매가 증가했다면 증가 원인을 파악하

13) 진양호·강종헌, 「원가관리론(호텔&외식산업)」, 지구문화사, 2002.

는 것이 좋다. 고객에게 판매된 식사 수를 늘리거나 음식값을 올리는 데 영향을 미칠 수 있다. 고객의 수가 감소하지만, 판매는 증가할 수 있다. 매출액은 고객의 수가 감소해도 증가할 수 있다. 이러한 정보는 집계된 고객 수에 의해 결정된다. 매출액을 고객 수로 나누면 평균 고객 지불 가격이 나오며 그것은 원가를 상쇄할 만큼의 충분한 가격인지를 나타내주기 때문에 아주 중요한 수치이다.

만약 원가가 10% 증가한다면 평균 고객 지불 가격은 적어도 같은 비율로 증가해야 한다. 그것이 고객의 수에 영향을 미치지 않는다면 평균 고객 지불 가격은 올라간다. 이러한 최적 회전율은 가격을 증가시키거나 더 값비싼 메뉴의 선택, 메뉴 구성의 변화, 더 특별한 이미지를 줄 수 있는 판매 촉진과 상품화에 의해 달성될 수 있다. 매출 증가는 더 높은 개별 평균 고객 지불 가격을 의미하지만 고객의 수가 감소하면 매출도 낮아지게 된다.

반대로 매출액이 감소해도 그 이유를 밝혀내야 한다. 보통 개개의 식사, 심지어는 개개의 메뉴 항목을 비교하는 것이 바람직하다. 특정 부분, 예를 들어 수익성이 낮은 아침 식사 서비스를 줄이면 수익은 줄어들 수 있지만, 전체적인 이익률을 높일 수 있다.

표 5-1 **손익계산서**

(단위: 천 원)

항목		전년 동월	금액	구성비	항목		전년 동월	금액	구성비
(1) 매출액					지출 내역				
(2) 식재료 구입비					원재료비 (식자재비) (%)	육(어)류			
	식재료					야채류			
	음료 및 주류					향신료			
(3) 식재료 원가 공제액 (B-A)						곡류			
재고	기초 재고 (A)	식재료				음료 및 주류			
		음주류 (잡류)				소계			
	기말 재고 (B)	식재료			인건비 (%)	직원 급여			
		음주류 (잡류)				P.A, A/B 임금			
※ (4) 매출 이익 (1-2+3)						상여금, 수당			
(5) 총 인건비						복리 후생비			
(6) 제경비						소계			
	수도광열비				수도 광열비 (%)	전기			
	비품, 소모품					가스			
	카드·지급 수수료					상하수도			
	판공비					석유			
	제세공과비 (보험료포함)					소계			
	교통·통신비				비품·소모품				
	잡비·수선비				지급(카드) 수수료				
					가맹점 로얄티(수수료)				
	연구 개발비 (도서, 신문, 교육 등)				접대비(판공비)				
	로얄티								
(7) 영업 판촉비 (광고 선전비)					세금				
(8) 임대 및 관리비					교통·통신비				
※ (9) 매출 총이익 (4-5-6-7-8)					영업 판촉비 (광고 선전비)				
(10) 잡수입					잡비 (%)	청소 유지비			
(11) 감가상각비						기타			
(12) 투자비 관련 지급 이자					합계				
(13) 세금 전 순이익 (9+10-11-12)					특이 사항:				

❷ 매출 분석 비율

점포의 매출액을 분석하는 데 있어서 여러 비율들을 이용할 수 있다. 실사 시기별로 분리해 다음과 같은 비율들에 의해서 계산하는 것이 적합하다.

㉠ 평균 매출액

가장 기본적인 비율이며 고객의 수로 매출액을 나눈 것이다.

> 평균 고객 지불 가격 = 매출액 / 고객의 수

이 비율은 특정 영업의 추세를 나타내는 데 도움이 된다. 만약 평균 판매량이 계획한 것보다 너무 낮을 경우, 서로 다른 메뉴 항목들이나 더 많은 디저트와 에피타이저 촉진이 매출 증가를 가져올 수 있다. 만약 가격이 경쟁업체보다 너무 높으면 고객을 잃을 위험이 있다.

㉡ 좌석 회전율

이 비율은 어떻게 고객을 유치하느냐를 나타낸다. 낮은 회전율은 더 많은 고객의 유치가 필요하다는 것을 의미한다. 너무 높은 회전율은 사업 확대의 필요를 나타낸다. 좌석 회전율이란 이용 가능한 좌석 수로 식사 고객의 수를 나눈 것이다.

> 좌석 회전율 = 고객의 수 / 좌석의 수

㉢ 비용 분석

비용 분석에 있어서 '통제 가능한 비용'은 매출액과 관련되어 있기 때문에 어떤 관계가 있는지 살펴보는 과정이 필요하다. 이렇게 비용을 분석할 때에는 각각의 비용을 매출액에 대한 비율로 바꾸어 계산한다. 이때 매출액을 100%로 두고, 각 비용이 얼마나 많은 부분을 차지하는지를 나타낸 것을 '비용 비율'로 표현한다.

> 비용 비율 = 판매된 원가 / 매출액

(3) 수익 분석

수익 분석이란, 판매에서 발생한 총 수익에서 운영 비용을 공제한 이후에 남는 금액을 분석하는 과정을 의미한다. 이는 기업의 생존성 및 경영진의 만족도를 결정하는 중요한 요소로 작용한다. 여기서 '비율'은 목표 수익률을 나타내며, 이는 기업의 재무적 목표를 설정하는 데 사용된다.

그러나 만일 경영진이 설정한 목표 수익률에 도달하지 못하고 있고, 추가적인 노력을 통해 더 많은 수익을 창출할 수 있는 여지가 있다면, 현재의 수익은 불충분하다고 판단할 수 있다. 이 경우, 전략적 개선이나 비용 절감 방안을 탐색하여 기업의 수익성을 높이는 방향으로 조정해야 한다.

제2절 외식 프랜차이즈 재무 관리

1 재무 관리의 기본[14]

1) 프랜차이즈 재무 관리의 의의

재무 관리란 기업 경영의 하위 체계로 기업의 효율적인 경영을 위한 수평적 관리 기능의 한 분야이며, 경영 활동에 필요한 자금의 조달과 운용에 관련된 재무 기능을 효율적으로 수행하기 위한 일련의 계획-실행-통제의 과정이라 할 수 있다.

기업의 재무 활동은 기업 활동에 필요한 자본을 조달하는 일과 조달된 자본을 운용하는 일을 말한다. 프랜차이즈 사업의 재무 관리란 재무 관리 기법과 이론을 프랜차이즈 시스템에 적용해 각종 경영 목표 달성을 위해 필요한 자금을 합리적으로 조달하고, 이를 효과적으로 운영, 관리하는 것을 말한다.

---

14) 산업자원부/한국프랜차이즈협회, 「프랜차이즈 경영가이드 총서 1」 – 프랜차이즈 경영원론, 2004, pp.239~241.

2) 재무 관리의 기능

(1) 자금 조달 기능

기업의 재무 유동성과 적절한 자본 구조를 유지해 자본 수익성의 최대화를 도모하기 위해 필요한 자금을 획득하는 일련의 계획 체계이다. 즉 장기 자본과 단기 자본, 자기 자본과 타인 자본, 운전 자본과 시설 자본 등의 결정이 의사 결정에 포함되어야 하며, 자본 비용을 최소화하는 최적 자본 구조의 완성을 목표로 한다.

(2) 자금 운용 기능

조달된 자금이 기업의 목적에 따라 합리적 또는 경제적으로 운영되는지를 통제하는 기능이다. 즉 개개인의 투자안에 대해 경제적 분석을 하고 투자의 우선순위를 결정하는 동시에 투자할 자본을 결정하거나 어떤 자산에 투자할 것인지 의사 결정하는 것이다.

(3) 재무 계획 기능

기업의 장단기 계획을 완수하는 데 필요한 자금 계획 기능이다. 그러므로 재무 계획은 자금을 경제적으로 조달하고, 자금의 지출 및 통제, 그로 인한 결과의 평가 등을 결정하는 것이라 정의하고 있다. 즉 같은 액수의 자금 조달도 그 방법에 따라 자본 코스트, 위험성, 지배권, 유동성 및 주주의 이익이 상이한 영향을 미치므로 합리적인 자본 구성을 계획해야 한다.

(4) 재무 통제의 기능

재무 통제는 예산 통제의 기능을 말하며, 예산 통제는 기업 경영 활동을 계속적으로 통제하고자 하는 경영 관리의 근대적인 기법이다. 다시 말하면 기업 전체의 관점에서 과학적, 정책적으로 예산을 편성하고 실시함에 있어 각 부문 활동을 통제하는 계수 관리의 한 수단이다.

(5) 적정 배당의 결정 기능

재무 활동의 결과인 기업의 순이익을 주주에게 적정하게 배당하는 배당율의 결정도 재무 관리 기능 중 중요한 기능이다. 구체적으로 현금 배당, 주식 배당의 배당률 결정과 이익 유보(적립금) 등의 재무정책 등이 포함된다.

3) 재무 관리 측면에서 프랜차이즈 사업의 목표

(1) 프랜차이즈 기업의 이익 극대화

기업은 본질적으로 영리를 목적으로 하고 있어 재무적 의사 결정을 내릴 때 이익을 목표로 한다. 프랜차이즈 기업 역시 이익 극대화의 실현에 목적이 있다.

(2) 주주의 부(富)를 극대화

이익의 극대화는 다시 말해 주주들의 부를 극대화시키는 것이다. 기업의 부는 궁극적으로 주주에게 귀속되므로 주주들의 부의 극대화는 주가의 극대화, 기업 가치의 극대화와 같은 의미로 사용된다.

(3) 기업의 사회적 책임

효율적인 투자 활동을 통해 기업이 발전하고 고용이 증대되며 생산성이 향상되면 사회 전체 구성원이 혜택을 받게 된다. 그렇다 하더라고 환경을 생각하고 상품의 안정성을 고려해야 하는 사회적 윤리를 만족시키는 범위 내에서 부의 극대화가 실현되어야 한다.

4) 재무 관리의 일반 원칙

(1) 자본 유지의 원칙

자본 보존과 자본 충실의 원칙을 의미하며, 자본 보존은 자본에 상응하는 재산을 회사가 취득한 후 이를 보존하는 의미로 사용되며 자본 충실은 납입 자본의 형성에 관한 것으로서 실질적인 자산으로 충당하도록 한다는 원칙을 말한다.

(2) 계속 기업의 원칙

최초 투하 자본을 유지하면서 계속적인 생산 활동을 통해 이윤을 획득해 기업을 계속적으로 영위해 나가야 하는 원칙을 말한다.

(3) 수익성과 안전성의 원칙

재무 계획 수립의 중심이 되는 것은 재무 목표의 설정에 있으며, 이 목표에는 수익성의 목표와 안전성의 목표가 있다. 수익성은 자본이익률의 안전성을 위해 자본 배분, 즉 자기 자본과 타인 자본의 구성 비율을 건전하게 해야 한다는 원칙이다.

(4) 유동성과 경제성의 원칙

유동성의 원칙은 지급 능력이 압박되지 않도록 해야 한다는 원칙과 자본 사용에 관한 상대적 절약의 원칙을 말한다. 조달된 자금을 기업 목적을 수행하는 데 유용하게 사용해야 하며, 특히 생산적으로 사용해야 한다는 경제성의 원칙이다.

2 외식 프랜차이즈의 재무 및 수익 관리

1) 손익 분기점 분석

손익 분기점이란 점포의 매출액과 매출을 달성하기 위해 들어간 제비용이 일치하여 '0'이 되는 것을 말한다. 이때 매출액은 그대로인데 비용이 증가하면 적자, 비용은 그대로인데 매출액이 감소해도 적자가 된다. 반대로 비용을 줄이거나 매출액을 증가시키면 흑자가 된다.

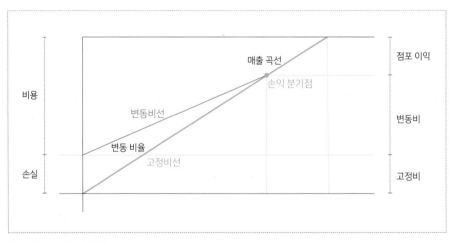

🍎 그림 5-4 **손익 분기점**

한편 점포 경영에 있어서 인건비, 월세, 보험료, 감가상각비, 지불 금리(이자) 등 고정적으로 들어가야 하는 비용을 고정비라 하고, 매출액에 따라 수시로 변하는 식재료비, 냉난방비, 광열용수비, 연료비, 소모품비, 제세 공과금, 연구비 등과 같이 일정하지 않은 비용을 변동비라 한다.

손익 분기점을 분석하면 수입 내용을 분석하여 손실을 발생시키지 않는 최저 한계 매출액을 알 수 있다. 목표 이익을 확보하기 위한 매출액 산정 및 점포 운영을 지속시키기 위한 최소한의 매출액 등의 산정에도 유용하게 쓰인다. 또한 신규 창업 계획의 타당성 판정에도 유용하다.

(1) 손익 분기점 산출 방식

- 손익 분기점 = 고정비 ÷ $(1 - \dfrac{변동비}{매출액})$

- 손익 분기점 = $\dfrac{고정비}{100\% - 변동\ 비율}$

  ◉ 고정비: 인건비 + 월세 + 보험료 + 감가상각비 + 지불 이자
    변동비: 식재료비 + 판매 관리비(냉난방비 + 광열용수비 + 연료비 + 소모품비 + 연구비 등)

제3절 외식 프랜차이즈 세무 관리

1 세금의 종류

1) 부가가치세

부가가치세란 사업자가 영업 활동을 하는 과정에서 부가된 가치에 부과하는 세금으로 부가가치세 = 매출 세액(매출액 × 세율 10%) - 매입 세액(매입시 부담한 세액)이다. 즉 부가가치세는 재화 또는 용역이 공급되는 거래 단계마다 이윤(마진)에 과세하는 간접세이다. 단 가공되지 않은 곡물, 과실, 육류, 생선 등의 식료품 판매는 부가가치세가 면제된다. 결국 사업자의 소득에 부과하는 세금이 아니라 세금을 소비자에게

부담시키고 사업자는 소비자가 부담한 세금을 받아서 납부하는 것이다. 사업자 중에는 부가가치세가 너무 무겁다고 불평하기도 하지만, 이것은 앞뒤가 맞지 않는 논리이다. 부가가치세는 사업자가 부담하는 세금이 아니라 소비자가 부담하는 세금으로 납부를 대행하고 있다고 해도 무방하다. 상품(메뉴) 등에 부가가치세를 별도로 받는다는 표시와 함께 구분해 받는다면 세법에도 맞는 방법이다. 주로 호텔이나 관광 음식점 등으로 구분해 표시하고 있다.

[사 례] 음식 요금: 1,000원일 때 순수한 식대: 909(1,000 × 100/110)
부가가치세: 91(1,000 × 10/110)

최근에는 신용카드 사용의 보편화와 현금영수증 제도의 영향 등으로 식당 매출이 95% 이상 고스란히 노출되고 있다.

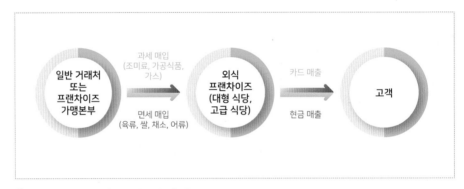

🍎 그림 5-5 **외식 프랜차이즈업 부가가치세**

2) 소득세

소득세는 여러 가지 경제 활동을 통해 얻은 소득에 대해서 개인 사업자가 내는 세금이다.

3) 특별 소비세

과세 장소에 대한 입장 행위, 특별 소비세 대상 과세 물품, 과세 유흥 장소(카바레, 나이트클럽, 요정, 살롱 등)에 부과하는 세금이다. 이 세금은 부가가치세와 마찬가지로 간접세의 특성을 가지고 있다.

4) 법인세

법인세는 사업 주체가 법인인 경우에 법인의 소득에 과세하는 세금이다.

② 부가가치세

먼저 부가세 신고는 사업자 등록을 신청할 때 일반 과세로 했느냐 아니면 간이 과세자로 신고했느냐에 따라 다르다. 일반적인 외식 프랜차이즈 사업자 등록증 신청서 작성에 대해서 먼저 알아보자.

1) 사업자 등록증 작성 요령

사업자 등록 신청 시에는 부가가치세가 과세되는 사업자 유형의 선택, 주 업태와 주 종목의 선정, 종업원 수, 사업 자금 명세서, 임차 내역 등을 기재해야 하며, 등록 신청 전일로부터 20일 이내에 매입한 것은 확인된 것에 한해 매입 세액 공제를 받을 수 있으므로 각별히 주의해야 한다.

(1) 유형의 선택

❶ 일반 과세자

직전 1년간 재화와 용역의 공급에 대한 대가가 8,000만 원 이상인 개인 사업자

❷ 간이과세자

간이 과세자는 과세 규정에 따라 특정 기준 이하의 연간 매출을 가진 사업자에게

🏵 간이 과세 배제 업종

> 특별 소비세가 과세되는 과세 유흥 장소를 영위하는 유흥 주점, 외국인 전용 유흥 음식점 및 기타 이와 유사한 장소(서울특별시, 광역시 및 시 지역에 한하고 읍, 면 지역 제외)는 간이 과세 배재 업종이므로 간이 과세 적용을 받을 수 없다.

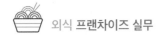

적용되는 세금 시스템이다. 이 기준은 직전 1년 동안의 재화나 용역의 공급 대가 총액이 8,000만 원 미만인 경우이다. 신규 사업을 시작하려는 개인 사업자는 사업 개시일이 포함된 1년 동안의 총 매출액이 간  이 과세 적용 금액인 8,000만 원 미만일 것으 로 예상될 때 간이 과세자로 등록할 수 있다. 이를 신청하려면 사업자 등록을 할 때 간이 과세 적용 신고서를 제출하거나 사업자 등록 신청서에 간이 과세자로 등록하겠다는 내용을 기재해야 한다. 이렇게 하면 해당 개인 사업자는 간이 과세자로 등록되고, 간이 과세 규정에 따라 세금이 부과된다.

개별 소비세가 과세되는 과세 유흥 장소를 운영하는 유흥 주점, 외국인 전용 유흥 음식점 및 기타 이와 유사한 장소(서울특별시, 광역시 및 시 지역에 한하고 읍, 면 지역 제외)는 간이 과세 배제 업종이므로 간이 과세를 적용받을 수 없다. 따라서 일반 유흥 주점(살롱), 바(Bar), 룸살롱, 스탠드바, 비어홀, 극장식 식당, 카페, 디스코 클럽, 카바레, 나이트 클럽, 고고클럽, 요정, 준요정, 관광 식당 등은 새로운 제도에 의한 간이 과세를 적용받을 수 없다.

(2) 업태 종목의 선정

사업자 등록에 있어 가장 혼동되고 있는 부분이 업종·업태의 구분이다. '업종' 이란 무엇을 먹을 것인가를 기준으로 하며, 판매할 메뉴의 대분류상의 종류로 한식, 일식, 양식, 중식, 단란주점, 유흥주점 등의 분류를 말한다. '업태'는 업종에 대한 소분류로, 어떻게 먹을 것인가가 핵심이 되며 시간, 장소, 목적에 따라 취급하는 상품의 분류 및 가격, 질, 운영 매뉴얼, 특정의 영업 방법, 서비스를 제공하는 방법, 점포 분위기 등에 차별을 둔 것을 말한다.

(3) 종업원 수의 기재

종업원 수는 근로소득세의 원천징수, 건강보험, 국민연금, 산재보험 및 고용보험의 징수 납부와 관련되므로 실제 급여 소득자를 정확히 기재해야 하며, 일용 근로자와 시간제 근무자는 기재하지 아니한다.

(4) 사업 자금 명세

사업 자금 명세는 증여세를 부과하는 자료로 활용된다.

특히 미성년자와 부녀자가 사업자인 경우에는 자기 자금과 타인 자금을 구분해 명확히 기재해야 한다.

(5) 매입 세액의 공제(환급)

개업 시 시설 자금의 투자나 집기, 비품 등의 구입과 관련해 시공자나 판매자로 부터 세금계산서를 교부받아 그 세금계산서에 포함된 부가가치세를 공제 또는 환급받을 수 있는데, 그러기 위해서는 반드시 일반 과세자로 사업자 등록을 신청해야 한다.

이 경우 시설 기간이 장기간 소요되는 경우에는 사업 개시 전에 미리 사업자 등록을 해야만 공제(환급)가 가능하다. 또한 시설 투자 금액은 조기 환급 신고를 하면 조기 환급도 가능하다.

2) 사업자 등록 정정

사업자 등록 사항 중에 다음과 같은 변동 사항이 발생되면 지체 없이 사업자 등록 정정 신청서에 사업자 등록증을 첨부해 관할 세무서에 제출·신고해야 한다.

- 상호, 사업의 종류, 법인의 대표자 변경
- 사업자의 주소 또는 사업장 이전
- 상속으로 인한 사업자의 명의 변경

사업장을 이전하는 때에는 이전 후의 사업장 관할 세무서장에게 이전 사실을 신고해야 한다.

3) 세금 신고와 납부

(1) 부가가치세 납부 세액과 신고 납부

① 부가가치세 납부 세액 계산

부가가치세는 자진 신고, 자진 납부 제도를 채택하고 있어 납세자는 부가가치세를 스스로 계산해 신고·납부해야 하며 과세 유형별로 계산 방법이 다르다.

표 5-2 **일반 과세자와 간이 과세자의 차이점**

구분	일반 과세자	간이 과세자
매출 세액	공급가액 × 10%	공급가액 × 10% × 업종별 부가가치율
세금계산서 발행	의무적으로 발행	일부 적용 • (원칙) 세금계산서 발급 • (예외) 영수증 발급: 신규 사업자 및 직전 년도 공급대가 합계액이 4,800만 원 미만, 주로 사업자가 아닌 자에게 재화·용역을 공급하는 사업자
매입 세액 공제	전액 공제	• 간이 과세자가 발급한 신용카드 매출 전표 • 세금계산서를 발급하지 못하는 업종 • 간이과세자 중 신규 사업자 및 직전 년도 공급대가 합계액이 4,800만 원 미만
의제 매입 세액 공제	모든 업종에 적용	간이 과세자에 대한 면제 농산물 등
기장 의무	매입·매출장 등 기장 의무	• 확정 신고 시 제출 서류 추가 • 매출처별 세금계산서 합계표

❍ 간이 과세자의 1과세 기간(6개월)의 매출액이 3,000만 원 미만인 경우에는 신고서만 제출하고 부가가치세는 납부하지 않아도 된다.

의제 매입세액 공제

- 의의

  외식업 프랜차이즈 등을 경영하는 사업자는 면세로 농·축·수·임산물을 구입해 과세 재화를 생산하거나 용역을 창출하는 경우, 면세로 구입한 농산물 등의 매입가액에 소정의 비율을 곱한 금액을 매입세액으로 의제해 매출세액에서 공제하고 있는 제도로서 세금계산서가 없어도 일정액을 공제해 주고 있다.

- 요건

  ㉠ 과세 사업자여야 한다. – 공제 대상 업종에 제한이 없으므로 외식 프랜차이즈업 등도 적용 대상이다.

  ㉡ 면세로 농산물을 적용받아야 한다. – 농, 축, 수, 임, 1차 단순 가공 식품

  ㉢ 농, 축, 수, 임, 소금을 가공해 음식물로 팔아야 한다.

- 배추를 사서 그냥 배추로 팔면 의제 매입세액 공제 대상이 되지 않는다.

  ㉣ 면세 농산물 등을 공급받은 사실을 증명하는 서류를 제출해야 한다.

    * 매입처별 계산서 합계표

    * 신용카드 매출 전표 및 직불카드 영수증

- 의제 매입세액 = 면세 농산물 등 매입가액 × 3/103(음식업)

  =(제조업은 2/102)

- 공제 시기: 예정 신고, 확정 신고 시

ㄱ 신용카드 매출 전표 발행 세액 공제

일반 과세자 중 영수증 교부 대상인 개인 사업자(외식 프랜차이즈업이 해당됨)와 간이 과세자가 판매 대금을 신용카드(또는 직불카드)로 받고 신용카드 매출 전표(또는 직불카드영수증)를 발행하는 경우에는 그 발행 금액의 1%에 상당하는 금액을 납부 세액 한도로 공제한다. 다만 간이 과세자는 공제율이 1.5%이다.(연간 500만 원 한도)

ㄴ 현금영수증 제도

2005년 1월 1일부터 현금영수증 제도가 시행됨에 따라 식당의 매출이 국세청으로 자동 통보되어 세액 부담이 증가되고 있다. 한편 소비자에게는 발행 금액의 20% 소득 공제 혜택과 가맹점의 경우 발행 금액의 1% 세액 공제 혜택을 주고 있다.

🍧 그림 5-6 **현금영수증 제도**

❷ 부가가치세의 과세 기간과 신고, 납부 기한

부가가치세의 신고 기간은 1기(1~6월), 2기(7~12월)로 나눠지고, 기간은 6개월씩이다.

🧭 표 5-3 **부가세 신고 기간**

구 분	신고 대상 기간	신고 기한
제 1 기 예정 신고	1월 ~ 3월 실적	4. 1 ~ 4. 25
제 1 기 확정 신고	4월 ~ 6월 실적	7. 1 ~ 7. 25
제 2 기 예정 신고	7월 ~ 9월 실적	10. 1 ~ 10. 25
제 2 기 확정 신고	10월 ~ 12월 실적	1. 4 ~ 1. 25

◆ 단, 개인 사업자는 예정 신고 의무를 면제하고 관할 세무서장이 직전 과세 기간(6개월)의 납부 세액의 1/2을 고지해 세액을 납부하게 하고 있다.

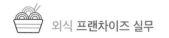

❸ **업종별 부가가치율**

부가가치율은 다음을 말한다.

$$부가가치율 = \frac{(매출과표 - 매입과표)}{매출과표} \times 100$$

예 매출과표가 1억 원이고 매입과표가 3,000만 원이라면 70%가 부가가치율이 된다.

세무 조사 등의 객관적인 분석 자료로 사용되는 중요한 지표이다.

확인이 용이한 임차료, 인건비, 수도광열비, 재료비 및 기본 시설 등에 의해 수입 금액을 추계한다.

참고로 간이 과세의 경우로 2002년 30%, 2003년 35%, 2004년 이후는 40%로 정해져 있다. 부가가치세가 면제되는 재화와 용역은 다음과 같다.

- 가공되지 아니한 식료품(쌀, 채소, 육류, 어류, 건어물 등), 수돗물, 연탄

❹ **신용카드율**

국세 당국은 신용카드 매출액이 전체 매출액에서 차지하는 비율을 계산해 신고 성실도 분석이나 수정 신고 권장에 활용한다.

$$신용카드 \ 매출률 = \frac{신용 \ 카드 \ 매출액}{전체 \ 매출액} \times 100$$

(2) 부가가치세의 신고와 절세

- 개업 후 최초의 부가가치세 신고 시 신고서 작성에 유의해야 하며 실제 거래한 세금계산서만 받아야 한다.
- 종업원 봉사료를 음식 요금과 별도로 표시한 경우 부가가치세 과세와 소득세 수입 금액 계산에서 제외한다. 봉사료가 요금의 20% 이상인 경우 그 금액의 5%를 원천징수해 납부해야 한다.
- 유통 과정 추적 조사 등이 있으므로 위장 또는 가공한 세금계산서나 계산서를 받아서는 안 된다. 적발 시 부가가치세와 소득세가 모두 추징되며 높은 비율의 가산세도 부과된다.

- 세금계산서를 누락하지 않도록 주의하고 신용카드율, 부가가치율이 적정한가 확인해야 한다.
- 신용카드 매출액, 현금 매출액, 외상 매출액의 누락이 없는지 확인한다.
- 간이 과세자는 세금계산서를 교부할 수 없어 간이 과세자에게 물건을 구입한 경우에는 매입 세액 공제를 받지 못하므로 구입은 일반 과세자로부터 한다.
- 전화 요금, 통신 요금, 전기료 등의 납부 시 사업자 등록 번호가 기재될 수 있도록 신청하면 영수증을 세금계산서로 사용할 수 있다.

(3) 부가가치세법상의 불이익

❶ 미등록 가산세

사업 개시일부터 20일 이내에 사업 등록 신청을 하지 아니한 경우에는 공급가액에 1%를 가산세로 부과하는데, 기간 전액에 대해 과세하므로 무거운 가산세이다.

❷ 매입처별 세금계산서 합계표 제출불성실 가산세

공급받은 금액보다 많이 신고해 공제받은 경우에는 1%를 가산세로 부과한다.

❸ 신고불성실 가산세

납부해야 할 세액에 미달하게 신고한 경우에는 신고불성실 가산세로 미달 세액의 10%를 적용한다.

❹ 납부불성실 가산세

미달하게 납부한 경우에 미납 세액 × 미납일 수 × 0.03%로 부과한다.

[사 례] 음식점에서 100만 원의 매출 누락이 발생하고 1년 후에 발견되었다고 가정하면

㉠ 미달 세액

1,000,000 × 0.1 = 100,000원

㉡ 가산세

- 신고불성실 가산세: 100,000 × 10% = 10,000원
- 납부불성실 가산세: 100,000 × 365 × 3/10,000 = 10,950원

결국 총 부담분은 120,950원이 발생하게 된다.

법정 증빙 서류인 세금계산서, 계산서, 신용카드의 경우 1회 지출 금액이 10만 원 이상일 경우 법정 증빙 서류를 받지 않으면 사용하지 않는 금액에 가산세로 부과하고 있다.

3 종합 소득세 신고와 법인 설립

1) 종합 소득세

종합소득세는 1년을 기준으로 발생한 소득에 대해 납부하는 세금으로 개인이 납부하는 세금이며 법인 사업자는 법인세를 납부하게 된다.

(1) 소득의 범위

소득은 총수입 금액(부가가치세 신고 금액 + 신용카드 발행 세액 공제)에서 필요 경비(원재료, 부재료비, 인건비, 소모품비, 전기요금, 가스·수도요금 등)를 차감한 순이익을 말하며, 과세 소득은 크게 종합 소득, 퇴직 소득, 양도 소득, 산림 소득으로 구분된다. 이자 소득, 배당 소득, 연금 소득, 사업 소득, 근로 소득, 기타 소득의 여섯 가지 소득은 종합 소득으로 묶어서 과세한다.
- 소득 금액 = 연간 총수입 금액 - 필요 경비
- 소득 금액 = 연간 총수입 금액 × 표준 소득율

🍜 그림 5-7 **소득의 종류**

(2) 종합 소득세의 계산

종합 소득세는 장부를 기장하는 경우와 그렇지 아니한 경우에 따라 계산 방법이 달라진다.

❶ 기장한 경우

사업에 관련된 장부를 기장한 경우 계산된 소득 금액에 대해 소득세를 납부한다. 손실이 발생한 경우에는 종합 소득세를 납부하지 아니하고 발생한 이월 결손금은 그 다음해 이후에 발생한 소득에서 공제한다.

❷ 기장하지 않는 경우

국세청은 모든 사업자가 장부를 갖추기를 바라고 있다. 그러나 현실적으로 영세한 사업주의 경우에는 무리가 있으므로 2003년부터는 종전 표준 소득률 제도를 폐지하고 새로이 기준경비율 제도를 시행하고 있다.

❸ 종합 소득세율

종합 소득세는 종합 소득 금액의 크기에 따라서 6~35%의 4단계 초과 누진세율을 적용한다.

표 5-4 **종합 소득 세율**

구간	세율	누진 공제액
1,200만 원 이하	6%	0원
4,600만 원 이하	15%	108만 원
8,800만 원 이하	24%	552만 원
8,800만 원 초과	35%	1,490만 원

(3) 기장 의무

❶ 복식 기장 의무자

연간 수입 금액(총매출액)이 1억 5,000만 원 사업자는 복식 부기(대차대조표, 손익계산서, 합계잔액시산표)를 작성해 신고해야 한다. 복식 부기를 작성해 신고하지 아니한 경우에는 납부 세액의 20%의 가산세가 부과된다.

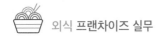

❷ 간편 장부 대상자

간편 장부란 중소 규모 이하의 개인 사업자가 쉽고 간편하게 작성할 수 있으며 소득 금액의 계산 및 부가가치세의 신고가 가능하도록 국세청에서 제정·고시한 장부를 말한다. 간편 장부 대상자가 간편 장부를 기장한 경우에는 소득세법의 규정에 의해 정식 장부를 기장한 것으로 인정하고 기장 세액 공제(10%)의 혜택을 받을 수 있다. 그러나 간편 장부를 하지 아니하면 20%의 가산세가 부과된다.

    ㉠ 당해 연도에 신규로 사업을 개시한 사업자
    ㉡ 직전 연도 수입 금액의 합계액이 다음의 금액에 미달하는 사업자

- 농업, 도소매업, 축산업, 어업, 부동산 매매업: 3억 원
- 제조업, 음식점업, 건설업: 1억 5,000천만 원
- 사업 서비스업, 개인 서비스업: 7천 500만 원

2) 개인이 법인 기업으로 전환

- 규모가 커진 사업을 개인 기업 형태로 영위할 경우에는 가계와 기업이 혼동되기 쉬워 합리적인 기업 경영을 하기가 어렵다.
- 개인 사업을 법인으로 전환하게 되면 대외적인 신용도를 높일 수 있고 정확한 세무 회계 처리로 절세 면에서도 유리하다.

표 5-5 **개인 기업과 법인 기업의 차이점**

구 분	개인 사업자	법인 사업자
창업 절차	• 관할 관청에 인허가(인허가가 필요한 경우)를 신청 • 세무서에 사업자 등록 신청	• 법원에 설립 등기 신청 • 세무서에 사업자 등록 신청
자금 조달	• 사업주 1인의 자본과 노동력	• 주주를 통한 자금 조달
사업 책임	• 사업상 발생하는 모든 문제를 사업주가 책임	• 법인의 주주는 출자한 지분 한도 내에서만 책임
해당 과세	• 사업주: 종합소득세 과세	• 법인: 법인세 • 대표자: 근로소득세(배당을 받을 경우에는 배당소득세) • 일반적으로 소득 금액이 커질수록 법인에 유리

구 분	개인 사업자	법인 사업자
장점	• 창업 비용과 창업 자금이 적게 소요되어 소자본을 가진 창업도 가능 • 기업 활동이 자유롭고, 신속한 계획 수립 및 변경이 가능 • 일정 규모 이상으로는 성장하지 않는 중소 규모의 사업에 적합 • 인적 조직체로서 제조 방법, 자금 운용상의 비밀 유지가 가능	• 대외 공신력과 신용도가 높기 때문에 영업 수행과 관공서, 금융기관 등과의 거래에 있어서도 유리 • 주식회사는 신주 발행 및 회사채 발행 등을 통한 다수인으로부터 자본 조달이 용이 • 일정 규모 이상으로 성장 가능한 유망 사업의 경우에 적합
단점	• 대표자는 채무자에 대해 무한 책임을 짐. 대표자가 바뀌는 경우에는 폐업을 하고, 신규로 사업자 등록을 해야 하므로 기업의 계속성이 단절됨 • 사업 양도 시에는 양도된 영업권 또는 부동산에 대해 높은 양도소득세가 부과됨	• 설립 절차가 복잡하고 일정 규모 이상의 자본금이 있어야 설립 가능 • 대표자가 기업 자금을 개인 용도로 사용하면 회사는 대표자로부터 이자를 받아야 하는 등 세제상의 불이익이 있음

* 출처: 중소벤처기업부, 온라인법인설립시스템(www.startbiz.go.kr)참조

(1) 법인 설립의 경우

법인의 경우는 먼저 법인 설립 등기와 정관 작성을 해야 하는데, 다음 사항들을 사전에 준비하거나 결정해 법무사에게 위임하면 필요한 절차를 대행해 준다.

❶ 발기인 등 3인의 인감 도장과 인감 증명 각 1통
❷ 이사, 감사가 될 사람의 인감도장, 인감 증명 및 주민등록등본 각 1통
❸ 사전에 결정해야 할 사항

상호, 임원 명단, 주식 내용, 본점 소재지, 사업 목적, 자본금(5,000만 원), 1주당 금액(100원 이상), 공고 방법, 결산기 등(이사는 3인 이상이 원칙이나 자본금 5억 원 미만인 회사는 1인 또는 2인 가능)

법인이 설립되고 나면 세무서에 사업자 등록을 신청해야 하며 이 업무는 세무사가 대행해 준다.

법인 설립 신고서 및 사업자 등록 신청서 첨부 서류

법인 등기부 등본, 정관, 주주 명부, 개시 대차대조표, 허가 사업인 경우는 허가증 사본, 사무실 임차 내용 등을 구비하면 되는데, 2001년부터 자본금 5,000만 원의 규정이 폐지되었다.

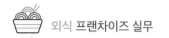

3) 폐업 시 세무 종결 절차

사업을 그만두는 경우에는 폐업 신고를 해야 한다.

❶ 사업을 시작할 때 사업자 등록 신청을 하는 등 각종 신청·신고를 했듯이 사업을 그만두는 경우에도 그 종결 절차를 거쳐야 한다. 그렇지 않을 때에는 커다란 손해를 입는 경우가 있다. 특히 깔끔한 세무 정리를 하지 않으면 5년간 국세 부과권이 존재하므로 추후 자료 발생 시 과세 문제가 발생할 수 있다.

❷ 사업을 폐업하면 지체 없이 세무서에 비치된 폐업 신고서 1부를 작성해 사업자등록증과 함께 사업장 관할 세무서에 제출한다.

❸ 폐업 신고서를 제출하는 경우에는 부가가치세 확정신고도 같이 하는 것이 절차가 간편하다. 이때 부가가치세 확정 신고서에 폐업 년, 월, 일 및 사유를 기재하고 사업자등록증을 첨부해 제출하면 폐업 신고를 제출한 것으로 본다.

❹ 폐업하는 사업자의 부가가치세 확정 신고 대상 기간은 폐업일이 속하는 과세 기간 개시일(1/1 또는 7/1)로부터 폐업일(양도일)까지이며, 폐업일부터 25일 이내에 이 기간의 영업 실적에 대한 부가가치세 확정 신고 절차를 이행하고 이에 대한 세금을 내면 세무 절차가 종결된다.

❺ 폐업 시 소득세는 1/1~폐업일(양도일)까지분과 기타 소득을 합산해 다음해 5/31까지 신고·납부함으로써 종결된다.

외식
프랜차이즈
실무

Chapter 06

외식 프랜차이즈 마케팅

제1절　외식 프랜차이즈 마케팅의 개요

1　마케팅의 개념과 중요성

1) 마케팅의 기본 개념

마케팅이란 개인이나 조직의 목적을 만족시키기 위해 고객의 Needs를 만족시킬 수 있는 제품을 기획·판매하는 프로세스로서, 과거에는 단순히 재화나 서비스를 생산자로부터 최종 수요자에게 전달하는 과정에서 필요한 매매, 교환, 유통 등의 제반 활동을 의미했다. 오늘날 마케팅의 개념은 고객의 만족을 창조하고 생활의 질을 높이기 위해 건전한 소비 문화와 생활 문화를 창조, 보급하는 고객 활동을 의미하게 되었다. 기업이 소비자와의 교환 과정을 통해 소비자의 필요와 욕구를 충족시키기 위한 모든 활동, 즉 생산, 판매, 유통 등의 경영 활동 전체를 포괄하는 개념으로 확장되었다.

오늘날의 마케팅은 기업의 입장이 아닌 고객의 입장에서 고객 만족을 추구하는 것, 즉 고객에서부터 출발한다. 이렇게 고객 지향적 마케팅은 고객 위주의 사고와 고객이 원하는 것에 중점을 두게 된다. 또한 고객이 만족할 수 있는 제품과 서비스를 제공하기 위해서는 어느 한 부분만 잘해서 되는 것이 아니라 전사적인 노력이 필요하게 되었고, 전사적 개념의 마케팅이 현대 마케팅의 특징이 되고 있다.

그림 6-1　마케팅 개념의 변천 과정

(1) 마케팅 믹스 전략

마케팅의 개념은 마케팅의 4P로 불리는 마케팅 믹스(Marketing mix), 즉 상품(Product), 가격(Price), 유통(Place), 촉진(Promotion)으로 구성된다. 최근에는 여기에 3P, 즉 서비스 과정(Process), 물리적 증거(Physical evidence), 사람(People)을 더해 7P로 구분한다. 따라서 외식업체는 이러한 일곱 가지 전략 수단을 이용해 사전 포지션에 부합하도록 일관 성 있게 조정하고 통합하는 전략을 수행해야 한다. 마케팅 믹스 전략은 기업의 통 제와 조정이 가능한 도구를 의미한다.

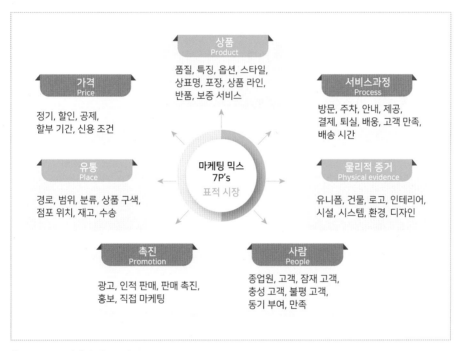

🍎 그림 6-2 **마케팅 믹스(7P's)**

① **상품**(Product) **전략**

고객 만족을 위한 첫 번째 단계는 역시 상품의 질이다. 이것은 단순히 상품 자체 의 품질만을 이야기하는 것이 아니라 디자인, 포장, 상표, 보증 서비스 등을 모두 포함하는 개념이다. 과거에는 상품의 기획 → 생산 → 판매까지를 상품으로 보았 다면, 현대는 고객이 그 상품을 구매해 사용하고 만족을 느끼고 재구매하게 되는 전체적인 순환 과정 모두를 상품의 개념으로 보고 있다. 따라서 상품 전략에서 중

요한 것은 바로 경쟁 상품과 어떠한 차별성을 가지고 있는가 하는 것이다. 차별적 우위를 가지고 있어야만 고객 만족이 이루어지고 반복 구매로 이어질 수 있기 때문이다. 이를 위해서는 주기적으로 품질을 관리하고 개선해 나가는 노력이 필요하다.

상품 전략에는 상품 수명 주기(Product Life Cycle) 전략, 신상품 개발 전략, 상표 전략, 상품 믹스 전략 등이 있다.

❷ 가격(Price) 전략

가격이란 고객이 상품을 구입하기 위해 지불하는 가치로 상품이 가진 효용의 가치 척도라 할 수 있다. 가격 전략은 일관성 있게 설정하되 무조건 싸다고 잘 팔리는 것은 아니라는 것을 유념해야 한다. 가격은 시장 대비 고가(High Price) 전략, 대중가(Moderate Price) 전략, 할인가(Discount Price) 전략으로 구분해 원가, 경쟁자 가격, 소비자 기대 가격 등을 기준으로 결정하도록 한다.

표 6-1 **가격 전략**

고가 전략 (High Price)	• 이미지 제고 • 이익률 제고 • 차별화 마케팅 능력 • Pull Marketing • 거래처를 제한해 선정함
대중가 전략 (Moderate Price)	• 대중 시장을 표적으로 함 • 시장 점유율 확대 • 거래처로부터의 신뢰
할인가 전략 (Discount Price)	• 시장 점유율 확대 • 거래업자의 확대 • 경쟁 기업의 거래처 취득 • 경쟁 기업의 경영 악화 조장

참고로 프랜차이즈 가맹점 개설 등의 가격 결정에 있어서는 합리적인 상품들과 서비스 수준에 맞는 적정 판매 가격과 가맹점 개설 관련 비용 결정들, 그리고 경쟁업체들과의 관련 비용에 대한 가맹희망자나 고객들에 대한 혜택, 경쟁업체와의 가격 비교, 가맹본부의 수익 구조와 희망 가맹자와 고객들의 지불 능력 등을 고려해야 한다.

❸ 유통(Place) 전략

유통 경로는 상품 또는 서비스가 생산자에서 소비자로 옮겨가는 경로를 이야기하는 것으로 유통 경로를 결정할 때는 효율성을 고려해야 한다. 일반적인 유통 경로는 생산자 → 도매업자 → 소매업자 → 소비자의 단계를 거치게 되는데 이를 통해 시간상의 불일치(생산 시점과 소비 시점의 차이로 발생하는 문제점), 공간상의 불일치(생산 장소와 소비 장소가 달라서 발생하는 문제점), 제품의 형태 변화를 해결해 준다.

외식업의 경우는 음식을 제공하는 서비스를 판매하는 서비스업이다. 서비스는 보관이나 운송의 개념이 무의미하다. 따라서 서비스를 전달하는 데는 경로의 의미보다는 입지, 즉 장소의 의미가 큰데, 가장 기본적인 것은 고객이 제공받기 유리하고 접근이 용이한 곳에 위치하는 것이다. 한편 오늘날 인터넷의 발달과 함께 물리적인 공간 외의 가상 공간도 판매 장소임을 유념해야 한다.

❹ 촉진(promotion) 전략

촉진은 판매 활동을 보다 원활하게 하는 동시에 매출액을 증가시키기 위해 실시되는 모든 마케팅 활동을 의미하는 것으로 기업은 여러가지 방법의 촉진 활동을 수행해야 한다.

❺ 서비스 과정(process)

일반적 유형의 제품은 생산되는 과정(process)보다는 결과의 산출물인 완성품이 고객 만족 여부의 주 관심사가 된다. 그러나 서비스라고 하는 무형의 제품은 최종 소비되는 서비스 상품도 중요하지만, 생산 과정이 고객 만족에 중요한 영향을 미치게 된다. 예를 들면, 한 고객이 냉장고를 구매한다고 했을 때 구매 고객은 냉장고가 만들어지기까지의 과정보다는 완성된 제품의 기능과 성능에 많은 관심을 갖게 되고 만족도에 중요한 영향을 받는다. 반면에 고급 레스토랑을 방문한 고객은 서비스 과정에 만족한다면 레스토랑의 방문 → 안내 → 주문 → 식사를 마칠 때까지의 모든 과정을 즐기면서 식사하게 된다. 서비스 기업은 고객을 중심으로 한 경영을 추구하게 되며, 구체적으로 고객의 욕구를 찾는 일에 몰두하게 된다. 이를 위해서는 서비스의 생산에서 소비까지의 과정을 중요시해야 하고, 제반 과정상의 업무들이 일관성 있는 질적으로 우수한 서비스를 제공해야 한다.

⑥ 물리적 증거(physical evidence)

고객은 서비스의 무형성이라는 특성으로 인해 서비스 기업에서 제공하는 서비스 이외에 부가적인 유형적 증거를 확인함으로써 서비스의 질을 평가하게 된다.

서비스를 제공하는 기업의 유니폼, 건물, 인테리어, 로고, 시설 등과 같은 물리적 증거를 통해 서비스에 대한 신뢰감을 갖고 구매 결정을 내리게 된다. 예를 들면, 미용실을 선택할 경우 보이지 않는 헤어 디자인에 대한 기술을 부가적인 물리적 증거를 통해 평가하게 된다. 즉 미용실의 시설, 규모, 종업원들의 유니폼, 잡지와 차의 제공, 인터넷 시설, DVD 영화 시스템, 그리고 점심시간의 간단한 식사 제공 여부가 서비스 구매 결정에 중요한 요인으로 작용하는 것이다.

⑦ 사람(people)

서비스 기업의 경우 사람(people)은 종업원과 고객 모두를 포함한다. 이들은 서비스의 생산과 소비 과정에서 참가자로서의 역할을 모두 담당하게 된다. 서비스를 제공하는 종업원의 태도와 서비스의 질은 서비스 과정에서 참가자로서의 영향을 미치며, 역시 참가자로서의 고객은 서비스를 구매하고, 만족도의 정도에 따라 재구매와 다른 고객의 의사 결정에 중요한 영향을 미치게 된다. 따라서 서비스 기업의 종업원 역할은 매우 중요한데, 고객을 대하는 태도를 교육하고 훈련하는 것은 고객 만족을 위함이다. 오늘날의 서비스 기업들 간에는 고객 만족 → 고객 감동 → 고객 환희로 이어지는 무제한적 고객의 욕구를 충족하기 위한 수준 높은 서비스 경쟁이 치열해지고 있다. 이러한 시장 환경에서 고객에게 더욱 친절하고 만족스러운 서비스 제공을 위해서는 적극적이고 능동적인 서비스를 유발하는 동기 부여가 필요하다.

표 6-2 **촉진 활동**

광고 (Advertising)	• 장기적으로 지속해야 효과가 있음 • 교육 효과가 있음	인식의 증가 이익 기여도 보통
판매 촉진 (Sales Promotion)	• 매출 증가에 단기적이고 직접적인 영향 • 주목률이 높음, 망각률이 높음	매출 증가 이익 기여도 높음
인적 판매 (Personal Selling)	• 판매를 위한 관계 형성 중요 • 산업의 발달에 따라 중요성이 높아짐	중요성 증가 이익 기여도 낮음
홍보 (Public Relations: PR)	• 이미지 제고 효과 • 신뢰성이 높음	신뢰성 증가 이익 기여도 높음

(2) 시장 세분화(Segmentation)

시장 세분화란 소비자의 욕구와 그들이 상품을 구입함으로써 얻고자 하는 편익, 그리고 인구 통계적 요인 등을 기초로 시장을 분류하는 것을 말한다.

① 시장 세분화의 목적

시장 세분화를 하는 이유는 첫째, 정확한 시장 상황을 파악하기 위해서다. 소비자 욕구, 구매 동기 등으로 시장 상황을 정확하게 파악해야 변화하는 시장 수요에 적극적인 대응을 할 수 있다. 둘째, 기업의 경쟁 좌표를 설정하기 위해서다. 기업의 강점과 약점을 확인함으로써 기업의 경쟁 좌표를 설정할 수 있다. 셋째, 정확한 표적 시장을 설정하기 위해서다. 세분화된 시장의 매력도 분석에 따라 정확한 목표 시장을 설정해 마케팅 활동의 방향을 설정하고 집중할 수 있다. 넷째, 마케팅 자원의 효과적인 배분을 위해서다. 기업의 마케팅 활동에 대한 소비자의 반응을 분석해야 효과적인 마케팅 자원을 배분할 수 있다.

② 시장 세분화 변수 및 기준

- 인구 통계 변수: 소비자의 연령, 성별, 결혼 유무, 가족 크기, 소득 수준, 직업, 교육, 가정 생활 주기, 종교, 인종, 국적, 인구 등
- 지리적 변수: 거주 지역, 도시 규모, 인구 밀도, 기후 등
- 생활 유형(Life Style) 변수: 특정 개인이나 집단의 활동, 관심 거리, 의견 등 분석, 취미·흥미, 유흥, 휴가, 문화적 추구
- 개성 변수: 개인의 사교성, 자율성, 보수성, 권위성, 리더십 등
- 가치 변수: 고객의 평생 가치(Life Time Value), 직간접 수익 동향, 획득 비용, 서비스 제공 비용, 편익 등

위의 다섯 가지 종류 중에 어느 한 가지만을 이용해 수행한 시장 세분화는 그 정보에 한계가 있으므로 기업의 경영 전략에 맞추어 여러 종류의 변수를 다차원적으로 활용해 세분화해야 한다.

③ 세분화된 시장의 요건

- 세분 시장은 정보의 측정 및 획득이 용이해야 한다.
- 세분 시장은 수익성이 보장되어야 한다.

- 세분 시장은 접근 용이성과 전달성이 높아야 한다.
- 세분 시장은 명확한 구분성과 차별된 반응성이 높아야 한다.
- 세분 시장은 일관성과 지속성이 있어야 한다.

④ 표적 시장(Targeting)의 선정

각각의 세분 시장의 매력 정도를 분석해 기업의 한정된 자원을 가장 효과적으로 활용할 수 있는 표적 시장을 선택하면 마케팅 역량을 표적 시장에 집중할 수 있다. 표적 시장 선정 시 고려할 사항은 다음과 같다.

- 이익을 창출할 수 있을 정도의 충분한 현재와 미래의 시장 규모
- 미래의 수요를 고려한 잠재적 경쟁 정도
- 기업 목표와 표적 시장의 일치 여부
- 기업의 능력과 자원

2) 마케팅 활동의 중요성

활발한 마케팅 활동을 통해 기업은 더 많은 상품을 더 많은 고객에게 판매할 수 있고 많은 수익을 얻게 된다. 특히 지금처럼 치열한 경쟁 사회에서는 마케팅이 매우 중요한 역할을 하게 되었다.

먼저, 경영상으로는 새로운 마케팅 이론과 기술을 습득해서 대량 소비를 위한 대량 판매의 대안을 찾을 수 있다. 둘째, 사회 기능상으로는 생산자와 소비자 사이의 수요와 공급을 연결시켜 줌으로써 자원의 배분이라는 사회적 기능을 수행한다. 셋째는 소비 기능상으로는 소비자의 욕구는 보다 나은 생활 수준의 향상에 있기 때문에 그에 따른 시장 환경 변화에 잘 대처해 나가도록 한다. 마지막으로 고용상으로는 외식 프랜차이즈 기업체의 매출 증대와 마케팅 활동은 고용을 안정시키고 새로운 고용 창출 및 부가가치를 증대시켜 나간다.

3) 마케팅 전략 수립의 기본

마케팅 전략을 수립할 때 다음과 같은 내용을 고려해야 한다.

❶ 우수한 특성과 기술보다 시장에서의 매출이 생명이다. 이는 최근 모든 기업이 가장 큰 비중으로 관심을 가지는 분야이다.

❷ 마케팅 전략은 체계적이고 치밀하게 작성되어야 하고 기업의 여건을 고려해 실행 가능한 계획으로 수립되어야 한다.

❸ 시장이나 상황의 변화에 따라 수정 및 보완이 가능하도록 유연성 있게 계획해야 한다.

❹ 마케팅 계획은 '효과적'이기보다는 '효율적'으로 작성되어야 한다. 효율적인 마케팅 계획이란 계획을 수행하는 데 소요되는 투입 비용(인력, 시간, 노력 포함) 대비 수행 후의 효과를 고려한 계획이다.

② 브랜드 구축과 마케팅

1) 브랜드(상표)

브랜드란 판매자가 자신의 상품 혹은 서비스를 다른 경쟁자의 것들과 구별하기 위해 사용하는 명칭, 용어, 상징, 디자인 혹은 그 결합체로서 프랜차이즈 시스템에서 가장 중요한 자산이다. 이를 브랜드 자산(Brand Equity)이라고 하는데 이것은 고객의 마음 속에 브랜드 정체성(Brand Identity)이 확립되어 자산으로 인정되는 가치다. 브랜드 정체성이란 브랜드를 구성하고 있는 요소들을 통합한 이미지를 의미한다.

오늘날 기업의 경쟁력은 이미지에 있고, 이미지가 곧 매출로 이어지고 있다. 그러한 이미지를 규정하고 만들어내는 것이 바로 브랜드이다. 기업에 있어서 브랜드는 상품을 법적으로 보호하는 수단이 되며, 해당 기업 전체의 이미지를 평가하는 기준이 되기도 한다. 또한 신상품을 효과적으로 출시할 수 있으며, 효과적인 브랜드 관리는 기업의 마케팅 비용을 절감시키는 기능도 한다.

한편 소비자 측면에서의 브랜드는 상품의 본질을 규명하고 생산자의 책임을 증명함으로써 신뢰감을 준다. 또 상품 선택에 있어서 소비자의 위험 부담과 비용을 덜어주고 쇼핑의 편의를 제공하며 소비자 자신의 의사를 간접적으로 표출할 수 있게 해준다.

표 6-3 BI의 구성 요소

브랜드 네임 (Brand Name)	• 브랜드 이미지를 인식시키는, 고객과의 커뮤니케이션에서 가장 중요한 핵심 요소 • 친숙성과 차별성 그리고 독특성을 고려해 만들어야 함
심벌과 로고 (Symbol & Logo)	• 기호화된 모양이나 색 등의 시각적인 정보 • 상품의 내용을 논리적 판단이 아닌 감정적으로 이해시키는 수단
브랜드 컬러 (Brand Color)	• 브랜드를 상징하는 색상 • 원할머니보쌈의 브랜드 컬러 – 노랑색
캐릭터 (Character)	• 기업이나 특정한 상품의 특징을 강조할 목적으로 브랜드를 의인화한 것 • 개성의 표출이나 친근감 조성을 위한 효과적인 수단 • KFC의 할아버지, 엔제리너스의 천사
슬로건 (Slogan)	• 기업의 구체적 시장 전략에 사용되는 두 단어 이상의 문장 • 구체적이고, 적절하고, 기억하기 쉬운 문장을 선택해 전달해야 함 • 세상에서 가장 맛있고 건강한 치킨 – BBQ치킨
패키지 (Package)	• 1차적 기능: 상품의 보호, 유통, 사용상의 편리함 제공 • 2차적 기능: 상품 정보 제공 및 시각 요소를 통한 브랜드 이미지 전달

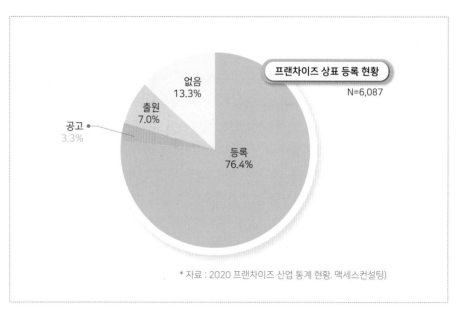

* 자료 : 2020 프랜차이즈 산업 통계 현황. 맥세스컨설팅)

그림 6-3 국내 프랜차이즈 상표 등록 현황

외식 프랜차이즈 가맹본부가 프랜차이즈 패키지를 통해 이룬 이미지는 가맹점 희망자가 가맹본부의 프로그램들을 사는 데 결정적인 요소가 된다. 차별적이고 호감이 가는 브랜드 패키지는 프랜차이즈 사업과 프랜차이즈 프로그램의 성공에 중요한 요소이다. 가맹본부는 매장의 인테리어 및 아웃테리어, 레이아웃, 간판 디자인, 가구 배치, 유니폼 등에서 차별화를 위해 많은 노력을 해야 하고 전체적인 프랜차이즈 시스템과 일치될 수 있도록 해야 한다.

BI 구성 요소의 예

◎ 브랜드 네임

• 시그니처
시그니처는 캐릭터와 로고 타입을 조합해 시각 이미지를 체계적으로 통합·형성시킬 수 있도록 제작한 것이다.

• 워드마크 공간 규정
워드마크의 이상적인 표현을 위해서는 공간 규정을 반드시 준수해야 한다. 동적인 형태와 Round shape를 사용한 워드마크는 주변에 다른 디자인 요소가 있을 경우 고유의 이미지 느낌이 손상될 수 있다. 따라서 워드마크 사용 시 주변의 일정한 공간을 Clear Shape로 반드시 확보해야 한다.

◎ 심볼   ◎ 로고

◎ 브랜드 컬러

• 색상 체계	*Process Color
Brand Color	*C93+M29+Y0+K0
	*DIC Color
• 주 색상	*DIC 181s

• 보조 색상

·Process Color C0+M0+Y0+K100	·Process Color C0+M0+Y0+K80	·Process Color C0+M0+Y0+K60	·Process Color C0+M15+Y0+K0

◎ 슬로건

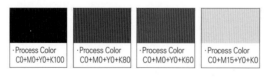
한국식웰빙주먹밥

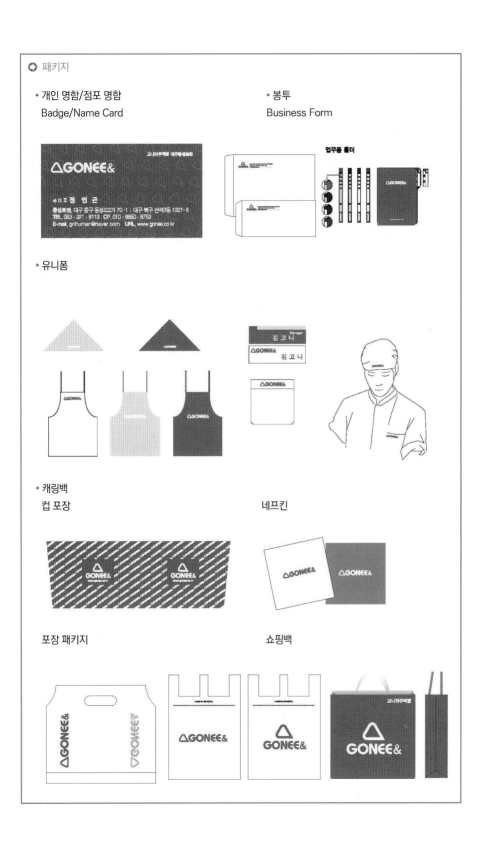

◐ 패키지

• 개인 명함/점포 명함
Badge/Name Card

• 봉투
Business Form

• 유니폼

• 캐링백
컵 포장

네프킨

포장 패키지

쇼핑백

◑ 패키지

• 차량

탑차   승합차

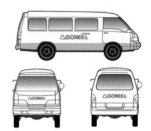

• 메뉴판

벽 메뉴판   테이블 메뉴판

• 홍보물

전단지   쿠폰

현수막

2) 브랜드 네이밍

(1) 일반적인 브랜드 네이밍 기법

브랜드 네이밍은 우선적으로 브랜드 콘셉트와 일치해야 하며 다른 경쟁 브랜드들과 차별화되는 독창성을 갖추어야 한다. 브랜드 네이밍이 뛰어나면 빠른 인지도로 친근감을 느끼게 하며 영업 활성화 등 많은 혜택을 얻을 수 있으므로 가급적이면 우수한 브랜드 네이밍을 개발하는 데 많은 노력을 기울여야 한다.

가능하면 이미지를 연상하기 쉽고 스토리텔링이 용이한 것, 트렌드에 부합되는 상품의 특성을 가지거나 읽기 쉽고 기억하기 쉬운 독창적인 상호가 좋다. 여러 국가의 언어로도 쉽게 표기하고 발음할 수 있어야 하며, 긍정적인 이미지와 신선감이 살아 있어 쉽게 호응을 받을 수 있는 네이밍으로 체계적인 마케팅 전략을 구사할 수 있어야 한다.

(2) 외식 프랜차이즈의 브랜드 네이밍

외식 프랜차이즈 비즈니스의 양적인 성장이 가속화되어 감에 따라 여간해서 타 업체들과 차별화하는 것이 쉽지가 않다. 큰돈 들이지 않고 가장 쉽게 기존 업체들과 차별화하고 구매 욕구까지 일으킬 수 있는 방법이 바로 브랜드 네이밍(Brand Naming)이다. 브랜드는 음성학적으로는 부르기 쉽고 기억하기 쉬운 것이 좋고 마케팅적으로는 연상하기 쉽고 상품의 차별성이 담긴 독특한 것이 좋다.

외식 프랜차이즈에 있어서 브랜드 네임을 정할 때는 다음 내용을 고려하도록 한다.

❶ 업체의 기본적인 콘셉트가 담긴 이름이 좋다.
　　예 고기 맛이 뛰어나다는 느낌을 주는 '살맛 나는 집', 건강에 좋다는 느낌을 주는 '영양가 있는 집', 싱싱한 횟감을 나타내는 '싱싱해 싱싱어'

❷ 음식이 오감을 살려주는 만큼 맛깔을 살려줄 수 있는 이름이 좋다.
　　예 찌개 전문점, '보글보글', 비빔밥 전문점 '비비고', 국과 비빔밥 전문점 '뽀글국 & 비비죠'

❸ 전문성과 맛 비법의 이미지를 높일 수 있는 이름을 사용해서 보다 신뢰감을 주어야 한다.
　　예 박수근네 온천골가마솥국밥

④ 운영 철학과 독특한 가치관을 상호에 담는다.

> 예 메뉴에 대한 차별화로 장인 정신이 깃든 '고집불통', '황소고집', 양을 많이 준다는 전문점 상호 '푸지미'

⑤ 주 고객의 연령, 감각을 상호에 담는다.

> 예 신세대 주점인 '수다 한접시', '어쭈구리'

⑥ 취급하는 메뉴나 음식의 원재료, 조리법에서 이름을 따서 짓는다.

> 예 해물 요리 전문점 '별주부', 김치 요리 전문점인 '짠지', 싱싱한 고기라는 뜻을 담은 '바로고기', 복어 전문점인 '복터지는 집', 약 재료나 약초 등을 활용한 '약선'

브랜드 네임을 정한 뒤에는 브랜드가 보호받을 수 있도록 특허청에 상표, 의장, 서비스표를 신청·등록해야 한다.

③ 외식 프랜차이즈 마케팅의 환경

외식 프랜차이즈 시스템의 급속한 성장에도 불구하고 개업하자마자 얼마 되지 않아 휴·폐업하는 가맹점이 늘고 있다. 이는 시장 구조의 이중성과 함께 외식 프랜차이즈 마케팅 환경의 미비와도 관련된다. 즉 유통 시장에서 외식 프랜차이즈 산업이 차지하고 있는 비중은 나날이 커지고 있는 데 비해 학문적이고 기술적인 뒷받침과 가맹본부의 시스템이 제대로 갖추어지지 못해 마케팅과 같은 과학적 경영이 이루어지지 못하고 있는 것이다.

무엇보다 마케팅은 장기적 관점에서 철저한 계획 아래 실시되어야 함에도 불구하고 눈앞의 이익만을 바라는 일회성 마케팅 활동이 주를 이루었다. 실제로 일부 프랜차이즈 가맹본부의 무차별적 창업으로 인한 출점 과다로 경쟁이 치열해지고 있으며, 장기 불황 속의 매출 하락과 인건비 등의 비용 부담 증가로 외식 프랜차이즈 시장 상황이 좋지 못해 제대로 된 마케팅 계획을 기대하기 어려워졌다.

그러나 최근 대기업의 활발한 외식 프랜차이즈 진출과 토종 외식 프랜차이즈 전문 기업의 성장에 힘입어 외식 프랜차이즈 시장에도 다양한 형태의 장기적 관점의 마케팅 전략이 구현되고 있다. 예를 들면 '웰빙', '노하스', '힐링(Healing)', '슬로우푸드', '지산지소'라는 트렌드 변화에 발맞추어 음식의 재료에서부터 조리 방법, 메뉴 개발, 서비스 환경, 포장 용기, 광고 등 운영 전반에 걸쳐 건강 지향형으로 변화하고 있다.

이처럼 외식 프랜차이즈 마케팅은 시대의 흐름과 트렌드 변화를 제대로 읽어내고 미리 예측해 적절하게 대응하는 것이 중요하다. 그러기 위해서는 가맹본부의 고도의 정보 수집 능력과 고객 분석 능력, 위기 대처 능력을 바탕으로 미래를 예측하고 준비하는 자세가 필요하다.

④ 오감 마케팅

최근에 뜨고 있는 대표적인 마케팅 사례는 감성 마케팅, 오감 마케팅, 펀 마케팅이며 그 중에서 오감 마케팅을 소개하면 다음과 같다.

1) 시각

음식도 입과 눈으로 먹는 시대인 만큼 음식 코디에 신경을 써야 한다. 예를 들면 계절 감각을 살리는 것이 기본이다. 가을에 밑반찬 접시에 단풍잎 한 장을 깔고 음식을 올리면 더욱 맛있게 느껴지고 디저트로 홍시를 제공해 준다면 금상첨화일 것이다. 그리고 늘 먹는 김치를 보면 고객을 사랑하는 주인인지 아닌지를 알 수 있다. 영업 시간이 지난 다음 식사 주문을 했을 경우 김치를 냉장고에서 꺼내어 살짝 뒤집어놓으면 맛있게 보여 먹음직스럽겠지만 물기 없는 김치, 즉 냉장고에 넣어두었던 그대로 서빙한다면 무성의해 보인다. 또 간판 하나만 보아도 업소의 음식 맛을 판단할 수 있는데, 친근감이 가는 캐릭터에 시대에 맞는 음식 사진 등으로 만든 간판이야말로 유동 고객의 시선을 집중시켜 유인할 수 있는 좋은 비책이 된다. 마케팅 통계 자료에 의하면 친근감이 가는 캐릭터만 넣어도 매출액이 15%나 신장된다고 한다.

2) 촉각

음식의 맛이 2% 부족할 때 음식 온도를 체크해야 한다. 뜨거운 음식은 뜨겁게 차가운 음식은 차게 해서 먹어야 맛이 있다. 음식점에 가서 그릇만 만져보아도 이 식당의 음식 맛을 알 수 있으며 온도만 맞추어도 매출이 증가한다. 음식 온도를 한번 알아보면 돼지고기는 60~70℃, 소고기의 경우 살짝 익히면 52℃, 중간은 55℃, 완전히 익히면 60℃, 찌개는 95℃, 냉수는 13℃, 커피는 82~88℃, 맥주는 6~8℃, 아이스크림은 영하 13~15℃이며, 배스킨라빈스의 경우는 영하 18℃, 아이스크림이 녹는 온도는 영하 10℃이다. 또 오렌지는 5℃, 바나나는 13℃, 스테이크는 68~70℃, 스프는 65~71℃, 스테이크에 같이 나오는 통감자는 73~74℃, 식사 전에 나오는 빵 온도는 42℃로 약간 따뜻하게 해야 풍미가 좋다. 그리고 와인 중 레드 와인은 상온 15~20℃, 화이트 와인이나 샴페인 등 단맛이 나는 와인들은 차게 7~10℃, 소주는 7~10℃, 장류는 메주 곰팡이가 가장 활성화되는 26~29℃에 맞춰 띄우면 최고 좋으며, 장류의 맛은 보관 온도보다 발효 과정의 적정 온도가 더욱 중요하다.

3) 청각

소리를 이용해 브랜드 이미지, 메뉴 품질, 사람의 구매 심리를 조절한 마케팅 사례는 다음과 같다. 한화유통에는 오전에는 클래식 음악을, 12~14시에는 팝송을 들려주어 15% 이상 매출 증대 효과를 보았다는 자료가 있다. 그런데 대부분의 외식 업소 음악이나 TV는 사장님이나 직원을 위한 것이다. 고객이 보고 싶은 프로그램으로 TV 채널을 돌리면 직원이 자기들 취향에 맞게 채널을 돌리는 모습을 종종 보았을 것이다. 업소의 환경, 고객층, 시간대에 맞는 음악이야말로 매출 증대의 17%를 좌우한다는 것을 명심해야 한다. 커피 전문점의 경우는 감성적이고 세련된 재즈나 보사노바의 Don't know why, Alanguie, Look behind가 좋다고 한다.

직원의 말 한마디가 고객의 기분과 입을 즐겁게 한다는 사실도 잊지 말아야 한다. 웰빙 열풍 속에서 인공 조미료를 사용하지 않은 자연식은 사전에 고객에게 먼저 인식시키는 것이 좋다. 밑반찬이나 주 메뉴를 제공하면서 "저희 식당은 인공조미료를 넣지 않아서 첫맛은 그렇지만 끝맛, 뒷맛, 그리고 건강에는 최고입니다"라고 한마디 덧붙인다면 음식에 대한 평가는 달라질 수 있다.

4) 후각

거리를 걷다가 감미로운 향이 코끝을 스쳐 지나갈 때 '맛있겠다, 먹어보고 싶다'라는 생각이 들 때가 있다.

이렇듯 후각은 사람들의 기억과 느낌을 가장 직접적으로 불러일으키는 감각으로 시각이나 청각처럼 뇌에 따로 분석되거나 걸러지지 않기 때문에 사람들의 머리에 직접 각인돼 수많은 감정을 불러일으킨다. "낯선 여자에게서 내 남자의 향기가 난다"라는 광고 카피처럼 냄새는 사람의 기억에 오랫동안 남아 제품을 인식시키는 중요한 역할을 한다.

미국의 한 연구 결과에 따르면 소비자들은 '좋은 냄새'가 나는 매장에 다시 가려는 경향이 있으며 같은 상품이라도 냄새가 없는 매장보다는 냄새가 있는 매장의 것을 더 좋은 품질로 생각한다고 한다. 향내는 역겹지 않은 한 구매자들의 기분을 좋게 하며 오렌지 향과 박하향에 가장 좋은 반응을 보였고, 라벤더 향과 생강 향에는 별 반응을 보이지 않아 효과가 없는 것으로 조사되었다. 따라서 업종의 특성이나 타깃 대상에 따라 향기를 다르게 활용하는 것이 좋다.

어떤 은행에서는 볶은 커피를 각 지점마다 보급해 은행을 찾은 고객들이 생생한 커피 냄새로 편안함을 느끼게 한다. 아침에 지하철로 출근하면서 빵 굽는 냄새가 지하철역 가득 풍겨와 본인도 모르게 구매한다는 얘기도 있다. 바비큐 갈비 전문점인 토니로마스는 주방을 완전히 개방해 갈비 굽는 냄새가 매장 내부로 퍼져나가 고객의 식욕을 돋우도록 하는 방법을 활용하고 있다.

최근 아파트 모델 하우스를 가보면 어디에선가 빵을 굽는 듯한 냄새가 나는데, 빵 냄새는 기분을 좋게 해 청약률을 높이는 데 기여한다고 한다. 이처럼 신선한 빵 냄새, 커피 향, 꽃향기는 사람이 의식하지 못하는 좋은 기억을 불러일으키곤 한다. 모 편의점에서 하루에 다섯 차례 빵을 구워 판매하니 전체 매출이 30%나 증가했다는 자료가 있다. 이처럼 후각을 즐겁게 해야 음식 맛이 한층 좋아진다. 우리 음식은 참기름을 많이 사용하는데, 문제는 즉석에서 버무려 곧바로 나가면 맛이 있지만 대부분 버무려 냉장고 등에 보관했다가 그냥 제공한다. 그러다 보니 많은 참기름을 사용해도 정작 고객의 식탁에서는 참기름 냄새를 느낄 수 없다. 그럴 때는 이렇게 한번 해보자. 작은 스프레이에 참기름을 담아두었다가 고객에게 음식이 나가기 직전에 2~3회 살짝 뿌려 제공한다면 맛있고 고소한 참기름 내음으로 고객의 식욕을 한층 돋우어줄 것이다.

소비자들의 구매 욕구를 자극하는 신종 마케팅 기법으로 횟집에서 은은한 바다 향을 풍겨 분위기와 고객들의 입맛을 돋우는 기법 등을 적극적으로 도입하는 것도 좋다. 봄에는 아카시아 향이, 겨울에는 유자 향이 계절감을 더해줌으로써 마케팅의 효과는 극대화될 것이다. 참고로 애경백화점에서는 오전에는 오렌지 향으로 장

시간 정체를 유도해서 매출을 늘리고, 오후에는 레몬 향, 과일 향으로 활력을 유도해 매출 증대 효과를 보고 있다고 한다.

5) 미각

맛에는 기본이 되는 원미라는 것이 존재하는데 동양에서는 음양오행설에 상응하는 다섯 가지 맛인 단맛, 쓴맛, 짠맛, 신맛, 매운맛을, 서양에서는 사원소설에 대응하는 네 가지 맛으로 단맛, 쓴맛, 짠맛, 신맛을 기본미로 여겨왔다. 그런데 최근에는 '감칠맛'이라는 새로운 원미를 인정하게 되었다. 쉽게 말해 감칠맛은 고깃국물의 진한 맛으로 MSG를 먹었을 때 느낄 수 있는 식품 첨가물 맛이다. 아미노산인 글루타민산의 나트륨염이라고 불리는 MSG 자체는 아무런 맛이 없으나, 음식이 가진 원래의 맛을 강하게 해주는 것으로 알려져 있어 화학 조미료에 사용되고 있다.

식당의 기본은 맛이다. 그렇다 보니 대부분의 식당 경영자들은 최고의 주방장을 채용하려고 투자를 아끼지 않는다. 문제는 최고의 주방장이라 할지라도 모든 음식 분야의 최고가 아니라는 사실이다. 각 분야별로 최고의 전문가가 따로 있다는 사실을 인지하지 못하고 여러 가지 메뉴를 개발해 판매하다 보니 그저 그런 식당이 되고 만다. 음식의 깊은 맛과 고유의 맛을 느낄 수 있는 진정한 미식가는 5% 미만으로 대부분의 사람은 음식에 간만 잘 맞으면 맛있게 잘 먹었다고 얘기한다. 염도계, 당도계, 전자저울 등을 사용해 정확한 체크와 레시피화 작업을 한다면 웬만한 맛집의 맛을 구현할 수 있다. 맛에 가장 민감한 염도 체크를 제대로 하고 개인별로 선호도에 따라 당도, 향신료 등을 적절하게 사용하면 대부분 맛있다고 느낀다. 따라서 가장 민감한 부분인 짠맛, 단맛, 향신료 부분을 먼저 파악해야 한다.

식당 경영주 대부분이 식당 경영에만 신경을 쓰고 정작 자기 식당의 음식을 만들 줄 모른다면 심각한 문제이다. 그렇기에 예비 식당 경영주는 창업하려고 하는 메뉴는 반드시 본인이 조리할 수 있어야만 한다.

또한, 미각은 혀끝에 닿는 느낌을 통해 제품을 상기하도록 하는 방법으로 오감 중 구매를 자극하는 데 우리가 알고 있는 것보다 그렇게 많은 영향을 끼치지 않는다고 한다. 입맛이 까다롭다는 말을 하듯이 미각을 통해 고객을 자극하는 데 많은 한계가 있기 때문에 입맛 까다로운 고객을 사로잡는다면 다른 감각보다 지속적인 관계를 유지할 수 있다. 돈 없고 배고플 때 눈치 안 보고 뷔페처럼 이것저것 다양한 음식을 먹을 수 있는 곳이 바로 백화점 식료품 매장이다. 고객을 사로잡기 위해 항상 시식 코너를 활용해 다양한 음식 향기를 내뿜으면서 고객이 직접 맛을 볼 수 있도록 진열해 놓고 있다. 백화점 시식 코너는 후각과 미각을 자극하기 위해 주로 식사 시간 전에 집중적으로 운영하고 있다. 오전 11시부터 오후 1시 사이, 그리고 오후 4시부터 폐점 시간까지 시식 코너를 운영하게 되면 구매로 이어질 확률이 높아지기 때문이다.

제2절 외식 프랜차이즈 마케팅 전략

1 광고 매체별 특성과 활용

1) 광고의 과정

우리가 가장 쉽게 접하는 판매 촉진 형태가 바로 광고다. 오늘날 각종 매체의 발달로 우리는 굳이 의도하지 않아도 하루에 수많은 정보를 시각, 청각, 후각 등 오감을 통해 접하게 된다. 그러나 오감을 통해 받아들인 수많은 정보 대부분은 그냥 흘려버리기 일쑤다. 그 속에서 고객의 오감을 사로잡아야 하는 것이 바로 광고의 기본 전략이다.

어떻게 하면 한 번 보아도 기억에 오래도록 남게, 혹은 쉽게 연상되게 효율적인 광고를 할 것인가 하는 것은 모든 광고 기획자의 고민일 것이다. 좋은 광고를 만들기 위한 프로세스는 [그림 6-4]와 같다.

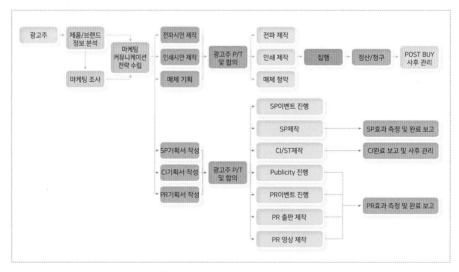

🍎 그림 6-4 **광고 프로세스와 미디어**[15]

---

15) 조영석 외 15인 공저, 「광고홍보실무특강」, 커뮤니케이션북스, 2007, pp.316.

2) 광고의 매체별 특성과 활용

광고는 다양한 매체를 통해 제작할 수 있다. 대표적으로 사용되는 광고 매체에는 TV, 라디오, 신문, 잡지, 옥외 광고, 지하철, 인터넷, 직접 메일(DM) 등이 있으며, 최근에는 스마트폰 사용이 일반화됨에 따라 트위터, 페이스북, 인스타그램, 틱톡 등의 소셜 네트워크 서비스를 마케팅 도구로 활용하는 추세가 계속되고 있다.

❶ TV

TV 광고는 시청각 매체를 동시에 이용하므로 강력한 효과를 발휘한다. 이는 감성적 설득이나 실증형 광고에 특히 적합하다. 그러나 제작비나 광고료가 비싸고 복잡하며, 규제가 심해 심사숙고해야 한다.

❷ 라디오

라디오 광고는 표적 소비자에게 선별적으로 도달이 가능하며 청각을 이용하므로 소비자의 상상력을 자극할 수 있다. 비교적 제작과 편성이 쉽지만, 타 매체에 비해 청취율이 낮고 기억에 덜 남는다는 단점이 있다.

❸ 신문

신문 광고는 제작비가 저렴하고 적시성이 뛰어나며, 지역 선택이 자유롭다. 그러나 선별성이 떨어지고 구독자 연령층이 높은 편이며, 광고 수명이 하루이므로 광고 기간 선정이 중요하다.

❹ 잡지

잡지 광고는 표적 소비자 선별이 가능하고, 광고 수명이 상대적으로 길다. 하지만, 광고 노출 효과가 제한적이고 적시성이 떨어진다.

❺ 옥외 광고

옥외 광고는 브랜드 인지도 증가를 위한 보조 수단으로 효과적이다.

⑥ 버스·지하철

버스·지하철 광고는 대중적인 타깃에 쉽게 접근할 수 있으며, 지속적이고 반복적인 광고를 비교적 저렴하게 할 수 있다.

⑦ 인터넷

인터넷 광고는 시간적, 공간적 제약이 거의 없으며 상호 작용성이 높다. 사이트의 특성에 따라 표적 소비자 선별이 가능하다.

⑧ DM

DM 광고는 목표를 정확하게 전달할 수 있는 장점이 있지만, 과도한 DM 광고로 인한 효과 저하가 있을 수 있다.

⑨ 모바일 광고

모바일 광고는 시간이나 장소에 구애받지 않고 사용자의 성향에 따른 고도화된 맞춤 서비스가 가능하며, 위치 기반 서비스와 쌍방향 커뮤니케이션을 할 수 있다.

⑩ OTT(Over The Top) **광고**

OTT 서비스를 통한 광고는 스트리밍 미디어 서비스를 이용하는 사용자에게 적시성을 가진 메시지를 전달할 수 있다.

⑪ 제품 배치 광고 (PPL)

PPL은 일반적으로 영화나 TV 프로그램에 제품이나 장소를 배치하는 것을 의미한다. 이는 제품에 대한 인지도 증가와 함께 매출 향상에도 기여한다.

⑫ 인플루언서 광고

인플루언서 광고는 사회에 영향력이 큰 사람을 통해 제품이나 서비스 정보를 전달하는 것을 의미한다. 이는 유튜브, 페이스북, 인스타그램 등의 소셜 미디어 플랫폼에서 이

루어지며, 전 세계적인 파급력이 크다.

⑬ SNS 광고

SNS 광고는 소셜 미디어 플랫폼을 활용해 직접적인 메시지 전달과 상호 작용성을 제공한다. 페이스북, 인스타그램, 유튜브 등을 통해 다양한 광고 형식으로 제품이나 서비스를 홍보할 수 있다. 특히, 대중의 관심을 집중시키고 특정 타깃 소비자에게 집중적으로 전달할 수 있는 장점을 가지고 있다. SNS의 넓은 사용자 범위와 공유의 특성을 활용해 제품 인지도 향상과 소비자 참여를 유도할 수 있다. 이러한 이유로 SNS

광고는 현재 많은 기업에게 필수적인 마케팅 전략 요소로 자리잡고 있다.

각 매체의 특성과 장단점을 이해하고, 외식 프랜차이즈 가맹본부의 브랜드 이미지의 목표와 타깃 오디언스, 광고 예산에 따라 심사숙고해 광고 전략을 선정해야 한다.

② 외식 프랜차이즈 마케팅 과정과 기법

1) 외식 프랜차이즈 마케팅 촉진 과정[16]

판촉을 효과적으로 실행하려면 마케팅 관리자는 판촉 목표를 설정하고 판촉 수단을 선정해 판촉 프로그램을 개발, 사전 시험을 하고 실시 및 통제를 거쳐 판촉 효과를 측정해야 한다.

(1) 판매 촉진의 목표 설정

판촉의 구체적인 목적은 표적 시장의 유형에 따라 상이하다. 그러나 일반적으로

---

16) 임재석·엄명철, 「프랜차이즈 창업실무」, 무역경영사, 2004, pp.175~178.

판촉 목표 설정

판촉 수단 선정

판촉 프로그램 개발

① 유인 수준의 결정   ④ 배포 수단의 결정

② 제공 대상의 결정   ⑤ 판촉 시기의 결정

③ 지속 기간의 결정   ⑥ 판촉 예산의 결정

판촉 프로그램 사전 시험

판촉 프로그램 실시와 통제

판촉 효과 평가

그림 6-5 **외식 프랜차이즈 마케팅 촉진 과정**

소비자 판촉의 경우에는 대량 구매를 유도해 비사용자에게 시용의 계기를 제공하고, 경쟁 상표의 사용자를 전환시키는 것을 포함한다. 중간상 판촉의 경우에는 신제품의 취급과 재고 수준을 높게 유지하게 하고 비성수기에 구매를 유도하며 중간상의 상표 애호도의 제고, 새로운 중간상의 개발, 관련 품목들의 확대 취급의 권장 등이 포함된다.

따라서 마케팅 관리자는 진출하려는 시장과 촉진 목적에 따라 다양한 판촉 중에서 적절한 목적을 설정해야 한다. 또는 판촉은 촉진 믹스와 마케팅 믹스의 하위 믹스이므로 기업 전반의 목적, 마케팅 목적, 촉진의 목적과 일관성을 보유해야만이 판촉 관리 과정의 효율적인 관리가 가능하다.

(2) 판매 촉진 수단의 선정

마케팅 관리자는 시장의 유형, 판촉의 목적, 경쟁적 조건 및 판촉 수단들의 비용 효율성을 고려해 판촉 수단을 선택해야 한다. 일반적으로 판촉은 소비자 촉진, 중간상 촉진, 판매원 촉진으로 구분한다.

(3) 판매 촉진 프로그램의 개발

효과적인 판촉 프로그램을 개발하기 위해서 마케팅 관리자는 다음의 의사 결정 과정을 수행해야 한다.

첫째, 판촉에 의한 유인 수준을 결정해야 한다. 판촉이 효과를 가져오려면 식역 수준 이상의 유인이 제공되어야 한다. 유인 수준이 증가할수록 판매율 증가가 체감되고 판촉 비용이 증가하게 되므로 적정한 수준에서 유인이 결정되어야 한다.

둘째, 마케팅 관리자는 판촉의 제공 대상을 결정해야 한다. 마케팅 관리자는 판촉이 소비자 전체를 대상으로 할 것인지 또는 표적 고객에게만 실시할 것인지를 결정해야 한다.

셋째, 마케팅 관리자는 판촉의 지속 기간에 대해 결정해야 한다. 판촉 기간이 짧으면 판촉 대상자들에게 판촉이 실시된다는 사실이 충분히 노출되지 않아 효과를 보기 어렵게 되고, 너무 길면 소비자들이 구매를 지연하게 되어 단기간에 소비자를 유인해 매출 증가를 이루는 데 실패하게 된다. 제품에 따라 상이하지만 가장 효과적인 판촉 기간은 제품의 1회 평균 구매 주기에 해당되는 기간으로 본다.

넷째, 마케팅 관리자는 판촉의 배포 수단에 대해 결정해야 한다. 판촉은 가두, 점포, 잡지, 신문, 우편 등의 다양한 배포 방법들이 있고, 제품과 판촉 수단에 따라 각 배포 방법들의 비용, 도달 범위, 효과 등이 상이하다.

다섯째, 판촉 시기를 적절히 결정해야 한다. 판촉은 생산, 포장, 유통 경로, 물적 유통 등의 다른 마케팅 믹스나 부서들의 지원을 받아야 하므로 판촉 시기의 결정은 사전에 다른 부서나 가맹본부와의 협의하에 이루어져야 한다.

여섯째, 판촉 예산을 결정해야 한다. 판촉 예산은 전체 촉진 예산의 일부를 할당받는 경우와 마케팅 관리자가 개별적으로 판촉 방법을 결정해 판촉 예산을 결정하는 방법이 있다.

(4) 판매 촉진 프로그램의 사전 시험

잘 계획된 판촉 프로그램이라고 하더라도 과거 자료에 근거한 프로그램이므로 판촉 프로그램이 판촉 수단의 적절성, 유인의 크기, 효율적인 제시 방법 등을 포함하고 있는지를 검증하기 위해서 사전 시험을 실시하는 것이 필요하다.

판촉은 신속하고 저렴하게 사전 시험이 가능한데, 전국적인 실시에 앞서 제한적인 지역에서 사전 시험을 해야 한다. 예를 들어, 특정 직영점을 선정해 판촉을 실시한 후 이를 평가해 수정한 다음 전국적인 판촉에 들어갈 수 있다.

(5) 판매 촉진 프로그램의 실시와 통제

마케팅 관리자는 수립된 판촉 프로그램에 대한 실시와 통제 계획을 수립해야 하며 실시 계획 시에는 준비 기간과 시행 기간이 포함되어야 한다. 준비 기간이란 프로그램을 수립하는 기간을 의미하고, 시행 기간은 판촉의 실시와 동시에 판촉 제품의 약 95%를 소비자들이 구매했을 때까지의 기간을 의미한다.

(6) 판매 촉진 결과의 평가

판촉 프로그램은 시행 후에 반드시 효과를 측정해야 하는데, 시행자가 판촉의 효율성을 측정하기 위해 사용할 수 있는 방법은 네 가지이다. 매출액의 비교, 소비자 패널 자료의 분석, 소비자 설문 조사에 의한 이용 및 구매 영향 등을 분석하거나 의도적인 실험의 변수 조정에 의한 각각의 효과를 측정하는 방법이 있다.

2) 프랜차이즈 마케팅의 두 측면

프랜차이즈 가맹본부의 입장에서는 상품을 소비하는 최종 소비자도 고객이지만 자신의 프랜차이즈 시스템을 확장할 수 있는 가맹점 또한 중요한 고객이다. 따라서 프랜차이즈 마케팅은 대상과 목적에 따라 크게 두 가지 유형으로 나누어볼 수 있다. 하나는 전체 프랜차이즈 시스템을 대표해 상품과 브랜드를 알리고 기업의 이미지를 만드는 것이 주목적이고, 다른 하나는 가맹점 모집이 주 목적이다.

앞에서 살펴본 광고의 경우, TV나 라디오, 버스, 지하철 광고, 여성지와 같은 대중지 등은 최종 고객 대상 홍보가 효과적이고, 신문, DM, 창업 관련 전문 잡지, 기존 가맹점을 활용한 옥외 광고 등은 가맹점 모집 광고에 적합하다. 인터넷을 이용한 광고는 지명도 있는 업체, 접속률 높은 업체, 창업자 호감도가 높은 사이트 등을 중심으로 갈수록 효과가 증대하고 있으며 잠재 가맹희망자들이 인터넷상에서 회사와 프랜차이즈 시스템에 대한 정보를 습득하고 상담하는 경우도 일반화되고 있어 가맹점 모집 광고 효과도 우수하다.

(1) 브랜드 및 아이템의 홍보

기본 방향은 사업의 성공적인 운영과 장기 비전을 강조하고 사업의 가치성을 만드는 것으로 언론 및 통신 매체를 중심으로 하는 홍보 전략을 사용하는 것이 효과적이다.

구체적인 마케팅 전략으로는 기업이 가진 전체 브랜드를 통합적으로 홍보하고 유사 상표 및 서비스 등록을 방지하기 위해 미리 다양한 유형의 상표·서비스표 등록을 마치도록 한다. 또한 홈페이지 및 배너 광고 등 인터넷을 활용한 프로모션 전략을 구축한다. 그리고 일간지, 여성 전문지, 경제지 등에는 지속적으로 홍보하는 것이 좋다.

(2) 가맹점 모집 홍보

가맹점 모집을 위한 마케팅의 기본 방향은 전략적 제휴 관계를 활용해 정보를 살포하는 한편 투자 자원을 개발하는 것이다. 즉, 금융 지원 시스템을 구축해 가맹계약자 자금 지원을 용이하게 해주는 차별화 전략을 구사할 수 있다.

구체적인 마케팅 전략으로는 업계 DB를 활용해 창업 희망자들에게 이메일이나 DM 발송 등의 방법으로 표적 고객에게 집중하는 것이 유리하다. 또 창업 전문 포털 사이트에 배너 광고를 하거나 창업 강좌 시 사업 소개를 의뢰할 수도 있고 업계 창업 상담자 등과 연결을 유도하는 것도 좋은 방법이다. 이러한 방법들은 모두 앞에서 말한 대로 성과 배분 조건을 제시한다거나 윈-윈을 위한 전략적 제휴 관계를 통해 원활하게 진행될 수 있다.

또한 금융 지원 시스템 자료 등 다른 차별화 조건을 제시하고 창업 박람회 참가 및 시식회 등 자체 행사를 개최함으로써 가맹점 모집 마케팅을 활발하게 진행할 수 있다.

3) 프랜차이즈 판매 촉진 기법

(1) 가격 수단

할인 또는 무료 쿠폰을 주로 이용해 반복 구매를 촉진하거나 고객을 지키기 위해 불가피하게 가격 할인 방법을 이용한다.

❶ 무료 쿠폰

가장 많이 이용하는 판촉 수단으로 사용과 반복 구매를 촉진하고 브랜드 전환이 가능하다. 제휴사와 연계해 정확한 타깃에 배포가 가능하며 단기 매출 증대에 효과가 크다. 전단, DM, 엽서, 제품 박스 인쇄, 잡지, 카드 제시, 인터넷, SMS 쿠폰, 명함 추첨, 신상품 무료 시식권 등의 형태로 이루어지고 있다.

❷ 가격 할인

단기 매출 증대에 효과가 있으며 재고 유지 비용을 낮출 수 있고 가격 차별의 효과도 기대할 수 있다. 그러나 고객을 지키기 위한 불가피한 선택이기도 하다. 해피 아워, 경로 우대권, 개업 할인, 카드사 제휴, 신상품 할인권 등의 형태로 이루어지고 있다.

(2) 비가격 수단

고객 DB 구축을 통해 고정 고객 우대 프로그램을 진행하고 경품이나 사은품 등의 혜택을 제공함으로써 고객의 흥미를 유발하는 비가격적인 판촉 방법이다.

❶ 고정 고객 우대 프로그램

고객 데이터베이스 구축을 기본으로 해 고객 이탈을 방지하려는 목적을 가지고 있다. 구매액이 높은 고객이 반드시 이익에 대한 기여가 높은 것은 아니다. VIP 회원 카드, 홈페이지 회원, 마일리지, 스템프 카드, 기념 사진 촬영 등의 형태로 운영된다.

❷ 경품·사은품

상품과 별도의 혜택을 제공하는 것으로 브랜드 이미지의 손상이 거의 없고 제품의 차별화가 어려운 경우에 효과적이다. 또한 광고 시 주목률을 높일 수 있으며 행사를 통해 수집된 정보로 고객 데이터베이스 구축이 가능하다. 행운권(스크래치), 경품, 무료 증정품, 무료 시식권 등이 있다.

③ 구매 시점 디스플레이

메뉴의 디스플레이, POP, 포스터, 현수막 등을 이용해 고객의 구매 시점에 시선 집중을 유도하고 충동 구매를 유발할 수 있다.

④ 온라인 마케팅의 하나인 소셜미디어 활용

㉠ 소셜미디어 비교

<table>
<tr><th colspan="2"></th><th>블로그</th><th>SNS</th><th>위키</th><th>UCC</th><th>마이크로블로그</th></tr>
<tr><td colspan="2">사용 목적</td><td>• 정보 공유</td><td>• 관계 형성
• 엔터테이먼트</td><td>• 정보 공유
• 협업에 의한 지식 창조</td><td>• 엔터네이먼트</td><td>• 관계 형성
• 정보 공유</td></tr>
<tr><td colspan="2">주체: 대상</td><td>• 1: N</td><td>• 1: 1
• 1: N</td><td>• N: N</td><td>• 1: N</td><td>• 1: 1
• 1: N</td></tr>
<tr><td rowspan="2">사용 환경</td><td>채널 다양성</td><td>• 인터넷 의존적</td><td>• 인터넷 환경
• 이동 통신 환경</td><td>• 인터넷 의존적</td><td>• 인터넷 의존적</td><td>• 인터넷 환경
• 이동 통신 환경</td></tr>
<tr><td>즉시성</td><td>• 사후 기록
• 인터넷 연결 시에만 정보 공유</td><td>• 사후 기록
• 현재 시점 기록
• 인터넷/이동 통신 연결 시 정보 공유</td><td>• 사후 기록
• 인터넷 연결 시 창작/공유</td><td>• 사후 제작
• 인터넷 연결 시 콘텐츠 공유</td><td>• 실시간 기록
• 인터넷/이동 통신 연결 시 정보 공유</td></tr>
<tr><td rowspan="2">콘텐츠</td><td>주요 콘텐츠</td><td>• 특정 주제에 대한 주관적 논평
• 신변잡기 정보</td><td>• 신변잡기 정보</td><td>• 협업에 의해 창조된 지식
• 지속적/역동적 업데이트</td><td>• 특정 주제에 대한 동영상</td><td>• 현재 상태, 개인적 감정 (문자 수 제안)</td></tr>
<tr><td>신뢰성</td><td>• 주관적 해석/비판
• 악의적 왜곡 가능성 낮음 (블로거 평판 훼손 우려)</td><td>• 악의적 왜곡 가능성 낮음(실명 기반 네트워킹)</td><td>• 주관적 해석/비판
• 악의적 왜곡 가능성 낮음 (IP주소 추적 가능)</td><td>• 주관적 해석/창의성에 의한 콘텐츠의 희화화 등 왜곡 가능성 존재</td><td>• 정보 왜곡 위험성 존재(콘텐츠 생성 주체의 익명성)</td></tr>
<tr><td colspan="2">대표 사례</td><td>• 개인 블로그</td><td>• Facebook
• Instagram
• Kakao story
• Myspace</td><td>• Wikipedia</td><td>• YouTube</td><td>• Twitter</td></tr>
</table>

* 출처: 동아비지니스리뷰 No.40호, 시간과 공간, 세분화하자 참고

ㄴ 블로그 마케팅

구분	홈페이지	인터넷 카페	블로그
디자인	• 자유롭게 연출 가능	• 고정틀 안에서만 제작 (자신만의 표현이 가능)	• 고정틀 안에서만 제작 (자신만의 표현이 가능)
제작	어려움	누구나 가능	누구나 가능
회원 유치의 용이함	• 사용자들은 상업성 홈페이지에 개인 정보 유출을 꺼려함 • 각종 정보 등록으로 가입 절차가 까다로움	• 가입 회원끼리의 폐쇄적 운영 • 회원들 간 공동 운영 • 장기적인 마케팅 관점으로 접근 • 회원 확보를 위해 끊임없는 콘텐츠 필요 • 익명성으로 인해 문제 발생 소지 • 회원을 대상으로 다양한 마케팅 활동 • 취미, 동호회, 친목 단체 등에 적합	• 회원 개념이 없는 일방적 전달과 개방적 • 개인이 혼자 운영 (자신만의 공간) • 단기적인 마케팅 관점으로 접근하며, 회원 확보 및 콘텐츠 생산 부담 없음 • 개인 운영, 익명성 문제 발생 소지 없음 • 대상으로 할 회원이 없음 • 홈페이지 대용 업체 홍보 등에 적합
구분	홈페이지	인터넷 카페	블로그
재방문율	낮음	높음	높음
유지 보수	비용이 많이 듦	없음	없음
탈퇴율	적음	자유로움	자유로움
제작 비용	수십만 원~수천만 원	무료	무료

❺ 기타

기타 계절별 이벤트, 고객의 소리, 인센티브 포상, 세트 메뉴 등이 있다.

표 6-4 **판촉 마케팅의 목적별 방법**

판촉 유형별		판촉 수단
소비자 판촉	매출 증대 판촉	• 컨티뉴어티(CONTINUITY) / 쿠폰 • 프리미엄(경품) / 가격 할인 / 신용 판매
	시용 판촉	• 샘플링 / 데몬스테이션
	화제성 판촉	• 이벤트 행사 / 캠페인 • 소비자 콘테스트
	소비자 고지 및 교육성 판촉	• DM / 전시회 / 품평회 • 소비자 교육 / 공장 견학 / 소비자 상담
	광고 보조 판촉	• POP / 카탈로그 / 연출물 • 쇼룸(SHOW ROOM) / 진열(DISPLAY)
	구매 유도, 고지 광고 및 캠페인 연결성 판촉	• 경품 - 소비자 경품(구매 유도) - 소비자 현상 경품(구매 유도, 고지 광고) - 공개 현상 경품(구매 유도, 고지, 캠페인 연결)
거래처 판촉	자사 제품 취급 유도 판촉	• 리베이트 / 사업자 경품 • 판매점 콘테스트 및 시상
	거래처 지원 판촉	• POP물 지원 / 소비자용 판촉물 지원 / 대리점 간판 / 차량 도색 • 거래처 광고 / 판촉비 지원
	거래처 경영 지도 판촉	• 경영 지도 / 점포 LAY OUT / 점포 장치 / 장식 지도 • 판매원 교육 / 각종 실연 발표회
사내 판촉 (판매원 판촉)	판매원 교육	• 판매 기법 교육 / 판매 매뉴얼 작성 배포
	판매원 동기 부여	• 판매 콘테스트 / 판매 대회 • 판매 인센티브 부여
	판매 보조 도구 지원	• 전 제품 카탈로그 / 샘플 / 고객 카드 / 각종 자료집 • 명판 / 수첩 / 메모지

Chapter 07

외식 프랜차이즈 사업
타당성 분석 및
사업계획서 작성

제1절 사업 타당성 분석

1 사업 타당성 분석의 이해

사업 타당성 분석은 창업뿐만 아니라 기존 기업에서의 신규 사업의 경제성을 검토하는 대단히 중요한 활동이다. 사업성 분석은 제조업의 경우나 소점포의 경우 근본 원리는 같지만 사용하는 용어는 다르고 또 외식 프랜차이즈에서의 사업 타당성 분석은 더욱더 다르다고 할 수 있다. 그러므로 외식 프랜차이즈의 사업 타당성 분석의 절차를 알아보고 사업 타당성 분석 보고서에 포함되어야 할 내용을 살펴봄으로써 사업 타당성 분석 보고서를 이해하고 작성할 수 있어야 할 것이다.

1) 사업 타당성 분석의 개념

사업 타당성 분석이란 고려하고 있는 사업 아이디어를 경제 주체가 수행 및 추진하고자 하는 사업 활동의 타당성 여부를 사전에 조사, 분석, 검토해 경영 의사 결정에 필요한 자료를 제시하는 활동으로, 사업 아이템을 실현하는 기업을 설립하면 어느 정도의 이윤을 실현할 수 있겠는가를 객관적으로 조사하는 활동이라고 정의할 수 있다. 이와 같은 목표를 달성하기 위해 사업 타당성 분석은 세 가지 세부적인 분석 활동으로 나눌 수 있다. 제품의 마케팅 및 판매와 관련된 시장 분석(Market Analysis), 생산과 관련된 기술 타당성 분석(Technical Analysis), 이 두 가지 분석의 자료를 기초로 해 수익성을 평가하는 재무 분석(Financial Analysis)이다.

사업 계획과 사업 타당성 분석은 같은 의미로 사용되기도 하나 논리적인 순서로 보면 사업 타당성 분석을 통해 그 결과가 긍정적이면 계획 실행, 즉 사업 계획을 추진하게 된다.

2) 사업 타당성 분석의 필요성

사업 타당성 분석은 사업의 성공 여부에 대한 평가도 중요하지만 그 외에 창업자가 계획 사업을 수행할 수 있는 능력, 재능, 적성 등에 대한 분석도 이루어져야 한다. 또한 환경적 요인이나 여건이 사업을 수행하는 데 유리하도록 형성되어 있는가, 사업에 필요한 자금을 문제 없이 조달할 수 있는가 하는 것 등도 중요한 평가 대상이 된다. 즉 사업 타당성 분석은 성공적인 사업을 하는 데 요구되는 모든 조건들을 객관적으로 분석하고 평가함으로써 주관적 판단에 의한 잘못된 결정을 내리지 않도록 하는 역할을 한다.

사업 타당성 분석을 통해 얻을 수 있는 효과는 다음과 같다.

❶ 계획하고 있는 사업에 대한 객관적이고 체계적인 타당성 검토는 사업의 성공률을 높일 수 있다.

❷ 사업의 전반적인 사항을 미리 파악함으로써 사업 추진에 따른 문제점과 제약 요소 파악으로 창업 준비 기간을 줄이고 효율적인 업무를 수행할 수 있다.

❸ 계획 사업 사항인 기술성, 시장성, 수익성, 자금 수지 계획 등을 자세히 분석함으로써 미처 깨닫지 못했던 사업에 대한 미비점을 깨닫고 미리 철저한 준비를 통해 사업 성공의 틀을 마련할 수 있다.

❹ 창업자의 경영 능력 향상 및 사업에 대한 지식 습득 등으로 불확실성에 대한 사전 대응을 가능하게 한다.

❷ 사업 타당성 분석의 구성 요소

사업 타당성 분석을 위해 검토해야 할 항목은 사업 타당성 검토 목적에 따라 약간의 차이가 있으며 어떤 목적으로 사업 타당성 분석을 하느냐에 따라 사업성 평가 요소 및 그 가중치가 달라질 수 있다.

1) 창업자의 계획 사업 수행 능력 및 적합성

사업의 성패는 기업가로서의 적성과 자질, 창업자의 계획 사업 수행 능력 및 해당 업종에 대한 적합도에 달려 있다. 개인이든 기업이든 계획된 일의 성공과 실패는 그 일을 추진하는 주체 내지는 참여 인력의 인적 요인에 의해 좌우된다고 해도 과언이 아니기 때문이다. 특히 신규 창업의 경우에는 창업자의 새로운 계획 사업 수행 능력과 앞으로 경영하고자 하는 업종에 대한 경험·지식 및 관련성이 필요 불가결한 요소가 아닐 수 없다. 따라서 사업 타당성을 검토할 때는 먼저 창업자의 계획 사업의 수행 능력과 해당 업종에 창업자가 적합한가를 분석해 보아야 한다.

그러나 문제는 계획한 사업의 수행 능력과 그 사업의 창업자가 과연 적합한가의 판정을 누가 할 것이냐 하는 것이다. 자신을 가장 잘 아는 사람이 바로 본인인 동시에 자신을 객관적으로 평가하기 가장 어려운 사람도 바로 본인이다. 사업이란 혼자서 하는 것이 아니고, 거래처와 관계처 상호 간의 이해관계가 얽혀 있기 때문에 창업자 혼자만의 생각으로 사업 참여를 결정해서는 안 된다. 따라서 창업자 자신은 물론 현재 자기를 가장 잘 알고 있는 직장 동료나 상사 등의 의견도 중요하며 전문 컨설턴트 등과 충분한 검토를 거쳐 평가하는 것이 가장 합리적인 자기 평가 방법이다.

2) 시장성 분석

시장에 뛰어들어 경쟁 상품과 견주어 소비자로부터 인정을 받을 때 비로소 매출이 늘어나고 시장 범위도 확대되어 간다. 그러나 처음 생산해 시장에 내놓았을 때 대부분의 제품은 비교적 소비자에게 생소한 것이 보통이며 품질이 확인되기 전까지는 판매가 결코 쉽지 않다. 따라서 사업 성공의 관건이 바로 시장성과 판로 확보이기 때문에 시장성 분석이 무엇보다 중요하다.

시장성 분석 요소는 ❶ 국내외 수급 동향 및 중장기 수급 전망 ❷ 시장 특성 및 구조(시장의 위치, 수송 방법, 유통 경로 및 조직, 거래 조건 등) ❸ 동업자 또는 유사 제품과의 경쟁 상태 및 향후 경쟁 제품의 출현 가능성 ❹ 국내외 가격 구조 및 가격 동향 ❺ 목표 시장 선정 및 판매 전략 ❻ 수출인 경우 해외 시장 분석에 의한 수출 가능량 산정 등이다.

특히 판매량을 추정하기 위해 기본적으로 다음과 같은 자료를 수집·분석한다.

❶ **수요 분석** 주요 고객, 예상 소비량, 소비 총액 등
❷ **공급 분석** 기존 기업의 공급 능력, 기존 제품의 가격, 품질, 판매 전략 등
❸ **거래 수요의 분석** 생산품에 대한 미래 수요를 추정
❹ **시장점유율 추정** 수요, 공급, 경쟁자의 위치와 구상하고 있는 사업의 판매 계획 등을 고려해 계획한 상품의 시장점유율을 추정한다.

3) 기술적 타당성 분석

기술적 타당성이란 제품의 생산과 관련되는 요소, 즉 제품이 원만하게 생산될 수 있는지를 분석하는 요소이다. 제품에 대한 특성, 화학적 반응, 기계적 기능, 생산 시스템, 공정 등 생산 제품에 대한 철저한 조사·분석과 더불어 식품 공장 입지, 시설 계획 및 생산 시설 규모, 생산 능력 및 조업도, 원재료 조달 및 제품 1단위에 대한 원재료 소요량 산정, 기술 및 기능 인력 확보, 예상 로스율 및 개선 가능성 등을 종합적으로 분석해야 한다.

흔히 특허나 실용신안 등 소유권에 의한 창업의 경우에는 이론과 실제와의 격차가 어느 정도인지, 또 예상되는 불량률 및 하자 발생의 가능성은 없는지를 세밀하게 검토해야 한다. 아무리 훌륭한 제품이라도 소비자를 위해 상품화되지 않으면 그 사업은 성공할 수 없다. 기술적 타당성 분석은 사업 계획의 기술적 타당성과 원가 추정을 위한 기초 자료를 제공하고, 사업에 영향을 미치는 여러 가지 요인을 고려해 기술적 대안을 비교·검토하는 단계이다. 기술적 타당성 분석에서는 이용할 기술과 공정을 검토해 다음과 같은 내용을 포함시켜야 한다.

❶ 제품의 물리적, 기계적, 화학적 특성에 관련된 사항
❷ 제조 공정에 대한 사항
❸ 수요량을 생산할 수 있는 생산 일정 및 공장 규모의 결정
❹ 구입할 기계의 규격 및 공급 가격, 구매 일정, 대금 지불 방식, 설비의 성능, 예비 부속품의 조달 가능성 등을 고려해 기계를 선정
❺ 기계와 장비 설치를 위한 원자재, 건물, 대지와 위치, 동력과 용수, 일정, 인력 투자비 추정
❻ 기계의 장단점을 충분히 비교·검토한 자료 및 기계의 배치(Lay Out)
❼ 이용되는 기술로부터 예상되는 폐기품의 종류, 양, 처리 방식 및 처리 비용

4) 재무 타당성 분석

아무리 제품이 성공적으로 생산되어 적정량이 판매되더라도 소요 자금이 적기에 조달되지 못한다든가 적정 수익을 제대로 실현하지 못한다면 그 사업은 성공 가능성이 없는 것이다.

수익성 검토 요소는 대부분이 향후 전망을 현재적 관점에서 분석하는 것이기 때

문에 이의 근거 자료가 되는 추정 손익계산서, 추정 대차대조표, 자금 수지 예상표 등 추정 재무제표 작성이 핵심 과제가 된다.

또한 계획 사업의 위험도도 분석해야 하는데 예측 가능한 기업 환경 변수를 적용해 계획 사업에 결정적인 영향을 미치는 변수가 어떤 것이며, 어느 정도 계획 사업에 영향을 미치는지를 분석하고 이에 대한 대응책을 모색해야 한다.

가장 중요한 자금 조달 및 운용 분석 시에는 먼저 사업에 필요한 총 소요 자금의 적정한 규모 산정과 더불어 조달 가능성의 위험 분석과 함께 추정하고, 이들 자료를 중심으로 자금 조달 및 운용 계획서를 작성해야 한다. 자금 조달 및 운용 계획서는 단기적 측면과 장기적 측면, 그리고 특정 시설에 소요되는 자금으로 구분해 누락되는 항목이 없도록 주의해야 하며 검토되어야 할 내용은 다음과 같다.

❶ 총 사업비의 명세, 초기 자본 소요액 및 사업에 관련된 현금 수지 분석
❷ 손익계산서, 대차대조표, 현금 수지 분석표에 기초를 둔 재무 예측
❸ 재무 예측을 뒷받침하는 보조 자료로서 판매 대금의 회수 기간, 재고 수준, 구매 제품 및 경비 지불 기간, 생산 원가의 항목 및 비용, 판매 및 관리비 등
❹ 수익에 관한 재무 분석을 하기 위한 투자 수익률, 손익 분기점, 적정 생산량 및 가격 분석 등
❺ 차입 계획뿐만 아니라 차입금 상환 재원 및 차입금 상환 능력에 대해서도 분석

5) 성장 가능성 및 위험 요소 분석

사업 타당성 분석에서 검토되어야 할 또 다른 측면은 계획 사업의 장기적 성장 가능성의 분석이다. 성장성 분석 시에는 기업 성패에 중대한 영향을 미치는 기업 환경 요소 중 기업 경영에 치명적 영향을 미칠 가능성이 있는 위험 요소에는 어떤 것이 있으며, 이들 위험 요소에 대한 정확한 대응 전략의 수립이 가능한지의 여부와 장기적으로 성장 가능성이 어느 정도인지를 분석해야 한다.

6) 분석 결과 종합

이와 같은 타당성 분석의 결과를 토대로 사업계획서를 작성하게 된다. SWOT 분석을 통해 종합적으로 사업의 타당성을 분석할 수도 있다. 이 SWOT 분석은 기업의 내적인 강점(Strength) 및 약점(Weakness)과 외적인 환경의 기회(Opportunity) 및 위협

(Threat)을 의미하는 복합어로서 기업의 내외 환경 요인을 기업의 경영 전략과 연결시켜 분석하는 방법이다.

③ 사업 타당성 분석의 절차

1) 후보 사업 아이템의 탐색

성공적인 사업 아이템을 발견하기 위해서는 될 수 있으면 많은 아이템을 탐구할 필요가 있다. 창업 시 가능한 모든 분야에서부터 출발해 점차 좁은 범위로 옮겨가면서 체계적인 분석을 하다 보면 예비 사업 아이템이 탐색되고 이어서 창업자에게 적합한 후보 사업 아이템이 1차적으로 선정된다. 후보 사업 아이템을 선정하는 과정 및 절차를 살펴보자.

첫째, 성공 가능성이 높은 상품 유형의 선별이 필요하다. 창업에 적합한 경우는 소비자에게 만족을 주는 신상품을 개발해 수요가 있는 기존 시장에 판매하는 경우로 성공 가능성이 상당히 높다. 또한 성장기 또는 성숙기에 있는 기존 상품을 사업 아이템으로 해 새로운 시장에 참여하는 경우에도 성공 가능성이 비교적 높은 편이다. 그러나 신상품을 생산해 새로운 시장에 판매하기 위해서는 소비자의 의식 변화가 선행될 필요가 있고 비교적 고가 상품인 경우 성공 가능성이 매우 낮다. 또한 기존 상품을 기존 시장에 판매하기 위해서는 경쟁 회사 또는 해외 상품과 경쟁해 이겨야 하는 경우에도 성공 가능성이 낮은 편이다.

둘째, 성공 가능성이 높은 상품 유형과 기본 요건을 기준으로 현재 존재하는 상품을 조사한다. 성공 가능성이 높은 기존 상품을 찾는 방법에는 ❶ 정책적으로 지원하는 중소기업 업종, 즉 중소기업 우선 육성 업종(중소기업진흥법 관련 산업자원부 고시), 중소기업 계열화 업종(중소기업계열화촉진법 관련 산업자원부 고시), 중소기업 고유 업종(중소기업사업조정법 시행령), 도시형 업종(공업배치법 시행령) 및 기술 집약형 중소기업 업종(창업지원법 시행령) ❷ 한국 표준산업 분류표 및 표준산업 분류표 해설집 ❸ 세계무역박람회, 산업박람회 및 발명품 전시회 등 ❹ 제품 아이디어 관련 간행물의 활용 등의 방법을 통해 조사할 수 있다.

셋째, 기존 상품의 응용 및 개선 가능성을 정밀 검토한다. 색깔이나 모양을 변경하거나 순서, 부품, 패턴 등을 재배치하거나 확대, 축소, 대체, 결합 등의 방법을 동

원해 특징이 개선되고 성능이 우수해진다면 창업에 적합한 후보 아이템이 될 수 있다. 성공적인 상품의 기본 요건은 다음과 같다.

❶ 욕구 충족형 상품

필요성은 인정되나 욕구를 충족시킬 수 있는 제품을 생산하는 방법을 아는 사람이 없거나 욕구의 인식 부족으로 인해 제품이 개발되지 않은 경우 또는 미래 욕구 분출 가능성이 있는 상품이다.

❷ 경쟁력이 있는 상품

실용신안 의장 등록, 성능 개선 및 특징 추가 등으로 품질이 향상된 상품이거나 저렴한 원재료 개발 및 기술 혁신으로 원가 절감을 가져올 수 있는 경우이다.

❸ 일정 기간 수요 증가 예상 상품

소비 인구의 증가가 지속되는 경우, 소비자 취향의 변화 및 소비자 의식의 변화가 예상되는 경우, 국민 경제 수준의 증가 등으로 수요 증가가 예상되는 상품이다.

2) 후보 아이템 우선순위 결정과 예비 사업성 분석

예비 사업성 분석은 후보 아이템을 비교·분석해 아이템의 우선순위를 결정할 수 있도록 후보 아이템 상호 간의 상대 평가 및 후보 아이템에 대한 창업자의 적응도 분석을 통해 최적의 아이템을 선택하기 위한 과정을 말한다.

모든 후보 아이템에 대해 개별적인 예비 사업성 분석이나 세부 분석을 한다는 것은 현실적으로 많은 시간과 비용이 소요된다. 그러므로 성공할 가능성이 희박한 사업 아이템은 예비 선별을 통해 제거하고, 남아 있는 사업 아이디어를 비교·평가함으로써 우선순위를 결정하게 된다. 예비 사업성 분석 과정을 살펴보면 다음과 같다.

첫 번째 단계는 후보 아이템을 비교·분석하는 것이다. 이 후보 아이템의 상대 평가 시 검토 항목은 [표 7-1]과 같다.

두 번째 단계는 제1단계에서의 평가 요소별 세부 검토 사항에 대한 가중치 부여와 각 요소에 대한 점수 산정이다. 여러 가지 후보 아이템을 비교·평가하기 위해 네 가지 주요 항목(상품성, 시장성, 수익성, 안정성)에 평균 점수를 구해 비교한다. 산정 방법은 다음과 같다.

❶ 네 가지 주요 항목에 대한 배점 ❷ 각 평가 요소에 대한 가중치 부여 ❸ 세부 검토 사항에 대한 점수 산정 ❹ 후보 아이템별 평균 점수 산정 및 우선순위 결정 등의 순서로 비교·평가해 선별한다.

세 번째 단계는 후보 아이템에 대한 창업자의 적응도 분석 및 예비 사업성 분석이다. 창업자가 어떤 방법으로 사업 아이디어를 얻든지 간에 창업에 성공하기 위해서는 창업자 개인의 경험, 능력, 관심, 목적 등에 적합한 아이템이어야만 한다. 따라서 예비 사업성 검토의 마지막 단계는 ❶ 후보 아이템이 창업자의 경험, 지식, 취미 등과 부합해 창업자에게 적합한지 ❷ 창업 과정에서의 인허가, 자금 조달 능력 등을 감안해 창업자의 능력 범위 내인지의 여부와 ❸ 해당 아이템이 빠른 성장과 투자 수익률이 높아 발전 가능성이 높은지를 최종적으로 분석해 보아야 한다.

후보 아이템별 우선순위 결정 및 예비 사업성 분석표에 의거 아이템별로 평점을 산정해 우선순위를 정하는 것과 병행해 예비 사업성 분석표 외적 요인에 대한 분석을 실시할 필요가 있다.

예비 사업성 분석표 외적 요인으로 ❶ 후보 아이템에 대한 소비자 및 소비 지역의 인식 정도 ❷ 사업장의 확보 가능성 등을 검토하고, 여러 가지 방법을 이용해 관련 업계에 대한 정보 및 자료를 수집해 보아야 한다. 이와 같은 관련 업계 정보 및 자료는 ❶ 정부 및 협회 간행물 ❷ 해당 업계의 협회 또는 조합 탐방 ❸ 정부·공공기관 인사 및 창업 전문 컨설턴트와 면담 ❹ 판매원 및 관련 업계 종사자와의 접촉 ❺ 구매자 및 소비자와의 면담 등을 통해 수집할 수 있다.

예비 사업성 분석은 이상과 같은 일련의 과정을 통해 구체화되고 문제점이 제거되는데, 창업자의 입장에서는 다소 복잡하고 불필요한 과정일 수도 있다. 그러나 예비 사업성 검토는 창업 과정의 기본 단계로서 이를 소홀히 할 수 없다.

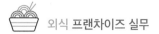

표 7-1 **후보 아이템 상대 평가 시 검토 항목**

주요 항목	평가 요소	세부 검토 사항
상품성	상품의 적합성	• 창업자가 잘 아는 제품이나 공정인가? • 비필수품이거나 사치품은 아닌가?
	상품의 독점성	• 창업 중소기업의 참여를 배제하는 사실상의 독점은 없는가? • 정부의 인허가에 의해 실제 창업이 제한되어 있지 않은가?
시장성	시장의 규모	• 예상되는 고객의 수는 어느 정도인가? • 국내 및 해외 시장 규모는 금액으로 어느 정도인가?
	경쟁성	• 경쟁자의 세력 및 지역별 분포는 어떤가? • 경쟁 제품과 비교했을 때 품질과 가격 관계는 유리한가? • 판매 유통이 용이하며, 물류 비용이 저렴한가?
	시장의 장래성	• 잠재 고객 수의 증가는 있는가? • 새로운 창업 기업의 침투 가능성은 어느 정도인가? • 소비자 성향이 안정적이고, 필요성이 증가하는가?
수익성	생산 비용의 효익성	• 적정 비용으로 제품을 생산할 수 없는 요인이 있는가? • 생산 공정이 복잡하지 않고 효율성이 있는가?
	적정 이윤 보장성	• 원자재 조달이 용이하고 값은 안정적인가? • 필요한 노동력 공급이 용이하며 저렴한가? • 제조원가, 관리비, 인건비 등 비용 공제 후 적정 이윤이 보장되는가?
안정성	위험 수준	• 경제 순환 과정에서 불황 적응력은 어느 정도인가? • 기술적 진보 수준은 어느 정도이며, 기술적 변화에 쉽게 대처할 수 있는가?
	자금 투입의 적정성	• 초기 투자액은 어느 정도이며, 자금 조달이 가능한 범위인가? • 이익이 실현되는 데 필요한 기간은 어느 정도이며, 그 동안 자금력은 충분한가?
	재고 수준	• 원자재 조달, 유통 과정상 평균 재고 수준은 어느 정도이며, 재고 상품의 회전 기간은 어느 정도인가? • 수요의 계절성은 없는가?

제2절 사업계획서의 작성

1 사업계획서의 개요

사업계획서란 사업을 개시하기 전에 영위하고자 하는 사업의 내용, 사업에 필요한 소요 자금, 경영 방식, 수익성, 사업 추진 일정 등을 일목요연하게 표현한 기록서를 말한다. 창업 예비 단계인 사업 계획 과정을 번거롭게 생각해 충분한 시간과 노력을 투자하지 않고 사업을 성급하게 추진하다 실패를 겪는 사람들을 많이 보게된다. 특히 가맹점희망자들의 대부분이 사업계획서 없이 성급하게 창업을 추진해타 업종에 비해 실패 확률이 더욱더 높은 실정이다.

사업 계획은 실패를 예방하고 위험을 최소화하기 위해 창업에 반드시 필요한 과정이며 사업계획서를 제대로 작성하고 활용하는 것은 사업을 영위하는 데 있어 매우 중요하다.

1) 사업계획서 작성 이유

구상만 하고 있을 때는 잘 모르지만 구체적인 계획을 수립하고 사업계획서를 작성하다 보면 미처 알지 못했던 불합리한 요소를 발견하게 된다. 즉, 계획과 실행의차이를 미리 사업계획서를 통해 명확히 분석하고 장애 요소의 원인을 발견하는 등창업의 첫걸음으로서 사업의 성패를 가르는 중요한 역할을 한다. 사업계획서를 작성해야 하는 이유는 다음과 같다.

❶ 창업에 앞서 사업의 내용, 시장성 및 판매 전망, 수익성, 경영 방침, 소요 자금, 실무 계획 등에 관한 사항을 일목요연하게 정리할 수 있고 사업 성공 확률을 향상시켜줄 뿐 아니라 창업자의 인격과 성품까지도 알릴 수 있는 수단이 된다.

❷ 창업에 필요한 제반 요소를 점검하고 부족한 부분을 파악함으로써 효율적으로창업 과정을 수행할 수 있고, 계획을 수립하는 도중에 불합리한 요소들을 발견할수 있다.

③ 창업 전 계획과 실행 차이를 통해 현상을 명확히 분석, 장애 원인을 발견하고 대책을 세움으로써 불확실성을 사전에 최소화할 수 있는 장치가 된다.

④ 잘 작성된 사업계획서는 실제 기업을 경영하면서 사업 진행 상황에 대한 점검과 평가의 기준이 되고 앞으로의 방향을 제시할 뿐 아니라 경영 효율을 극대화할 수 있는 점포 경영의 지침서이다.

⑤ 계획을 검토하는 제3자로부터 본인이 생각지 못한 것을 발견할 수 있고 그에 따른 대책을 수립할 수 있다.

⑥ 외부(금융기관, 투자자 등)로부터 자금 조달을 원하는 경우 외부 투자가에게 체계적으로 자신의 사업을 설명할 수 있어 신뢰성을 확보할 수 있다.

2) 사업 계획의 궁극적인 목적

사업계획서는 그 목적에 따라 다음과 같은 다양한 용도로 사용된다.

❶ 수익과 비용의 산출이 목적인 경우는 이 사업으로 언제부터 이익이 발생하고 돈을 얼마나 벌 수 있는지, 망하지는 않는지 검토가 가능하다.

❷ 투자 규모의 산출이 목적인 경우는 돈을 벌기 위해 얼마가 투자되고 사용해야 하는지 계획이 가능하다.

❸ 자기 자본 외 외부 자금 조달이 목적인 경우는 은행, 보증 기금, 신용 재단, 부모나 지인 등에 제시해 검증을 거친 후 자금 조달이 가능하다.

❹ 필요 부분 등에 관해 가족의 동의와 공공기관의 인허가를 받을 수 있다.

2 사업계획서 작성 방법 및 원칙

1) 사업계획서 작성 원칙

사업계획서는 성공적인 사업의 실현을 위한 지도이자 나침반이다. 따라서 사업계획서는 실행 계획을 짜임새 있게 구상해 명확하고 조리 있게 표현해야 한다.

❶ 사업계획서는 무리한 가정이나 예상은 피하고 이상적인 구상이 아닌 현실에 입

각해 확실한 근거와 함께 사실에 접근해야 한다.

② 사업계획서는 첫 장에서 마지막 부분까지 내용이나 수치에 일관성(지각적 통일성, 문제의 일관성)을 유지해야 하고 공신력 있는 기관의 증빙 자료나 인증 자료, 통계 자료 등을 근거로 작성한다면 보다 정확한 자료가 되어 활용성을 높일 수 있다.

③ 사업계획서는 사용 용도에 따라 조금씩 차이가 있으므로 용도를 파악해 경영 관리, 금융 지원, 사업 승인 등 목적에 적합하도록 작성해야 한다.

④ 사업계획서는 구체적이고 자세하게 각 부분별로 충분히 설명하되 핵심 내용을 부각시켜 내용을 명료하고 자신감 있게 표현해야 한다.

⑤ 사업계획서는 계획 사업에 내재되어 있는 문제점과 사업의 위험을 인식하고 이에 대한 대비책을 가지고 있어야 한다.

⑥ 사업계획서는 이해관계자(자본 투자자, 사업 승인자, 공공기관, 부모 등)에게 신뢰감을 줄 수 있도록 일관성을 유지하면서 설득력 있게 작성해야 한다.

⑦ 사업계획서는 관련 전문 용어나 기술 용어를 남발할 경우 이해도를 떨어뜨릴 수 있으므로 독자가 이해하기 쉽도록 작성한다.

⑧ 계획에 따른 각각의 기대 효과를 기술하고 추정 재무제표와 재무 분석을 통해 계획 사업의 적정 수익성이 검토되어야 한다.

⑨ 사업 계획의 체계나 목차에 맞게 설정되어 있는지 확인하며 계약서, 카탈로그, 견적서 등의 필요한 자료가 있으면 첨부한다.

⑩ 사업계획서는 한 번 작성했다고 끝나는 것이 아니라 수시로 수정·보완해서 살아 있어야 한다.

사업계획서 작성 시 사업 내용이 차별화되어야 하며 가능하면 틈새시장을 집중 공략할 필요가 있고 구체적인 수치로 객관화시키는 것이 좋다. 경쟁 관계를 과소 평가하거나 너무 낙관적인 자세는 좋지 않으며 관련 비용을 현실성 있게 책정해 너무 적게 책정되지는 않았는지 확인하고 인력 구성이나 기술력 또한 소홀히 하면 안 된다.

2) 일반적인 사업계획서의 작성 순서

사업의 개요 → 사업의 개념, 내용 및 형태, 핵심적 특징을 작성 목적과 제출 기관에 맞게

↓

창업자 및 사업 추진 인력 → 창업자 소개, 창업 동기 및 창업자의 역할, 창업자 이외의 사업 추진 인력

↓

시장성 분석 → 시장의 크기, 성장성, 수익성, 특이성, 트렌드, 경쟁점 현황, 성공 요소 등

↓

입지 및 상권 분석 → 상권 지도, 상권의 특성, 유동 인구, 추후 개발 계획, 상권 내 경쟁 점포 현황 등

↓

SWOT 분석 → 강점(Strength), 약점(Weakness), 기회(Opportunity), 위협(Threat) 요소

↓

마케팅 계획 → 고객, 메뉴, 서비스, 가격, 광고 및 프로모션

↓

운영 계획 → 매장 계획 및 인력 운영 계획

↓

자금 조달 계획 → 소요 자금 계획 및 자금 조달 계획

↓

재무 계획 → 매출, 비용 추정 및 추정 손익계산서 작성, 손익 분기점 분석, 비율 분석 등

↓

행정 계획 → 인허가 사항, 사업자 등록, 세무, 4대 보험 및 관련 보험 가입

↓

일정 계획 → 사업 추진 일정

3 표준 사업계획서의 내용

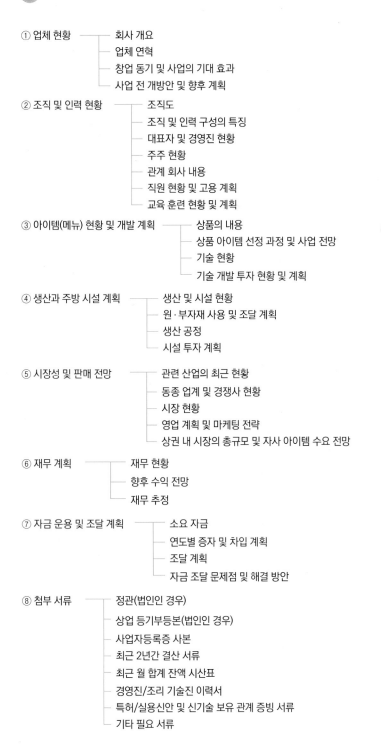

① 업체 현황
- 회사 개요
- 업체 연혁
- 창업 동기 및 사업의 기대 효과
- 사업 전 개방안 및 향후 계획

② 조직 및 인력 현황
- 조직도
- 조직 및 인력 구성의 특징
- 대표자 및 경영진 현황
- 주주 현황
- 관계 회사 내용
- 직원 현황 및 고용 계획
- 교육 훈련 현황 및 계획

③ 아이템(메뉴) 현황 및 개발 계획
- 상품의 내용
- 상품 아이템 선정 과정 및 사업 전망
- 기술 현황
- 기술 개발 투자 현황 및 계획

④ 생산과 주방 시설 계획
- 생산 및 시설 현황
- 원·부자재 사용 및 조달 계획
- 생산 공정
- 시설 투자 계획

⑤ 시장성 및 판매 전망
- 관련 산업의 최근 현황
- 동종 업계 및 경쟁사 현황
- 시장 현황
- 영업 계획 및 마케팅 전략
- 상권 내 시장의 총규모 및 자사 아이템 수요 전망

⑥ 재무 계획
- 재무 현황
- 향후 수익 전망
- 재무 추정

⑦ 자금 운용 및 조달 계획
- 소요 자금
- 연도별 증자 및 차입 계획
- 조달 계획
- 자금 조달 문제점 및 해결 방안

⑧ 첨부 서류
- 정관(법인인 경우)
- 상업 등기부등본(법인인 경우)
- 사업자등록증 사본
- 최근 2년간 결산 서류
- 최근 월 합계 잔액 시산표
- 경영진/조리 기술진 이력서
- 특허/실용신안 및 신기술 보유 관계 증빙 서류
- 기타 필요 서류

제3절 사업계획서의 작성 사례

1 '복터지는 집' 프랜차이즈 사업계획서

Content(목차)

 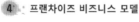

Content(목차)

1. 회사개요 (일반현황)

상 호	수산식품(주)		
	공동자매회사	유통㈜ 설립 (수산물 도·소매, 백화점 운영)	
대표이사		회사설립일	
자본금	₩1,200,000,000	주 사업내용	수산물제조유통
전화번호		홈페이지	http://www.
주 소			

주요 거래처	1) 호텔. 그릴
	  ① 호텔 롯데부산
	2) 백화점, 대형할인점
	  ① 현대 백화점　　　　　　② 농 심 메 가
	  ③ 근대화 체인　　　　　　④ 서원 유통 44개점(경남, 부산, 경북지역)
	3) 단 체 급 식
	  ① 삼성그룹 - 삼성에버랜드㈜　　② 고신의대 복음병원
	  ③ 각 기업체, 호텔 단체 급식　　④ 각 병원 학교 급식 공급
	4) 일 식 당 부산시내, 경남 특급 일식당 20개소
	5) 전국 도매 시장 서울, 대전, 광주, 진주, 마산, 대구, 전주, 여천, 강원도外
	6) 부페식당, 중국관, 노바다야끼, 철판구이점 - 수산 식자·재료 공급.
	7) 농협		

2. 회사개요 (조직도)

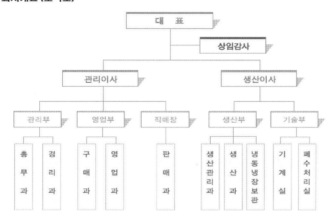

3. 외식산업 현황

세계적 트랜드 → Local푸드, 웰빙푸드, 힐링푸드

 한 국 → 양 ↑, 질 ↑, 가격 ↓(Q, S, C, & A는 당연)

불황일수록 익숙하고 편안한 음식선호

전통 & 토종음식의 강세(몸에 좋은 혹은 몸을 치료할 수 있는 음식으로..)

스시 & 씨푸드 강세(높은 가격의 씨푸드에서 저렴한 가격의 씨푸드로..)

미 국 → 아시안 푸드 강세 (태국, 베트남, 일본, 한국음식)

일 본 → 친환경 부페가 인기

2004년 : 저지방요구르트아이스크림, 테이크 아웃요리점 인기

2005년 : 자연식부페, 샤브샤브, 주스바, 패스트캐주얼, 건강보조식 등 전문점

2006년 : 식품음료전문점 성행 (Rice, Vinegar, Black Vinegar)

→ 2005년 대비 3배 증가

3-1. 외식산업 현황

미 국 → 건강, 친환경, 웰빙지향 생활화

1) 기능성식품 / 음료분야 전체의 34.4%차지

유기농식품 / 음료분야 두각 (04년 시장규모 전년대비 18% 성장)

2006년 차(Tea) 시장, 매년 4% 성장

(2005년 기준 7억2000만달러 규모)

2) 2004년 햄버거 시장 ↓, 샌드위치 시장 ↑

채식 샌드위치(건강식)부상

맥도날드 1만 3609개 < 서브웨이(콜샌드위치) 1만 6499개

상류층 → 친환경 식재의 웰빙푸드 선호

서민층 → 저가 햄버거 선호

유 럽 → 20세기 후반 이태리중심의 "슬로우 푸드운동" 확산

슬로우푸드 현재 100여개국

8만명 이상의 회원들이 활발하게 활동

슬로우시티운동(Slow Cities Movement)으로 발전

Business Plan

3-2. 국내 외식산업 현황

한국 → 2003년부터 대중매체를 중심으로 웰빙(Wellbeing)개념도입
고기중심식단에서 채식위주 식단선호 → 현재까지 진행

1) 씨푸드부페 → 2004년 무스쿠수 등장으로 웰빙 &건강식 선호도 증가
대기업 참여로 시장급성장(회전스시전문점→ 스시의 대중화)

2) 토속전문점 → 나물 등 채소류, 장류 등의 발효식품 중심의 토속음식
쌈밥, 청국장전문점 → 대중적인 웰빙식당

3) 샐러드 및 채식부페 → 샐러드메뉴나 채식부페 주목, 다양한 건강식메뉴 선보였으나
대중화 실패, 일부 매니아중심으로 운영

4) 시대별 선호메뉴
① 1970년대 : 면류 및 돈가스 → 자장면
② 1980년대 : 육류 → 소갈비
③ 1990년대 : 육류 → FR
④ 2000년대 : 씨푸드 → 랍스타, 킹크랩, 스시 & 씨푸드
⑤ 2010년대 : 자연식 → 자연식 → 친환경

Business Plan

4. 프랜차이즈업계 현황

국내 프랜차이즈 가맹본부 수는 3,482개 (2014),
가맹점은 2014 년 기준으로 207 천개 점포 (공정거래위원회)

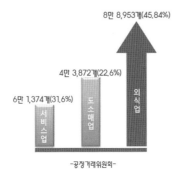

4-1. 프랜차이즈업계 현황

일본 / 중국 프랜차이즈 시장비교

◆ 일본
- 외식 산업 시장 규모는 27조 1,765억엔
- 성숙기를 맞이하고 시장은 구조적 변화
- 저가격 지향과 2극화
- 더욱 높아지는 食의 외부화

◆ 중국
- 외식시장규모 5800억위안(元·81조2000억원)의 매출액
- 경제 성장에 힘입어 양에서뿐 아니라 질적인 면에서도 개성화, 다양화
- 명절이 많고 연휴 기간이 길다는 사실도 외식산업 팽창 이유
- 다국적 패스트 푸드체인점의 대거 중국 진출로 외식 산업의 급속한 팽창
- 먹는 것을 즐기는 국민성

5. 사업제안

1) 사업 배경

- 수산물 전문 제조 유통 업체로서의 경쟁력 확보
- 졸 복어 수입가공 업체로서의 시장우위선점 가능
- 냉동 해산물 등 다 품목 취급 가능
- 복어 가격의 현실화 : 대중성 확보가능
- 경쟁력 있는 복어 관련 전문프랜차이즈 부족
  : 프랜차이즈 업계의 새로운 흐름 전개 유도
- 프랜차이즈 업종에 대한 정부의 지원 프로그램
- 안정적인 원자재 확보 및 지속적인 새로운 메뉴 창출을 통한 일회성 프랜차이즈 업종에서 탈피 기존 프랜차이즈의 한계극복 가능

5-1. 사업제안

2) 사업 방향

▶ 안정적인 사업화

신선하고 안정적인 물량공급을 보장.

일본에서의 안정적인 수입확보를 통한 물량 관리와 원가 절감을 위한 유통 시스템 구축으로 안정적이고 지속적인 물량 공급 보장.

▶ 차별화로 경쟁력 강화

수산물 전문 제조 유통 업체로서의 노하우 및 원자재 가격경쟁력

즐 복어 수입가공 업체로서의 시장우위선점을 통한 경쟁력

다양한 해산물을 통한 차별화된 메뉴구성

5-2. 사업제안

▶ 수익의 극대화

일본 현지 직수입으로 가격 경쟁력 및 원활한 물량 공급이 가능하므로 수익 극대화 가능

다양한 수산물(seafood)의 수입을 통한 메뉴의 희소성을 높여 수익성 증대

▶ 철저한 영업권 보장

점포 개설 전 철저한 상권 조사에 의해 투자 효율성을 분석한 후 개설 승인하며,

일정한 지역의 영업권을 보장

▶ 다양한 소비자계층 확보

복어 및 다양한 해산물을 이용한 저렴한 점심메뉴 및 50,000원대의 고품격 코스요리 등을 개발하여 다양한 고객 계층을 확보.

5-3. 사업제안

▶ 상호의 차별화

차별화된 상호선정 및 대중매체와 온라인 등 각종 홍보 수단을 통한 적극적인 마케팅으로 단시일 내 많은 고객 확보.

▶ 손쉬운 창업

시스템화된 본사의 지원 및 교육으로 손쉬운 창업가능

▶ 차별화 된 홍보 수단

온라인 네트워크 구축으로 본사와 가맹점주간의 편의를 돕고 실시간 예약, 물류
시스템을 통해 고객을 24시간 유치함으로 가맹점의 매출 증대 유도

5-4. 사업제안

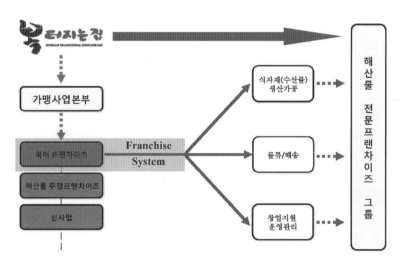

5-5. 사업제안

3) 운영방식 및 관리체제

▶ 원 자 재 일 괄 공 급

취급 품목을 본사에서 직수입하거나 매입해서 일괄적으로 공급하는 체제

▶ 조 리 교 육

표준화된 교육매뉴얼 및 기본 메뉴에 대한 충분한 조리 실습을 통한 교육

▶ 영 업 관 리

가맹점 계약 후 개점 계획에 의한 마케팅과 판촉 방안을 수립, 가맹점주와 협의 후
시행하며, 개점 후 매출액과 관리비 등, 영업실적분석을 통한 체계적인 영업관리와
운영관리를 본사에서 지원.

▶ 홍 보 관 리

브랜드 이미지를 높여 고객으로부터 인지도와 신뢰성을 확보하고, 가맹점이 효율적
인 홍보를 할 수 있도록 본사가 체계적인 관리 지원

6. 아이템 및 운영전략

고객 Target

● 샐러리맨
● 가족외식
● 비즈니스 고객
● 각종 모임 및 회식

구성 포인트

● 지역 외식 성향의 확인
● 점포 Design과 상품의 연계성
● 상품과 조리기능과의 적정성
● 상품과의 연계성

가격 정책

● 중가정책
● 8,000~12,000원대의 객단가
● 식사성 강한 메뉴 + 주류
  ✓ 다양한 단가 구성
  ✓ 고단가와 저단가 메뉴의 구성
  ✓ 음료 및 주류의 높은 매출 구성
  ✓ 전략 상품으로 세트 및 스페셜
     메뉴를 도입하여 객단가 상승 유도

6-1. 아이템 및 운영전략 [컨셉설정]

- 졸복을 중심으로 한 **복어요리전문점**
- 가족 외식공간 창출

대중성 확보
새로운 점포 컨셉
즐거움 , 화제성 연출

복어전문점의 대중화
새로운 가족외식공간 창출

6-2. 아이템 및 운영전략 [브랜드 컨셉]

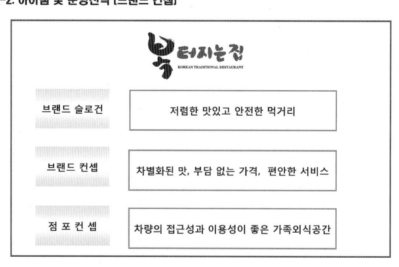

브랜드 슬로건	저렴한 맛있고 안전한 먹거리
브랜드 컨셉	차별화된 맛, 부담 없는 가격, 편안한 서비스
점 포 컨 셉	차량의 접근성과 이용성이 좋은 가족외식공간

6-3. 아이템 및 운영전략 (상품컨셉)

1) 상품 컨셉의 포인트

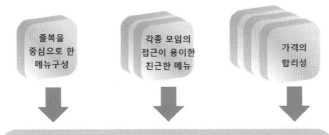

◆ 상품의 전문성, 요리성, 다양성 강화
◆ 세트구성으로 맛과 선택의 즐거움 부여
◆ 다양한 대중적 메뉴 구성기법을 도입하여 가족외식 증대
◆ 본사의 원활한 원재료 확보 및 합리적 가격구성으로
　 가맹점 이익증대 및 대중성 추구

6-3-1. 아이템 및 운영전략 [상품컨셉]

2) 메뉴구성 (이미지)

6-3-2. 아이템 및 운영전략 (상품컨셉)

2) 메뉴구성 (이미지)

6-3-3. 아이템 및 운영전략 (상품컨셉)

3) 가격구성

분류	메 뉴 명	판매가격	비 고
코스 및 특선 메뉴	참복샤브전골(2인)	30,000	복죽/샐러드/튀김/샤브전골/디저트
	가족스페셜(4인)	70,000	복죽/샐러드/복튀김/복불고기/복만두/복가스/초밥/복지리
	가족세트(4인)	45,000	복어튀김+복불고기(3인)+복지리
	(3인)	30,000	복어튀김+복불고기(2인)+복지리
	(2인)	25,000	복불고기(2인)+복만두+복지리
	복비빔막 회	70,000	1마리 기준
	복샤브전골(대)	45,000	
	(중)	35,000	
	복불고기(1인)	8,000	
	졸복탕(1인)	6,000	
	복어찜 (대)	30,000	
	(중)	20,000	
	해물찜 (대)	30,000	
	(중)	20,000	
	아구찜 (대)	30,000	
	(중)	20,000	

Business Plan

6-3-4. 아이템 및 운영전략 [상품컨셉]

3) 가격구성

분 류	메 뉴 명	판매가격	비 고
사이드 메뉴	케이준복샐러드	12,000	접시
	복바베큐	18,000	접시
	영양복죽	10,000	포장가능
	졸복돈뽁음(1인)	15,000	접시
	복초밥	10,000	8조각
	복숯불양념구이	40,000	접시
	복소금구이	40,000	접시
점심 특선	복국모듬초밥정식	10,000	점심한정 복가스 어린이 3,000
	복돌솥비빔밥	5,000	
	복까스	5,000	
계절메뉴	복냉면	5,000	
기타 주류	소주	3,000	
	맥주	3,000	
	백세주	6,000	
	산사춘	6,000	
	화랑	10,000	

Business Plan

6-3-5. 아이템 및 운영전략 [주방설비도면]

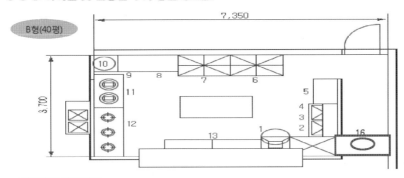

주방기물리스트			
1) 잔반처리대	2) 담금세정대	3) 2조세정대	4) 벽선반
5) 식기선반	6) 냉동고	7) 냉장고	8) 기계테이블
9) 밥솥테이블	10) 가스밥솥	11) 낮은탕렌지	12) 가스3구렌지
13) 준비대	14) 중앙작업대	15) 컵세정대	16) 식기세척기

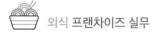

6-3-6. 아이템 및 운영전략 [조직구성계획]

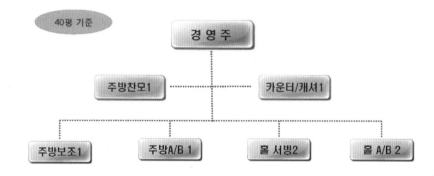

40평 기준

경영주

주방찬모1 ── 카운터/캐셔1

주방보조1 ── 주방A/B 1 ── 홀 서빙2 ── 홀 A/B 2

* 총 근무인원수는 8명 선으로 하되 파트타임 때 아르바이트를 3명 정도 활용
* ( )은 아르바이트 및 파트근무자로 피크타임 시 활용
* 경영주는 인건비에서 제외되었으며, 매출에 따른 탄력적인 운영

6-3-6. 아이템 및 운영전략 [인건비계획]

		구　　　분	인　력		급　　　여
40평	주방 (정직원)	. 주방찬모/경력 3년이상	1	정직원	1,300,000×1=1,300,000
		. 보조 및 세척	1	정직원	1,100,000×1=1,100,000
		. 아르바이트(피크타임 활용)	(1)	A	5H×3,000×30일=450,000
		소　　계	2(1)		2,850,000
기준	홀 (정직원)	. 카운트 및 케셔	1	정직원	1,300,000
		. 홀 웨이트레스	2	정직원	1,100,000×2=2,200,000
		. 서빙 아르바이트 A(11:00-16:00),B(18:00-23:00)	(2)	A/B	5H×2×3,000×30일 =900,000
		소　　계	3(2)		4,4000,000
		인건비 총계	@8명(A/B3명)		@ 7,250,000원

6-3-7. 아이템 및 운영전략 (채용 및 교육계획)

직 종		모집광고 / 추천	모집완료	담 당
채용 계획	조리장, 조리사	취업전문사이트 및 알바천국 알바몬		프랜차이즈 담당자
	홀서빙책임자, 홀서빙	취업전문사이트 및 알바천국 알바몬		프랜차이즈 담당자
	안내 / 캐셔	취업전문사이트 및 알바천국 알바몬		프랜차이즈 담당자
	아르바이트	취업전문사이트 및 알바천국 알바몬		프랜차이즈 담당자

교육계획

1) 교육은 사원 및 파트타임이 하루빨리 업무에 익숙해져 정착율을 높이고 업무기술을 습득시키는데 있다.
2) 목적의식이 낮은 사원이나 파트 및 아르바이트에 대해서는 출복 전문점의 구조를 이해시켜, 일의 즐거움과 목적의식을 갖게 한다.
3) 집합교육을 통하여 사원 및 파트·아르바이트와의 팀웍, 연대의식을 만들어내어 직장인으로서의 예절과 상식적인 태도를 이해시킨다.
4) 근무 환경을 보다 좋은 분위기로 하기 위하여 「교육제도」를 확립하고, Follow-Up 체제를 갖춘다.
5) Communication기회를 마련할 수 있도록 환경을 조성하고, 정신적인 불안과 불만을 해소시키는 환경을 만든다.
6) 고객만족을 위한 마음자세와 기술을 연마하여 출복 전문점의 영업정책에 적응할 수 있도록 한다.
7) 가능하면 개업 10일전부터 매장 내에서 OJT교육을 실시하며 주변고객층의 시식회 개최를 통해 숙달해 나갈 수 있도록 유도해 나간다.

6-3-7. 아이템 및 운영전략 (채용 및 교육계획)

▶ 준 비 물

(1) 유니폼, 명찰
(2) 교육을 위한 일체의 기기, 비품
(3) 노트, 볼펜, 화이트보드
(4) TV, Video, 서비스교육 비디오(필요시)
(5) 교육교재 (전원)
(6) 메뉴판, 메뉴설명, 약어표 (Copy)
(7) 기기, 계기, 비품, 기타 관리방법
(8) 기타 용품 일체

※ 개업 후 교육계획

☞ 주방을 별도로 체크하고 집합교육과 개인별 교육을 실시한다.

☞ 개업 첫째날의 각종 문제점에 대해 종합적으로 점검한다.

☞ 홀·주방 등 부문별로 별도의 체크·교정을 실시한다.

☞ 매일 오전10:00분에 접객교육 및 조례를 실시한다.

　→교육교재와 커리큘럼에 따라 교육을 실시한다.

6-3-8. 아이템 및 운영전략 (교육계획)

일자 / 시간		교 육 내 용	담당	대상
개업 7일전	10:00 ~ 12:00	회사 소개 및 실습지침	본사 직원	전직원
	12:00 ~ 14:00	본사 직영점 현장견학 및 실습	직영점 점장	전직원
	14:00 ~ 17:00	Man to Man교육	직영점 점장	전직원
	17:00 ~ 20:00	본사 직영점 현장체험	직영점 점장	전직원
개업 6일전	10:00 ~ 12:00	업무매뉴얼 교육	본사 직원	전직원
	12:00 ~ 14:00	본사 직영점 현장체험(파트별)	직영점 점장	전직원
	14:00 ~ 17:00	업무매뉴얼 교육	본사 직원	전직원
	17:00 ~ 20:00	본사 직영점 현장체험(파트별)	직영점 점장	전직원
개업 5일전	10:00 ~ 14:00	OPEN점 청소 및 정리	가맹점주	전직원
	14:00 ~ 19:00	조리실연(음식 만들기)	본사 조리실장	주방직원
개업 4일전	10:00 ~ 12:00	조리준비	본사 조리실장	주방직원
	12:00 ~ 19:00	조리실연(음식 만들기)	본사 조리실장	주방직원

6-3-8. 아이템 및 운영전략 (교육계획)

일자 / 시간		교 육 내 용	담 당	대 상
개업 3일전	10:00 ~ 12:00	조리준비 및 요리	주방직원	주방직원
	12:00 ~ 13:00	시식회	주방직원	직원 및 인척
	15:00 ~ 17:00	서비스 교육	서비스 강사	전직원
	17:00 ~ 19:00	청소 및 정리	가맹점주	전직원
개업 2일전	10:00 ~ 12:00	가 OPEN (시식회)	본사 직원	전직원
개업 1일전	10:00 ~ 21:00	가 OPEN (시식회)	가맹점주	전직원
OPEN 당일	~ 11:00	조례 및 교육	본사 직원	전직원
	11:00 ~	영업개시	본사 직원	전직원
	21:00 ~ 22:00	평 가 회	본사 직원	전직원

※ 개업 3일전부터는 점심시간에 공사관계자 등에게 시식회를 실시한다.
※ 교육교재와 Recipe를 기준으로 교육한다.

6-4. 아이템 및 운영전략 (점포컨셉)

점포 기본 컨셉

- 메뉴의 전문성
- 편안한 점포구성
- 테마가 있는 디자인
- 일상적인 음주와 모임
- 활기 넘치는 분위기
- 구전으로 전파 가능한 점포

이 용 동 기

- 합리적 이용동기
- 가족외식 잠재고객의 요구 충족
- 비즈니스 고객의 요구 충족

6-5. 아이템 및 운영전략 (평면도1)

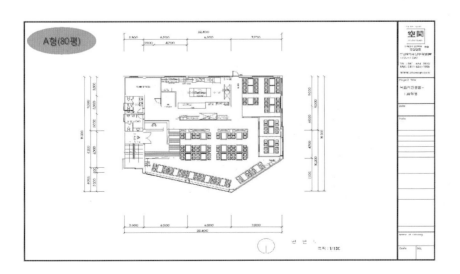

A형(80평)

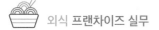

Business Plan

6-5. 아이템 및 운영전략 [평면도2]

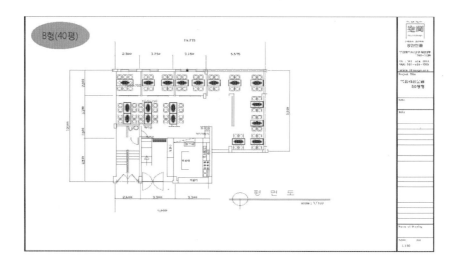

Business Plan

6-5. 아이템 및 운영전략 [투시도]

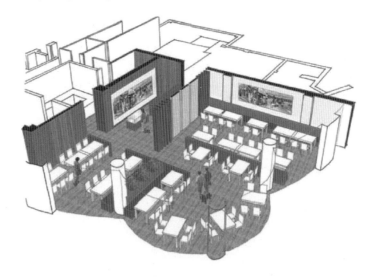

6-5-1. 아이템 및 운영전략 (인테리어컨셉 및 점포이미지)

6-5-1. 아이템 및 운영전략 (인테리어컨셉 및 점포이미지)

Business Plan

6-5-2. 아이템 및 운영전략(인테리어컨셉 및 점포이미지)

Business Plan

6-5-3. 아이템 및 운영전략 (인테리어컨셉 및 점포이미지)

6-6. 아이템 및 운영전략 [서비스컨셉]

◈ 고객이 내 집처럼 느낄 수 있는 편안하고 친절하면서 정성이 담긴 서비스 지향.

◈ 고객 최대 만족 서비스 및 1대1 맞춤서비스를 지향한다.

◈ 찾아가는 서비스를 지향한다.

@ 기본적으로 밝고 따뜻한 정성이 깃든 서비스를 제공

@ 매뉴얼을 기초로 한 기본적인 정형서비스를 Base로 하지만,
  서비스 스텝의 개성을 존중한 활기 넘치는 서비스를 제공

@ 유니폼은 점포의 이미지와 어울리는 현대화된 복장을 하되 기능성이 있어 입기 쉽고
  활동하기 편한 것으로 한다.

6-6-1. 아이템 및 운영전략 [접객 서빙POINT]

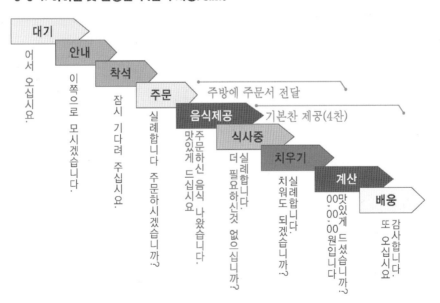

6-6-2. 아이템 및 운영전략 [홀 일일운영계획]

시각	작업준비항목	체크	시각	작업준비항목	체크
11:00 ~11:30 개점전 작업	◆ 청소작업 ① 조명점검 ② 카운터, 테이블, 의자 청소와 세팅 ③ 홀 바닥 청소 ④ 현관 출입구 및 외부청소 ⑤ 액자, 창틀, 유리 청소 ⑥ 화장실 청소 ◆ 서비스품목의 보충과 정돈 ① 냅킨, 탁상세트 ② 메뉴판, 컵		17:00 ~18:00 피크전 점검	◆ 서비스품목의 보충 ① 냅킨, 탁상세트 ② 컵, 계열이 ③ 음료냉장고의 보충 ◆ 정리정돈 ① 카운터, 테이블, 의자 청소 ② 화장실 비품 및 청소 ※ 더러움이 눈에 보이는 설비, 비품의 청소	
11:30 ~12:00 피크 점검	◆ 개점에서 점심까지 ① 용모 및 복장 체크 ② 서비스용 설비체크 - 냉, 온수기 - 음향설비 ON - 음료냉장고 체크 및 보충 ③ 준비 완료 후 접객준비		18:00 ~23:00 저녁 피크	◆ 접객 서비스 ① 접객 주문작업 ② 상품의 제공속도 체크 ③ 정확한 계산서 작성 ④ 손님배웅 ⑤ 테이블의 리세트	
12:00 ~14:00 피크 타임	◆ 접객 서비스 ① 접객 주문작업 ② 상품의 제공속도 체크 ③ 계산서 작성 ④ 손님배웅 ⑤ 테이블의 리세트		23:00 ~폐점 마무리 작업	◆ 청소 및 정리정돈 ① 테이블 청소 ② 매장 내외부의 더러운 곳 청소 및 정리 ③ 쓰레기 반출 ④ 위생점검 ⑤ 안전점검 - 냉난방스위치 OFF - 간판스위치 OFF - 가스기기 OFF - 각종 전기코드 확인 - 각종 화기의 점검	
14:00 ~17:00 아이들 점검	◆ 아이들 시간의 점검 ① 피크시간의 반성 ② 부족 원재료의 보충 ③ 쓰레기 반출, 위생점검 ④ 후방설비의 청소점검			☞ 상황에 따라서는 시간의 과부족이 생긴다. 그 시간대로 작업이 가능한 것은 전후의 시간대에 행한다. (인수인계를 잊지 말 것) ☞ 퇴근 전 다음날 자신의 근무시간을 확인	

6-6-2. 아이템 및 운영전략 [주방 일일운영계획]

시각	작업준비항목	체크	시각	작업준비항목	체크
11:00 ~11:30 개점전 작업	◆ 메인트렌드 - 그릴러 - 가스렌지 - 닥트(환기) ◆ 영업준비 작업 - 쌀의 세척 - 야채류 썰기 - 기본찬 준비		17:00 ~23:00 저녁피크 작업	◆ 저녁피크 ※ 점심피크 작업과 동일	
11:30 ~12:00 피크전 점검	◆ 점심 피크전 작업 - 직원들의 몸단장 체크 - 주방의 청결상태 - 작업대위의 준비 - 식재의 체크 - 작업할당 체크 - 기기 정상가동 체크 - 원재료 보충 점검		23:00 ~24:00 마무리 작업	◆ 마무리 작업 - 저녁 피크시간의 반성 - 냉동/냉장고의 체크(유통기간 확인) - 남은 원재료의 보관(밀폐용기를 사용) - 그릴러, 가열기의 청소 - 행주, 걸레등의 세탁 - 바닥, 벽면의 청소 - 쓰레기의 반출 - 다음날의 발주품목 확인 - 후방설비, 주방, 화기, 간판 및 외등 스위치 OFF	
12:00 ~14:00 피크타임 점검	◆ 점심시간의 점검 - 상품의 제공 속도 체크 - 기준적량 체크 - 원재료의 점검 - 조리장內 청결상태				
14:00 ~17:00 아이들 점검	◆ 아이들 시간의 점검 - 점심피크시간의 반성 - 부족 원재료의 보충 - 쓰레기의 반출 - 위생 점검 - 홀, 주방, 후방설비의 청소 및 점검			☞ 상황에 따라서는 시간의 과부족이 생긴다. 그 시간대로 작업이 가능한 것은 전후의 시간대에 행한다. (인수인계를 잊지 말 것) ☞ 퇴근 전 다음날 자신의 근무시간을 확인	

7-1. 사업타당성 분석 (SWOT분석)

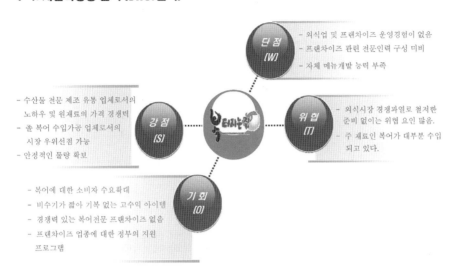

단점 [W]
- 외식업 및 프랜차이즈 운영경험이 없음
- 프랜차이즈 관련 전문인력 구성 미비
- 자체 메뉴개발 능력 부족

강점 [S]
- 수산물 전문 제조 유통 업체로서의 노하우 및 원재료의 가격 경쟁력
- 졸 복어 수입가공 업체로서의 시장 우위선점 가능
- 안정적인 물량 확보

위협 [T]
- 외식시장 경쟁과열로 철저한 준비 없이는 위협 요인 많음.
- 주 재료인 복어가 대부분 수입 되고 있다.

기회 [O]
- 복어에 대한 소비자 수요확대
- 비수기가 짧아 기복 없는 고수익 아이템
- 경쟁력 있는 복어전문 프랜차이즈 없음
- 프랜차이즈 업종에 대한 정부의 지원 프로그램

7-2. 사업타당성 분석 (시장경쟁력우위모델)

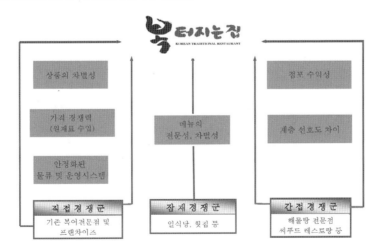

상품의 차별성

가격 경쟁력
(원재료 수입)

안정화된
물류 및 운영시스템

메뉴의
전문성, 차별성

점포 수익성

계층 선호도 차이

직접경쟁군
기존 복어전문점 및
프랜차이즈

잠재경쟁군
일식당, 횟집 등

간접경쟁군
해물탕 전문점
씨푸드 레스토랑 등

Business Plan

7-3. 사업타당성 분석 (Positioning Map)

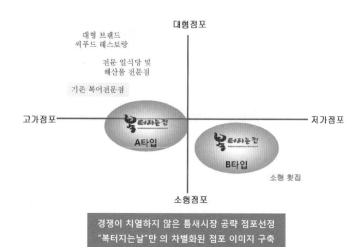

대형점포

대형 브랜드
씨푸드 레스토랑

전문 일식당 및
해산물 전문점

기존 복어전문점

고가점포 ─────── 저가점포

A타입

B타입

소형 횟집

소형점포

경쟁이 치열하지 않은 틈새시장 공략 점포선정
"복터지는날"만 의 차별화된 점포 이미지 구축

Business Plan

8-1. 사업계획 (가맹점 개설요건)

※ 프랜차이즈의 기본적인 성립요건
(1) 영업표지(상표, 휘장, 서비스표 등)의 사용관계
(2) 가맹본부의 통제,조직 등 시스템적으로 움직이는 관계
(3) 가맹본부와 가맹점의 관계는 상호독립적인 판매유지
(4) 가맹본부와 가맹점과는 가맹료를 지급하는 유상(대가)관계로 이루어짐

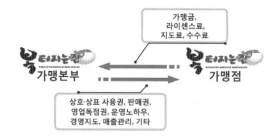

가맹금,
라이센스료,
지도료, 수수료

가맹본부 ← ─ ─ ─ → 가맹점

상호·상표 사용권, 판매권,
영업독점권, 운영노하우,
경영지도, 매출관리, 기타

※ 프랜차이즈 시스템의 장점
- 종합적인 패키지를 이용하여 다양한 메리트를 추구   – 가맹점의 경쟁력을 제고
- 신속한 사업 확대와 경영확대가 가능   – 경영의 안정성, 다각화의 효율적인 수단으로 활용
- 경영합리화 등 유통근대화에 기여   – 소비자 이익에 공헌

Business Plan

8-2. 사업계획 [가맹점 개설절차]

▶ 가 맹 점 개 설 절 차

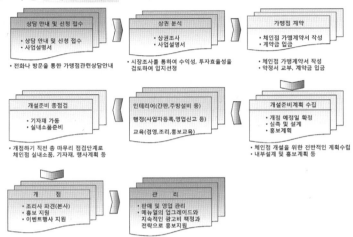

Business Plan

8-3. 사업계획 [가맹개설조건-40평 기준]

『VAT별도』

구 분	내 용	비 고
모집지역	전국지역	• 지사모집
표준면적	40평	• 40평이상 가능
가맹비	1,000 만원	상호사용료, 교육 및 경영지도 외
계약이행보증금	300 만원	• 계약 종료 시 정산 후 환불
인테리어	4,800 만원	• 평당120만원 - 40평 기준 (인허가, 전기증설, 테이블 등 별도)
간판/썬팅	250만원	• 돌출간판과 전면간판 (기본 사이즈)
주방집기 및 비품류	2,000 만원	냉장, 냉동고, 식기세척기 등 집기 및 식기, 기타 비품류 (닥트 및 후드 별도)
POS	180 만원	• 본체, 모니터, 프린터2대, 체크기 포함
판촉	300 만원	• 이벤트, 전단지, 현수막, 유니폼 등
선택사양	• 냉난방기, TV, 전화, 오디오 등	
합 계	8,830 만원 (점포임대 별도)	

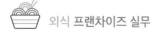

8-4. 사업계획 [가맹개설조건-80평 기준]

「VAT별도」

구 분	내 용	비 고
모집지역	전국지역	• 지사모집
표준면적	80평	• 40평이상 가능
가맹비	1,000 만원	상호사용료, 교육 및 경영지도 외
계약이행보증금	300 만원	• 계약 종료 시 정산 후 환불
인테리어	8,000 만원	• 평당100만원 – 80평 기준 (인허가, 전기증설, 테이블 등 별도)
간판/썬팅	350만원	• 돌출간판과 전면간판 (기본 사이즈)
주방집기 및 비품류	2,500 만원	• 냉장, 냉동고, 식기세척기 등 집기 및 식기, 기타 비품류 (닥트 및 후드 별도)
POS	180 만원	• 본체, 모니터, 프린터2대, 체크기 포함
판촉	300 만원	• 이벤트, 전단지, 현수막, 유니폼 등
선택사양	• 냉난방기, TV, 전화, 오디오 등	
합 계	12,630 만원 (점포임대 별도)	

8-5. 사업계획 [가맹점 예상손익계산]

▶ 예상 손익표

구 분	일160만원	일200만원	일300만원
월 매 출	45,000,000	60,000,000	90,000,000
판매원가 (35%) (식자재, 포장재, 부재료)	15,750,000	21,000,000	31,500,000
인 건 비	8,600,000	8,6000,000	10,200,000
관 리 비 (8%)	3,600,000	4,800,000	7,200,000
임 차 료	3,500,000	3,500,000	6,000,000
이 익	13,550,000	22,100,000	35,100,000
년간이익	162,600,000	265,200,000	421,200,000

▶ 인건비 운용 자금표

구 분	일250만원 이하		일250만원 이상	
	필요인원	인 건 비	필요인원	인 건 비
주 방 장	1	2,000,000	1	2,000,000
주방보조	2	2,400,000	2	2,400,000
매 니 저	1	1,400,000	1	1,400,000
홀 서 빙	1	1,200,000	1	1,200,000
아르바이트	2	1,600,000	4	3,200,000
계	7	8,600,000	9	10,200,000

Business Plan

8-6. 사업계획 [매장 개설 시 준비서류]

1. 위생교육 수료

한국 음식업 중앙회
(교육시간 9시부터 월,수,금)

[준비서류]
교육비 18,000원 지참
신분증, 증명사진 지참

위생교육 수료증 교부

2. 보건증 발급

보건소 등록

[준비서류]
신분증, 3천원 지참

3. 영업신고

구청 위생과에 신고

[준비서류]
위생교육 수료증, 보건증
건축물관리대장
임대차계약서
신분증, 도장

4. 사업자등록증 교부

각 관할 세무서 신고

[준비서류]
영업신고증
임대차계약서
신분증
도 장

Business Plan

8-7. 사업계획 [가맹점 사후관리]

1. 체계화된 메뉴 관리

▶ 차별화된 메뉴 구성
▶ 표준화된 조리 매뉴얼 제공
▶ 조리시스템의 단순화로 인건비, 재료비 절감

2. 원활한 물류공급

▶ 물류 공급망 확보로 인한 안정되고
  신속한 물류시스템 구축
▶ 원자재의 가격안정

3. 전략적인 광고 정책과 지원

▶ 홈페이지 개설 및 관리 (인터넷 광고)
▶ 언론매체를 통한 지속적인 광고
▶ 고객관리 시스템을 통한 고객 확보
▶ 슈퍼바이져 및 미스테리쇼파를 통한 매장관리

8-8. 사업계획 [직영점 예상 투자비 산출]

1] 예상 투자비 내역 [대구/경북지역 A급 상권 80평 기준 -안테나샵]

① 임차 비용

구 분	세부 내용	금 액	비 고
임대차 보증금		100,000,000	
영업 권리금		50,000,000	
소 계		150,000,000	

② 개업 준비비

구 분	세부 내용	금 액	비 고
임차료 (월)	공사기간 1개월	6,000,000	부가세별도
초도식재비		5,000,000	
판촉비		3,000,000	
합 계		14,000,000	

8-8-1. 사업계획 [직영점 예상 투자비 산출]

2] 예상 투자비 내역 [인테리어 시설비]

구 분	세부 내용	금 액	비 고
인테리어 시공	천정,벽면, 바닥,공조	72,000,000	90만원/평* 80평
가구제작	탁자, 의자, 기타 목재 집기	10,000,000	
간판/사인 시공	외부 간판, 내부 사인	5,000,000	
기타 비용	인허가, 전기증설 등	3,000,000	
인테리어 소계		90,000,000	
POS 장비	본체, 모니터, 프린터2대, 체크기 포함	1,500,000	
주방집기/비품	냉장, 냉동고, 식기세척기, 식기 등 주방집기 및 비품	20,000,000	
기타 설비	냉난방기, TV, 전화, 오디오 등	7,000,000	
비품 소계		28,500,000	
기타 소모품	유니폼, 메뉴북, 넵킨, 인쇄물 등	3,000,000	
소모품 소계		3,000,000	
총 투자비용		285,500,000	

8-9. 사업계획 [가 개점 스케줄]

	9/28	29	30	10/1	2	3	4	5	6	7	8	9	10	11	12
	13	14	15	16	17	18	19	20	21	22	23	24	25	26	27
	28	29	30	31	11/1	2	3	4	5	6	7	8	9	10	11
영업계획	. 인테리어 실측, 운영계획안 확정 (9/20)														
점포선정	. 완료														
인테리어	. 인테리어착공 (9/28) → 인테리어종료 (11/5) → 최종점검 (11/6)														
현수막 및 간판	. 현수막 발주 (10/20), 간판제작완료 설치 (10/31까지)														
홀 . 주방 비품	. 발주 (10/22) → 납품완료 (11/5) → 정리정돈 세척 (11/6)														
메뉴	. 주방/홀 현장실습 → 오픈 1개월 전 시행														
식재료	. 발주 (11/3) → 입고 (11/6)														
판촉계획	. 판촉계획 (10/27) → 이벤트 업체, 판촉물 선정 및 발주 (10/29) → 입고 (11/7)														
음료, 주류	. 음료, 주류 발주 (10/30) → 입고 (11/5),														
인허가	. 사업자등록, 전화, 인터넷, POS설치, 신용카드, 경비업체, 보험, 영업허가 (11/5)														
종업원	. 모집공고 (10/4~11/5) → 출근 (11/6) → 서비스교육 (11/7)														
가오픈 및 오픈	. 가오픈 (11/8) → 오픈 행사 (11/16)														
기타 체크사항	계산서 받침대, 냅킨, 명함, 명찰, 메뉴북, 전단, 메너 등 발주 (10/29) POS 업체확인, 접시발주 (10/30) 유니폼 (홀, 조리복) 발주 (10/31)														

8-10. 사업계획 [가맹점 개설 수익산출]

(단위 : 원 / 40평 기준)

구 분	세부 내용	금 액	비 고
가맹비		10,000,000	
계약이행보증금		3,000,000	
인테리어	평당 120만원 / 40평 기준 4,800만원 중 25% 이익	12,000,000	
간판	기본 250원 중 10% 이익	250,000	
주방집기 및 비품	2,000만원 중 20% 이익	4,000,000	
POS	180만원 중 16% 이익	1,500,000	
판촉비	300만원 중 20% 이익	600,000	
매출 총 금액	보증금 포함, 식자재 물류마진 제외	31,350,000	

8-11. 사업계획 (연도별 사업계획)

2011 — 1단계
- 2011년 말까지 직·가맹점 20개점 오픈 계획
- 신문중심 홍보계획 예정
- "가칭 복터지는집" 가맹점 확장 및 브랜드 인지도 확대의 해
- 예상목표액 : 6억원

2012 — 2단계
- 2012년 말까지 가맹점 40개점 목표
- TV광고 예정
- 지사모집으로 물류 사업의 안정화 목표
- 예상목표액 : 8억원

2013 — 3단계
- 20013년 말까지 가맹점 50개점 목표
- 홈쇼핑 브랜드 런칭
- 새로운 신규 브랜드 런칭 준비
- 예상목표액 : 9억원

8-12. 사업계획 (5년간 전개방안)

1. 전국 반 직영점 및 가맹점 개설 Franchise 전개방안 (향후 5년간)

: 사업 개시 시점은 2008년임

복터지는집 Franchise 개설 계획표(예상)						
년차	2011년	2012년	20013년	2014년	2015년	소계
반직영점	5	5	5	5	5	25
가맹점	15	25	45	50	60	195

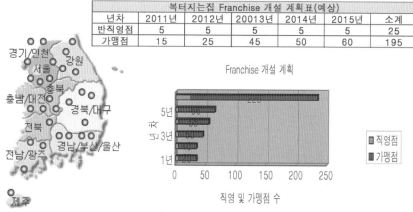

Franchise 개설 계획

반 직영점은 본사와 투자자의 공동 출자로 세워진 매장을 말함.

8-13. 사업계획 (개설조건)

– 2. 직영점 및 가맹점 개설 조건

> 반 직영점 개설 시 초기 투자 내역 (주요상권 40평 shop 기준)

– 반 직영점 개설 시 총 투자 비용을 산출한 것임.
– 직영점은 리 모델링을 통한 독립 건축물 입점을 원칙으로 함.

항목	금액	내역	비고
가 맹 비	1,000만원	상호, 상표사용 및 각종 노하우 전수 4주 코스 교육 프로그램	
인테리어비용	평당 120만원 총 4,800만원	기본 인테리어 매뉴얼에 따른 공사 (내부 전기, 천장, 바닥, 주방, 조명 공사 등)	지방은 공과잡비 10% 추가
간판	250만원	• 기본 사이즈(실내 사인물 포함)	
식 자재비용 (초도 식자재비)	–	식 자재비 (월 매출의 40%)	
주방시설 및 집기	2,000만원		
대여/지원품	*	디스플레이/점주명함/ 오픈식 도우미 교육메뉴얼/조리메뉴얼 등	지원 및 대여품 점주 진행
총계	80,500,000 + a	점포비용은 제외한 금액임.	

8-13. 사업계획 (추정 손익분석)

1. 손익분석 기초자료

일일 예상 매출 – 한 테이블 당 평균 3만원 매출일 경우를 기준으로(복어전문점 일 평균회전률 3회전)

> 반 직영점(40평)   30,000원 *13테이블 * 3회전 = 1,170,000원

(단위:천원)

월 평균 지출	식자재비(40%)	노무비(25%)	임대료(5%)	공과금(5%)	홍보판촉비(2.5%)	일반관리비(2%)	카드수수료(0.5%)
반 직영점(40평)	14,040	8,775	1,755	1,755	877	702	175

Sum =7,021,000원

(단위:천원)

예상 손익계산	일평균 매출	월평균 매출	월평균지출	월평균순이익	1년 순이익
반 직영점(40평)	1,170	35,100	28,079	7,021	84,252

8-14. 사업계획 (5년간 손익분석)

2. 향후 5년간 손익분석

복더지는집 개설 계획표(예상)						
년차	1년	2년	3년	4년	5년	소계
반직영점	5	5	5	5	5	25
가맹점	15	35	45	50	60	195

프랜차이즈 본사 수익 분석표					
가맹비	200,000,000	400,000,000	500,000,000	550,000,000	650,000,000
반직영수익	421,260,000	421,260,000	421,260,000	421,260,000	421,260,000
총	621,260,000	821,260,000	921,260,000	971,260,000	1,071,260,000

본사 초기 1년 순이익의 6개월 추정치		프랜차이즈 설립 초기 소요 자금(6개월)
3억 1천 6십 만원	−	1억원

= 총 순익은 2억 1천 6십 만원

9-1. 자금조달 계획(소요자금)

1.소요자금   단위 : 천원

구분	항목	기지출액	연도별 추가투자액			총소요자금	비고(수량)
			금사	2008	2009		
사업장	대지						
	건물			50,000		50,000	사무실 확장
	창고시설		20,000			20,000	복어제조
	차량운반구	10,000	20,000			30,000	류통차량
	비품기타	5,000	10,000			15,000	
	리스기계*			50,000		50,000	국수제조
	소계	15,000	50,000	100,000		165,000	
창업비		2,000				2,000	법인설립비
연구비		3,000	10,000			13,000	제품연구비
기술개발비**			20,000			20,000	소스및 스프 개발비
운선자금		20,000	100,000			120,000	인건비
가맹점모집훈련비			10,000	20,000		30,000	교폭비
총계		40,000	190,000	120,000		350,000	

* : 1회용 포장판매를 실행할때 필요한 기계임
** : 포장 판매시 소스 및 스프개발을 위한 비용

외식 프랜차이즈 실무

Business Plan

9-2. [자금조달계획]

단위 : 천원

구분		기 조달액	연도별 추가조달액			총조달액	비고
자본금	회사투자	100,000	금차	2008년	2009년	40,000	
	엔젤캐피탈		190,000	120,000		310,000	
	벤처캐피탈						
	소계	100,000	190,000	120,000		410,000	
차입금	정부자금						프랜차이즈 육성법안과 맞물어 범주를 정함
	은행차입금						
	기타						
	소계						
총계		100,000	190,000	120,000		410,000	

Chapter 08

외식 프랜차이즈 아이템과 메뉴 개발

제1절 아이템 선정의 개요

1 아이템 선정의 중요성

외식 프랜차이즈 창업 계획에 있어서 가장 힘들고 어려운 과제가 바로 아이템 선정이라고 할 수 있다. 아이템 선정은 창업의 성패가 달렸다고 해도 과언이 아니므로 신중한 자세로 다양한 아이템과 관련된 정보와 자료를 검토하고 사업 타당성을 분석한 후에 결정해야 한다. 소자본 창업의 경우 가장 중요한 것이 입지와 아이템, 가맹희망자와의 궁합이라고 할 수 있다.

일반적인 외식업의 창업 같은 경우는 초보 창업자나 비전문가들이 아이템을 먼저 정하고 입지를 선정하는 경우가 많은데 이것은 특히 외식업의 경우 대부분의 예비 창업자들이 업종·업태 선정을 너무 쉽게 생각하기 때문이다. 이들은 대부분 창업 시점에 가장 인기 있는 메뉴를 선택하거나 지역에서 이름난 곳, 맛있는 곳, 전통이 있는 곳, 손님이 많은 곳과 같이 잘되고 있는 식당 혹은 소문을 근거로 그와 유사한 업종·업태를 선정하는 경우가 많다.

그러나 외식업은 순간적으로 잘되는 업종이나 업태, 즉 아이템은 있지만 지속적으로 잘되는 아이템은 있을 수 없기 때문에 히트 아이템이라고 해서 무조건 성공할 것이라는 생각은 버려야 한다. 사업의 성패는 물론 아이템도 중요하지만 그 외식당 운영의 전문성, 즉 경영자나 관리자의 능력 및 노력 여하에 달려 있기 때문이다.

아이템 개발은 우선 일상생활에서 부족하거나 아쉬움 점, 불편한 점을 개선하거나 색다른 먹거리에서, 저가나 고가 전략에서 먼저 찾아보고, 또 현재 트렌드를 반영하거나 틈새시장 공략의 가능성, 물류 공급의 원활성, 부가 메뉴 개발의 용이성 등에서 찾을 수 있으며, 더불어 라이프 사이클, 시장성, 지명도, 지속성, 필요성, A/S, 가맹본부의 업력과 노하우 등도 검토해야 한다.

여기에 덧붙여 결코 무시할 수 없는 것이 바로 사회 환경이나 입지적인 환경, 시대적인 환경이다. 일례로 최근 광우병을 시작으로 조류 인플루엔자, 기생충 김치, 만두 파동, 김치 파동 등 예상치 못한 식품 안전 사고들로 인해 관련된 많은 식당이 폐점 또는 큰 타격을 입었다.

최적의 아이템을 선정하기 위해서는 우선 체계적인 노하우 전수가 가능해야 하고 균일한 맛이나 일정한 메뉴의 생산이 가능해야 하며 지속적인 식재료의 공급이 가능하다는 것을 전제로 예비 창업자인 본인의 현재 사정과 여건을 고려해야 한다. 우선 본인의 주어진 환경, 성격, 체력, 전문성, 능력, 자금, 선호하는 아이템의 윤곽이 어느 정도 정리되고 나면 아이템의 수요성, 경쟁성, 수익성, 지속성을 분석해야 하며 분석 결과에 따라 최종 아이템 선정이 이루어져야 한다.

1) 유망 업종과 아이템

요즘은 여기저기 새로운 사업 아이템이 생기고 새로운 매장이 오픈한다. 유독 상권에 비해 장사가 잘되거나 최근 트렌드에 의해 뜨기 시작하는 업종들이 있다. 하지만 그런 업종들이 다 유망 업종이라고 할 수 없다. 단순히 일시적으로 유행하는 업종일 수도 있기 때문이다. 그렇기에 어느 정도 안정적인 경영과 실패 확률을 줄이기 위해서는 반드시 유망 업종을 이해하는 것이 무엇보다도 중요하다.

유망 업종의 특성을 살펴보면 다음과 같다.

우선, 해당 아이템의 성장성을 보아야 한다. 꾸준히 발전할 수 있는 성장성은 시장에서의 수요와 잠재 수요를 가지고 있는지를 보면 된다. 그리고 라이프 사이클 상 어느 정도 성장기에 접어든 종목이어야 안전하다고 할 수 있다.

그리고 수익성을 계산해야 한다. 총 투자되는 자금의 규모와 비교해 적절한 수익률이 나오는지 계산해 보아야 하며, 외형의 규모보다 수익성에 주안점을 두고 보아야 한다. 아이템에 따라 투자 규모나 외형은 크고 그럴싸하지만 수익성이 떨어지는 경우가 종종 있기 때문이다.

마지막으로, 환금성을 평가해야 한다. 자금 회전의 기간이 어느 정도 되는지 카드와 현금 비율은 어느 정도 나오는지 점검해야 하며, 만에 하나 실패했을 경우 2차 아이템으로 업종 전환이 가능한지, 투자 금액을 얼마나 회수할 수 있는가도 매우 중요하게 보아야 하는 부분이다.

이뿐만이 아니라 안정성, 경쟁력, 성장 가능성, 실패 시 탈출 방법 등을 종합 분석 하다 보면 이 모든 기준을 다 만족시키는 업종은 없으므로 자신의 객관적인 여건을 살펴보아 어느 정도 극복이 가능하다면 창업자의 과감한 결단도 필요하다.

2) 상권에 따른 아이템별 유형

(1) 유동 인구 의존형

김밥, 닭갈비, 분식점, 떡볶이, 샌드위치, 우동이나 라면, 아이스크림, 패스트푸드, 핫도그 등

(2) 상주 인구 의존형

소고기, 부대찌개, 해물탕, 냉면, 횟집, 보쌈, 버섯요리, 막창, 곱창, 삼겹살, 돼지갈비, 생선구이, 반찬 등

(3) 집재성 아이템

주로 찾아오는 고객이 위주이므로 모여 있어야 잘되는 아이템으로 족발(장충동 족발골목), 똥집(대구평화시장 닭똥집골목), 막창(대구 서부정류장 및 복현오거리 막창골목), 곱창(대구 안지랑 곱창골목, 안양명물순대 곱창골목), 순대(신림동 순대골목) 등

(4) 산재성 아이템

상권이 작을수록 경쟁이 되는 까닭에 떨어져 있어야 잘되는 아이템으로 피자, 김밥, 커피, 도시락, 치킨, 호프 전문점 등

❷ 아이템 선정 방법 및 순서

1) 아이템 선정 방법

아이템 선정을 위해서는 먼저 상품의 성격인 현금 회전율, 계절성, 반복성, 라이프 사이클, 운영성, 인건비 등을 알아야 하며, 그에 따른 아이템의 성격, 즉 지명도, 인기도, 지속성, 위험성, 필요성 등을 잘 파악해야 한다. 또 시장성인 소비 경향이나 경기 동향, 유행성 등을 파악해야 하며 창업 예정자의 전문성으로 노하우, 자격증, 경영 능력, 영업력 등을 체크해야 한다.

또 외부적 환경과 내부적 환경도 검토해야 하는데 외부적인 부분은 경쟁 점포와 잠재 고객, 구매처 한두 곳을 파악해 두어야 하며 또한 사업에 위험 부담이 낮고 법적인 문제가 없는 사업 아이템이어야 한다. 내부적인 사항은 창업자의 경험, 적합한 성격, 건강한 체력, 전문성, 적합한 자금 규모, 능력에 맞아야 한다는 것이다. 이때 아이템 선정에 가장 큰 애로 사항은 창업자의 전문성 부족으로 최적의 아이템 선정이 쉽지 않다.

　몇 가지 선정 방법들을 살펴보면 다음과 같다.

❶ 창업 시 복어 조리사 자격증을 필요로 하는 복어 전문점처럼 진입 장벽이 높은 업종 또는 점포 운영의 업력과 노하우가 쌓임과 동시에 진입 장벽이 더욱더 높아져 타인의 신규 참여가 어려운 업종을 선택해야 한다. 예비 창업자 중 가장 선호하는 업종이 바로 외식업일 정도로 누구나 창업이 가능한 업종이므로 그만큼 경쟁자가 많다고 할 수 있다. 따라서 가능하면 경쟁자가 모방할 수 없는 노하우를 익힌 다음 창업하는 것이 좋다. 또한 사회적 변화와 경기 변동에 따라 유연하게 대응이 가능한 아이템이 유리하다.

❷ 경쟁이 치열한 업종·업태를 선정할 때에는 가맹점 창업을 선택하는 것도 좋은 방법이다. 이때는 비용이 더 추가되더라도 인지도가 높은 우수한 프랜차이즈 가맹본부를 선택하는 것이 좋다. 대외적인 인지도가 높으면 그만큼 고객이 신뢰할 수 있으므로 성공하기가 쉽기 때문이다. IMF 이전만 하더라도 중소 브랜드들의 난립으로 대형 패스트푸드나 패밀리 레스토랑 브랜드를 제외하고는 이렇다 할 프랜차이즈 브랜드를 찾아보기 힘들었으나 최근 대기업의 활발한 외식사업 참여와 전문성과 노하우를 바탕으로 성장한 전문 외식 브랜드들이 등장하면서 높은 인지도와 명성을 쌓아가고 있으며 해외 진출 또한 가속화되고 있다.

❸ 신규 업종 중에는 아직까지 시장에서 검증이 되지 않았고 언론상에만 소개되었을 뿐 성공한 사례가 없는 경우가 있으므로 구체적인 시장 조사로 타당성을 검토해야 한다. 특히 최근 들어 반짝하다가 사라지는 유행 아이템(안동찜닭, 불닭, 등갈비 등)이 너무 많다는 사실을 인지하고 아직까지 소비층이 두텁지 않은 업종은 반드시 사전에 충분한 검토를 해야 한다.

❹ 제품의 수명 주기(Life Cycle)상 도입기 후반이나 성장기 초반에 있는 업종이나 틈새 업종을 개발해 공략한다. 특히 틈새 업종은 검증된 업종이므로 조금만 더 생각하고 노력한다면 성공 확률이 높다.

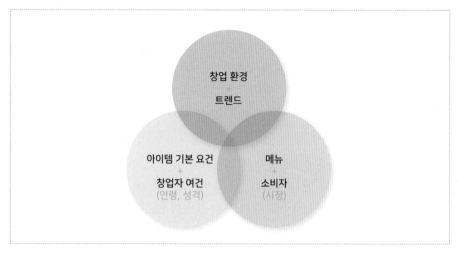

그림 8-1 아이템 선정의 3요소

⑤ 점포의 입지에 적합한 업종·업태를 선택한다. 이를 위해 상권의 규모나 타깃 고객의 유무 등을 분석해야 하며 경쟁점과 비교해 강·약점, 기회 요인과 위협 요인도 반드시 체크해야 한다.

⑥ 가족의 찬성과 협조를 얻을 수 있는 업종이어야 한다. 특히 외식업의 경우 단체 고객이 입점하는 경우나 직원의 갑작스런 결근 또는 퇴사 시 가족의 협조가 필수적이다.

⑦ 식재료 공급이 원활하고 또 가격 변동이 심하지 않아야 한다. 식재료의 품귀 현상으로 가격 급등 문제가 일어날 수 있다. 수입품은 그 나라의 국내 사정에 따른 변화나 대량 구입에 따른 보관상의 문제로 품질 저하나 현금의 사장화가 될 수 있으므로 충분한 검토를 해야 한다.

⑧ 중저가나 단품 메뉴 중심으로 구상해야 효과적이다. 다시 말해서 전문화와 차별화가 필요하다. 또한 투자 대비 수익성이 높고 자금과 상품 회전율이 높은 업종을 선택하도록 한다.

⑨ 이 외에도 시장 창출형 아이템, 뒤끝이 깨끗한 아이템, 소비성이 강한 소비재 아이템 등을 선택하는 것이 좋다.

(1) 아이템 선정 시 체크 항목

❶ 음식점들도 각 업종·업태마다 적정 자금 규모가 있으므로 본인의 자금 규모에

맞는 아이템 중에서 선정해야 한다. 최소한 자기 자본 비율이 70% 이상은 되어야 하는데 그렇지 않고 많은 자금을 차용해 무리하게 창업할 경우, 수익의 많은 부분이 이자 비용으로 들어가 식당을 운영하는 데 흥미를 잃고 소홀하게 되는 경우가 있다.

❷ 본인의 생각이나 가치관, 나이, 성별, 체력 조건 등을 따져 적성에 맞고 내가 좋아하는 메뉴로 선정해야 한다. 그렇지 않을 경우 적극성이 떨어질 수 있다. 일반적으로 한정식 전문점은 남성보다는 여성이, 생과일주스 전문점과 찜닭 전문점은 젊은층이 운영하는 것이 더욱 효과적이다. 또한 연령이나 성별, 취향 등이 주 고객층과 잘 어울리는 경영주라면 고객층에 대한 빠른 심리 파악으로 공감대 형성이 가능하고 고객의 욕구에 빨리 대처해 나가는 등 점포를 보다 활성화 시킬 수 있다.

❸ 가맹점으로 창업할 것인가, 독립 점포로 할 것인가를 결정해야 한다. 각 부분의 장단점을 분석해 본인의 여건이나 적성에 맞추어 결정해야 한다.

❹ 주변의 유능한 식당 경영주나 식당 전문가, 외식 전문 컨설턴트에게 자문을 받으면 더욱 좋은데, 이때 식재료 납품업자, 인테리어, 주방의 설비나 기물 관련 납품업자처럼 영업을 목적으로 전문가 행세를 하는 비전문가들에 대한 주의가 요구된다.

❺ 내 주변에서 나에게 도움을 줄 수 있는 연관성이 있는 업종이면 더욱 좋다. 예를 들면 식재료 공급을 해준다든가, 식당 이용 고객 증가에 기여할 업체, 마케팅을 도와줄 광고사나 기획사 등이 있으면 도움이 된다.

❻ 개인 조직이냐 법인 조직이냐를 생각해야 하는데 동업이 아니라면 우선은 개인 조직을 하는 것이 바람직하다. 동업 시에는 반드시 동업 계약서를 작성해 발생할 수 있는 모든 사항에 대해서 기입해 두면 차후 문제 발생 시 원만한 해결책이 가능하다.

❼ 사전에 창업할 업종·업태에 근무해보는 것이 좋으며, 철저히 수익성을 분석해야 한다. 또한 사업 아이템 선정을 위해서는 유망 아이템에 대한 선입견을 배제하고 창업자의 여건을 최우선적으로 고려해야 한다. 조급한 결정을 피하고 아이템도 수명이 있다는 것을 인지한 상태에서 사양 산업의 틈새를 찾아야 한다. 누구나 좋다는 아이템에도 함정이 있음을 잊지 말아야 한다.

표 8-1 **창업 아이템 체크리스트**

검토 항목	구분 항목	검토 내용	점수	평균
1. 아이템 조사	업종 요소	상품적인 가치가 있는가		
		사업 전망은 밝은 편인가		
		성장 가능성이 있는 아이템인가		
		입지는 안정적인 곳인가		
		위험이 큰 아이템은 아닌가		
2. 창업자 분석	개인 요소	사업에 적합한 연령인가		
		체력은 건강한 편인가		
		사업과 적성은 맞는 편인가		
		사업에 관한 메뉴 개발 운영 능력은 갖고 있는가		
		자신이 위화감을 주는 인상은 아닌가		
		자신의 생각을 잘 전달하는 편인가		
		사업에 필요한 지식은 충분한가		
		사업에 관한 직장 경력이 있는가		
		사업과 취미가 상반되지 않는가		
		사업운이 있다고 생각하는가		
	사업 요소	투자 금액이 과다하지는 않는가		
		근무 시간이 너무 길지 않는가(특히 심야 근무 유무)		
		손익 분기점 달성 기간이 길지 않는가		
3. 상품성 분석	상품 성격	상품 라이프 사이클은 성장기인가		
		가동 시간이 길며 소비성이 큰 메뉴인가		
		계절성이 있는 메뉴는 아닌가		
		개인의 명예를 손상시키는 메뉴는 아닌가		
		관리 및 운영이 쉬운 메뉴인가		
		인건비 비중이 높은 메뉴는 아닌가		
	상품 특징	대중적인 인기가 있는 메뉴인가		
		지명도를 갖고 있는 메뉴인가		
		지속적으로 판매될 수 있는 메뉴인가		
		창업자가 잘 아는 메뉴나 요리 방법인가		
		지역에 맞는 메뉴인가		

검토 항목	구분 항목	검토 내용	점 수	평 균
	상 품 경쟁력	식재료의 발주와 입고가 신속하고 구하기는 쉬운가		
		구입 식재료의 결제 방식은 적절한가		
		판매 가격은 시대 상황에 맞게 소비자에게 적절한가		
		상품의 품질은 타깃에 적절한 수준인가		
		상표권을 보유하고 있는 가맹본부인가		
		경쟁업체는 많지 않은가		
4. 시장성 분석	시장 조사	자료 조사를 실시했는가		
		현장 조사를 실시했는가		
		경쟁업체 조사를 했는가		
	시장 동향	경제 전망은 밝은 편인가		
		시장의 참여가 제한되지 않는가		
		시장의 수요가 증가하고 있는가		
		경쟁업체의 견제는 심하지 않은가		
		유사 메뉴가 등장하지 않는가		
5. 상권 (입지) 분석	위치 선정	식당의 위치는 선정했는가		
	상권 및 입지 조사	해당 지역의 통계 조사를 실시했는가		
		해당 지역의 구매 습관을 조사했는가		
		주변 지역의 상권은 조사했는가		
		교통과 도로는 편리한 지역인가		
		점포 앞 통행인 수는 많은 편인가		
		주변 업체의 영향을 받지는 않는가		
		사람들이 접근하기 쉬운 곳인가		
		사람의 눈에 잘 띄는 곳인가		
합계				

(2) 기피해야 할 아이템

❶ 마진 폭이 낮으면서 투자비가 많이 들어가 투자비 회수 기간이 긴 업종·업태는 고려해 보아야 한다. 특히 최근 들어 라이프 사이클이 점점 짧아지고 있으므로 장기적인 투자보다는 단기적인 계획에 초점을 두고 결정해야 한다.

❷ 메뉴의 라이프 사이클이 짧거나 관련 직원(특히 주방장 등) 구인이 쉽지 않은 업종·업태로, 특정 메뉴의 경우 주방장에 의지해야 하는 문제점이 있고, 그에 따른 대체 인력 문제로 운영이 원만하지 못하다.

❸ 누구나 좋다고 하는 아이템은 일단 고려해 보아야 한다. 모방하기 쉽거나 경쟁점 출현이 예상되는 업종·업태는 과다·과열 경쟁으로 라이프 사이클이 짧을 수 있으며 때로는 식당 주변에 대형화나 보다 나은 입지 조건으로 경쟁점이 출현해 식당 운영에 타격을 줄 수도 있다.

❹ 너무 조급하게 아이템을 결정하지 말고 충분한 정보 수집 단계를 거쳐 결정하도록 한다. 경기에 민감한 아이템이나 국내외 최초 신개발품과 같은 미확인된 아이템은 일단 경계하는 것이 좋다.

❺ 계절성이 지나치게 강한 아이템은 피하는 것이 좋다.

(3) 성격에 맞는 창업 아이템

창업 아이템을 정할 때 무엇보다 앞서 생각해야 할 것이 바로 창업자의 성격이다. 아무리 유망하고 높은 수익을 올릴 수 있는 아이템이라 하더라도 경영자의 성격이나 성향에 반하는 것이라면 성공하기가 어렵다.

❶ 성격이 외향적이고 사교적인 사람은 홀이나 세일즈 사업 등 대인 접촉이 비교적 많은 업종이 유리한 반면 내향적이고 소극적인 사람은 고객이 일상적으로 찾아오는 전통 찻집이나 취미 사업 분야가 적합하다.

❷ 침착하고 연구형인 성격에는 요리 교육 사업, 컨설팅 사업 등 지식형 사업이 적합하고, 탐구적이고 아이디어가 많은 사람은 퓨전 요리 전문점이나 모험성 있는 미래지향적 사업이 유리하다.

❸ 고지식하고 원칙을 중요시하는 사람은 공급자 중심의 사업이 적합하고, 우직하고 인내심이 많은 사람은 외식업에 가장 적합한 사람으로 전문 식당업, 단체 급식업, 출장 요리 등이 좋으며, 저돌적이고 추진력이 강한 사람은 직원 통제와 고객 접대 노하우가 필요한 주점업, 유흥 주점업 등에 적합하다.

창업자가 가장 경쟁력이 있는 분야를 아이템으로 선정해야 하는데 그 아이템 중에서도 시대에 반 발 정도 앞선 아이템이 좋다. 자금 회전율이 빠른 아이템과 계절을 타지 않거나 덜 타는 아이템이 좋고, 재료가 수입 재료이거나 수입품일 경우 주의를 기울여야 한다.

2) 아이템 선정 순서

창업 정보 수집	접근 가능 아이템 추출(창업 강좌·신문·TV·잡지·인터넷·컨설팅사 등)
경험자 면담	현장 정보 수집(시장·번화가 등 방문하여 상품 정보 파악, 인맥을 통한 정보 습득)
구체적 정보 수집	창업 지원 기관, 정부, 컨설팅 기관 등을 통한 정보 종합 검토
정밀 분석 검토	성장성, 적성 부합 여부
사업화 가능성 검토	입지, 자금, 인력, 수익성, 기술, 시장 등 검토
최종 선택	최적 아이템 선정

그림 8-2 **아이템 선정 순서**

업종·업태 및 사업 아이템 선정의 기본 원칙이 있어야 하는데 먼저 아이템의 성장가능성과 창업 희망자와의 적성·성격에 맞는지, 또 경험을 활용할 수 있는지, 가족의 지지를 받을 수 있는지, 실패의 위험이 적은 아이템인지 검토해야 한다.

3) 유망 아이템과 유행 아이템

유망 아이템과 유행 아이템을 구별할 수 있다면 식당 창업에 70% 이상은 성공할 수 있지만 그만큼 쉽지는 않다.

유망 아이템과 유행 아이템을 선별하기 위한 몇 가지 사항을 요약해 보면 다음과 같다.

❶ 음식의 기본적인 요소는 맛과 포만감, 즐거움을 들 수 있는데 기본 요소를 충족시켜 주지 못하는 아이템은 유행 아이템일 가능성이 높아서 대부분 복합 메뉴 형태로 운영해야 한다. 라면 전문점의 경우 간식용 아이템으로 포만감을 줄 수 없으므로 단일 전문점으로 성장하기가 쉽지 않다.

❷ 요리주점, 참치회, 안동찜닭, 불닭, 등갈비, 감자탕, 대패삼겹살, 5,000원대 저가 치킨 등과 같은 유사한 아이템으로 프랜차이즈 가맹본부가 난립하고 있는 경우는 대부분 유행 아이템이다.

❸ 노하우가 없는 업종·업태는 대부분 유행 아이템인데, 노하우가 없어 모방하기 쉬우므로 오래가지 못 한다. 진입 장벽이 높은 업종이면 좋다. 예를 들면 칵테일 전문점의 경우 칵테일에 대해서 일정 부분(경험, 경력, 실습 등) 노하우가 있어야 성공하기 쉽다.

❹ 사계절 장사가 아닌 업종이나 수요의 반복성과 지속성이 없어 라이프 사이클이 짧은 업종인 경우이다. 예로 냉면 전문점이나 아이스크림, 보양탕, 생과일주스, 팥빙수 전문점 등을 들 수 있으며 계절성이 많이 희석은 되었으나 삼계탕 전문점도 여전히 계절성을 띠고 있다.

❺ 검증받지 않은 도입기 업종이나 수요가 유행에 민감한 업종, 창업 후 경상 비용의 지출이 많은 업종은 반짝 유행 아이템이거나 차후 법적인 문제의 소지가 있다.

❻ 칼국수나 생선구이 같은 아이템은 가동 시간이 짧고 코스 요리처럼 테이블 회전율이 낮은 업종인 경우가 좋다.

❼ 창업 관련 비용이 너무 높은 업종이나 신상품, 신메뉴 개발이 어려운 업종, 문화적인 환경이나 국민 정서에 맞지 않는 업종·업태는 피하는 것이 좋다.

❽ 아이템과 소비자와의 조화 여부를 체크해야 한다. 다시 말해서 기존 또는 유사아이템과 기존 또는 신소비자와의 조화와 신규 아이템과 기존 또는 신소비자와의 조화 여부를 확인해야 한다.

유행 업종의 단점을 극복하기 위해서 관련 업종이나 유사 업종과 함께 운영하는 복합 식당이나 숍인숍의 도입 또는 흡수 마케팅 전략을 세운다면 효과가 높다. 예를 들면 이용(가동) 시간과 야간 매출을 기대하기 어려운 생선 요리 전문점이나 칼국수 전문점에 생태탕, 생선전골이나 생선찜, 수육을 접목해 본다면 야간의 술안주로 활용되어 매출을 증가시킬 수 있다.

현재 잘 접목되고 있는 경우의 예로는 떡 또는 죽과 전통차를 접목한 떡카페와 죽카페, 아이스크림 전문점에 카페 분위기를 연출해 커피를 접목하고 칼국수 전문점에 수육, 찜 등의 안주류를 개발·접목한 경우, 식사 위주의 삼계탕에 술안주가 가능한 안동찜닭을 접목한 경우, 돈가스 전문점에 돈가스 안주나 과일 안주를 개발해 간단한 호프를 도입한 경우가 있는데, 추가 매출을 기대할 수 있기 때문에 이런 방법을 지속적으로 모색해 나가야 한다.

4) 라이프 사이클

(1) 라이프 사이클에 따른 단계별 특성

유행 아이템이 아니라면 대부분 도입기, 성장기, 성숙기, 쇠퇴기 과정을 거치는데 좀 더 자세히 알아보면 [표 8-2]와 같다.

표 8-2 **라이프 사이클에 따른 단계별 특성**

구 분	도입기	성장기	성숙기	쇠퇴기
소비자	소비 준비	소비 시작	소비 절정	소비 위축
경쟁업소	미약	증대	극대	감소
창업 시기	창업 준비	창업 시작	차별화	업종 변경
매출	조금씩 증가	최고로 성장	평행선	하락
제품(메뉴)	지명도 낮다	지명도 급상승 및 모방 시작	지명도 최고 제품의 다양화	신메뉴로 대체
유통(판매)	저항이 높고 점두 판매 위주	저항 약화되고 주문이 쇄도	주문 감소 가격 파괴 현상	가격 파괴 절정 생존 경쟁으로 재정비
촉진	광고 및 PR 활동 성행	상표를 강조하고 경쟁적	캠페인 활동 성행 및 제품의 차별성 강조	수요는 판촉에 비해 효과가 미흡
가격	높은 수준	가격 인하 정책 실시	가격 최저로 가격에 민감	재정비에 따른 가격 인상 정책
커뮤니케이션	체험 마케팅을 통한 이용 유도	성공 사례를 바탕으로 현장 실적 기대	유지 강화 브랜드 정체성 관리 강화 성공 사례를 중심으로 계약 실적 증가	계약 실적 쇠퇴 신규 사업 진출 모색 고객 욕구 분석으로 사업 콘셉트 조정
진행 기간	1년 차	2년 차	3년 차	4년 차

(2) 라이프 사이클에 따른 사업성 판단

❶ 도입기

소수의 초기 수용층이 선도적인 이용 패턴을 보이며 시장의 선점이 가능한 반면 모험성이 높다. 이때 전체적인 인지도를 높이기 위해 많은 투자를 해서 구매를 자

극해야 하며 가격 정책도 시장 침투를 위해 고가 정책이나 저가 정책을 구사할 수 있다.

❷ 성장기

초기 수요층에서 2차 수요층으로 고객층이 확산되면서 빠르게 성장하는 시점이며, 유행성을 가지고 파급되는 시점으로 수익성이 높은 장점을 지니고 있으나 투자 금액이 커지는 등 과잉 경쟁의 우려가 있다. 규모의 경제를 통해 관리와 조리 원가가 낮아져 이익이 높아진다.

❸ 성숙기

일반 고객들이 업종·업태에 친숙해지고 쉽게 이용하는 단계로 안정성은 높으나 이미 경쟁 관계가 형성되어 수익성이 떨어지고 생존 경쟁이 치열한 상황이 되었다. 이때는 유지 전략이나 방어 전략을 구사해야 한다.

❹ 쇠퇴기

유행에 밀리면서 일반 고객의 이탈 현상이 가속화되는 등 수익성이 급격하게 저하되고 안정성과 성장성도 동반 하락하는 추세이다.

과거에는 새로운 아이템이 생겨나고 쇠퇴기에 이르기까지의 라이프 사이클의 주기가 4년 정도였으나 최근 들어 2년 이하로 급격하게 빠른 움직임을 보이고 있는 추세이므로 아이템 선정에 보다 신중을 기해야 한다.

제2절   메뉴 구성과 개발

❶ 메뉴의 조건과 특징

메뉴란 차림, 식단이라고도 불리며 식사를 서비스하는 식당에서 제공하는 품목과 형태를 체계적으로 구성해 고객이 선택하는 데 필요하도록 안내 및 설명한 것을 말한다. 목록표, 차림표, 식단표라고 하며 잘 선정된 메뉴 구성은 보다 많은 고객 확보와 수익을 발생시킬 수 있기 때문에 식당 경영의 운명을 좌우할 만큼 중요하다. 또한 음식, 서비스, 분위기, 가격, 기술, 인력 및 계절 감각 등 식당의 모든 경영 활동 내용을 압축한 것이라고 할 정도로 식당의 통제 관리의 기본이 되고 있다.

1) 메뉴의 조건[17]

(1) 경영자 측면

❶ 메뉴는 식당의 목표와 목적을 반영하고 있어야 하고 업소의 음식 서비스를 위해 필요하다.

❷ 예산이 아주 중요한 요인이 되는데, 예산은 음식 판매로 파생되는 소득과 음식 원가의 비율에 따라 달라진다. 이때 음식 판매로 파생되는 소득은 고객의 가처분 소득, 시설의 위치, 서비스의 유형과 다른 결정 요인 등에 따라 달라야 한다.

❸ 납품 시장의 상황, 즉 원재료의 수요와 공급의 측면, 계절적인 변동 등도 고려해야 한다.

❹ 물리적 시설과 장비로 이용 가능한 주방 비품의 크기와 수용력 등도 고려해야 한다.

❺ 기술을 필요로 하는 메뉴 개발은 직원의 능력과 조리를 위해 이용 가능한 직원의 수(인건비)도 고려되어야 한다.

❻ 메뉴 개발은 음식 조리와 서비스의 하부 시스템 유형(서브시간)도 고려되어야 한다.

❼ 다양한 식재료를 사용해 여러 메뉴를 만드는 것보다는 소종의 특정한 식재료를 가지고 메뉴를 구성하는 것이 좋다.

(2) 소비자 측면

❶ 영양을 고려해야 하는데 균형 있는 음식 제공과 고객별 유형을 연령, 성별, 비만(비 비만형), 건강(비 건강)형 등으로 세분화시켜, 그 타깃에 맞게 메뉴를 개발해야 한다.

❷ 식생활 습관과 음식 선호도도 고려되어야 하는데 내적인 요인으로는 모양, 색깔, 냄새, 질감, 온도, 맛, 제시되는 방식, 제공되는 온도, 담는 방식 등이 있고, 외적인 요인으로는 어느 곳인가와 같은 입지적인 환경, 소비될 상황의 기능과 광고, 홍보, 식사 시간과 계절 등이 있다.

---

17) 김동승, 「외식창업마케팅」, 백산출판사, 1998, pp.96~116.

❸ 생물학적, 생리학적 및 심리학적인 요인 등도 고려 대상이다.

❹ 인적 요인으로 기대 수준, 타인의 영향과 식욕, 분위기와 정서, 가족 상황, 교육 수준도 고려 대상이다.

❺ 이 밖에 사회, 경제적인 요인과 문화와 종교적인 요인도 고려 대상이 된다.

(3) 음식 측면

❶ 색깔은 관심과 식욕을 촉진시키는 데 기여한다.

❷ 질감과 형태는 다양성을 제공해 주고 음식에 대한 고객의 관심을 자극시켜 준다.

❸ 농도는 메뉴의 점도와 밀도의 정도를 말하는데 음식의 다양성을 제공한다.

❹ 맛은 아주 중요한데 단맛, 쓴맛, 짠맛 등의 간을 잘 가미하거나 혼합했을 때 독특한 맛을 창출할 수도 있으므로 고객 특성에 잘 맞출 수 있도록 해야 한다.

❺ 조리 방법과 서빙 시 온도, 시각적인 효과를 위한 제시 방법도 아주 중요한 포인트가 된다.

2) 메뉴의 특징

메뉴란 식당의 운영 특성을 나타내는 얼굴이며 잘 만들어진 메뉴는 식당의 판매 촉진을 위한 도구이다. 상호와 업소 외관 및 취식 형태와 유사성이 있으며 메뉴(차림표, 식단)는 식당의 조리 기술, 분위기와 조화를 이룬다.

외식 사업의 경영에 있어서 메뉴는

첫째, 중장기적인 식당 경영의 정책을 세우고 그에 따른 판매 계획을 수립, 점포 입지와 고객 그리고 경쟁점을 잘 분석하고 판매해야 한다.

둘째, 식음료 원가를 정확하게 파악하고 관리해야 한다.

셋째, 고객으로 해금 식사 욕구를 자극하는 선미를 최대한 불러일으켜야 하며, 중미는 물론 후미까지 잘 장식해 지속적으로 재내점할 수 있도록 해야 한다.

❷ 메뉴 개발과 메뉴 구성

신메뉴의 의미는 새로운 기능의 수행, 기존 기능의 개선, 경쟁 상품의 모방, 기존 상품의 인수로 나타낼 수 있고, 넓은 의미로는 관련 있는 업체에서 어떠한 방식으로든 새로운 상품을 생산하는 것을 말한다.

신메뉴 개발은 시장 방어나 유지 전략, 사업 다각화, 생산성 증대, 수익 구조 개선, 가격 전략, 고객 만족 등 회사의 존폐를 좌우할 정도로 중요하다.

1) 메뉴 기획 시 체크 사항

❶ 창업할 식당의 입지, 즉 도심인가 주택가인가 등의 위치에 맞는 메뉴 구성이 필요하므로 입지 적합성을 고려해야 한다.

❷ 주변 시장에 판매되는 메뉴의 상황을 파악하고 그에 따른 차별화 전략 등을 구사해야 하므로 시장성을 체크해야 한다.

❸ 원가 절감을 통해 이윤 창출이 가능하므로 수익성도 고려해야 한다.

❹ 식재료 구입 여부에서는 계절성과 신선도를 고려해 시장의 상황을 파악해야 한다.

❺ 조리 기구와 시설의 수용 능력, 조리사의 기술, 작업 조건 등을 잘 파악해야 한다.

❻ 조리나 서비스에 소요되는 노동력을 파악해야 한다.

❼ 주 고객층에 대한 사전 조사와 균형화된 영양적인 면이 검토되어야 한다.

❽ 고객의 경제적 수준과 경쟁점을 고려해서 적정 판매 가격을 결정해야 한다.

❾ 점심 시간과 저녁 시간 간의 매출 비율이 점점 줄어들고 있으므로 신중하게 검토해야 한다.

2) 메뉴 아이템 선정 방법

메뉴 개발은 경제 능력, 제품, 편리성, 안정성, 공간, 고객을 충분히 고려해야 한다.

❶ 틈새시장을 공략해야 하는데, 지리적, 소비 계층별, 가격대별, 점포 입지별로 차별화할 수 있는 메뉴 개발을 해야 한다.

❷ 전문 메뉴 두세 가지를 개발해 특성 있는 전문 식당을 만들어야 한다.

❸ 최근 외식 형태로 나타나는 양극화, 개성화, 퓨전화, 실버화, 패스트푸드화 등 고객의 트렌드에 주목해야 한다.

❹ 입지와 상권에 맞아야 하고 업종과 입지의 조화로 성장 가능성까지 파악해야 한다.

⑤ 원가와 수익성, 투자 규모도 검토되어야 한다.

⑥ 자신이 좋아하는(관심 있는) 메뉴를 선택해야 한다.

⑦ 독립 점포로 할 것인가, 프랜차이즈로 할 것인가, 회원점으로 할 것인가 고려해야 한다.

⑧ 전문점에서도 보조 메뉴는 필요하듯이 주 메뉴와 보조 메뉴를 생각해야 한다.

⑨ 전문가의 조언을 받아본다.

⑩ 주방의 능력과 직원 수준을 고려해서 메뉴 수와 품질 수준을 결정해야 한다.

⑪ 조리 레시피를 작성한다.

⑫ 경영주의 주관보다는 소비층에 알맞은 객관성이 있어야 한다.

⑬ 세트, 창작 메뉴, 런치, 디너, 스페셜 등으로 이벤트화할 수 있는 메뉴로 고객 선택의 다양성을 고려해야 한다.

⑭ 향후 가맹본부가 될 것을 염두에 두어 메뉴의 브랜드화를 고려한다.

⑮ 기물에 따라 음식(맛, 온도, 색깔의 밸런스)을 부각시켜 오감을 자극할 수 있도록 요리와 기물의 조화를 고려한다.

⑯ 가격은 주변 입지의 소득 수준, 경쟁점과 비교해 결정하고 주류 판매 시에는 안주 메뉴에 충실해야 한다.

⑰ 유기농 야채, 청정 야채 등의 비약품성과 비비만성, 그리고 DHA, 저칼로리, 다이어트 등의 의약품성 메뉴를 선호하는 건강 메뉴 경향이 강화되고 있다는 점도 파악하고 있어야 한다.

⑱ 조리사의 경험이나 조리 기술 수준을 너무 과신해 다양한 것을 요구하지 말고 명확한 메뉴 콘셉트에 맞는 것만 지켜나가야 한다.

⑲ 개성적인 고객에게 선택의 다양성을 줄 수 있는 메뉴 개발이 필요하다. 즉 소스류를 몇 종 만들어 테이블 위에 비치시켜 고객의 입맛에 맞춰 직접 선택할 수 있도록 하는 방법이다. 이때 소스통은 볼거리를 충분히 제공할 수 있는 것을 사용한다.

⑳ 창업 시 일부 경영주의 개인 기호에 의해 메뉴가 결정되는 경우가 있는데 메뉴 설정이 개인 취향에 따라 변경되어서는 안 된다.

㉑ 재고를 고려한 한 가지 핵심 식재료로 여러 가지 메뉴를 조리할 수 있는 메뉴를 개발·결정해야 한다.

표 8-3 **메뉴의 적합성 평가**

주요 항목 및 평가 요소	세부 검토 사항	
소비 기호 (연령별, 직업별)	• 타깃 연령대가 좋아하는 음식인가? • 음식이 깔끔하고 정갈한가? • 타깃 연령대의 수준에 적합한가? • 계절 메뉴나 계절 식재료를 사용할 수 있는가? • 건강식, 다이어트식, 기능식인가? • 맛 유지와 양은 적절한가? • 메뉴 가격대는 어떤가? • 어린이용 메뉴 구비와 디저트는 준비되어 있는가? • 가족 고객이 좋아하는가? • 단순 식사로 적합한가? • 메뉴북은 깨끗하고 설명이 충분한가? • 행사 메뉴(모임, 회식, 기타)로 적합한 메뉴인가?	
점포, 입지, 시장	• 주변 시장의 가격대는? • 접근성(편리성)은? • 시장성(시장수요)은? • 적합한 건물인가? • 경쟁 상태는? • 성장 가능한 입지인가? • 유동 인구는 얼마나 되는가? • 주차 시설은 되어 있는가?	• 혐오 시설은 없는가? • 홍보성(가시성)은? • 적합한 입지인가? • 점포 규모는? • 상권 내의 외식 성향은? • 집객 시설이 있는가? • 유동 차량은 얼마나 되는가?
경영 효율 (경영 관리 계수 관리)	• 매출 이익은? • 객단가는? • 메뉴 관리는 용이한가? • 점포 관리는? • 구매의 난이도는?	• 회전율은? • 원가(재료비, 인건비, 제경비)는? • 서비스의 난이도는? • 경영주의 메뉴 이해도는? • 직원 채용은?
식사 형태	• 조식 • 중식 • 간식 • 석식 • 미드나이트	
판매 방식	• 내점(Eat in) • 배달 • 포장 판매 • 복합 판매 가능성?	

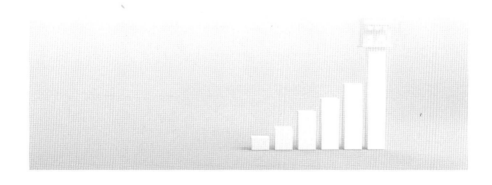

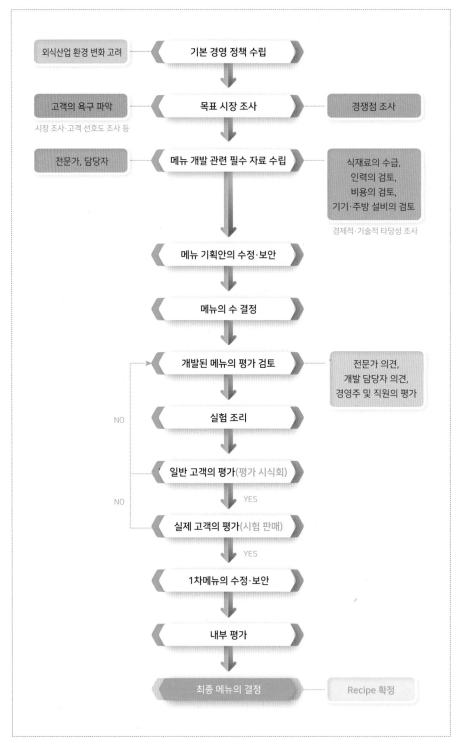

🍎 그림 8-3 MENU 개발 방법

표 8-4 **메뉴 시식 평가표**

메뉴 시식 평가표

◎ 평가자
　성명 :
　성별: 남, 여
　연령: 20대, 30대, 40대, 50대

◎ 기록 사항
　1. 메뉴명 :
　2. 관능 평가 :

구 분	매우 만족	만 족	보 통	불만족	매우 불만족
점수	5	4	3	2	1
맛있는가?					
외관(색, 모양)은 양호한가?					
담기 상태는?					
간은?					
음식의 온도는?					
양은 적절한가?					
그릇 사용은?					
메뉴의 독창성은?					
조리법은 적절한가?					
만족도					

※ 시식하신 후 자유롭게 평가해 주세요.

3) 창업 메뉴 운영 방법[18]

창업 메뉴를 개발하기 전에 먼저 타깃이 될 고객 소비 심리 파악과 지역적인 특성 그리고 타깃 고객을 설정해야 한다.

❶ 개점 후 일주일도 되지 않아 창업 시 개발한 메뉴가 고객에게 잘 받아들여지지 않는다고 메뉴를 바꾸려고 하는 경영주가 많다. 섣불리 메뉴부터 바꾸기 전에 문제점인 맛이나 양, 식기 등에 조금씩 변화를 주면서 어느 정도 반응을 지켜본 후 그래도 호응이 없다면 그때 가서 수정을 해야 한다.

❷ 창업 초기에는 조리 부분과 서빙 부분을 고려해서, 메뉴 수를 가능한 한 최소화해 운영하도록 한다. 그렇게 해야만 조리 시간이 단축되고 신속한 서빙과 빠른 회전율 등으로 고객 만족을 실현할 수 있다.

❸ 아무리 작은 점포라도 그 점포를 대표할 수 있고 추천할 수 있는 간판 메뉴를 반드시 만들어야 한다.

❹ 고객의 요구에 대응할 수 있는 계량 메뉴도 개발해야 한다. 식당에서 정하는 양보다 고객이 정하는 양대로 판매할 수 있어야 한다.

❺ 객단가 상승 및 매출 증대를 위해 대량 메뉴 및 세트 메뉴를 구상해야 하며, 밑반찬에도 신경을 써야 한다.

❻ 오픈 후 3개월 정도는 원가 부분을 고려해서 식재료를 너무 아끼면 안 된다. 왜냐하면 우선 고객이 만족해야 번성점이 될 수 있기 때문이다. 그러므로 원가 부분이 지나치게 높지 않다면 원가를 고려해 한두 가지 핵심 식재료를 다용도로 사용할 수 있도록 메뉴를 전문화하는 것이 유리하다.

❼ 메뉴 설정 시 비만성을 고려한 지방질이나 탄수화물이 많은 것은 피해야 하며, 특히 안전·안심 먹거리를 위한 식재료의 비약품성과 약선·웰빙의 특징을 가진다면 더욱 효과적이다.

❽ 주방장의 능력만 믿고 창업했다가 많은 문제점이 야기되고 있으므로 반드시 본인이 자기 점포의 메뉴는 조리할 줄 알아야 하며 확실한 레시피를 갖추고 있어야 한다.

---

18) 김헌희 외 4인 공저, 「외식창업실무론」, 백산출판사, 2008. 2, pp.270~274.

⑨ 경영주의 지나친 개인 기호에 좌우되어서는 안 되며 고객에게 다양한 선택 기회를 제공하고, 특히 전체적으로 양이 넉넉하고 볼륨감 있는 메뉴를 개발하는 것이 좋다.

⑩ 눈으로 먹는 디자인 시대인 만큼 요리의 예술성을 살릴 수 있도록 요리와 기물의 조화도 충분히 고려해야 한다.

4) 간판 메뉴

간판 메뉴가 있으면 조리 및 작업이 편리하고 사계절성을 띠는 등 식재료 조달이 쉬우며 점포 이미지에 부합될 수 있다. 그러므로 이익이 많이 나는 메뉴 중 고객들이 선호하는 메뉴를 간판 메뉴로 만들어 가야 한다.

(1) 간판 메뉴 만들기[19]

❶ 간판 메뉴로 정한 메뉴에 무료 시식 행사나 권장 판매, 할인 판촉 등 점포의 모든 판촉 방법을 실시해 보다 빨리 간판 메뉴가 될 수 있도록 유도해 나가야 한다.

❷ 원가 비율보다는 맛을 개선하고 양을 증가시켜서라도 고객이 선호할 수 있도록 메뉴를 개선해 나가야 한다.

❸ 목표 간판 메뉴는 포장이나 서빙 용기 등에도 고급화·차별화를 시도해 나간다.

❹ 상차림 등에도 특별한 배려를 해 이 메뉴를 제공받는 고객이 최상의 고급스러움을 경험하고 볼륨감과 더불어 만족감을 느끼게 해야 한다.

❺ 단시간 내에 제공받아 만족감을 느낄 수 있도록 맛, 분위기, 서빙 속도에 꾸준한 교육과 훈련이 필요하다.

❻ 시각, 청각, 미각, 후각 등 오감을 최대한 부각시켜야 빠른 효과를 볼 수 있다.

(2) 간판 메뉴의 효과

❶ 사전 준비가 가능하므로 신속한 메뉴 제공에 따른 객석 회전율을 높일 수 있다.

❷ 간판 메뉴에 따른 주방의 조리 작업과 식재료의 정리 작업이 쉽게 되어 소수 인원으로 대량의 조리가 가능해진다.

---

19) 김헌희 외 4인 공저, 「외식창업실무론」, 백산출판사, 2008. 2, pp.277~278.

③ 다품종, 소량의 식재료 사입에서 소품종 대량 구매에 따른 가격 인하가 가능해져 원가 절감의 효과가 나타난다.

④ 맛, 신속한 서빙 등에 따른 신뢰로 고객이 보다 안심하고 이용할 수 있다.

⑤ 전문점 시대에 알맞은 메뉴 콘셉트 구성이 용이하고 점포의 지명도를 높일 수 있다.

⑥ 전문점 시대에 맞는 메뉴 구성이 가능하며 관리의 효율화를 통해 합리화, 전산화로 이어져 정부가 요구하는 레시피화로 한식의 경우 세계화가 가능해진다.

(3) 히트 메뉴 개발 기법

① 시각, 청각, 촉각, 후각, 미각 등 오감을 부각시킬 수 있는 메뉴를 개발한다.

② 고객이 직접 참여할 수 있는 놀이나 오락적 욕구를 충족시킬 수 있는 메뉴를 개발한다.

③ 바쁜 날에는 판매 메뉴 품목 수를 한정하고 특별한 날에는 특별 메뉴(어린이 세트, 어버이날 특선 메뉴)를 개발한다.

④ 질보다 양에서 히트 메뉴를 개발한다.

⑤ 벤치마킹을 통한 아이디어를 개량해 메뉴를 개발한다.

⑥ 유명 식당을 많이 견학해 경험이 축적되고 정열적인 의욕만 있으면 개발이 가능하다.

⑦ 조리 관련 서적, 신문, 잡지, 케이블 TV, 인터넷 검색 등을 통한 스크랩과 정보 수집으로 가능하다.

5) 신메뉴 개발

외식 프랜차이즈 상품을 구성하고 있는 메뉴, 청결, 서비스, 분위기 등은 모방이 쉽기 때문에 많은 경쟁자들이 끊임없이 시장에 진입하고 있다. 시장에서 경쟁 우위를 갖기 위해 레스토랑은 여러 가지 전략이 필요하지만, 무엇보다 경쟁자의 도전이 시작되기 전에 새로운 메뉴를 개발하거나 신규 시장 개척을 통해 그들이 따라오지 못하도록 해야 한다.

외식 프랜차이즈는 같은 업종·업태의 영업 형태끼리의 경쟁뿐만 아니라 편의점 등 타 업종과도 경쟁을 해야 하는 상황에 직면하고 있다. 예를 들어 편의점의 메뉴를 보면 알 수 있듯이 소수의 메뉴 품목을 갖추고 있던 예전과 달리 최근에는 샌드위치나 에스프레소, 케이크, 식사 메뉴 등에 이르기까지 다양한 메뉴 품목을 갖추고 있다.

신메뉴 개발은 고객의 욕구에 따른 제품 개발, 즉 마케팅의 개념에서 시작해야 한다. 상품이 잘 팔리는 요인은 여러 가지이고 단순한 요인만으로는 성공적인 메뉴를 개발할 수 없다. 그 지역의 풍토, 식습관, 음식 트렌드, 고객의 이용 동기 등은 물론이고 고객이 어떻게 식사를 하는지 분석하고 거기에서 고객이 무엇을 요구하고 있는지를 발견해 메뉴 개발에 반영하는 것이 중요하다.

조리사도 자신의 맛, 형태 등을 고집할 것이 아니라 고객의 기호와 욕구의 변화에 대응하고 그 변화에 자신의 기술을 살려나가는 유연한 자세를 가지는 것이 중요하다.

6) 메뉴 가격 결정 시 고려 사항

메뉴 가격은 그 식당이 추구하는 고객층이 만족할 수 있고 식당의 수익성과 조리 능력, 접객 능력, 시설 능력 등 경영 방침과 부합되는 가격 결정이 필요하다. 또한 식자재비, 인건비, 일반 관리비, 목표 이익의 합으로 최적 판매가를 결정하기에 앞서 외식, 특히 현재 운영 중인 업소는 다음과 같은 사항들을 고려해야 한다.

(1) 경쟁업소들 간의 동종 메뉴 가격들

타 업소의 동종 메뉴들과 가격을 비교하기 위해서는 1인분 정량이 서로 같거나 비슷해야 한다는 것을 전제로 한다. 정량이 다르면 가격 결정의 중요한 요소인 원가가 달라져 객관적인 비교가 어렵다. 그리고 함께 제공되는 부식의 종류와 양도 정확한 비교를 위해서는 반드시 고려해야 한다. 조금 다른 경우로 뷔페 식당 간의 객단가를 비교하려면 메뉴의 종류와 가짓수가 기본적으로 같거나 비슷해야 비교가 가능하다. 예를 들어 30여 종의 한식 메뉴를 제공하는 뷔페 식당과 50여 종의 양식 메뉴를 자랑하는 뷔페 식당의 비교는 기본적인 조건이 달라서 비교가 불가능하다.

(2) 전체 메뉴에서 개발 메뉴가 차지할 판매 비중

판매량과 공헌 이익을 기점으로 전체 메뉴에 대한 가격 정책의 효율성을 검토하면서 개발 메뉴가 전체 메뉴에서 판매되는 비중을 파악하는 것도 가격 결정에 앞서 이루어져야 할 중요한 부분이다. 높은 판매력과 이익 공헌도를 보이면서 리더 격의 메뉴가 될 것인지 아니면 전체 매출 증가를 위한 전략 품목으로서 높은 원가율에 비해 상대적으로 낮은 메뉴 가격으로 대량 판매가 목적인지, 또는 단순히 고객 선택의 여지를 넓히기 위해 추가되는 메뉴에 불과할 것인지 그 자리매김에 따라 가격이 달라져야 하기 때문이다.

(3) 가격에 대한 고객들의 반응

고객들의 메뉴 가격에 대한 반응은 무엇보다도 그들이 인식하는 메뉴 자체의 가치에 의해 좌우된다. 일례로 찜닭과 닭갈비의 가치 인식도를 비교해 보면 특별한 경우를 제외하고 찜닭의 가치가 높으므로 찜닭과 닭갈비의 가격 정책에 고객들의 가치 인식의 차이가 반영돼야 한다는 것이다.

(4) 동종 메뉴 간의 호환성

동종 메뉴표에서 품목들 간의 가격 차이가 심하면 선택해야 하는 고객들은 보통 잠깐이나마 고민하게 된다. 일반적으로 가격대가 넓으면 고객들은 저렴한 메뉴를 선택하는 경향이 있으므로 전체적인 매출액을 높이기 위해서라도 동종 메뉴 간에는 가격대가 너무 넓지 않도록 책정한다.

7) 메뉴 가격 결정 방법

❶ 일반적으로 식재료 원가 비율을 고려해 보통 30~40%선에서 형성되지만 면류는 20~30% 수준이고 패스트푸드점은 37~45%, 생고기 전문점 같은 고기류는 35~45%까지 육박하기도 한다.

❷ 음식의 노하우가 독특하거나 상대적으로 희소성이 있는 경우 이를 고려해 결정되기도 하는데 이때 가격을 높게 책정해도 무방하지만 메뉴가 확산되고 경쟁점이 늘어나기 시작하면 시장의 전반적인 소비 가격이 내려갈 수 있기에 경쟁점에 비해 가격 경쟁력이 떨어질 수 있다는 점을 고려해야 한다.

❸ 점포가 위치한 해당 상권의 소득 수준과 고객층 그리고 경쟁점과 영업 전략을 고려해 충분하게 분석한 후 가격 결정을 해야 한다.

❹ 비용에 목표 이익을 합한 가격 정책, 단체 급식과 같이 최저 기본 객단가를 설정해서 하는 방법 등도 있다.

참고로 식당 경영을 하다 보면 식재료 원가 인상이나 인건비 상승 등으로 인해 메뉴 가격 인상이 불가피할 경우가 있다. 이때는 고객이 공감할 수 있는 사유와 명분이 있어야 한다. 만약 그렇지 못하다면 새로운 정식 메뉴나 세트 메뉴를 개발한다거나 고객이 많이 찾지 않는 메뉴부터 인상하는 등 우회적인 방법으로 자연스럽게 인상시켜야 한다. 반대로 가격 인하 시에도 고객 보답 차원이나 신조리법 개발 등 명분이 있어야 한다. 단순히 경쟁점에서 인하하니까 어쩔 수 없이 한다는 느낌을 주어서는 안 된다.

Chapter 09

외식 프랜차이즈
상권 입지 분석

1 상권·입지 조사 분석의 목적과 절차

1) 조사 분석의 목적과 과정

외식 프랜차이즈 직영점이나 가맹점 개발을 위한 점포 후보지를 선택하고 그 후보지 안에 있는 점포를 선정하기 위해 상권 조사, 입지 분석을 하게 되는데 창업 전에는 사업성이 있는지 충분히 검토해야 하고, 창업 후에는 상권의 특성을 잘 알고 있어야 경제적이고 효과적인 점포 경영이 가능하다. 여기서 상권이란 대지나 점포가 미치는 영향권으로 거래의 범위를 말하는데, 고객이 음식을 먹거나 내점할 수 있는 지리적인 범위를 의미한다. 또한 영업하는 데 있어서 우리 점포의 고객이 될 수 있는 대상이 얼마나 있는가 하는 한정적인 지역 범위를 말하는 것으로 그 범위를 축소해 가면서 분석 기법을 활용한다. 입지란 대지(垈地)나 점포가 소재하고 있는 위치적인 조건으로 접객 장소를 의미하며 인구의 특징, 소득 수준, 구매 습관,

표 9-1 **입지와 상권의 비교**

	입 지	상 권
개념	터(장소)나 점포의 위치적인 조건 (Location)으로 시간적, 공간적 범위	터(장소)나 점포가 미치는 영향권의 범위 (Trading Area)로 실소비를 이루고 있는 분포 지역의 소비 심리를 이루는 주체
물리적 특성	평지, 도로변, 상업 시설, 도시 계획 지구 등 물리적인 상거래 공간	대학가, 역세권, 아파트 단지, 번화가 등 비물리적인 상거래 활동 공간
KEY WORD	POINT(강조점)	BOUNDARY(경계선)
등급 구분	A급지, B급지, C급지	1차 상권, 2차 상권, 3차 상권
분석 방법	점포 분석, 통행량 분석	업종 경쟁력 분석, 구매력 분석
평가 기준	점포의 권리금, 임대료와 보증금과 가시성, 접근성	반경 거리(250m, 500m, 1km)

교통 및 접근성에 많은 영향을 받는다. 상권 분석은 상권 전체의 성쇠 여부를 평가하는 것이고 입지 분석은 개개 점포의 성패 여부를 파악하는 것으로 보면 된다. 따라서 상권 분석을 먼저 하고 입지 분석은 그 뒤에 해야만 제대로 된 점포를 구할 수 있다.

상권 조사나 입지 분석은 고객을 파악하고 사업 범위를 제대로 분석해야 한다. 이것은 가맹희망자의 경영 능력 향상에 도움을 주며 자기가 희망하는 업종 또는 업태가 가장 활성화될 수 있는 장소를 선택할 수 있도록 한다. 입지와 상권 조사를 통해서 자기 점포의 영업이 잘될 것인지, 또 매출은 어느 정도가 될 것인지 예측하기 위한 기초 자료로 활용할 수 있다. 따라서 상권·입지 분석이 단순한 보고서와 같은 형식적인 업무가 되어서는 안 된다.

점포 운영 및 채산성이 무엇보다도 중요하므로 개점 입지는 업종·업태별 특성을 감안해 독립형 건물과 복합형 건물로 구별한다. 건물 층별 고객 흡인력, 상주하는 인구와 유동 인구로 어느 정도 구분해 통행량을 조사하고, 사람이 모이는 장소인지 분산지인지, 고객 흐름이 유동적인지, 정체적인지 등도 조사해야 한다.

주변 상권 조사는 번화가 또는 중심 상가, 금융 등 오피스가, 주택가나 아파트 단지, 학원가, 대로변 입지, 유원지 입지 등의 입지적 분류를 통해 분명한 타깃을 고려해야 하고, 유사 혹은 동종 업종·업태의 메뉴 가격대, 객단가, 매출, 고객층을 세분화해 시장 분석을 해나가야 한다. 이런 내용들은 시간대별, 요일별(평일, 토요일, 공휴일), 날씨별, 남녀별, 연령별, 직업별 등의 기준을 토대로 상권 반경 내에서 직접 조사한 다음 분석, 진단, 평가를 통해서 메뉴 및 가격대 등을 입지 전략에 반영해야 한다.

외식 프랜차이즈의 상권·입지 분석의 목적은 다음과 같다.

상권·입지 분석은 일반적인 창업의 경우에는 업종·업태 선정의 기준을 제시하고 임대료 책정의 평가 기준이 되며 영업 활성화를 위한 마케팅 전개와 매출 측정의 기초 자료로 활용된다.

프랜차이즈의 가맹본부 상권·입지 분석의 경우는

첫째, 시장 환경 조사를 해야 하는데 이는 유사 업종·업태 간의 과당 경쟁은 없는지, 테이크아웃 커피 전문점이나 김밥 전문점과 같이 고객 수요의 증가도 없이 매장만 증가해 업종·업태의 라이프사이클만 짧아지는 것은 아닌지, 가맹본부의 경쟁력과 차별화로 시장을 주도하거나 지배할 수 있는지, 적재적소에 잘 입점할 수 있는지, 그리고 규모의 경제를 실현할 수 있는지가 관건이다. 주의할 점은 가맹 희망자와 입점 예정 점포를 방문해 상권 입지에 대해 충분히 설명하고 자사 브랜

드의 경쟁력으로 출점하기에 적합하다는 점을 인지시켜 신뢰를 구축해야 한다.

둘째, 상권 지배력의 검증이 필요한데, 신규 출점을 준비하고 있다면 상권의 시장 지배력에 대한 충분한 검토가 필요하다. 자사 브랜드가 상권에 출점되었을 때 경쟁 점포 브랜드와의 경쟁력을 검토해야 하며 그에 따라 입지 조건과 위치적 우위, 브랜드 인지도, 수익 구조, 고객 만족도 등을 충분히 고려해야 한다.

셋째, 요즘 가맹희망자들은 가맹본부의 상권 분석과 점포 개발 능력에 의구심을 갖고 있는 경우가 많아 가맹본부의 상권 입지 분석에 대한 맹목적인 수용은 기대하기 어려우므로 치밀하고 체계적인 상권 입지 분석으로 신뢰성을 높여 가맹계약을 활성화시킬 수 있다. 가맹본부의 체계화된 상권 분석 시스템과 매뉴얼화된 문서로 가맹희망자들이 신뢰할 수 있고, 또 직접 참여 가능하도록 해야 가맹계약이 활성화될 뿐만 아니라 가맹사업도 활성화될 수 있다.

넷째, 사업의 타당성 검증을 통한 점포 적합성 평가로 일부 가맹본부들이 가맹계약에만 치중해 부적합 상권 입지에 신규 출점을 강행시켜 얼마 가지 못하고 매출과 수익이 기대에 미치지 못해 폐점하는 사례들을 종종 보게 되는데, 사업의 타당성 분석, 즉 손익 분석과 가맹희망자의 능력, 금전적인 능력까지도 충분히 고려해야 한다.

다섯째, 상권·입지 분석 시 자료를 충분히 검토해 향후 상권 유형에 맞는 전략적 메뉴 구성이나 점포 운영 기법과 마케팅 전략의 차별화를 병행할 수 있도록 해야 한다.

2) 상권의 범위와 분류

상권 분석은 현실적으로 어느 구역까지 상권을 분석할 것인가 범위를 설정해야 하는데, 크게 공간적 범위, 내용적 범위, 절차적 범위로 나눌 수 있다.

먼저 공간적인 범위는 상권의 범위를 말한다. 예정 점포가 있는 경우는 2차 상권까지 조사하는 것이 좋고, 없는 경우는 그 지역의 핵심 점포를 중심으로 원을 설정해 반경 500m 이내로 조사하는 것도 무방하다. 내용적인 범위는 업종 업태에 대한 분석, 시장 규모 분석, 매출 예측 분석, 수익성 분석, 라이프스타일 분석 등을 말하며 절차적 범위는 방법론적 범위를 설정하는 것으로 직접 현장을 방문해 유동인구 조사를 한다. 업종 업태의 분포도 조사는 리서치하는 방법과 인구, 성별, 소득수준과 같은 통계 자료 조사 방법을 많이 사용하며 이 두 가지를 혼용하는 방법도많이 사용하고 있다.

상권의 설정은 특정 점포가 고객을 끌어들이는 지리적 범위가 어느 정도인가를 파악하는 것을 말하며 매출 구성비의 의존도가 높은 정도에 따라서 일반적으로1차, 2차, 3차 상권으로 구분된다.

[표 9-2]를 바탕으로 한국적 외식 문화를 상권에 접목시켜 본다면 식사 위주는1차 상권이라고 하고 호프와 같은 주류 위주는 2차 상권이라 하며, 노래방과 같은유흥 업소로 이동하면 이를 3차 상권이라고 한다. 늦은 밤까지 영업하는 유흥 상권일수록 점심 매출이 떨어지는 경향이 있다.

표 9-2 **상권의 구분**

	1차 상권	2차 상권	3차 상권
개별 점포	점포 매출 또는 고객 수의 65~70% 정도 이상을 점유하는 고객의 거주 범위로 도보로 10분 이내의 소상권	1차 상권 외곽 지역으로 매출 또는 고객 수의 25~30% 정도 이상을 점유하는 고객의 거주 범위	2차 상권 외곽 지역으로 매출 또는 고객 수의 5% 정도 이상을 점유하는 고객의 거주 범위
공동 점포	상권 내 소비 수요의 30% 이상을 흡수하고 있는 지역	상권 내 소비 수요의 10% 이상을 흡수하고 있는 지역	상권 내 소비 수요의 5% 이상을 흡수하고 있는 지역
패스트 푸드	500m	1,000m	1,500m
패밀리 레스토랑	1,000m	1,500m	3,500m
캐주얼 레스토랑	1,500m	2,500m	5,000m

3) 입지·상권 분석 절차

일반적인 입지·상권 분석 방법은 다음과 같다.

*업종 선정 — **1. 물건 정보 수집**

출점 전제 조건
· 출점 지역 선정
· 법적 용도 제한
· 점포 비용 전제
· 점포 층별 전제
· 점포 면적

· 정보 루트 활용
 (신문, 잡지, 생활정보지, 광고,
 인터넷 검색 등)
· 희망 상권 내 직접 점포 임대 체크
· Man-to-man 수집
 (지역 부동산 중개인, 건축주,
 건설업자)

2. 후보 점포 조사

점포 현장 조사
· 전면 길이, 점포 형태, 도면
· 전용 면적, 기둥 위치, 노후도
· 천장 높이, 주차 시설, 소유주
· 전기 용량, 층별 위치, 환기 시설
· 건물 전체의 업종 구성, 가스,
 수도, 정화조 용량, 소방 설비 등

공부 서류 조사
· 토지, 건물 등기부등본
 (소유주, 근저당 여부)
· 건축물 관리 대장
 (노후, 용도, 주차장)
· 도시계획확인원(차후 변경 등)
· 건축 허가서(신축 건물의 경우)

3. 입지 조사

지리적 위치 조사
· 지형, 지세, 부분 입지
· 시계성, 접근성
· 구매 동선, 생활 동선
· 교통시설, 보행 도로
· 교통 수단별 접근성

공기능적 위치 조사
· 지역의 주요 기능 파악
 (주 기능, 부 기능)
· 야간 인구 유발 기능
· 대형 집객 기능

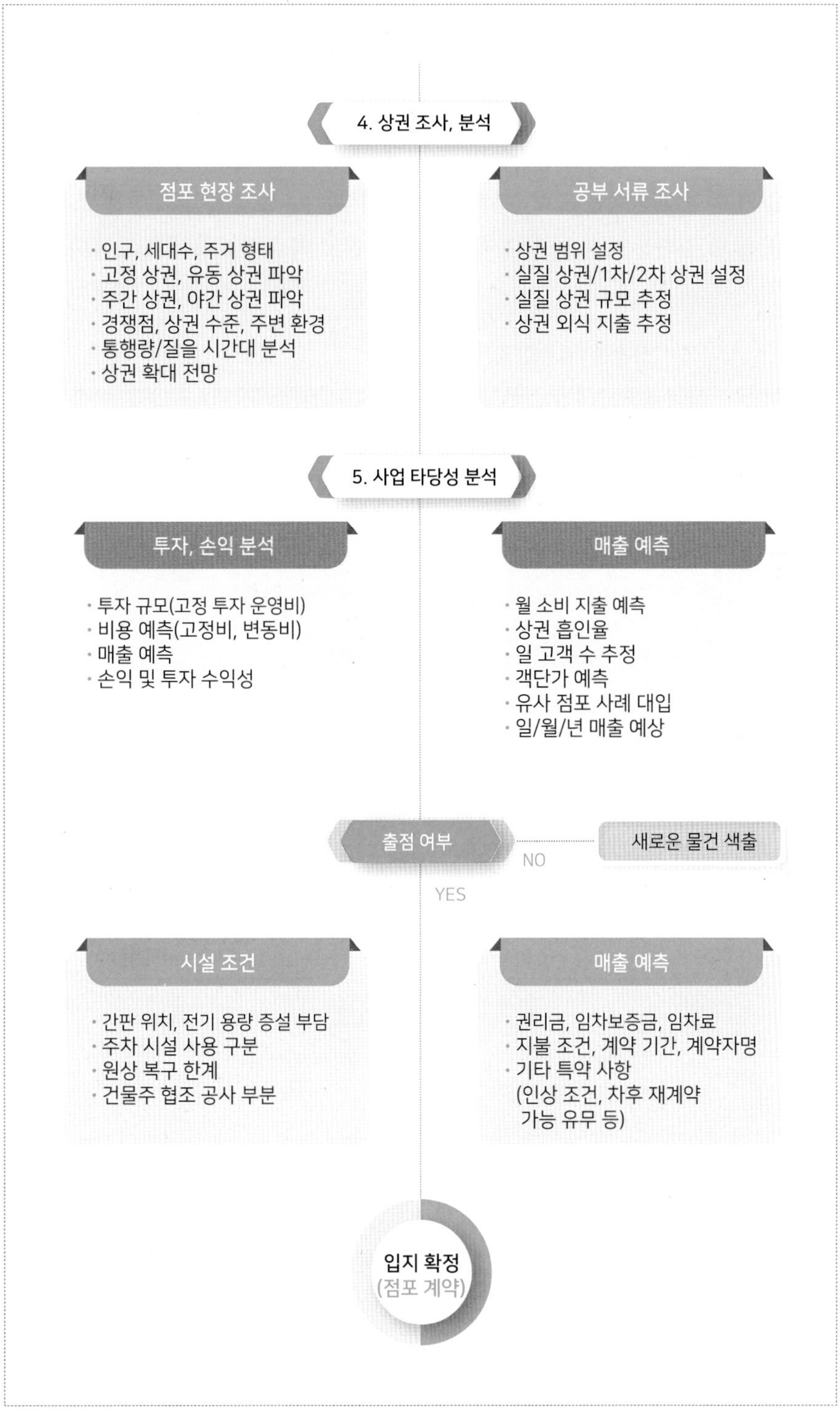

4. 상권 조사, 분석

점포 현장 조사

· 인구, 세대수, 주거 형태
· 고정 상권, 유동 상권 파악
· 주간 상권, 야간 상권 파악
· 경쟁점, 상권 수준, 주변 환경
· 통행량/질을 시간대 분석
· 상권 확대 전망

공부 서류 조사

· 상권 범위 설정
· 실질 상권/1차/2차 상권 설정
· 실질 상권 규모 추정
· 상권 외식 지출 추정

5. 사업 타당성 분석

투자, 손익 분석

· 투자 규모(고정 투자 운영비)
· 비용 예측(고정비, 변동비)
· 매출 예측
· 손익 및 투자 수익성

매출 예측

· 월 소비 지출 예측
· 상권 흡인율
· 일 고객 수 추정
· 객단가 예측
· 유사 점포 사례 대입
· 일/월/년 매출 예상

출점 여부 ──── NO **새로운 물건 색출**

YES

시설 조건

· 간판 위치, 전기 용량 증설 부담
· 주차 시설 사용 구분
· 원상 복구 한계
· 건물주 협조 공사 부분

매출 예측

· 권리금, 임차보증금, 임차료
· 지불 조건, 계약 기간, 계약자명
· 기타 특약 사항
  (인상 조건, 차후 재계약
   가능 유무 등)

입지 확정
(점포 계약)

그림 9-1 **입지·상권 분석 FLOW**

초보자로서 상권 조사를 하려면 쉽지가 않은데 먼저 준비물(조사 지역, 카메라, 지도, 카운터 등)을 준비하고 상권 내의 지역 정보 수집(인터넷, 주류·식자재 납품업체, 거주민이나 행상 등)을 하면서 지도를 작성(교통 표시, 아파트 세대수, 집객력, 음식점, 유동 인구 등)하고 후보 아이템을 선정한다. 이 후보 아이템이 입점 가능한 한두 곳의 입지 장소를 선정하고 나서 그 입지 장소의 예상 매출액을 조사·분석해 출점 여부를 결정하면 된다. 이를 조사하기 위해 직접 발로 뛰는 것이 가장 정확하며 아래 참고 자료를 이용해도 도움이 된다.

표 9-3 **입지 조사·상권 분석을 위한 참고 자료**

조사의 종류	내용	참고 자료
상권 조사	소매 점포 또는 집객 요소 등 고객을 흡입하는 지역 표지를 위한 자료	「광역지도」 「지번도」
상권 인구, 거주자 특성 조사	상권 인구(총수, 남녀별, 연령별), 세대수(총수, 세대별), 산업별 취업 인구, 학력, 인구 동태(자연 증감, 사회 증감), 거주 형태, 거주 수준, 학생 수, 진학률	「각행정통계연보」 「인구동태조사」 「주택통계조사」 「학교기본조사」
구매력, 소비 성향 조사	상권 세대별 소득, 가계 지출	「도시가계연보」 「사회생활기본조사」
교통, 통행량 조사	도로 상황, 교통 운행 상황, 주요 역의 승강객 수, 차량 통행량	「교통연감」 「지하철공사」 「경찰서」 「시·구청 교통과」
상점, 경쟁점 조사	상권의 점포 수, 매출, 면적, 직원 수, 대형점 위치, 주차장, 면적, 영업 시간, 외식업 통계, 현장 방문 조사 등	「지역경제총람」 「유통업체연감」 음식업 각 지부, 시청이나 구청위생과
각종 지역 정보 조사	시가지의 형성, 도시 계획 상황, 도시 개발 상황, 각종 행정지도의 내용, 도시 계획상의 규제 내용 등	「도시기본계획」 「행정백서」
주택 현황	주거지의 주택 소유 현황	부동산이나 주택공사
법령 조사	건축법, 소방법, 위생법 등의 내용	각종 법령집

이 외에도 '월간식당', '외식경영', '식품외식경제', '식품연감' 등을 참고하면 도움이 될 수 있다.

2 입지·상권 분석 방법과 조사 내용

외식산업은 입지 산업이라 할 만큼 입지 선정이 무엇보다 중요하다.

입지란 통상적으로 점포의 목을 말하는데, 입지 여건이나 상권은 시대별 트렌드나 취향에 따라 변화하기 때문에 경영자는 항상 그 상권 입지의 정보를 파악하고 있어야 한다. 이를 통해 상권에 맞는 업종·업태를 선정할 수 있으며 그에 따른 메뉴나 가격대 등 주변의 고객 성향에 따라 마케팅 전략을 구사할 수 있다.

입지나 상권은 좋은데 장사가 안 된다는 말을 종종 듣게 된다. 이는 입지 상권에 맞는 메뉴나 가격대 등의 궁합이 맞지 않는 데에 원인이 있을 수 있으므로 식당의 특성, 메뉴, 가격대, 서비스 형태를 선정하기 위해서는 사전에 입지나 상권에 맞는 철저한 조사와 분석이 필요하다.

1) 입지·상권 분석 방법

입지·상권을 분석하기 위해서는 먼저 주변의 가장 높은 곳에 올라가서 전체적인 상권을 파악한 후 사람이 모이는 곳과 영업이 가장 잘되는 곳을 파악해야 한다. 그리고 그곳을 지나는 사람들의 옷차림새, 주변 식당들의 직원 수, 출근 시간대, 점심과 저녁 상권, 유동객의 연령층 등을 파악하고 타 점포들과의 경쟁 우위에 있는 점포들도 체크하도록 한다. 더욱 효과적인 조사를 위해서는 평일, 토요일, 일요일 등으로 구분해 조사해야 한다.

입지 조건이 우수하고 임차료도 적고, 계약 기간이 안정적이며 권리금이 없는 곳이 가장 좋은 점포인데 사실 이러한 점포는 찾기가 쉽지 않다. 최적의 점포를 찾기 위해서는 지역의 부동산, 인테리어 업체, 주방 업체, 주류나 식재 납품업체, 프랜차이즈 가맹본부 점포 개발팀들을 잘 활용하면 되는데, 그러기 위해서는 먼저 신뢰가 구축되어 있어야 하고 장기적 가치에 대한 대가도 지불해야 한다.

입지를 선정할 때는 가시력, 상권력, 인구 밀도, 성장성, 주차장, 비교 우위성, 환금성, 접근성, 영업성, 안정성 등이 반드시 고려되어야 한다. 또한 지역적인 특성도 파악해야 하는데 생활 수준, 동별 인구 수, 주 동선, 고객 성향, 연령별, 성별, 외부 유출 및 유입 여부, 학교 분포와 학생 수, 고객의 가격 거부감, 금융권, 고객 유입 요소, 지역 내 우수 점포, 임차료와 권리금 시세, 잘되는 메뉴와 안 되는 메뉴, 빈 점포나 임대 점포 현황, 상권의 성장 및 쇠퇴 여부 등을 확인해야 한다.

❶ 업종·업태의 규모 등에 따라 다르겠지만 우선 지도를 구입해서 1차 상권, 2차 상권을 원으로 그려 한눈에 파악할 수 있도록 한다. 상권은 범위 개념이 강하므로 아파트 단지, 쇼핑 센터, 사무실 등 배후 인구 수와 상권 내의 업종 구성을 통해서 도움을 줄 업소와 경쟁 상황을 체크할 수 있다. 입지는 점포가 위치한 한 개의 점으로서 점포의 가시성, 통행의 흐름, 점포의 모양새, 접근성 등이 중요한 요소가 된다.

❷ 고객 동향 조사의 경우에는 특히 아이템과 목표 고객 분석을 잘해야 하는데 인구수, 연령, 성별, 직업 분포, 주거 형태, 가처분 소득, 세대수, 경제 수준, 소비 형태, 유동 인구, 외식 빈도, 교육 수준, 목표 고객들의 주 이동 시간대 등을 파악해 이들의 접근이 용이한지 여부와 개점 후 재방문이 가능할 수 있도록 메뉴 개발, 가격, 고객 관리 방법 등을 가맹본부와 연구하도록 한다.

❸ 잠재 고객 수도 파악해 하고자 하는 업종·업태의 고객층이 충분한지 검토한다.

❹ 접근이 용이한지 파악해야 한다. 주변 은행이나 전철, 도로, 쇼핑 센터 등에서 접근을 쉽게할 수 있도록 출입구의 위치, 계단, 횡단보도, 차량 통행 방향, U턴 지점, 주차 시설 등을 파악해야 한다. 접근이 용이하지 않으면 시설이 뛰어나거나 저렴하다고 해도 고객의 방문을 유도하기가 쉽지 않다.

❺ 배후지 인구, 유동 인구와 업종 구성 분석을 통해 상권을 파악했어도 상권은 지속적으로 변화하므로 현장 방문을 통해 노점상이나 그 지역에 납품하고 있는 납품 업자들에게 탐문 조사를 해야 한다. 대형 평수의 아파트 단지보다 중소형 아파트를 끼고 있는 것이 유리하다. 대형 평수 고객은 시내 중심가에서 쇼핑하고 외식을 하는 경향이 짙고, 중소형 고객은 주로 가족 중심의 소비 형태로 주변에서 외식을 하는 경우가 많기 때문이다. 그러나 최근에는 상권이 소상권화되면서 아파트 단지뿐 아니라 단독 주택이나 연립 주택 등 거주지 인근 상권이 급부상하고 있다.

❻ 기존에 있는 점포를 조사할 필요가 있는데 기존 점포의 수, 주 메뉴, 메뉴 가격, 판매 전략, 서비스 형태, 매출 실적 등의 경쟁 변수와 문제점을 파악해야 한다. 또 경쟁점의 시설, 매출액 등을 분석하면 그에 따른 대응 전략, 차별화 전략을 세우는 데 도움이 된다.

❼ 점포의 위치상 자연적인 홍보가 가능한지, 즉 간판의 위치나 크기, 건물 전체의 규모, 주변 유동 인구 등 자연적으로 인지도를 높일 수 있는지와 함께 점포 주변이 주거 지역인지 상업 지역인지, 어떠한 개발 계획이 있는지 등 상권의 주 기능과 변화 가능성까지도 고려해야 한다.

❽ 입지 조건 파악 요령

  ㉠ 점포 앞의 유동 인구를 파악해야 하는데 유동 인구가 많다고 해서 다 좋은 것은 아니므로 자기 식당의 고객이 될 수 있는 인구를 분석하는 것이 필요하다. 유동 인구가 많아 혼잡하고 학생층이 많은 곳은 전문 식당의 입지로 적합하지 않다.

  ㉡ 노점상은 특별한 경우를 제외하고는 가장 장사가 잘되는 곳에 위치하기 때문에 입지 선정의 좋은 자료가 될 수는 있으나 시야와 접근성 때문에 장애가 될 수 있다는 점에서 검토가 필요하다.

  ㉢ 회전율이 빠른 음식점들은 대로변이 어울리지만 편안하게 술과 함께 저녁식사를 위주로 하는 식당은 이면 도로가 적합하고, 오르막길보다는 내려가는 길 쪽, 사람이 모이는 낮은 쪽에 위치한 점포가 좋다.

  ㉣ 전철이나 버스 정류장, 관공서, 은행, 영화관 등 집객 시설이 몰리는 쪽의 동선에 자리잡은 점포와 퇴근길 쪽이 목이 좋다.

❾ 모든 조건을 충족시킬 수 있는 점포 입지의 선택은 현실적으로 어려울 뿐만 아니라 비용 또한 만만치 않다. 그러므로 다음과 같은 악조건의 점포를 피하는 것이 현명하다.

  ㉠ 상가 주변에 공터나 엉뚱한 업종이 들어가 있어 상권을 단절시키는 경우가 있으므로 상가의 연속성이 끊어진 점포는 피한다. 또한 공터에 차후 보다 큰 경쟁점이 생길 수도 있다.

  ㉡ 계약 만료 시점에 건물주가 직접 운영하려고 재계약을 해주지 않는 경우 그동안 고생해서 이룬 번성점에 대한 권리금을 받지도 못하고 쫓겨나는 경우도 발생할 수 있기에 건물주가 현재 식당업이나 유사한 업종에 종사하는 경우는 피한다.

  ㉢ 타 점포에 비해 임대료가 싸거나 권리금이 없는 경우는 조심한다. 이럴 경우에는 건물상의 하자 및 근저당, 담보 등의 설정이 과다하게 되어 있을 소지가 많기에 의심해야 한다.

ⓔ 요란한 광고와 분양을 하는 대형 빌딩 특수 목적의 상가는 일단 완전 분양이 되지 않을 시 부도나 건물의 미등기 등으로 문제의 소지가 많으며 사기성이 높다는 것을 명심해야 한다.

ⓜ 주인이나 간판이 자주 바뀌는 점포는 건물의 하자를 의심해야 한다.

ⓗ 식당은 모여 있을수록 잘되기에 주변에 식당이 없는 경우는 피한다.

ⓢ 일반 식당의 경우 심리적인 불안과 음식을 직접 먹는 모습을 보여주기 싫어하는 고객의 습성 때문에 자연 지형물인 하천, 둑, 경사진 곳과 인공 지형물인 철로, 지하도나 육교의 근처, 장애물 시설인 병원, 주유소, 쓰레기 처리장, 지하실, 종교 단체나 유흥 시설이 같이 있거나 출입구가 서쪽을 보는 곳과 2층은 피하는 것이 좋고, 버스 승강장 바로 주변은 좋은 곳이 아니다.

ⓞ 창업 초보자는 신도시나 신축 건물의 함정을 피해야 한다. 신규 입주에 따른 부담으로 인근 거주민들의 외식 관련 지출비가 3년 이내는 비교적 낮다. 입주와 관련되는 배달형 중화요리, 분식점, 입주 축하를 위한 집들이 행사 관련 횟집 등은 초창기에는 호황을 누릴 수 있으나 지속적이지 못하며, 상권이나 입지에 비해서 임대료가 너무 높다.

ⓩ 같은 업종의 큰 점포가 있는 곳에 작은 점포로 창업한다면 강아지가 호랑이굴에 들어가는 격이다.

ⓒ 점포 맞은편에 건물이 없는 곳은 유동객이 상대적으로 적으므로 매출이 부진할 수 있다.

ⓚ 고객은 배고플 때 움직이기 싫어하는 습성 때문에 계단이 있는 점포를 싫어한다.

ⓣ 산업 도로와 같은 큰 도로, 즉 6차선 이상의 도로와 같이 교통량이 많고 차량속도가 비교적 빠른 곳은 어린이들을 동반한 가족 고객일 경우 교통사고 위험 부담으로 기피 현상이 나타나기에 좋지 않다.

❿ 개점 비용과 예상 고객 수, 예상 매출액, 예상 수익률은 사전에 분석해 비용이 적고 수익률이 높은 곳을 선정해야 한다.

표 9-4 **상권 분석 판정표와 수익성 분석 결과**

1. 1차 평가							
평가항목	데이터	A급 상권	B급 상권	C급 상권	평가	점수	
상주 인구		1만 세대 이상	5천 세대 이상				
배송 거리		30km 이내	50km 이내	100km 이내			
연령층		30% 이상	25% 이상	20% 이상			
쇼핑몰 장애		0개	1개	2개			
소득		4천만 원 이상	3천만 원 이상	2천만 원 이상			
주거 형태		70% 이상	50% 이상	30% 이상			
임대 시세		1500	1200	800			
권리 시세		800	500	300			
업종 연계성		30%	20%	10%			
경쟁업체 수익성		100	50	30			
통행 수단		30	20	10			
평균							
2. 매출 분석							
세대수							
전체 유효 수요							
경쟁업체 수							
시장점유율							
월매출							
영업 이익							
월 지출							
순이익							
3. 수익성 분석							
초기 투자비							
연간 순이익							
수익률							
4. 적합성 여부 판정							
1차 모델링 판정: 적합(2.636 〉2)							
수익성 판정: 적합: 0.99 〉0.75(1년 6개월)							

* 출처: 프랜차이즈 경영가이드 총서 2-산업자원부/한국프랜차이즈협회, 2004.

소규모 점포로서 상권·입지 조사 관련 자료를 입수하기 가장 효율적인 곳은 예정점이 위치한 주민센터이다. 주민센터의 경우는 입지해 있는 그 동의 기본적인 정보를 모두 구비하고 있으므로 그곳을 찾아가서 충분한 설명을 하고 양해를 구해 관련 정보를 입수해 자료로 활용할 수 있다. 예정점의 2차 상권, 3차 상권도 주변의 주민센터를 찾아 이용하면 효율적이고 정확한 자료를 활용할 수 있다.

2) 소상공인 시장진흥공단 상권 정보 시스템의 활용 방법

소상공인 시장진흥공단에서 운영하고 있는 상권 정보 시스템은 2005년부터 중소 자영업자들을 위해 상권 정보 시스템을 무료로 제공하고 있다. 이 상권 정보 시스템을 통해 전국의 상권에 대해 업종별, 점포 현황, 소비 패턴, 소득 수준 등 필요한 정보를 알 수 있다.

2021년 상권 정보 시스템의 정보 제공 내역 확대와 더불어 화면을 풀사이즈로 확장하고 불필요한 메뉴를 축소했으며, 간편한 업종과 지역 선택 및 업종과 위치 정보도 함께 활용되도록 개편되었다. 회원 뿐만 아니라 비회원을 위한 간단 분석 기능도 추가되었다. 소상공인 및 예비 창업자의 사업 성공률 제고에 도움이 되는 상권 정보 시스템을 통해 제공받을 수 있는 정보는 다음과 같다.

첫째, 1,500개 지역 상권에 대한 현장 조사를 실시해 유동 인구, 임대 시세 등의 정보를 제공하는 주요 상권 분석 보고서의 열람이 가능하다.

둘째, 1,500개 상권에 대한 10개의 과밀 정보를 쉽게 이해할 수 있도록 도표, 그래프, 그림 등을 통해 이해하기 쉽게 나타내고 있다.

셋째, 동일 상권 내 최대 3개의 동일 업종까지 분석 가능하고 업종 현황, 경쟁업소 현황, 인구 분석, 주요 시설 등의 분석이 가능하도록 각각의 업종을 검색해 비교 분석할 수 있다.

이와 같이 유용한 소상공인 시장진흥공단 상권 정보 시스템을 이용하는 방법은 다음과 같다.

1. 사이트 방문 및 회원 가입 절차의 진행

❶ 선택

❷ 로그인: 로그인을 하면 더 많은 기능을 이용할
수 있음

❸ 상권 정보 시스템 세부 메뉴: 창업 자가 진단,
상권 분석, 시장 분석, 상권 현황, 정책 통계

※ 간단 분석, 상세 분석 및 상권 현황 등을 선택할
수 있다.

2. 창업 자가 진단

❶ 창업 자가 진단 설명

❷ 자가 진단 설문 조사: 성별, 연령대, 회원 유형,
관심 업종, 관심 지역 입력 후 설문 조사

❸ 자가 진단 결과 조회

❹ 자가 진단 결과 출력

※ 진행했던 설문 결과를 화면뿐 아니라 출력해서 볼
수 있다.

3. 상권 분석하기

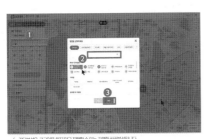

❶ 업종 선택 클릭

❷ 업종 선택 창이 뜨고 해당 업종을 검색하거나
선택할 수 있음

※ 간단 분석은 로그인하지 않고 진행할 수 있으며,
미리 선정된 지역을 선택해 분석할 수 있다.

4. 상권 범위의 설정

✓ 원형 및 반경은 간편한 영역 설정, 다각은 상세한 영역 설정, 상권은 발달상권영역 분석에 용이합니다.

❶ 원형 및 반경을 직접 선택할 수 있음

❷ 광역시도, 시군구를 선택하고 원하는 상권을 선택해 분석이 가능함

※ 원형 및 반경은 간편한 영역 설정, 다각은 상세한 영역 설정, 상권은 발달 상권 영역 분석에 용이하다.

5. 시장 분석하기

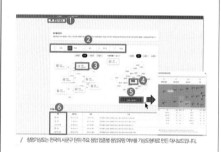

✓ 창업기상도는 전국의 시군구 단위 주요 창업 업종별 창업유망 여부를 기상도형태로 만든 대시보드입니다.

❶ 시장 분석 창업 기상도

❷ 주요 창업 업종을 선택해 볼 수 있음

❸ 시간대는 3개월 전, 현재, 3개월 후, 6개월 후

❹ 광역시 및 시군구 단위이며 판정에 영향을 미친 변수에 대해 볼 수 있고 범례는 양호부터 매우 나쁨 또는 판정 불가로 나눠짐

※ 창업 기상도는 전국의 시군구 단위 주요 창업 업종별 창업 유망 여부를 기상도 형태로 만든 대시보드이다.

6. SNS 분석하기

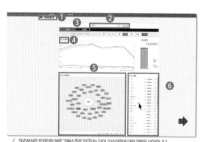

✓ SNS분석은 트위터와 블로그에서 주로 언급되는 단어, 이슈어들에 대한 경향을 보여줍니다.

❶ 시장 분석 중 SNS 분석

❷ 관심 있는 단어를 넣어 검색하며 인지도와 감성으로 나눠서 분석됨

❸ 검색어의 언급량 추이와 이슈어들의 검색 순위도 확인할 수 있음

※ SNS 분석은 트위터와 블로그 등에서 주로 언급되는 단어, 이슈어 등에 대한 경향을 볼 수 있다.

7. 상권 현황

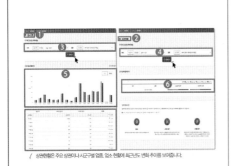

/ 상권현황은 주요 상권이나 시군구별 업종, 업소 현황에 최근년도 변화 추이를 보여줍니다.

❶ 업소 현황과 입력 현황 입력
❷ 행정 구역과 선택 업종에 관한 업소 수 변화 추이를 반기 및 행정 동별로 볼 수 있음
❸ 상권의 매출 지수, 지역 현황, 임대료 현황, 창폐업률 현황을 확인할 수 있음

※ 상권 현황은 주요 상권이나 시군구별 업종, 업소 현황에 최근 년도 변화 추이를 보여준다.

8. 정책 통계 보기

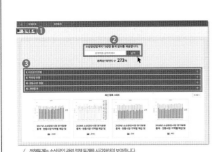

/ 정책통계는 소상공인 관련 정책 통계를 시각화하여 보여줍니다.

❶ 소상공인 현황, 자영업 현황, 전통시장 현황, 관련 통계를 한눈에 볼 수 있음
❷ 통계 그래프를 컨트롤하고 정책 그래프의 원천, 출처 등 자세한 설명을 볼 수 있음

※ 통계화된 정책 자료를 그래프, 즉 시각화해 볼 수 있으며 다른 그래프 탬플릿도 적용된다.

3) 상권·입지 분석 시 조사 내용

표 9-5 **조사 내용**

구분	내용
상권 분석	지형 지세와 지리 조건 교통망과 도로 조건(노폭, 신호등, 건널목, U턴 등) 상권 내 유동 인구와 거주 인구 조건 (연령층, 남녀, 소득 수준, 세대 및 인구 수) 편의시설 및 장애물 시설 종합 평가(상권 특성에 대해)
입지 상권 조사	① 입지의 지리적 특성 조사/가시성(시계성), 접근성, 홍보성, 흡인성 ② 입지의 기능성 조사/통행 인구 유발 기능 　　- 지역적 주요 기능 파악　　　　- 부속 기능(광역, 협의) 　　- 야간 인구 유발 기능　　　　- 대형 집객 기능 　　- 공공 시설, 상업 시설 ③ 통행 인구 분석/현장에서 직접 통행자를 체크해 조사 　　- 통행량 및 통행인의 질 조사 　　- 통행자의 도로 이용 목적(통행 목적) 　　- 통행 인구 조사/성별, 연령별, 시간대별, 직업별 　　- 통행자의 이용 경로 및 거리(구간) ④ 상권 조사 및 분석 　　- 상권 내 오피스 근무자 수 분석 　　- 상권 내 주거 형태, 세대 및 인구 현황 조사 　　- 실질 상권 규모 추정, 상권의 소비 지출 추정 　　- 고정 상권과 유동 상권의 파악, 주간 상권과 야간 상권의 파악 　　- 상권의 확대 전망
상권 내 상업 시설 및 예상 경쟁점 조사	① 상권 내 업종·업태 분석 ② 상권 내의 상품 구성과 판매 가격 실태 조사 ③ 상권 내의 유명 점포 이용자 분석 ④ 상권 내의 유명 점포 영업 현황 조사 분석
상권 내 고객 소비 실태 조사	이 단계에서는 타깃 그룹을 설정해 설문 조사를 실시한다. ① 상권 이용자의 소비 지출 조사 ② 소비자의 이동 수단 조사 ③ 외식 기호도(식음료) 조사/단위별, 형태별, 시간대별 파악
상권의 성장성 조사	① 상권 내의 대규모 구획 및 시설 계획 ② 상권, 상가의 흐름 분석
예정 점포의 권리 분석	건물, 토지 등기부등본, 도시계획확인원, 건축물 관리대장, 건축허가서(신축 건물인 경우)

넬슨의 소매상의 입지 선정 8대 원칙

(1) 현재의 상권력: 배후 기본 구매력을 체크해 지점의 점력이 차지하는 비율 검토
(2) 상권 접근성: 아래 세 가지의 고객이 혼재되어 있으므로 전체를 고려
   - 고객 창출형: 입지력이 떨어지지만 규모, 시설 mix, 판촉·광고 등을 통해 목적객 유인
   - 주변 점포 의존형: 특정 점포에 왔다가 연관 구매할 수 있는 입지인가 체크
   - 통행객 의존형: 통행객이 주 고객이 될 수 있는 번화가 입지인가 체크
(3) 상권 성장 가능성: 가구 수, 인구, 주택, 집객 시설 등 인구와 수입이 증대되는 상업 지역
(4) 중간 저지성: 기존 점포의 동선을 차단하는 입지(주거지와 근무지 중간에 개점)
(5) 누적 흡입력: 동일 업종 업태의 식당들이 일정 수만큼 모여 있을수록 유리하므로 체크(업종·업태에 따라 차이)
(6) 양립성·보완성 입지: 보완 관계에 있는 업태 업종이 근접할 수 있는 입지
(7) 경쟁점 고려: 직접 경쟁과 간접 경쟁을 고려하고 경합이 적은 입지 선택
(8) 입지의 경제성: 투자 대비 수익성으로 입지의 비용을 생산성과 관련해서 분석

4) 입지 조사 시 매출액에 영향을 미치는 요인들

아래의 사항들은 출점 시 영업의 활성화에 많은 영향을 끼치고 있으므로 꼭 체크해야 한다.

❶ 강남, 압구정, 대구의 들안길 등과 같이 출점 예정지 주변의 시장 규모(식당들이 밀집된 대단지)가 크면 클수록 식당 영업에 좋다.

❷ 시야가 좋고 퇴근길이나 U턴이 가까운 곳 등 고객의 동선으로 고객이 찾아오기 쉬운 곳이나 차량의 출입이 자유로운 곳은 식당 영업에 좋다.

❸ 관공서 주변이나 대형 빌딩, 학교 주변에 점포가 위치한 경우, '○○옆', '○○건물 내' 등 인지성이 뛰어나 식당 영업에 도움이 된다.(약속이나 모임 시 위치 설명이 쉬우므로 식당 이용에 많은 도움이 되고 있다)

❹ 예정지 주변이 백화점, 극장가, 대형 패션몰 등의 상업 시설로 소매 시설이 우수하면 고객들의 흐름이 많으므로 식당 영업에 좋다.

❺ 대규모 상업성 유도 시설(대구의 동성로)이 있는 곳, 즉 은행, 백화점, 대형 마트, 전철역 등이 주변에 있으면 식당 영업에 좋다.

⑥ 건물 구조나 기능, 외형, 토지 구조도 식당 영업에 영향을 주고 있다.(건물의 외관도 영업에 기여하며 건물 구조는 가능하면 직사각형이나 정사각형이 좋다)

⑦ 프랜차이즈 가맹점이나 동일 업종 경쟁점 간의 경쟁(추가 서비스 제공, 경품 제공, 가격 할인, 가격 파괴 등)이 치열할수록 많은 영향을 끼친다.(수익성이 떨어지고 생존 경쟁을 해야 한다.)

⑧ 일반적인 건물의 층별 가치 평가는 1층을 100%로 할 때, 2층 75%, 3층 이상은 50%, 주변의 시계성이 아주 양호한 우방 타워랜드의 라비스따 레스토랑이나 호텔의 최상층은 120%로 볼 수 있는데 그 수가 그다지 많지 않다.

⑨ 기타 패션몰이나 쇼핑몰 등 대형 건물 내 푸드코트 형태로 운영할 경우, 업종·업태의 중복에 대한 제한을 두는 곳이 좋다. 제한하지 않을 시 동일 업종의 중복, 다점포화 등으로 고객의 선택 폭이 좁아져 이용 기피 현상과 경쟁 과열 현상이 나타날 수 있으므로 주의해야 한다. 또한 이러한 건물은 식사보다는 구매를 목적으로 하는 10~20대 주 고객층을 타깃으로 저가 상품들 위주로 판매하고 있으므로 식사에 대한 구매력이 크지 않다는 점 또한 신중하게 검토해야 한다.

이 외에 일반 음식점 영업은 학교 보건법 규정의 정화 구역 내의 금지 행위는 아니지만 가무, 유흥 행위 등은 제한을 받게 된다. 절대 정화 구역인 학교 출입문에서 직선거리 50m 이내는 휴게 음식점이나 일반 음식점 외에는 영업 허가가 어렵고, 학교 경계선으로 직선 거리 200m 지역 중 절대 정화 구역을 제외한 곳은 상대 정화 구역으로 이곳에 유흥이나 간이 주점 등을 창업할 경우는 학교 환경 위생정화위원회 심의를 통과해야만 허가가 가능하다. 참고로 심의를 받으려면 관할 교육청에 신청서 1부, 건축물관리대장 1부(행정구청 민원실 발행), 도시계획확인원 1부(행정구청 민원실 발행), 주변 약도 1부를 구비해 신청하고, 그 처리 과정은 접수 → 서류 검토 → 인근 학교 의견 조회 및 현장 답사 → 심의 의뢰 → 심의 → 결재 → 민원인에게 통보순으로 이루어지며, 기간은 접수 후 15일 정도 걸린다.

제2절 상권별 특성과 출점 예정지 조사·계약

1 상권별 특성

표 9-6 **상권별 특성과 유망 업종**

구 분	아파트, 주택가 상권	교외 도로변 상권
특성	• 주목받지 못하다가 교통 혼잡으로 인한 이동의 불편, 맛의 평준화, 문화 시설 확장, 노령 인구의 증가 등으로 최근 부각되는 상권 • 점포 구입 관련 비용이 높지 않은 수준 • 주 고객은 주변 거주자(주부/실버 세대), 상가 종사자, 퇴근길 회사원, 학생, 휴일 가족 고객 등 • 고정 고객화 성향이 강하며, 주변의 스포츠 센터나 소모임 등 단체 고객 유치가 가능	• 자가용 시대에 따른 출퇴근 거리 확대와 레저의 일반화 • 시계성은 양호하나 달리는 차에 따른 시계성이 약한 관계로 사전에 간판 등 고지물 설치의 장애 요인 • 차량 보유 고객과 특별한 이동 목적 고객으로 고정 고객화 가능 • 운전에 따른 피로감을 고려한 친절한 서비스를 고려
유망 업종	• 치킨, 피자, 돈가스, 족발, 중화 요리, 보쌈, 해물 요리, 배달 분식점 등의 배달 업종과 돼지, 소갈비, 닭갈비, 세미 한정식, 칼국수 전문점 등이 유망하며 배달을 겸하면 유리	• 30-50대층의 보신용 음식(오리, 토종닭, 보신탕, 두부, 쌈밥 등)과 연인층을 위한 레스토랑, 고급 카페 그리고 가든 형식의 갈빗집, 한정식, 산채 정식, 민물고기 매운탕 등의 웰빙 음식이 유망
입지 선정 포인트	• 예비 점포를 중심으로 한 자료 수집으로 상권의 질 파악(최소 5,000세대 이상 23~33평대가 유리하며 주 출입구 주변과 시장, 은행, 각종 학원 및 대형 음식점이 모인 곳이 유리) • 건물 선정의 포인트(교통수단, 교통 유도 시설과 시계성, 동선의 평가, 상권의 크기, 예비 점포의 상권 차단 요인 파악) • 가능한 동일 업종, 업태 중 큰 규모가 유리 • 2층도 가능하며 엘리베이터가 있으면 유리 • 실버족과 유모차를 위한 문턱의 높낮이 고려 • 어린이를 위한 놀이방 고려	• 주차장 확보는 필수적이며, 경사진 도로, 상습 교통 체증 지역은 피해야 한다. • 너무 넓은 도로, 주행 속도가 빠른 곳, 사각지대는 피한다. • 일방 통행로보다는 쌍방 통행로가 유리 • 시계성이 좋은 곳(가로수, 주행 속도, 간판 등)과 건널목, 지하도 출입구, 육교와 가까운 곳 • 차량 출입 동선이 좋은 곳 • 경험자가 유리하며 평일보다는 주말 영업이 좋고 전문 식당으로 승부

구 분	사무실(오피스) 밀집 상권	번화가 상가 상권
특성	• 상용 및 접대 형식의 이용객이 많은 곳 • 직장 상주 고객과 거래처 손님이 주 고객 • 신속한 식사 제공(20분)과 요일별 변화 있는 메뉴가 필요 • 복합 메뉴보다는 전문화, 단품 메뉴를 중저가로 판매 • 고정 고객화 성향이 강한 상권으로 주말의 공동화 현상과 점심, 저녁 시간 집중 영업	• 식당 후보지로는 최적이지만 성공을 보장할 수는 없다. • 고객층이 다양하고 유동 인구가 많다. • 점포 관련 비용이 높지만, 객단가가 낮다. • 소형 위주 운영(회전율 극대화)이 필요하며 주 고객층은 20대 젊은 세대의 일회성 고객 • 영업 시간 고려 및 주방 축소를 위한 메뉴 수를 한정
유망 업종	• 돈까스, 우동, 초밥, 설렁탕, 해물탕, 해장국, 호프, 도시락, 막걸리, 삼계탕, 한식, 분식, 횟집, 갈비집, 황태요리, 죽 전문점, 쌈밥, 부대찌개 등	• 대중적인 업종, 업태에서 고급 음식점까지 모두 가능(해장국. 분식, 선술집, T/O 커피점, F/F점, 파스타, 면 요리점, 돈까스, 분식점 등)
입지 선정 포인트	• 1층이 유리하며 1층과 2층으로 된 점포도 좋다(중식은 전층, 아이들 타임에는 1층만 사용) • 월간 영업일 수 20일 정도로 산정하고 출점 계획 수립 필요 • 점심 식사 중심이므로 객석 확보가 가능해야 하며, 대량 생산 • 큰 건물에 있는 인스토어형이 유리하며, 점포 앞 전면이 긴 것도 좋지만 고정 고객 중심으로 임대료를 감안해 후면 깊숙한 곳도 괜찮다. • 점포 출입구에 간이 판매대를 설치 가능한 곳(T/O 메뉴 판매) • 대형 건물(10층 이상)이 100m 이내 몇 개 있는지 조사하고 출입구가 가까운 쪽인지 체크 필요 • 인근에 공용 주차장 유무 체크와 관공서보다 일반 사무실이 많은 쪽이 유리	• 체크 사항(동선 흐름, 간판의 시계성, 건물 출입구, 차 없는 거리, 거리의 분위기와 문화 수준 정도, 중,고가의 여성 관련 점포 유무, 간판 부착 공간 여부, 넓은 창유리 등)을 점검하고 가시력이 좋은 곳이 유리 • 유흥 중심인 경우 점심 매출이 저조하며 심야까지 영업이 필요 • 대형 건물이 50m 이내에 많은 곳이 유리 • 2층이라도 가능(단, 넓은 공간 확보) • 건축물 관리 대장 체크 • 공사의 장애 요인들 체크

구 분	학원가(대학 중심)	역세권
특성	• 1년 중 2/5 정도 휴업 상태(방학) • 전문 급식업체의 구내 식당 운영으로 주변 식당의 어려움이 가중되고 있음 • 상가, 주택가 밀집 지역은 가능성이 양호 • 지방 캠퍼스는 장애 요인이 많다. • 주간 이용객이 많고 야간 이용객이 적다.	• 열차 및 전철 이용객 중심으로 퇴근길 회사원이 타깃인데 유동객 중심으로 주 동선을 파악하고 사거리, 삼거리 코너변이 유리 • 유동성이 강하며, 레저성 지향, 점포가 약속 장소로 이용 • 열차 운행 시간대를 고려(특히 야간 영업) • 유동 인구가 많고 흐름이 빠른 곳

유망 업종	• 중저가로 양이 풍부해야 하며 치킨이나 호프, 김밥, 막걸리, 떡볶이, 카페, 커피숍, 패스트푸드, 분식, 닭갈비, 스파게티, 돈가스, 신세대 주점, 레스토랑, 삼겹살, 도너츠 등의 양이 많고 신속한 제공이 가능한 아이템이 유망	• 패스트푸드, 아이스크림, 돈가스, 카페, 국밥집, 분식, 칼국수, 호프, 김밥, 우동점, 커피점 등
입지 선정 포인트	• 1층 고립형 점포보다는 넓은 2층이 유리 • 주변 건물보다 외형이 좋아야 한다. • 충분한 냉난방 시설의 배려가 가능한 곳	• 노선 수, 운행 횟수, 승객 수, 주 출입구, 배후 시설 체크 • 역 구내(출입구 수, 역에서 예비 점포의 시계성 등) • 역 주변 입지(시계성, 동선, 교통 유발 요인, 역과의 근접성, 지하도와 연결성 등)

구 분	유원지, 위락지(관광지)	소규모 상권
특성	• 성수기, 비수기에 따른 극단적인 차이 • 가족 중심의 경영 • 레저 성향과 활동성이 강함 • 이벤트의 연출 • 천편일률적인 메뉴들로 구성되어 메뉴 개발 여지가 많다.	• 대도시 근교의 신도시로 아파트 1만 세대 정도 • 출퇴근 제외하고 유동 인구가 적다. • 일명 배드타운이다.
유망 업종	• 도시락용 음식과 음료 • 지역 특화된 음식 • 패스트푸드	• 주택가 상권과 비슷 • 소규모의 식당들(곱창, 고기, 횟집 등)
입지 선정 포인트	• 계절성을 고려 • 대형 버스 주차 가능 여부	• 투자 규모가 증가해도 지역 최고 규모의 일등지 구입, 즉 아파트와 접한 대로변 • 단체 고객 확보와 독점적인 지위 확보 • 건물, 지형에 제한적인 조건이 없어야 함 (소음이나 하천 등) • 시계성이 양호하고 고객 유발 요인에서 가까운 곳

이 외에 테마형(복합) 상권의 경우 푸드코트형으로 전문 식당가들이 밀집하는데 임차료와 관리비의 부담, 그리고 본인의 의지와는 관계없는 건물의 영업성이 식당의 영업을 좌우하고 있으므로 주의가 요구된다.

2 출점 예정지 조사와 계약

1) 출점 예정지 조사

출점 예정지의 정보 수집이 중요한데 그 입지에서 하려는 업종·업태가 맞는지 관련 자료를 수집해서 분석해야 한다. 그러나 생각처럼 쉽지가 않으므로 사전에 기초 자료(생활 정보지, 신문, 인터넷 검색 등)를 준비한 다음 직접 찾아다니면서 미리 조사된 자료를 체크해 나가는 것이 좋다. 먼저 예정지 앞 통행량 체크에는 지나가는 속도가 중요하다. 통행량이 많아도 유동 속도가 빠른 곳은 장사가 안 되는 곳(일명 스쳐 지나가는 곳)으로 분류된다. 즉, 이렇게 특수 목적 때문에 가야 하는 길보다는 이것저것 보면서 여유 있게 지나다니는 쇼핑객들이 많이 지나다니는 곳이 좋다. 따라서 시간대별로 점포 앞 통행객의 유동 목적(예를 들면 정류장 이용을 위해서 혹은 쇼핑 목적을 위해서 등 무엇이 주 목적인지)을 파악할 필요가 있다. 또 점포 주변의 큰 건물 외에 상주하고 있는 회사, 단체 등과 상주 인구 수 등을 체크해야 한다. 다음은 예정 건물의 건물 현황 조사로 건물의 준공 년월, 출입구 상태, 입주 업종·업태의 수준, 외형 등과 함께 내부 조사 시에는 용도, 증개축 시 불법 여부, 냉난방 구조, 소방 설비, 건물 관리비, 간판 설치 여부, 평면도 등을 확인·검토하도록 한다. 또 건물 소유주의 신용 조회가 필수인데 신용 상태와 지금까지의 임대 관행 등을 파악해야 추후에 생길 수 있는 문제들을 미연에 방지할 수 있다. 따라서 건물의 등기부등본과 건물주의 주소지 건물 등기부등본의 확인이 반드시 필요하고 별 문제가 없음을 확인한 후 임대차 계약서를 작성토록 한다. 상업 시설은 2002년 11월 1일부터 주택임대차 계약과 같이 상가 건물 임대차 보호법이 시행되어 보호를 받을 수 있다.

(1) 주 동선

주 동선의 흐름이 중요한데 상권 내 주요 인구와 차량 유출입의 중심지, 즉 주된 행동 반경 또는 집결지로 구매의 목적성을 가진 통행의 집결지인가를 확인한다. '주 구매처인가' 또는 '주 동선 통로상 입지인가'가 중요하다.

- A급 확실한 주민 생활의 주된 동선이며 집결지
- B급 주된 동선이나 집결도가 분산된 통과성 입지
- C급 코너 점포의 경우 도로 건너편 쪽으로 통행의 50% 분산
- D급 주변에 동일 상권상 비슷한 주 동선이 2~3개 존재

⏱ 표 9-7 **점포 구입 의뢰서**

성명		연령		주민등록 번호	
주소				연락처	자택 : HP :
혈액형				성격	
주요 경력					
가족 관계					
가용 자금 규모	자기 자본: 만 원 차 입 금: 만 원		희망 평수		
점포 구입 여부	유( ) 무( )		점포 구입가 수 준	보증금: 만 원 월 세 : 만 원 권리금: 만 원	
창업 희망 지역	1 순위 ( ), 2 순위( ), 3 순위( )				
개설 희망 형태	점포( ), 숍인숍( )				
자기소개서					
문의 사항					
상담일					

표 9-8 **예정 점포 조사 체크리스트**

점포 조사	항 목		내 용	체크사항
점포 현장 조사	전용 면적			
	점포의 길이			
	점포의 모양			
	내부 구조			
	점포 방향			
	천장의 높이			
	층의 위치			
	환기 시설			
	장비 반입구			
	창문의 위치와 크기			
	주차 시설 유무			몇 대
	전기 용량			
	출입구 위치			
	출입 계단의 상태			
	건물 및 영업 시설			
	노후 상태			
	건물 전체의 업종 구성			
	건물의 전체 규모			
	배송 차량의 진입 여부			
	유턴 지역 점포와 몇 m 지점			
공공 서류 조사	(토지/건물)등기부등본	소유권	대지 소유권자와 계약자가 동일한가	
			건축물 소유권자와 계약자가 동일한가	
		채무 관계	근저당 설정 유무	금액
			전세권 설정 유무	금액
			가압류 설정 유무	
	건축물 관리대장 (신축 건물인 경우 건축물 허가서 확인 유무)	점포 용도		
		건물 용도	근린 생활 시설, 판매 시설	
		건물 노후도	A, B, C, D급	
		건물 규모	지하(층) 지상(층) 면적( )	
	도시계획확인원	도시 계획	무허가 사용분 유무	
			용도의 적합성 유무	
			도로 정비(주차) 등의 문제 여부	
			미관(간판 설치) 등의 문제 여부	
			소방 관련 이상 유무	
			재개발, 재건축 등의 진행 사항	
			기타	

표 9-9 **점포 분석**

거래 형태	임대 / 매매
주소	
분석 의뢰인	
평	
전화	
핸드폰	
이 메 일 주 소	
가 격	보증금( ), 월세( )
	권리금( )
	관리비( ), 기타( )
등기 권리 관계 분석	토지 등기( ), 건물 등기( )
토지 이용 계획 용도	
현재 업종	
추천 업종	
창업 자금	만 원
기타	건물층 수 :
상세 설명	건물 방향 :
	난방 :
	주차장 :
	입주 가능일 :
	기타 설명 :
	임대 기간 :
	임대 만료일 :
	시설비 내용 :
	교통편 :
	영업 기간 :
	기타 사항 :

(2) 통행량 분석

통행량 분석에서는 통행의 규모, 통행의 질(주 고객층의 통행 규모, 소비 수준 파악), 통행의 목적성(구매 의사 통행과 통과성 통행 구분)을 분석해야 하며, 통행의 유속 등의 세부 파악이 중요하다.

- A급 통행 규모 우수, 질 우수, 목적성이 있는 통행, 늦은 통행 유속
- B급 통행 규모 평균, 질 우수, 목적성이 있는 통행, 늦은 통행 유속
- C급 통행 규모는 평균 이하, 주 타깃은 30% 미만, 목적성이 있는 통행, 보통의 통행 유속
- D급 평균 이하, 주 타깃 20% 미만, 목적성 없는 통행, 빠른 통행 유속

(3) 주변 상권의 볼륨

주변 상권의 볼륨은 특수한 집객 시설의(역세권, 백화점, 관공서, 유흥 시설 등) 입지 여부 또는 대상 지역 내 인구 및 외부 유입 인구가 집중 이용하는 상권의 집중도 여부 및 발달 정도로 상권의 볼륨을 파악한다. 그리고 상권의 넓이와 깊이가 클수록 내재된 상권의 잠재력이 크기 때문에 해당 점포의 일정 범위를 벗어나 전체 상권 규모를 파악할 수 있다.

(4) 경합점 분석

아이템이 독과점일 경우 유리하다. 업종 특성상 동일 업종의 아이템일 경우 시너지 효과가 발생(예 들안길의 식당가)할 수 있으나 동종 아이템과의 경합일 경우 세부 파악이 중요하다. 시장의 규모는 한정되어 있어 경합점 과다로 동반 몰락하는 사례가 빈번하게 발생하고 있으며 상품 아이템, 매장 규모, 직원 접객 태도, 시설 노후 상태, 고객의 불만 등을 조사해 철저한 비교 우위 전략을 구사해야 한다.

📷 예상 매출 추정 방법

① 구매력법(Share법)

원시적인 방법으로 시장점유율을 적당히 결정해 매상을 추정한다. 즉 1인당(세대당) 구매력 인구(세대수) = 시장 전체 구매력으로 나타내는 방법으로 이에 대한 시장점거율을 임의로 추정해 매상을 추정하는 방법이다.

❷ Control store법

이 방법은 점두 조사에 의한 상권 확인 작업과 현재 매출 파악 = 주 메뉴 가격 or 평균 가격 입점객 수를 사용하며, 객수 파악 방법은 폐점 시 POS 영수증의 고객 수 파악 or 점두 입점객 수를 파악하는 방법을 말한다. 이용 고객 수 추정을 위해 POS나 계산서를 사용하는 점포는 폐점 무렵 고객으로 들어가서 주문하고 정산 시 영수증을 받아보면 영수증에 고객 수가 체크되어 나온 것을 볼 수 있다. 이를 평일, 토요일, 일요일로 구분해 고객 1인당 객단가 × 고객 수로 계산하면 된다. 아니면 식사 시간, 즉 중식 시간 11시 30분에서 14시까지 점포 주변에서 출입하는 고객 수를 체크하고 또 석식 시간에도 위와 같이 체크하도록 한다. 참고로 식사가 주종인 경우에는 18:00~22:00까지만 하고 주류 비중이 있는 경우에는 이후 시간도 조사해야 한다.

❸ 기타 방법

객단가를 조사해야 하는데 경쟁점을 이용해 식사하면서 주변 고객들이 많이 이용하는 메뉴를 체크하거나 혹은 직원에게 잘 팔리는 메뉴를 3~4가지 정도 물어보는 것도 좋다. 아니면 메뉴의 가격을 더해서 메뉴 수만큼 나누면 품단가라고 하는 평균 가격이 나오는데 이를 고객 수와 곱해(고객수 × 품단가) 산출하기도 한다. 이렇게 계산해도 무방하지만, 이는 단순 평균치로 산출한 것이므로 보다 정확한 객단가를 구하기 위해서는 고객 1인당 평균 주문 수 × 메뉴당 평균 단가 × 고객 수로 계산한다. 매출액은 위에서 조사한 추정 객단가 × 추정 고객 수를 하면 추정 매출액을 산출할 수 있다. 이때 특별한 런치 메뉴가 있을 경우는 점심, 저녁 고객을 구분 계산해 더하면 된다. 직원 수는 정직원 ○○명 중에서 주방 ○명, 홀 ○명으로 구분해야 하며, 이때 파트타임이나 아르바이트도 체크해야 한다. 경쟁점을 찾아오는 고객층도 구분해야 하는데 어린이층 ○○%, 학생층 ○○%, 회사원 여 ○○%, 회사원 남 ○○%, 주부층 ○○% 등으로 구분하든지 아니면 연령별로 남녀 구분을 해 10대(남 ○%, 여 ○%), 20대(남 ○%, 여 ○%), 30대(남 ○%, 여 ○%), 40대(남 ○%, 여 ○%), 50대(남 ○%, 여 ○%) 이상 등으로 구분해서 체크한다. 또 메뉴의 종류와 질 등에 따른 고객의 만족도도 체크해야 하는데 메뉴명, 신선도, 맛, 볼륨감, 상차림 모양, 식사 제공 시간, 가격 등을 체크해야 한다. 기타 점포 내외부 환경 조사로 차량 출입구의 편리성, 안내판, 화장실, 외부 간판 등과 디저트나 음료, 주류 등도 체크해야 한다.

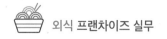
위와 같이 경쟁점 조사를 하기 위한 경쟁점 체크리스트는 다음 표와 같다.

표 9-10 **경쟁점 조사(제과점 및 FΛST FOOD점)**

항목 \ 점 명	○○점	○○○점	○○○○점	○○○점	○○○○점	○○점
주소						
업태						
실평수						
전면 길이						
예정점과의 거리						
좌석 수(입식/좌식)	/	/	/	/	/	/
근무 인원(주방/홀)	/	/	/	/	/	/
점포 형태 및 입지						
서비스 수준						
청결 상태						
마케팅(홍보 능력)						
주차 가능 대수						
추정 일일 매출액						
영업 시간						
피크 타임						
주 메뉴(보조 메뉴)						
가격 구조/객단가						
계산 방법						
주 고객층/이용객 수						
지역 내 거점성						
특이 사항						
종합 의견 및 결론	사진					

(5) 배후 세대

배후 세대는 실질 상권 세대수량, 세대 성격, 소득 수준, 주거 형태 등의 종합적 판단이 중요하다.

먼저 세대 성격은 자취·동거인 수, Bed Town 여부, 순수 주거 지역 여부 등에 따라 구분되며 소득 수준은 상, 중상, 중, 중하, 하로 구분(중류층 구매력 양호)하고 주거 형태는 주거 수준 및 집약도 파악으로 알 수 있으며 APT 단지(입주 3년차 구매력 양호), 빌라, 단독 주택 등으로 나타낸다.

(6) 점포 여건

신규 사업장의 경우 좋은 이미지가 사업 성패의 주요한 요인으로 점포의 규모 및 모양, 시야, 접근성, 전면 길이 확보 등은 점포의 존폐가 직결된 중요한 조건이다. 먼저 점포 규모는 아이템당 적정 규모의 매장이 필요한데 이는 경합점의 입점을 방어하는 목적도 있다. 시야는 코너 점포가 절대적으로 유리하고 차량의 경우 약 300m 전에 점포를 인지해야 입점 준비가 가능하다. 옆 점포보다 건축선 후퇴 시 불리하고 주 고객처와 마주보는 곳에 주 출입문이 배치되면 좋다. 다음은 접근성으로 사람의 경우 점포 전면 계단 유무와 고지대 점포는 불리(저지대 상권 발달)하며, 인도의 방해물이나 통행의 유속과 양이 과다한 곳 등은 불리하다. 차량은 차량 정차가 가능한 도로 구조, 차량 진입이 용이한(보도턱, 진입로 길이 등) 주차장 유무(회전 반경), 곡선 주로의 바깥쪽이 유리하며 차량 유속이 빠른 대도로는 불리하다.(4차선 이하 양호) 전면은 점포의 얼굴이며, 고객의 첫인상을 좌우한다. 전면이 길수록 유리하며(구매 결정 거리 10초, 최소 8m 이상의 전면 확보) 아이템에 적합한 색상과 개성이 중요하다.

(7) 손익 분석

예상 매출액과 수익률이 일정하다면 최초 투자 비용의 절감이 필요하며 최초 경상이익에 가장 크게 작용한다.(점포 투자 비용 등)

표 9-11 **기존 상권과 신규 상권**

기존 상권	신규 상권
• 기존 상권 형성으로 조기 매출 달성 (권리금 지불) • 권리금 평가 및 추후 회수 가능성 파악 (인접 B-point 동시 관리 필요) • 불황 시기 - 사양 업종 공략 필요 • 장기 계약 바람직 • 채권 확보 철저	• 상권 형성기까지 고전 예상 (임차료 고액 형성 - 권리금 창출) • 주변 시세 정확히 파악 및 향후 상권 발달 추이 분석(A-point 입점) • 상업 지역 내 입점이 안전 (이면도로상 특화 지역) • 2년 계약 5년 영업 보장 유도 • 철저한 임차료 협의 요망(기준)

2) 계약 전 점포 체크 항목

❶ 설계도면과 건축물과의 차이점은 없는가?
❷ 점포 출입구의 높낮이가 없는 등 고객 지향적인가?

③ 점포의 전면 길이가 충분해 시야는 양호한가?
④ 점포의 형태나 모양은 정사각형이나 직사각형인가?
⑤ 특히 화장실의 정화조 용량이 문제가 되는데, 용량이 충분하며 위치는 양호한가?
⑥ 전반적인 건물의 노후 상태는 어떠하며 환기 시설은 제대로 되어 있는가?
⑦ 주차장 시설은 양호하며, 식재료 반입은 괜찮은가?
⑧ 건물 등기부등본 등의 공부서류와 제반 조건이 일치하는가?
⑨ 전기, 가스, 수도, 하수구 등의 용량은 적당한가?
⑩ 주방과 홀의 거리와 주방과 매장의 동선은 양호한가?
⑪ 전용 면적과 실평수의 크기는 적당한가?
⑫ 건물 내 입주해 있는 업종과 호환성이 있으며, 동일 건물 내 상충되는 업종이 있어서 허가상의 문제점은 없는가?
⑬ 소방·방화 관련 시설이 잘 되어 있는가?
⑭ 점포 주변에 주유소나 병원 등의 혐오 시설은 없는가?

3) 부동산 임대차 계약 시 주요 항목

❶ **임대 부동산의 표시** 부동산 현황도를 그려 명시하는 것이 바람직하다.
❷ **임대인** 주소, 주민등록번호, 성명, 전화번호
❸ **임대료와 지불 방법** 보통, 보증금과 월 지급 임대료로 나누어 지불하므로 보증금과 월 지불 임대료의 액수, 지불 시기를 명백하게 기재한다.(불이행 시 의 약정에 대한 내용도 첨가)
❹ **계약 기간** 보통 소형 점포는 2년, 일정 규모 이상은 투자비 회수를 위해 5년으로 하고 있는데, 이때 임대 기간을 년, 월, 일별로 명확히 표시해야 한다. 상가임대차보호법에 따라 10년까지 보호를 받을 수 있으나 5% 임대료 인상은 감수해야 한다.
❺ **사용 목적** 대상 부동산의 사용 목적을 주거, 건축, 영업 시 업종 등으로 명확히 약정하고, 경우에 따라서는 목적 이외의 사용을 금하는 조항을 삽입하는 경우도 있다.
❻ **부동산의 인도** 임대인은 임차 부동산을 목적에 적합하게 사용할 수 있는 상태대로 인도하는 내용이 포함되어야 한다.
❼ **계약의 해지·해제에 관한 사항** 월 임대료 ○○회 이상 미납 시 등을 기입한다.
❽ **원상 회복 의무** 임대차 기간 종료 시 임차인은 부동산 명도 임대인의 보증금 반환 의무 내용을 명기한다. 변경 사항 등에 관해 원상 회복 의무가 누구에게 있는지를 명확히 한다.

❾ **양도 등에 관한 사항**　임대차를 양도하거나 전대 등의 규제가 필요한 경우 포함한다.

❿ 가능한 한 보증인의 입회하에 하며 작성 후 반드시 신분증 확인이나 위임장 등을 확인한 다음 날인을 받아놓는다.

4) 기존 점포 인수 시 체크 항목

❶ 주변 상권이 외식업을 하기에 적합하며 점포 주변의 향후 발전 가능성이 있는가?

❷ 권리금이 너무 많거나 너무 낮지 않은지, 그리고 주변 점포들과 비교할 때 임대료는 너무 높지 않은가?

❸ 주변 점포와 경쟁이 치열하거나 대형 점포가 들어설 가능성은 없는가?(주변에 공휴지 등이 있다면 동일한 아이템으로 대형화된 점포가 입점해 큰 타격을 줄 수 있기 때문이다.)

❹ 기존 점포의 매출액과 이익 분석에 따른 가능성 타진으로 수익성이 어느 정도인가?

❺ 주방 상태나 기기, 시설 등에는 노후화나 작동 불량이 없는가?

❻ 자신의 자본 현황을 고려했을 때, 인수할 점포의 현재 투자 규모와 수익성의 관계는 적당한가?

❼ 점포나 토지에 법률적 하자, 즉 소방·방화 시설 여부, 정화조 용량, 도시계획지구, 식품위생관련법 위반에 따른 행정 조치(영업 정지나 폐쇄 등)나 외형상의 문제는 없는가?

기타 건물주의 인품이나 현 점포 운영자의 점포 운영 기간, 일일 매출액, 손님이 많은 시간대, 실평수, 점포를 임대하는 이유 등을 알아보는 것도 좋다.

위와 같은 사항들을 반드시 체크한 다음 인수 여부를 결정해야 한다. 그렇다고 그런 점포를 꼭 찾아야 하는 것은 아니다. 위의 조건들을 전부 다 만족하는 점포는 찾기 힘들다. 위 내용들의 우선순위를 정해 특별한 하자(법적인 문제 등)가 없거나 극복할 자신이 있을 때 인수해도 무난하다.

5) 물건 계약의 체결

점포 임대차 계약서 작성 시 유의 사항으로 먼저 권리 유무의 확인과 등기부등본, 도시계획확인원, 건물의 용도, 현장에서의 목적물 확인 여부, 보증금, 관리비 등에 대해서 확인이 되었다면 계약을 진행해야 한다.

❶ 반드시 실제 소유주와 계약하고 계약 당일 등기부등본을 확인해야 한다. 이때 소유자가 여러 명일 때는 모두 계약날인 해야 하지만 위임장을 갖춘 대표자와 계약해도 무방하며 계약서 내용은 세부 내용 등을 정확하게 작성할 필요성이 있다.

❷ 보증금의 지급은 계약금 10%, 중도금 40%, 잔금 50%의 비율로 지급하고, 월세 기산일을 개점일 기준으로 관철하면 유리하다. 보증금의 월세 전환 시에는 이자율은 연 15%가 관례이다.

❸ 임대차 기간은 영업 보장은 10년, 계약 기간 관례상 2년 적용이 바람직하며 권리금이 과다 지출된 점포는 장기 계약이 바람직하다.

❹ 근저당 및 전세권 설정은 반드시 잔금 지급 시점에 채권 확보와 동시에 이행해야 하며 설정 시에는 되도록 선순위로 확보하고 후순위라면 담보 평가액이 3회 유찰시 범위 내에 들어야 안전하다.

❺ 기세입자의 관리비 정산은 잔금 지급 전에 마무리되게 한다.

❻ 재계약 보장 문구와 건물 매매 시 계약 승계 조항은 반드시 삽입도록 한다.

❼ 특약 사항 중 독소 조항으로 일방적인 임대인의 계약 종료 통보에 대한 무조건 수용, 중도 해약 조건, 계약 종료 시 일체의 시설 집기까지 기부 체납 요구, 계약 종료 시의 불합리한 원상 복구 요구, 점포 양도의 허용 범위, 관리비 일방적 징수 원칙 수용 요구에 주의해 신중한 검토를 해야 한다.

참고로 채권 확보를 위해서는 보증금에 대해 전세권 및 근저당 설정으로 보전함이 원칙이므로 필히 등기부등본상 갑구 및 을구를 열람한 후 계약해야 한다. 일반적으로 설정이 과다하게 되어 있는 점포는 피하는 것이 원칙이며 계약서 확정일자는 반드시 받아야 한다.

❸ 상가 건물 임대차보호법 관련 내용

1) 상가 건물 임대차보호법의 목적

상가 건물 임대차보호법은 상가 건물의 임대차에 있어서 사회적·경제적 약자인 임차인들을 보호함으로써 임차인들의 경제 생활 안정을 도모하기 위한 것으로 주택 임대차보호법과 같이 민법 일반 이론에 예외 조항을 두어 임차인을 보호하고 있다는 점에서 비슷하다. 중요한 내용은

표 9-12 **지역별 보증금의 범위**

구 분	보증금의 범위
서울특별시	9억 원 이하
「수도권정비계획법」에 따른 과밀억제권역(서울특별시 제외) 및 부산광역시	6억 9천만 원 이하
광역시(「수도권정비계획법」에 따른 과밀억제권역에 포함된 지역과 군지역, 부산광역시는 제외), 세종특별자치시, 파주시, 화성시, 안산시, 용인시, 김포시 및 광주시	5억 4천만 원 이하
그 밖의 지역	3억 7천만 원 이하

* 출처: 법제처

첫째, 임차인의 대항력으로 상가 건물 임차인이 임대차 계약 사실을 법원에 등기하지 않은 경우에도 건물의 인도를 받고 세무서에 사업자 등록을 신청한 때는 그 다음날부터 제3자에 대해 대항할 수 있는 권리가 인정된다.

둘째, 임차인의 계약 갱신 요구권으로 10년을 초과하지 않는 범위 내에서 계약의 갱신을 요구할 수 있는 권리를 규정하고 있다. 즉 임대인은 임차인의 계약 갱신 요구에 정당한 사유 없이 이를 거절하지 못한다.

셋째, 임차인이 대항력을 갖추고 임대차 계약서에 확정일자를 받으면 보증금을 우선 변제 받을 수 있는 권리를 갖게 된다.

넷째, 법 적용 대상 임차인 중에서도 소액 임차인은 요건만 갖추면 확정일자를 받지 않더라도 모든 권리자보다 우선해 경매가액의 1/3 범위 내에서 보증금 중 일정액을 변제 받을 수 있는 권리를 갖게 된다.

표 9-13 **보증금 중 일정액의 보호 금액**

구 분	임차인의 범위	보증금의 범위
서울특별시	6천500만 원	2천200만 원
「수도권정비계획법」에 따른 과밀억제권역(서울특별시 제외) 및 부산광역시	5천500만 원	1천900만 원
광역시(「수도권정비계획법」에 따른 과밀억제권역에 포함된 지역과 군지역, 부산광역시는 제외), 세종특별자치시, 파주시, 화성시, 안산시, 용인시, 김포시 및 광주시	3천8백만 원	1천300만 원
그 밖의 지역	3천만 원	1천만 원

* 출처: 법제처

다섯째, 임대료가 현실과 차이가 많을 경우 계약 당사자는 임대료 증감을 청구할 수 있으나 증액은 9% 이내에서만 할 수 있으며 증액 후 1년 이내에는 다시 증액을 청구할 수 없다. 마지막으로, 보증금의 전부 또는 일부를 월세로 전환하는 경우에 적용하는 산정률을 연 15% 이내로 제한해 임차인을 보호할 수 있도록 했다.

2) 권리금

(1) 권리금의 정의

권리금은 상가 건물 임대차에서 영업하거나 하려는 자가 영업 시설, 비품, 거래처, 신용, 영업상의 노하우, 상가 건물의 위치에 따른 영업상의 이점 등 유형과 무형의 재산적 가치를 임대인과 임차인에게 지급하는 대가로 정의한다. 신규 임차인이 되려는 자가 임차인에게 권리금을 지불하는 계약을 말한다. 「상가 건물 임대차 보호법」(법률 제17490호 일부개정법률 2020. 9. 29. 개정·시행)

(2) 권리금 회수 기회의 보호

임대인은 임대차 기간 종료 6개월 전부터 종료 시까지 다음 행위를 해 임차인이 주선한 신규 임차인으로부터 권리금을 받는 것을 방해해서는 안 된다. 다만, 일부 정당한 사유가 있는 경우에는 예외적으로 방해할 수 있다.

❶ 임차인이 주선한 신규 임차인에게 권리금을 요구하거나 수수하는 행위, 임차인이 주선한 신규 임차인이 임차인에게 권리금을 지불하지 못하도록 방해하는 행위
❷ 상가 건물에 관한 조세, 공과금, 주변 상가 건물의 차임 및 보증금 등을 현저히 고액으로 요구하는 행위
❸ 정당한 이유 없이 신규 임차인과 임대차 계약을 거절하는 행위

그러나 신규 임차인이 보증금이나 차임을 지불할 능력이 없거나 의무를 위반할 우려가 있거나 임대차를 유지하기 어려운 상당한 사유가 있는 경우, 상가 건물을 1년 6개월 이상 영리 목적으로 사용하지 않은 경우, 임대인이 선택한 신규 임차인이 임차인과 권리금 계약을 체결하고 권리금을 지불한 경우에는 정당한 사유로 볼수 있다. 임대인은 위와 같은 규정을 위반해 임차인에게 손해를 발생시키면 그 손해를 배상해야 한다. 단, 손해배상액은 신규 임차인이 임차인에게 지급하기로 한

권리금과 임대차 종료 당시의 권리금 중 낮은 금액을 초과해서는 안 된다. 또한, 손해배상 청구권은 임대차 종료 후 3년 이내에 행사하지 않으면 소멸된다. 임차인은 임대인에게 임차인이 주선한 신규 임차인의 지불 능력과 의무 이행 능력에 관한 정보를 알고 있을 경우 이를 제공해야 한다.

(3) 권리금 적용 제외

일부 상가 건물 임대차에는 권리금 회수 기회의 보호 규정이 적용되지 않는다. 대규모 점포나 준대규모 점포의 일부인 상가 건물, 국유 재산이나 공유 재산인 상가 건물은 이 규정의 적용 대상에서 제외된다.

(4) 차임연체와 해지

임차인이 3개월분의 차임액을 연체하면 임대인은 계약을 해지할 수 있다.

표 9-14 상가 건물 임대차 표준 계약서

☐ 보증금 있는 월세
☐ 전세   ☐ 월세

상가건물 임대차 표준계약서

임대인(이름 또는 법인명 기재)과 임차인(이름 또는 법인명 기재)은 아래와 같이 임대차 계약을 체결한다

[임차 상가건물의 표시]

소 재 지					
토 지	지목		면적		㎡
건 물	구조·용도		면적		㎡
임차할부분			면적		㎡

유의사항: 임차할 부분을 특정하기 위해서 도면을 첨부하는 것이 좋습니다.

[계약내용]

제1조(보증금과 차임) 위 상가건물의 임대차에 관하여 임대인과 임차인은 합의에 의하여 보증금 및 차임을 아래와 같이 지급하기로 한다.

보 증 금	금		원정(₩	)
계 약 금	금	원정(₩	)은 계약시에 지급하고 수령함. 수령인 (인)	
중 도 금	금	원정(₩	)은 ____년 ____월 ____일에 지급하며	
잔 금	금	원정(₩	)은 ____년 ____월 ____일에 지급한다	
차임(월세)	금	원정(₩	)은 매월 일에 지급한다. 부가세 ☐ 불포함 ☐ 포함	
	(입금계좌:		)	
환산보증금	금		원정(₩	)

유의사항: ① 당해 계약이 환산보증금을 초과하는 임대차인 경우 확정일자를 부여받을 수 없고, 전세권 등을 설정할 수 있습니다 ② 보증금 보호를 위해 등기사항증명서, 미납국세, 상가건물 확정일자 현황 등을 확인하는 것이 좋습니다 ※ 미납국세·선순위확정일자 현황 확인방법은 "별지"참조

제2조(임대차기간) 임대인은 임차 상가건물을 임대차 목적대로 사용·수익할 수 있는 상태로 ____년 ____월 ____일까지 임차인에게 인도하고, 임대차기간은 인도일로부터 ____년 ____월 ____일까지로 한다.

제3조(임차목적) 임차인은 임차 상가건물을 _____(업종)을 위한 용도로 사용한다.

제4조(사용·관리·수선) ① 임차인은 임대인의 동의 없이 임차 상가건물의 구조·용도 변경 및 전대나 임차권 양도를 할 수 없다.

② 임대인은 계약 존속 중 임차 상가건물을 사용·수익에 필요한 상태로 유지하여야 하고, 임차인은 임대인이 임차 상가건물의 보존에 필요한 행위를 하는 때 이를 거절하지 못한다.

③ 임차인이 임대인의 부담에 속하는 수선비용을 지출한 때에는 임대인에게 그 상환을 청구할 수 있다.

제5조(계약의 해제) 임차인이 임대인에게 중도금(중도금이 없을 때는 잔금)을 지급하기 전까지, 임대인은 계약금의 배액을 상환하고, 임차인은 계약금을 포기하고 계약을 해제할 수 있다.

제6조(채무불이행과 손해배상) 당사자 일방이 채무를 이행하지 아니하는 때에는 상대방은 상당한 기간을 정하여 그 이행을 최고하고 계약을 해제할 수 있으며, 그로 인한 손해배상을 청구할 수 있다. 다만, 채무자가 미리 이행하지 아니할 의사를 표시한 경우의 계약해제는 최고를 요하지 아니한다.

제7조(계약의 해지) ① 임차인은 본인의 과실 없이 임차 상가건물의 일부가 멸실 기타 사유로 인하여 임대차의 목적대로 사용, 수익할 수 없는 때에는 임차인은 그 부분의 비율에 의한 차임의 감액을 청구할 수 있다. 이 경우에 그 잔존부분만으로 임차의 목적을 달성할 수 없는 때에는 임차인은 계약을 해지할 수 있다.

② 임대인은 임차인이 3기의 차임액에 달하도록 차임을 연체하거나, 제4조 제1항을 위반한 경우 계약을 해지할 수 있다.

제8조(계약의 종료와 권리금회수기회 보호) ① 계약이 종료된 경우에 임차인은 임차 상가건물을 원상회복하여 임대인에게 반환하고, 이와 동시에 임대인은 보증금을 임차인에게 반환하여야 한다.

② 임대인은 임대기간이 끝나기 6개월 전부터 임대차 종료 시까지 「상가건물임대차보호법」 제10조의4제1항 각 호의 어느 하나에 해당하는 행위를 함으로써 권리금 계약에 따라 임차인이 주선한 신규임차인이 되려는 자로부터 권리금을 지급받는 것을 방해하여서는 아니 된다. 다만, 「상가건물임대차보호법」 제10조제1항 각 호의 어느 하나에 해당하는 사유가 있는 경우에는 그러하지 아니하다.

③ 임대인이 제2항을 위반하여 임차인에게 손해를 발생하게 한 때에는 그 손해를 배상할 책임이 있다. 이 경우 그 손해배상액은 신규임차인이 임차인에게 지급하기로 한 권리금과 임대차 종료 당시의 권리금 중 낮은 금액을 넘지 못한다.

④ 임차인은 임대인에게 신규임차인이 되려는 자의 보증금 및 차임을 지급할 자력 또는 그 밖에 임차인으로서의 의무를 이행할 의사 및 능력에 관하여 자신이 알고 있는 정보를 제공하여야 한다.

제9조(재건축 등 계획과 갱신거절) 임대인이 계약 체결 당시 공사시기 및 소요기간 등을 포함한 철거 또는 재건축 계획을 임차인에게 구체적으로 고지하고 그 계획에 따르는 경우, 임대인은 임차인이 상가건물임대차보호법 제10조 제1항 제7호에 따라 계약갱신을 요구하더라도 계약갱신의 요구를 거절할 수 있다.

제10조(비용의 정산) ① 임차인은 계약이 종료된 경우 공과금과 관리비를 정산하여야 한다.

② 임차인은 이미 납부한 관리비 중 장기수선충당금을 소유자에게 반환 청구할 수 있다. 다만, 임차 상가건물에 관한 장기수선충당금을 정산하는 주체가 소유자가 아닌 경우에는 그 자에게 청구할 수 있다.

제11조(중개보수 등) 중개보수는 거래 가액의 _____ % 인 _____원(부가세 □ 불포함 □ 포함)으로 임대인과 임차인이 각각 부담한다. 다만, 개업공인중개사의 고의 또는 과실로 인하여 중개의뢰인간의 거래 행위가 무효·취소 또는 해제된 경우에는 그러하지 아니하다.

제12조(중개대상물 확인·설명서 교부) 개업공인중개사는 중개대상물 확인·설명서를 작성하고 업무보증관계증서(공제증서 등) 사본을 첨부하여 임대인과 임차인에게 각각 교부한다.

[특약사항]

① 입주전 수리 및 개량, ②임대차기간 중 수리 및 개량, ③임차 상가건물 인테리어, ④ 관리비의 지급주체, 시기 및 범위, ⑤귀책사유 있는 채무불이행 시 손해배상액예정 등에 관하여 임대인과 임차인은 특약할 수 있습니다

본 계약을 증명하기 위하여 계약 당사자가 이의 없음을 확인하고 각각 서명날인 후 임대인, 임차인, 개업공인중개사는 매 장마다 간인하여, 각각 1통씩 보관한다.　　　　　　　　　　년　　　　　월　　　　　일

임대인	주　　　　소							서명 또는 날인
	주민등록번호 (법인등록번호)			전　화		성　명 (회사명)		
	대 리 인	주 소		주민등록번호		성 명		
임차인	주　　　　소							서명 또는 날인
	주민등록번호 (법인등록번호)			전　　화		성　명 (회사명)		
	대 리 인	주 소		주민등록번호		성 명		
개업공인중개사	사무소소재지			사무소소재지				
	사 무 소 명 칭			사 무 소 명 칭				
	대　　표	서명 및 날인	㊞	대　　표	서명 및 날인			㊞
	등 록 번 호		전화	등 록 번 호			전화	
	소속공인중개사	서명 및 날인	㊞	소 속 공 인 중 개 사	서명 및 날인			㊞

별지)

법의 보호를 받기 위한 중요사항! 반드시 확인하세요

< 계약 체결 시 꼭 확인하세요 >

【당사자 확인 / 권리순위관계 확인 / 중개대상물 확인·설명서 확인】

① 신분증·등기사항증명서 등을 통해 당사자 본인이 맞는지, 적법한 임대·임차권한이 있는지 확인합니다.

② 대리인과 계약 체결 시 위임장·대리인 신분증을 확인하고, 임대인(또는 임차인)과 직접 통화하여 확인하여야 하며, 보증금은 가급적 임대인 명의 계좌로 직접 송금합니다.

③ 중개대상물 확인·설명서에 누락된 것은 없는지, 그 내용은 어떤지 꼼꼼히 확인하고 서명하여야 합니다.

【대항력 및 우선변제권 확보】

① 임차인이 상가건물의 인도와 사업자등록을 마친 때에는 그 다음날부터 제3자에게 임차권을 주장할 수 있고, 환산보증금을 초과하지 않는 임대차의 경우 계약서에 확정일자까지 받으면, 후순위권리자나 그 밖의 채권자에 우선하여 변제받을 수 있습니다.

   ※ 임차인은 최대한 신속히 ① 사업자등록과 ② 확정일자를 받아야 하고, 상가건물의 점유와 사업자등록은 임대차 기간 중 계속 유지하고 있어야 합니다.

② 미납국세와 확정일자 현황은 임대인의 동의를 받아 임차인이 관할 세무서에서 확인할 수 있습니다.

< 계약기간 중 꼭 확인하세요 >

【계약갱신요구】

① 임차인이 임대차기간이 만료되기 6개월 전부터 1개월 전까지 사이에 계약갱신을 요구할 경우 임대인은 정당한 사유 (3기의 차임액 연체 등, 상가건물 임대차보호법 제10조제1항 참조) 없이 거절하지 못합니다.

② 임차인의 계약갱신요구권은 최초의 임대차기간을 포함한 전체 임대차기간이 10년을 초과하지 아니하는 범위에서만 행사할 수 있습니다.

③ 갱신되는 임대차는 전 임대차와 동일한 조건으로 다시 계약된 것으로 봅니다. 다만, 차임과 보증금은 청구당시의 차임 또는 보증금의 100분의 5의 금액을 초과하지 아니하는 범위에서 증감할 수 있습니다.

   ※ 환산보증금을 초과하는 임대차의 계약갱신의 경우 상가건물에 관한 조세, 공과금, 주변 상가건물의 차임 및 보증금, 그 밖의 부담이나 경제사정의 변동 등을 고려하여 차임과 보증금의 증감을 청구할 수 있습니다.

【묵시적 갱신 등】

① 임대인이 임대차기간이 만료되기 6개월 전부터 1개월 전까지 사이에 임차인에게 갱신 거절의 통지 또는 조건 변경의 통지를 하지 않으면 종전 임대차와 동일한 조건으로 자동 갱신됩니다.

   ※ 환산보증금을 초과하는 임대차의 경우 임대차기간이 만료한 후 임차인이 임차물의 사용, 수익을 계속하는 경우에 임대인이 상당한 기간내에 이의를 하지 아니한 때에는 종전 임대차와 동일한 조건으로 자동 갱신됩니다. 다만, 당사자는 언제든지 해지통고가 가능합니다.

② 제1항에 따라 갱신된 임대차의 존속기간은 1년입니다. 이 경우, 임차인은 언제든지 계약을 해지할 수 있지만 임대인은 계약서 제8조의 사유 또는 임차인과의 합의가 있어야 계약을 해지할 수 있습니다.

< 계약종료 시 꼭 확인하세요 >

【보증금액 변경시 확정일자 날인】

계약기간 중 보증금을 증액하거나, 재계약을 하면서 보증금을 증액한 경우에는 증액된 보증금액에 대한 우선변제권을 확보하기 위하여 반드시 다시 확정일자를 받아야 합니다.

【임차권등기명령 신청】

임대차가 종료된 후에도 보증금이 반환되지 아니한 경우 임차인은 임대인의 동의 없이 임차건물 소재지 관할 법원에서 임차권등기명령을 받아, 등기부에 등재된 것을 확인하고 이사해야 우선변제 순위를 유지할 수 있습니다. 이때, 임차인은 임차권등기명령 관련 비용을 임대인에게 청구할 수 있습니다.

【임대인의 권리금 회수방해금지】

임차인이 신규임차인으로부터 권리금을 지급받는 것을 임대인이 방해하는 것으로 금지되는 행위는 ① 임차인이 주선한 신규임차인이 되려는 자에게 권리금을 요구하거나, 임차인이 주선한 신규임차인이 되려는 자로부터 권리금을 수수하는 행위, ② 임차인이 주선한 신규임차인이 되려는 자로 하여금 임차인에게 권리금을 지급하지 못하게 하는 행위, ③ 임차인이 주선한 신규임차인이 되려는 자에게 상가건물에 관한 조세, 공과금, 주변 상가 건물의 차임 및 보증금, 그 밖의 부담에 따른 금액에 비추어 현저히 고액의 차임 또는 보증금을 요구하는 행위, ④ 그 밖에 정당한 이유 없이 임차인이 주선한 신규임차인이 되려는 자와 임대차계약의 체결을 거절하는 행위 입니다.

임대인이 임차인이 주선한 신규임차인과 임대차계약의 체결을 거절할 수 있는 정당한 이유로는 예를 들어 ① 신규임차인이 되려는 자가 보증금 또는 차임을 지급할 자력이 없는 경우, ② 신규임차인이 되려는 자가 임차인 으로서의 의무를 위반할 우려가 있거나, 그 밖에 임대차를 유지하기 어려운 상당한 사유가 있는 경우, ③ 임대차 목적물인 상가건물을 1년 6개월 이상 영리목적으로 사용하지 않는 경우, ④ 임대인이 선택한 신규임차인이 임차인과 권리금 계약을 체결하고 그 권리금을 지급한 경우입니다.

표 9-15   상가 건물 임대차 권리금거래계약서

이 계약서는 「상가건물 임대차보호법」을 기준으로 만들었습니다. 작성시 【작성요령】 (별지)을 꼭 확인하시기 바랍니다.

상가건물 임대차 권리금계약서

임차인(이름 또는 법인명 기재)과 신규임차인이 되려는 자(이름 또는 법인명 기재)는 아래와 같이 권리금 계약을 체결한다.

※ 임차인은 권리금을 지급받는 사람을, 신규임차인이 되려는 자(이하 「신규임차인」 이라한다)는 권리금을 지급하는 사람을 의미한다.

[임대차목적물인 상가건물의 표시]

소 재 지		상 호	
임대면적		전용면적	
업 종		허가(등록)번호	

[임차인의 임대차계약 현황]

임 대 차 관 계	임차보증금		월 차 임		
	관 리 비		부가가치세	별도( ), 포함( )	
	계약기간	년 월 일부터	년 월	일까지(	월)

[계약내용]

제1조(권리금의 지급) 신규임차인은 임차인에게 다음과 같이 권리금을 지급한다.

총 권리금	금	원정(₩)
계 약 금	금	원정은 계약시에 지급하고 영수함. 영수자((인))
중 도 금	금	년 월 일에 지급한다.
잔 금	금	년 월 일에 지급한다.
	※ 잔금지급일까지 임대인과 신규임차인 사이에 임대차계약이 체결되지 않는 경우 임대차계약 체결일을 잔금지급일로 본다.	

제2조(임차인의 의무) ① 임차인은 신규임차인을 임대인에게 주선하여야 하며, 임대인과 신규임차인 간에 임대차계약이 체결될 수 있도록 협력하여야 한다.

② 임차인은 신규임차인이 정상적인 영업을 개시할 수 있도록 전화가입권의 이전, 사업등록의 폐지 등에 협력하여야 한다.

③ 임차인은 신규임차인이 잔금을 지급할 때까지 권리금의 대가로 아래 유형·무형의 재산적 가치를 이전한다.

유형의 재산적 가치	영업시설·비품 등
무형의 재산적 가치	거래처, 신용, 영업상의 노하우, 상가건물의 위치에 따른 영업상의 이점 등

※ 필요한 경우 이전 대상 목록을 별지로 첨부할 수 있다.

④ 임차인은 신규임차인에게 제3항의 재산적 가치를 이전할 때까지 선량한 관리자로서의 주의의무를 다하여 제3항의 재산적 가치를 유지·관리하여야 한다.

⑤ 임차인은 본 계약체결 후 신규임차인이 잔금을 지급할 때까지 임차목적물상 권리관계, 보증금, 월차임 등 임대차계약 내용이 변경된 경우 또는 영업정지 및 취소, 임차목적물에 대한 철거명령 등 영업을 지속할 수 없는 사유가 발생한 경우 이를 즉시 신규임차인에게 고지하여야 한다.

제3조(임대차계약과의 관계) 임대인의 계약거절, 무리한 임대조건 변경, 목적물의 훼손 등 임차인과 신규 임차인의 책임 없는 사유로 임대차계약이 체결되지 못하는 경우 본 계약은 무효로 하며, 임차인은 지급받은 계약금 등을 신규임차인에게 즉시 반환하여야 한다.

제4조(계약의 해제 및 손해배상) ① 신규임차인이 중도금(중도금 약정이 없을 때는 잔금)을 지급하기 전까지 임차인은 계약금의 2배를 배상하고, 신규임차인은 계약금을 포기하고 본 계약을 해제할 수 있다.

② 임차인 또는 신규임차인이 본 계약상의 내용을 이행하지 않는 경우 그 상대방은 계약상의 채무를 이행하지 않은 자에 대해서 서면으로 최고하고 계약을 해제할 수 있다.

③ 본 계약체결 이후 임차인의 영업기간 중 발생한 사유로 인한 영업정지 및 취소, 임차목적물에 대한 철거명령 등으로 인하여 신규임차인이 영업을 개시하지 못하거나 영업을 지속할 수 없는 중대한 하자가 발생한 경우에는 신규임차인은 계약을 해제하거나 임차인에게 손해배상을 청구할 수 있다. 계약을 해제하는 경우에도 손해배상을 청구할 수 있다.

④ 계약의 해제 및 손해배상에 관하여는 이 계약서에 정함이 없는 경우 「민법」의 규정에 따른다.

[특약사항]

본 계약을 증명하기 위하여 계약 당사자가 이의 없음을 확인하고 각각 서명 또는 날인한다.

년   월   일

임 차 인	주 소					
	성 명		주민등록번호		전화	(인)
대 리 인	주 소					
	성 명		주민등록번호		전화	
신규임차인	주 소					
	성 명		주민등록번호		전화	(인)
대 리 인	주 소					
	성 명		주민등록번호		전화	

별지)

작 성 요 령

1. 이 계약서는 권리금 계약에 필요한 기본적인 사항만을 제시하였습니다. 따라서 권리금 계약을 체결하려는 당사자는 이 표준계약서와 **다른 내용을 약정할 수 있습니다.**

2. 이 계약서의 일부 내용은 현행 「상가건물임대차보호법」을 기준으로 한 것이므로 계약 당사자는 법령이 개정되는 경우에는 개정내용에 부합되도록 기존의 계약을 수정 또는 변경할 수 있습니다. 개정법령에 **강행규정이 추가되는 경우**에는 반드시 그 개정규정에 따라 계약내용을 수정하여야 하며, 수정계약서가 작성되지 않더라도 **강행규정에 반하는 계약내용은 무효로 될 수 있습니다.**

3. 임차인이 신규임차인에게 이전해야 할 대상은 **개별적으로 상세하게 기재**합니다. 기재되지 않은 시설물 등은 이 계약서에 의한 이전 대상에 포함되지 않습니다.

4. 계약내용 제3조 **"무리한 임대조건 변경"** 등의 사항에 대해 구체적으로 특약을 하면, 추후 임대차 계약조건에 관한 분쟁을 예방할 수 있습니다.

   (예: 보증금 및 월차임 oo% 인상 등)

5. 신규임차인이 임차인이 영위하던 **영업을 양수**하거나, 임차인이 사용하던 **상호를 계속사용**하는 경우, **상법 제41조(영업양도인의 경업금지), 상법 제42조(상호를 속용하는 양수인의 책임)** 등 상법 규정을 참고하여 특약을 하면, 임차인과 신규임차인간 분쟁을 예방할 수 있습니다.

   (예: 임차인은 oo동에서 음식점 영업을 하지 않는다, 신규임차인은 임차인의 영업상의 채무를 인수하지 않는다 등)

   상법 제41조(영업양도인의 경업금지) ①영업을 양도한 경우에 다른 약정이 없으면 양도인은 10년간 동일한 특별시·광역시·시·군과 인접 특별시·광역시·시·군에서 동종영업을 하지 못한다.

   ②양도인이 동종영업을 하지 아니할 것을 약정한 때에는 동일한 특별시·광역시·시·군과 인접 특별 시·광역시·시·군에 한하여 20년을 초과하지 아니한 범위내에서 그 효력이 있다.

   상법 제42조(상호를 속용하는 양수인의 책임) ①영업양수인이 양도인의 상호를 계속 사용하는 경우에는 양도인의 영업으로 인한 제3자의 채권에 대하여 양수인도 변제할 책임이 있다.

   ②전항의 규정은 양수인이 영업양도를 받은 후 지체없이 양도인의 채무에 대한 책임이 없음을 등기한 때에는 적용하지 아니한다. 양도인과 양수인이 지체없이 제3자에 대하여 그 뜻을 통지한 경우에 그 통지를 받은 제3자에 대하여도 같다.

Chapter 10

점포 설계 및
인테리어

제1절 점포 기본 설계와 주방 설계

1 점포 기본 설계와 주방 설계[20]

1) 점포 설계의 기본 방향

외식 프랜차이즈 산업의 기본인 Q.C.S 외에도 점포의 분위기가 중요한 영역을 차지하게 되었다. 평소 가정에서 먹는 식사를 벗어나 독특한 맛과 분위기를 즐길 수 있고 먹는 기쁨을 얻을 수 있는 공간이자 만남과 대화의 사교 공간이며, 먹고 마시는 상업 공간으로서 제대로 된 점포력을 갖추기 위해서는 기능, 스페이스, 실내 온도, 동선, 디자인, 컬러, 음악, 조명 등의 요소가 균형을 이루어야만 한다.

제대로 된 점포를 만들기 위해서는 입지에 맞도록 목표 고객을 명확하게 하고 무엇(메뉴의 구성)을 얼마에 팔 것인가를 결정해야 한다. 그리고 필요 매출액으로부터 나온 매출액을 고려해 점포 투자액을 결정하고 그에 따라 메뉴를 조리하기 쉽도록 전체 레이아웃과 직원들이 열심히 일할 수 있는 홀의 동선을 생각한 후에 그에 맞는 점포를 만들어 나가야 한다.

기본적으로 설계의 원리는 효율적이고 효과적인 설계가 되어야 하는데 유연성(Flexibility), 모듈성(Modularity), 단순성(Simplicity), 공간의 효율성(Space efficiency), 감독의 용이성(Ease of supervision), 위생 관리의 용이성(Ease of sanitation), 식재료와 직원의 원활한 흐름(Flow of materials and personnel) 등을 충분히 고려해야 한다.

예를 들면 새로운 경영 시스템이나 새로운 메뉴나 새로운 조리 방법이 도입될 때마다 재배치가 가능해야 하는데, 그렇지 않다면 문제가 될 수 있다. 또 모듈성에 있어서 기존 제품에서 타 제품으로 교체될 수도 있고 단순성에 있어서는 움직일 필요성이 없는 기기의 바퀴는 제거한다든가 청소를 쉽게 하는 것 등이 예가 될 수 있다.

준비 없이 무계획으로 점포를 만들면 중간 또는 완성한 후 후회하는 경우가 많으므로 비용을 주더라도 설계자에게 설계를 의뢰하는 것이 좋다. 이때 창업할 아

---

20) 김헌희 · 이대홍, 「외식창업실무론」, 백산출판사, 1999, pp.145~155.

이템(업종·업태)이나 메뉴, 점포 규모, 입지, 예산, 예상 매출액, 희망하는 점포 설계, 구체적인 점포의 상호 등 세세한 부분까지도 알려주어 설계자가 기본적인 사항이나 콘셉트를 충분히 고려해 최적의 설계안을 만들 수 있도록 해야 한다. 많이 알려준 만큼 설계자로부터 만족한 답을 찾을 수 있다.

여기에서 주의할 점은 다음과 같다.

❶ 창업 결정 → 아이템 및 브랜드 결정 → 입지에 따른 시장 규모 및 예상 매출액 설정 → 적정 규모의 점포 계약 → 판매할 메뉴 결정 → 메뉴에 따른 주방 기기 설정 및 종류와 규격 결정 → 주방 기기의 레이아웃 설정 → 설계업자 선정 → 설계 계약 → 기본 설계 평면도 작성 → 도면 합의 및 기본 도면(주방 설계 → 홀 구성안 작성 등) 및 기본 설계 설명회 → 인테리어 도면 설계 → 종합 도면 완성 → 견적 의뢰 → 견적 접수(2곳 이상) → 견적서 검토 및 시공업체 선정 → 공사 착수 → 시공 → 수정 및 보완작업 → 인허가 사항 완결 → 완공(40~60일 소요) 순서가 일반적이며, 이때 별도로 전기, 수도, 가스 설비 등의 도면도 작성해야 한다. 초보자들은 이러한 순서를 무시하고 주방 기능과 주방 기기 설정도 하지 않은 채 홀 중심으로 인테리어 공사를 하는 경우가 많다.

❷ 점포 인테리어 공사 시 예정 준공일을 맞추기 위해서라도 반드시 시공 일정을 체크할 수 있도록 일정표를 반드시 받아서 필요시마다 공사 진행 사항을 체크해 나가야 한다.

❸ 매월 지급되는 임대료를 절약하기 위해 기본적인 순서(①번 참조)를 무시하고 공사를 시행하는 경우가 많은데 반드시 위 사항을 고려해서 실행해 나가야 한다.

❹ 인테리어 업체에 너무 맡겨두지 말고 자기 점포인 만큼 책임감을 갖고 의자·탁자, 칼라, 천장, 모양, 형태, 전등 등을 사전에 유사 업체를 통해 자료 수집과 준비를 해서 인테리어 업체와 협의해 진행해야 하며, 이때 어떤 자재와 어떤 제품을 사용하는지도 파악해야 한다.

❺ 예비 창업자는 점포 설계 전에 판매할 메뉴와 차후 개발 메뉴, 탈의장이나 휴식 공간, 창고는 식재료 3일분을 보관할 공간 확보, 주방의 레이아웃, 객석 도면, 룸 구성 및 배치에 대해 설계자, 인테리어 업체와 사전 협의가 필요하다.

❻ 식당 운영에 필요한 기능으로 설계되고 건축되어야 하며, 특수한 경우를 제외하고 비용을 추가시켜서는 안 된다.

인테리어 설계를 위해 반드시 현장 실측을 해야 하는데 그 순서는 다음과 같다.

- ㉠ 인테리어 업체는 현장을 실측해서 현 상태의 평면 도면을 작성하는데 가맹점 희망자는 이것을 반드시 확인한다.
- ㉡ 철근 콘크리트나 목조 등 어떤 소재로 건물이 구조되었는지 건물의 구조나 규모를 조사한다.
- ㉢ 공유 면적(주방, 계단, 화장실 등)은 직접 관계가 없는 영역이므로 전용 면적을 정확히 실측하고 지하가 있을 경우 방수에도 유의해야 한다.
- ㉣ 공사장 내외에 방화 지역이 있는지 확인해야 되는데, 이 지역에 주방 시설을 설치할 경우 영업 허가가 나지 않는다.
- ㉤ 상업 지역, 근린 생활 지역 등 건축 법규상 허가 제한 업종이 있으므로 용도 지정지역을 반드시 확인한다.
- ㉥ 기존 시설 철거 시 작업량을 체크한다.
- ㉦ 수도, 전기, 정화조 시설, 소방 및 방화 시설, 환기 시설, 조명, 가스, 급배수 시설 등도 체크하고 전문 업체와 협의한다.
- ㉧ 이때 주방 위치도 개략적으로 설정해 봐야 한다.

점포 설계 관련 비용은 외국의 경우 인테리어 공사비의 10%로 보통 책정되나 우리나라의 경우는 설계비가 공사 계약 시 무시되는 경우가 많으며 평당 7~10만 원 정도로 형성되고 있다.

또, 설계업체는 친지나 음식 관련 전문 잡지, 기존 점포의 설계자나 외식 전문 컨설팅 기관, 소상공인 지원 센터 등에서 소개를 받으면 된다.

소규모 점포 인테리어의 기본 원칙은 다음과 같다.

첫째, 출입구는 넓게 하고 색상은 고객 취향에 맞게 하며 또 쉽게 여닫을 수 있도록 한다.

둘째, 동선은 고객 중심으로 해 한눈에 그 점포의 특성을 보여줄 수 있어야 한다.

셋째, 벽면에 거울을 달거나 해서 넓게 보일 수 있도록 한다.

넷째, 고객층에 맞춘 색깔과 디자인을 선정한다.

다섯째, 조명과 소품으로 분위기를 잘 조절해야 한다.

중소 규모 점포의 인테리어 진행 일정 순서는 다음과 같이 이루어진다.

표 10-1　**업종별 주방 설계 검토 사항**[21]

업 종	항목 및 검토 사항
양식당	• 인　원: 객석 수와 시간대 조사 • 회전율: 1인당 손님의 단가 조사, 객단가에 따른 회전율의 차이 및 입지 지역에 따른 차이 조사 • 메　뉴: 메뉴와 주방 기기의 관계 검토 • 연회장: 연회장의 유무 확인 및 제공 방법과 스토커를 검토 　　　　세척기, 냉장실: 객석 수 70석 이상의 경우 세척기, 냉장실 도입 및 설치 고려
한식당	• 인　원: 수용 인원, 객석, 연회석 등 검토 • 메　뉴: 영업 방침과 정식 요리, 일품 요리의 비율 확인과 객단가 조사 • 서비스 방법: 객석에서의 조리 메뉴를 검토 • 좌석 수: 배식대의 크기는 주문분의 음식이 나열될 수 있는 크기로 준비 • 특　징: 숯이나 불판 등의 운반과 객석에서의 즉석 조리 메뉴 등 검토 　　　　조리사가 주방 전체를 관리·감독할 수 있도록 설계 　　　　탕 그릇의 크기와 렌지의 수, 버너 피치 등에 주의 　　　　전처리 작업이 많으므로 작업 공간을 충분하게 제공하도록 유의 • 세　척: 주로 직접 세척 방식, 대규모 업소의 경우 랙 또는 플레이트 타입의 식기세척기 도입 　　　　검토(세척기 이용이 불편한 식기가 많으므로 작업 연결이 용이토록 설계) • 취　사: 객석 수 × 100g(일반적 정식), 객석 수 × 70g(연회 중심)
중식당	• 인　원: 객석 수 확인 • 회전수: 객석 회전율 3~4회 예상, 고급 업소는 1.5~2.3회전 정도 • 연회장: 연회장 규모 및 객석 수로 중화 렌지의 크기 결정 • 특　징: 중화 렌지의 크기 및 시장 조사는 경영자 및 조리사와 함께 검토하고 냉장고는 　　　　복수로 시설(콜드테이블 포함) • 세　척: 식기세척기 도입 여부 결정 　　　　기름 요리가 많으므로 직접 세척 시 반드시 3조 이상의 씽크 도입 　　　　(세제 사용과 유지 제거용 온수 사용) 　　　　대형 식기가 많으므로 씽크대 도입 시 수조의 크기 고려 　　　　증기 및 화로의 필요성 확인, 디저트용 설비 및 차 공급기 등 검토 　　　　조리 방법 등의 개인차를 고려 레이아웃 시 함께 논의
일식당	• 인　원: 수용 인원, 객석, 연회석 등의 검토 • 메　뉴: 영업 방침과 정식 요리, 일품 요리의 비율 확인과 객단가 조사 • 좌석 수: 배식대의 크기를 고려, 주문분의 음식이 배식대에 나열되도록 준비 • 특　징: 튀김, 구이, 삶기 등 각 조리 부분이 작업대에서 장식되어 제공되므로 조리사가 주방 　　　　전체를 관리 감독할 수 있도록 설계하고, 냄비의 크기와 냄비용 렌지의 수, 버너 피치 　　　　에 주의(600mm)하며 전처리용 생선 처리 싱크와 일반 싱크는 분리 • 세　척: 주로 직접 세척 방식, 대규모 업소의 경우 랙 또는 플레이트 타입 식기세척기 도입(세 　　　　척기 이용이 불편한 식기를 사전에 확인) • 취　사: 객석 수×70g(일반적 정식), 객석 수 × 40g(연회 중심) • 선　반: 50인 기준: 1,500~2,000 × 600 × 1,800 • 100인 기준: 3,000~4,000 × 600 × 1,800

21) 정봉원, 「외식사업과 창업론」, 형설출판사, 2000, pp.270~271.

사업성 검토, 설계업자 선정, 설계 계약, 기본 설계 평면도 작성(4일 정도 소요) → 도면합의 후 기본 설계 설명회 개최(6일째) → 기본 도면 확정(8일째) → 실시 도면 작성(13일째) → 도면 설명회(14일째) 및 최종 결정(16일째) → 견적서 접수(17일째) 및 견적서 검토(20일째) → 시공업체 결정·계약 및 공사 착수(22일째) → 시공(24일째로 30일 정도 소요) 수정 및 보완 작업(54일째) → 인허가 사항 완결(57일째) → 완공(실제 30~40일 정도면 가능하며 소규모 시 15~20일 정도 소모)

2) 주방 설계[22]

주방 설계 계획의 핵심은 대부분의 고객이 식당에 들어오면 주방부터 살펴보는 습관이 있으므로 위생적으로 작업할 수 있도록 위생적인 부분을 반드시 확보해야

한다. 주방 작업상 능률의 경제성을 유지하는 것, 또 주방과 관련된 작업 시에도 안전성에 중심을 두고 설계하는 것이 좋다.

위생은 개인적인 위생은 물론이고 점포의 청결을 유지함으로써 맛을 더해주어야 하며 누가 보아도 만족하고 신뢰할 수 있어야 한다. 또, 작업 시 능률적인 조리가 될 수 있도록 배치해 경제성을 유지해야 하며 동시에 직원의 안전도 고려해야 한다.

주방의 위치를 개략적으로 선정하고 건물 전체의 구조를 체크해 가스, 급배수 라인과 출입구 상황 등을 봐가면서 현장 실측 시 또는 현장 확인 시 결정할 수 있다.

이때 주방 규모도 결정해야 하는데 보통 메뉴의 종류, 품질 수준, 메뉴의 수와 차후 개발 메뉴 등에 따라 주방의 기기와 보조 설비가 결정되며 이를 바탕으로 주방 규모가 결정된다.

예비 창업자는 비싼 임대료와 개인적인 욕심 때문에 조금이라도 홀 공간을 더 확보한 후 주방 면적을 결정하려고 고집을 부리는 경우를 종종 볼 수 있는데, 이는 잘못된 생각이다. 해를 거듭할수록 주방의 중요성이 높아지고 있으므로 일정 공간의 확보는 물론 냉난방 시설 등에 관한 충분한 사전 검토가 필요하다.

---

22) 김헌희·이대홍, 「외식창업실무론」, 백산출판사, 1999, pp.151~153.

(1) 주방 설계의 순서

① 판매할 메뉴의 수와 종류를 먼저 결정하고 나서 그 메뉴를 어떻게 조리할 것인지 조리 방법을 결정해야 한다.

② 조리를 메인 주방에서 전부 할 것인지 또는 일부는 객석에서 할 것인지 등을 검토해야 하며 최대 예상 판매량을 설정한 다음 주방 기기의 종류와 규격, 수량을 결정한다.

③ 냉장고, 냉동고 등의 창고 공간과 가스렌지 등의 공간을 확보해야 한다. 이때 열기구와 냉장, 냉동고는 반드시 일정 거리를 두어야 한다.

④ 1시간 내 최대 판매 개수 등 생산량을 설정하고 주방 기기별 생산 능력을 체크해야 한다.

⑤ 작업 동선(1.2~1.8m)인 기기와 기기 사이를 최소 1.2~1.3m는 확보해야 한다.

⑥ 식재료 가공도에 의해 전처리 공간도 확보하고 조리 속도를 빠르게 할 수 있는 주방 기기를 선정해야 한다.

⑦ 지금까지의 모든 조건을 고려해 주방 레이아웃을 만들어본다.

⑧ 주방의 위치는 객석에서 제품을 서빙하기 편리한 동선을 전제로 설정한다.

⑨ 정설은 없으나 좌석 회전율이 높은 식당은 주방 면적이 넓어야 하는데, 일반적으로 다음과 같은 양상을 띤다.

⑩ 주방은 점포의 평면 형태(정사각, 직사각, 특수형으로 구분)에 따라 합리적으로 설정한다.

⑪ 방수 공사, 배수, 트렌치 공사, 그레이스트랩(G/T) 설정 후 시멘트 마감을 하며 주의할 점은 바닥재는 미끄럽지 않게 처리해야 하므로 주방 바닥과 주방 벽체의 마감재는 반드시 샘플을 보고 결정한다.

⑫ 온수 공급 라인 및 배수 시설을 확보해야 하는데 화장실이 가까울수록 설정이 쉬우며 물이 완전하게 빠질 수 있도록 가능한 한 경사지게 한다.

표 10-2 **업태별 평균적인 주방 면적**

업 태	주방면적	비 고
패밀리 레스토랑	40~48%	창고 공간 포함
요리주점, 선술집	18~30%	창고 공간 포함
다방, 커피숍	15~20%	창고 공간 포함
패스트푸드점	20~25%	창고 공간 포함

⑬ 전기(전압, 전력) 용량은 에어컨, 간판 등을 고려해 과소, 과다 시 문제가 되지 않도록 합리적으로 설정해야 한다. 과다 시 승압 비용과 전기 요금이 과다하게 나오므로 특별히 주의가 요구된다.

⑭ 도시 가스 설치 지역 여부 체크와 후드 설치 도면을 확인해야 하며, 가스 납품 계약서를 반드시 체결해야 한다.

⑮ 덕트(환기) 설비 도면 확인(흡기, 배기 시설로 숯불 사용 시 특히 주의)과 주방 기기 배치도 체크(식품 보관 공간, 전처리 공간, 가열 조리 구역, 메뉴 차림대, 식기세척기 공간 등) 그리고 주방 기기 종류, 규격 및 리스트 작성 → 주방 기물 선정(메뉴의 가격, 품질, 홀의 테이블 크기 등과 피크 시간대 설거지 기물까지 고려)을 한다.

(2) 업종별 주방 기기 및 기물의 종류

❶ 한식당의 주요 주방 기기 및 기물 종류

제빙기, 칼 및 도마 소독기, 찬기 냉장고, 냉동고, 식기세척기, 순간온수기, 가스레인지, 작업대, 선반, 찬냉장고, 적외선 소독기, 냉온수기, 보온 밥통, 보온 물통, 냉장고, 온장고, 엽차 쟁반, 서비스 트레이, 고기 쟁반, 가위, 집게, 풍로, 주전자, 고기저장용 밧드, 스테인리스 양푼, 양은 양푼, 탕솥, 증기 밥솥, 튀김팬, 중국자, 프라이팬, 뒤집개, 전골 국자, 스테인리스 국자, 육수채, 철 아미, 양은 아미, 갈비칼, 감자칼, 막칼, 야채칼, 고기 절단칼, 야스리, 숫돌, 공구시, 냉면칼, 전자 저울, 가스 밥솥, 주걱, 거품기, 탕샥구, 양은 대야, 소독기, 정수기, 플라스틱 양념통, 플라스틱 사각 소쿠리, 플라스틱 원형 소쿠리, 플라스틱 운반용 상자, 휴지통, 고무통, 오프너, 냉면 조리, 위생 도마, 목도마, 얏도그, 롱포크, 소주잔, 맥주잔, 가스총, 플라스틱 주걱, 나무주걱, 들통, 코팅 프라이팬, 된장(곰탕) 뚝배기, 곱돌솥, 곱돌비빔밥 그릇, 곱돌 불고기판, 전골냄비, 상추 소쿠리, 수육 접시, 양념기 세트, 수저 세트, 탕그릇, 엽차 컵, 물김치 그릇, 서비스 접시, 파전 접시, 백김치·물김치 그릇, 재떨이, 수저통, 양념통 등을 들 수 있다.

❷ 양식당 주요 주방 기기 및 기물 종류

제빙기, 컴백션 오븐기, 칼 및 도마 소독기, 해동 냉장고, 사라다 냉장고, 냉동고, 식기세척기, 워머, 가스 튀김기, 적외선 소독기, 가스레인지, 순간온수기, 냉장고, 커피브로워, 사각 위생통, 스테인리스 소스통, 인세트통, 도비통, 피자팬, 피자다이,

피자커터기, 맨봉, 피자스페치, 도마, 위생 도마, 프렌치나이프, 모닝나이프, 양식 칼, 식도, 과일칼, 숫돌 공고시, 야스리, 석쇠, 가위, 바이레스, 스테인리스 밧드, 고무주걱, 코르크스크류, 송곳, 레몬스퀴즈, 감자칼, 치즈 강판, 화채 국자, 화채 스푼, 프라이팬, 프라이칼, 아부라고시, 랭키고시, 중국팬, 튀김솥, 스테인리스 익판, 함박 팬, 함박가다, 스테이크 망치, 파이팬, 빵고채, 소스통, 케찹통, 수프채, 주걱, 도비주 걱, 집게, 구찌가비, 철아미, 워터피처, 보온 물통, 직각쟁반, 저울, 다데스푼, 아미스 푼, 데나배, 스페치, 스테인리스 믹싱볼, 거품기, 스테인리스 샥구, 소도와, 수프 국 자, 치즈칼, 오프너, 테이블 오프너, 푸드탑바, 스테인리스 아미, 플라스틱 감이 세 트, 플라스틱 소쿠리, 플라스틱 양념통 세트, 메론봉, 아나바시, 오토뷸 츄레이, 화 채 가다, 펀치볼, 그라스팩, 데칸타, 비어 조끼, 파이렉스 보트, 기름받이, 튀김받이, 튀김접시, 스탠드 재떨이, 그라스, 디너나이프, 버터나이프, 디너(화채, 아이스크림, 커피 등) 스푼, 샐러드 포크, 디너 포크 등이 있다.

❸ 일식당의 주요 주방 기기 및 기물 종류

제빙기, 어소기, 냉동고, 가스 튀김기, 냉장고, 순간 온수기, 가스레인지, 오븐기, 식기세척기, 찬기 냉장고, 칼 및 도마 소독기, 야스리, 갱칼, 분마기, 스테인리스 공 구, 위생 도마, 스테인리스 밧드, 알루미늄 도비통, 프라이팬, 튀김솥, 계란말이판, 튀김팬, 김발, 마나바시, 장국채, 숫돌, 양면 숫돌, 회칼, 데바칼, 미가끼데바, 막칼, 스테인리스 국자, 가위, 알루미늄 자루냄비, 강판, 스테인리스 아부라고시, 다데 스 푼, 생선구이, 뎃방야끼용 페퍼밀, 스페치, 기름통, 정종 데우기, 알루미늄 튀김팬, 케찹통, 컨테이너 밀폐통(대, 중, 소), 플라스틱 소쿠리, 플라스틱 바가지류, 곰보 냄비, 기름받이, 김말이통, 와인잔, 스트레이트잔, 얼음통, 양주 물병 등이 있다.

위와 같이 현재 주방에서 업종별·업태별 주방 기기의 명칭을 알아보았다. 큰 기 기 몇 가지를 제외하고 나면 대부분 생소한 용어를 사용하고 있는데 어느 정도는 알기 쉽게 우리 정서에 맞게 순화가 필요하다.

(3) 주방 기기 선정 시 체크사항

❶ 주방 기기는 메이커가 제시하는 견적 가격만 체크하지 말고 어떤 부품이 있고 또 부품의 수와 재질은 어떠한지 체크해야 한다.

❷ 주방 책임자와 충분히 의논한 뒤 메이커의 설명을 듣고 선정하다.

❸ 견적 가격이 어떤 유통 단계(생산자와 직거래, 도매상, 딜러, 일반 주방업체 등)에서 작성되었는지 파악해야 한다.

❹ 가격도 중요하지만 향후 신속한 A/S 보장이 더욱 중요하므로 반드시 체크한다.
(고장에 따른 신속한 A/S가 되지 않는 경우 이미지 및 영업에 막대한 지장을 초래)

❺ 주방 기기는 일괄 납품으로 설치하도록 계획하면 A/S가 쉽고 용이하다. 이때 A/S기간을 반드시 1년 이상은 설정해야 하고, 소모율이 높은 부품은 최소 6개월분은 확보하는 것이 필요하다.

❻ 대형 점포인 경우는 기기가 약간 고가라도 우수한 메이커 제품을 사용하는 것이 좋으며, 전통 있는 대형점이나 오래된 식당에 지속적으로 거래하고 있는 업체라면 어느 정도 믿을 수 있다.

❼ 주방 기기 선정 시에는 조리사협회나 외식 컨설팅 전문 기관에 자문을 받는 것이 좋다.

제2절 점포 설계와 인테리어 공사 계약

1 점포 설계와 인테리어 공사 계약[23]

1) 기본 설계 체크 요령

기본 설계를 하기 전에 유사한 점포를 현장 견학하거나 주변에 자문을 구해 예비 창업주가 전체적인 구상을 정리한 다음 기본 도면을 작성하도록 한다. 기본 설계 도면이 점포 전체 공사의 약 80% 정도를 차지하며 중소 규모 점포의 경우 도면으로 공사하는 경우가 대부분이므로 매우 중요하다.

주방 기기의 레이아웃, 객석 레이아웃(가스로스타를 사용 시에는 테이블 위치선정이 필요), 개략적인 점포 외부의 형태, 냉난방기의 위치, 천장 및 벽체의 형태, 룸 설정 등을 체크한

---

23) 김헌희 · 이대홍, 「외식창업실무론」, 백산출판사, 1999, pp.153~163.

다. 객석 구분 시에는 2인, 4인, 6인을 충분히 고려하고 층이 구분될 경우는 덤웨이터의 위치 선정, 파티션의 모양, 간판의 형태와 구조, 조명 기구의 수나 모양 등에 관한 의견이 반영되어야 한다.

주방 기기 규격을 기초로 해 레이아웃을 그리고 여기에 맞춘 배관 작업과 가스 작업이 병행되어 완성되어야 하며, 주방 도면을 기초로 전체 도면을 작성해야 보다 합리적이다.

인테리어 업체에서 전체 도면을 작성하지만 주방 기기 업체의 주방 기기 배치도에 설비업체, 전기, 가스업체 등이 각각 자기 분야별로 작성한 도면도 함께 살펴본 후에야 비로소 전체 인테리어 공사 기본 설계가 완성되며 이때 반드시 공사 일정표에 각 업무별로 업체가 선정되어 있어야 한다.

기본 설계도면에는 평면도, 중요 사용 자재 명세, 조명 등과 관련 카탈로그나 샘플 사진, 자재 샘플 등을 확보해 제시하게 해야 하며, 이를 확인하고 나서 의문 시되는 점은 도면 설명 시 반드시 확인하고 넘어가야 한다.

(1) 점포 기본 설계도면 중요 체크 사항

❶ 점포의 출입구에서 객석까지와 주방에서 객석까지의 동선이 양호한가?

❷ 객석 수와 객석 구성이 업종·업태의 분위기에 맞는 영업 형태로 조화를 이루는가?

❸ 의자나 테이블을 고객과 객석 효율을 고려해 2, 4, 6인석으로 구성시켰는가?

❹ 단체, 그룹 고객을 위한 룸 설치와 파티션 등의 변형은 고려되었는가?

❺ 테이블 형태가 사각형, 원형 등의 적절한 배합으로 안정감이 있는가?(사각형의 테이블은 딱딱한 느낌이 들며 원형은 공간을 많이 차지하는 단점은 있으나 부드러운 분위기 때문에 카페 바, 디너 레스토랑에서 주로 이용하고 있다.)

❻ 인테리어 디자인이 영업 점포 이미지와 일치하는가?

❼ 화장실은 반드시 남녀 구분을 하고 특별히 여성을 배려한 부분이 있는가?(소모품, 화장품 등)

❽ 카운터 위치는 잘 보이며 고객이 대금 지불을 쉽게 할 수 있도록 되었는가?

❾ 음료 냉장고 등 서빙 스테이션은 신속한 서빙이 이어지도록 적절하게 설정되었는가?

❿ 전체 작업실은 어느 정도 공간이 확보되어 있는가?

⓫ 층이 있는 경우 계단의 단 높이와 넓이는 고객을 배려했는가?

⑫ 탈의실, 휴게실 등 직원을 배려했는가?

⑬ 간판의 위치는 시계성을 고려하여 설치되었는가?

⑭ 출입문의 크기, 모양, 대기실 등의 형태는 고객의 출입이 쉽도록 배려되었는가?

⑮ 주방이나 객실 천장의 높이가 2.5~3.5m 정도로 열효율이나 답답함을 고려했는가?

⑯ 점포 외부의 환경을 위해 수목이나 주차장 등의 보완 사항이 있는가?

⑰ 냉난방 시설 시 부분적인 사용과 객석의 위치와 형태가 적절하게 되었는가?

⑱ 배기팬, 전등 등의 on, off 스위치가 객석별로 잘 구분되었는가?(조명을 밝게, 어둡게 조절이 가능한 것이 좋다.)

⑲ 고객의 입·퇴점 시를 고려해 좌석별로 신발장이 잘 배치되었는가?

⑳ 휴대용 전화기의 충전기를 갖추었는지 여부와 가족 고객을 위한 어린이의 놀이방도 고려되었는가?

이런 점들을 체크한 다음 충분한 토론 과정을 거쳐 최종적인 수정 도면을 작성해 인테리어 공사에 따른 실시 도면을 작성한다.

2) 시공 도면의 구성 요소

점포 시공 항목은 보통 철거 공사, 목공사, 전기 공사, 보일러 공사, 상하수도 배관 공사, 미장, 타일 공사, 가스 공사, 간판 부착 마감 및 체크리스트를 활용한 점검, 냉난방 공조 기기 설치로 나누어진다.

(1) 시공 계약 체결 시 체크포인트

시공과 관련해 예비 창업주는 전문가가 아니라고 해서 인테리어 업자에게 모두 맡겨두지 말고 아래 내용을 중심으로 꼭 체크해야 한다.

❶ 도어는 각 창호의 개폐 방향과 규격, 사무실이나 주방 출입구, 화장실 출입구의 규격 등을 체크한다.

❷ 벽 디자인은 벽면의 내장 디자인과 건축 자재를 확인하고, 주방 벽면은 방수와 타일 작업을 체크한다.

❸ 일반적으로 높이는 팬츄리 85cm, 디쉬업 100~125cm, 카운터 75~100cm로 되었는지 체크한다.

④ 기존 건물에 주방을 만들 때는 트랜치(급·배수라인)를 설치해야 하므로 바닥을 깨어서 하거나 바닥보다 15~20cm 높게 해야 한다.

⑤ 의자·탁자 높이와 규격 및, 위치 설정을 확인한다. 테이블 객석 수와 분위기가 여기에서 좌우되므로 체크한다.

⑥ 천장의 마감 자재, 모양, 조명 등, 공조 기기, 점검구, 배기, 흡기 위치, 덕트 등의 설비 도면이 포함되어 있는지 확인하고 지붕에 배기부로아를 설치할 때는 동력도 체크한다.

⑦ 조명에서는 조도, 조명 기구 수, 모양을 도면에 표시하거나 샘플 또는 카탈로그를 체크한다.

⑧ 냉난방 공조 기기는 위치, 객석과의 관계가 적합한지 확인하고, 천장의 요철 부분에 직접 닿지 않는지 체크한다.

⑨ 창호는 출입구, 창문의 규격, 일람표와 위치, 종류별, 기자재별, 두께 표시 등을 체크하고 창호의 폭, 위치, 개폐 방향·방식 등도 체크한다.

⑩ 문의 뒤쪽이나 주방문은 손때가 잘 묻으므로 유의해야 하며, 최소 폭이 70~90cm는 되어야 한다.

⑪ 설비 도면에서는 전기, 급배수, 냉난방, 공조, 가스, 소방 시설 등 설비에 관해서 체크한다.

⑫ 전기는 콘센트 위치, 주방, 사무실 객석별로 전압과 와트수가 정확히 설정되었는지 분전반의 위치, 전화나 POS, 인터넷 설치 관련 배선까지도 체크한다.

⑬ 주방의 배수 방식을 확인하고 그레이스트랩(G/T)이 작업에 불편함이 없는지 위치를 확인한다.

⑭ 화장실은 악취 방지 장치나 환풍기, 통기관이 계획되어 있는지 체크한다.

⑮ 방수 공사는 업체의 보증서를 받아두어야 한다.

⑯ 수도, 전기, 가스 등의 미터기 설치 장소를 체크한다.

⑰ 주방 도면은 보통 주방 업체가 작성한 도면인데, 주방의 각종 기기를 표시한 이 도면은 메뉴에 따른 주방 레이아웃이나 생산 능력도 체크하고, 주방 기기가 작업 동선에 맞게 배치되었는지 체크한다.

⑱ 인테리어 업체와 주방 업체에 주방 공사 범위를 확실하게 해두어야 하며 주방 기기 설치 공사 포함 여부를 양 업체 간의 협의하에 한계 여부를 확인해야 한다.

또한 공사 시작 전에 반드시 건물주, 인테리어 시공 책임자, 가맹점희망자가 공사에 관한 아래 내용에 대해서 최종 협의를 마쳐야 하며, 그 후 공사가 진행되어야 한다.

❶ 건물 외관에 대한 협의 사항

- 창호의 폐쇄, 신설에 대해 건물주에게 계약 시 통보해 협조를 구한다.
- 외부 금속 공사 시 기존 시설의 파손이 예상될 때(유리 벽면이나 돌인 경우)
- 간판 설치 위치를 정했을 때 다른 매장에 영향을 준다고 판단될 때
- 건물 외벽을 철거하거나 관통할 때

❷ 건물 내부에 대한 협의 사항

- 보일러실이 설치되어 있지 않아 외부에 설치해야 할 경우
- 건물 하수 배관의 위치와 수도 배관의 위치를 파악해 연결 가능한지를 확인한다.
- 건물 내부 벽체를 철거할 경우 내력벽 여부를 확인해 건물주와 협의한다.
- 환기와 배기 시설이 없을 경우 최소 2면 이상이 외벽과 접해야 하고 주방은 최소 1면 이상 접해야 한다.

❸ 협의가 예상되는 공사

- 간판 공사: 간판 설치 위치와 허가 사항, 다른 상가와 연결되어 있는 경우
- 금속 공사: 기존 설치물 철거, 파손 혹은 작업이 예상되는 공간에 광고를 하고 있는 경우
- 철거 공사: 외벽, 내부 벽체, 창호, 구조체 철거 시
- 설비 공사: 하수, 수도 기존 시설과 연결 또는 신설 시, 화장실 신설 시, 정화조와 연결 시
- 덕트 공사: 외벽 타공, 환풍기 위치가 창호에 설치되어 있는 경우, 덕트 설치 시 브로어 위치 협의
- 전기 시설: 내부 분전반이 없는 경우에 건물 분전반과 연결 시

❹ 전기 용량 및 별도 계량기 유무 확인

- 영업 상태에 있는 매장의 경우 기존 입주자의 마지막 전기 요금 고지서 확인, 즉 계약 전력란을 확인한다.
- 확인할 방법이 없는 경우: 전력 계량기 하부(NO 000000) 번호를 확인한 후 한전에 문의한다.

  * 건물 계약 전 반드시 확인해야 하며, 예측 전력 소비량과 계약 용량을 비교해 조정해야 함. 또한, 용량이 부족해 1kW 증설 시 16만 원을 추가 지불하게 됨.

❺ 수도 시설과 별도 계량기 설치 유무

본 조사는 주방 시설에서 물이 부족할 경우를 대비해 확인하는 조사이며, 수도 요금 지불 시 불이익을 사전에 방지하기 위함이다.

- 수도 요금이 별도로 나오는 경우
  - 영수증을 확인해 업소용인지 확인한다.
  - 수도 배관은 최저 20mm 이상 설치되어야 하며 본선에서 연결한다.

❻ 하수 시설(용량 확인)

- 영수증을 확인해 업소용인지 확인해야 하며 확인 방법은 최소 79mm 이상의 관이 설치되어 있어야 한다.
- 하수는 직접 연결해야 하며 방법은 건물에 시설되어 있는 마지막 관에 연결한다.

❼ 정화조 용량 확인

- 관할 구청, 군청(청소계, 환경과 등)에서 확인 가능하다.
- 정화조 용량 부족은 건물 임대상의 악조건이며, 임대하고서 용도 변경 신고에서부터 정화조 설치 작업까지 비용을 업주가 전부 부담해야 한다.

이 외에 주방은 도시가스공사와 온수 공급 라인 확보 등을 점검하기 위해 시공 계약을 체결할 경우 특기 사항으로 평면도, 전개도, 상세 부위 도면, 입면도, 단면도, 전기 배선도, 주방 도면, 창호 도면, 흡·배기 도면, 수도 인입 도면, 배수 도면, 가스 인입 도면, 주방 내 도면, 가구 위치 도면, 소방 시설 도면, 등기구 표시도 등을 점검해야 한다.

(2) 시공 순서

❶ 점포 계약에 따라 점포 실측(건물 규모, 구조, 전용 면적, 지하 유무, 방화 지역, 용도, 가스, 수도, 전기 용량, 급배수 시설, 주방 위치 등)을 한 후 도면 작업을 한다.

❷ 도면 작업으로 통상 실측의 100:1의 크기로 도면을 작성하며 가장 먼저 주방의 레이아웃과 주방 배치도를 구상하고 냉난방기의 위치, 파티션의 모양, 간판의 형태, 전등, 조명 등에 대한 기본 설계와 전체 일정표를 작성하며 설비, 가스 등의 기본 도면을 작성해 나간다.

③ 인테리어 첫 단계인 철거 공사로 사전에 철거 범위를 명확하게 하고 용도에 따른 준수 시설의 경우 철거 전 시설 유무를 확인해야 하며 작업량과 쓰레기량을 산출해서 낭비를 막아야 한다.

④ 철거 공사가 끝나면 매장의 전체적인 틀을 잡아주는 목공사가 시작되는데 벽체, 천장, 바닥, 카운터 등 인테리어 공사의 반 이상을 차지하므로 정확성과 신속성이 요구되며 합판의 건조 상태나 마감 상태를 잘 체크해야 한다.

⑤ 전기 공사는 승압 공사(점주가 주로 가설함), 분전함, 배선 공사, 조명 공사를 말하며 예상 전력 소모량을 정확하게 체크해 전력 부족으로 여름과 겨울철 냉난방기 사용을 못하는 불편함이 없어야 한다. 또한 간판 사용에도 지장이 없어야 한다. 너무 많은 용량을 사용할 경우 기본 요금이 높아지므로 낭비를 막아야 하며 규격에 맞는 배선과 차단기를 사용해야 한다.

⑥ 설비 공사는 중요한 공사로 주방 계획에 따라 공사 범위 설정과 상하수도 공사, 바닥 공사, 방수 공사 등으로 이루어지며 수도 용량이나 수압, 배수의 경사도나 씽크 하수의 거름통 설치, 방수 문제 등 특별히 관심을 갖고 관리해야 한다.

⑦ 환기 공사는 매장 내부에 신선한 공기를 유지시키기 위한 목적으로 하는데, 환풍기나 흡·배기 덕트는 점포 상황에 맞게 설치를 잘해야 한다. 환기는 요즘 고객들로부터 중요시되고 있다.

⑧ 가스 공사는 가스 설비와 기구로 나눌 수 있으며 설비의 경우는 도시가스 공급업체에서 지정된 업체가 주로 한다. 주방 기기의 가스 사용량을 잘 분석하고 공사 일정을 잘 파악해 도시가스 업체와 사전에 가스 연결 일정을 조율해야 한다.

⑨ 기타 보일러 공사, 간판 공사, 벽지 및 장판 공사, 마무리 청소 등이 있는데, 특히 2층 이상에서 식당을 할 경우 소방법에 따라 벽지를 사용해야 하는데 소방 필증 교부 일자가 약 20일 정도 소요되므로 미리 챙겨야 하며, 벽지와 장판지는 같이 선정해야 밸런스와 콘셉트를 맞출 수 있다.

(3) 시공 완료 시 최종 체크 사항

① 간판은 정해진 위치에 제대로 부착되어 있는가, 전등 상태가 양호한가, 상호, 전화번호, 업종 표시가 잘되어 있는가, 허가 관련해 설치 신고를 했는가 등

② 입구의 출입문은 자동 도어나 문의 개폐 상태가 합리적이며 설치가 튼튼하게 되었는가, 그리고 방풍은 잘되어 있는가 등

③ 벽, 천장 구석의 깔끔한 마감 처리, 벽과 천장 끝의 마감자리, 벽과 바닥의 마감, 걸레받이 처리의 마감 등

④ 의자·탁자 세팅 후 파손 또는 휘어지거나 흔들거리지 않는가, 높이는 규정대로 만들어졌는가.

⑤ 점포 내 밝기는 적당한가.(최근에는 조도 조절이 가능)

⑥ 전기, 가스, 수도, 수압, 배수구, 배기 등의 계기가 정상 작동되고 있는가.

⑦ 좌변기, 양변기, 페이퍼홀더, 비누 곽, 화장 도구함 등의 배치와 거울의 면이 고르며 깨끗한가.

⑧ 가스, 전기, 수도 미터기, 스프링클러는 정상인가, 공조기는 계절에 관계없이 정상 가동되는가.

⑨ 냉난방, 배기의 정상 가동과 배수 경로가 경사되어 역류 현상이 일어나지는 않는가.

위와 같은 사항들을 현장에서 직접 체크해야만 부실을 방지할 수 있고, 영업 중 하자가 발생할 경우 고객에게 미칠 수 있는 불편함과 예상 외의 타격을 미연에 방지할 수 있다.

3) 인테리어 공사 계약 시 체크 사항

인테리어 공사 계약서는 대부분 인쇄된 계약서를 사용하고 있는데 총 공사 금액, 공사 기간, 계약금, 중도금, 잔금 지급 일자 및 조건 등의 간단한 내용만 있어 문제가 발생할 경우 책임의 한계로 분쟁의 소지가 있다. 따라서 별도 용지에 특약란을 만들어 중요한 추가 공사와 같은 특이 사항에 대해서는 계약서에

명시하고 공사 완료 후 하자 보증 기간과 긴급 사항에 대해 대처 방법 등을 명시해 두는 것이 바람직하다. 공사 보증, 인테리어 공사 기간 중 발생할 수 있는 사고 시의 책임 소재와 화재 보험 등의 보험 가입, 개점 일자 지연 시 공사 지연 책임 내용, 건축 및 인테리어 공사를 시행함에 있어서 원자재 입고, 구축물 철거 시 먼지, 소

음 등으로 이웃과 분쟁이 발생한다거나 공용 도로 사용 허가 등 민원 발생에 관해서는 인테리어 업체의 책임하에 진행토록 하고, 계약 중도 해지 시의 조건, 감리 및 현장 책임자 선정, 설비업체, 가스업체 및 전기업체의 면허 소지 등에 대한 내용을 기록해 쌍방 날인해 두어야 하며 필요시 공증까지 해둔다.

　견적서를 의뢰할 때 업체에 전체 공사 중 각 항목별, 즉 철거 공사, 칸막이 공사, 조적 공사, 전기 공사, 미장과 타일 공사, 설비 공사, 배기덕트 공사, 내장 공사, 가스 공사, 간판, 가구 공사, 냉난방 공조 공사 등으로 구별해 견적토록 하면 비교가 용이하다. 이때 무조건 견적이 낮은 업체가 좋은 것이 아니라 각 공사 항목별로 여러 업체가 제시한 금액 중 비슷한 금액을 체크해 항목별로 금액을 합산해 전체 금액을 잠정 결정한다. 이때 각 항목마다 평균 금액이나 견적서 항목의 형성 금액이 비슷한 금액을 제시한 업체가 비교적 우수한 업체라고 할 수 있다. 먼저 유능한 업체를 선정해 각 항목별 적정 금액 수준으로 공사를 진행할 수 있는지 협의한 후 진행한다면 무난한 선택이라고 할 수 있다.

표 10-3 인테리어 공사 계약서

○○○○ 프랜차이즈 가맹본부의 ○○직영점 인테리어 공사를 아래와 같이 계약한다.

- 아 래 -

발 주 자:

수 주 자:

1. 공사 내역

구 분	내 용
공 사 명	○○프랜차이즈 가맹본부 직영 ○○점 인테리어 공사
공 사 내 용	첨부 설계 도면, 견적서, 시방서, 공사청부 약관 참조
공 사 소재지	○○시 ○○구 ○○동 XXX 번지
공 사 기 간	XXXX년 XX월 XX일-XXXX년 XX월 XX일 (○○일간)
인 수 시 기	XXXX년 XX월 XX일
계 약 금 액	一金八阡八百萬원 整 (₩ 88,000,000)

2. 공사 대금 지불 방법

구 분	지불 금액	지급 일자	비 고
총 공사금	88,000,000		
계 약 금	25,000,000	5/10	현　　금: 이천오백만 원
1차 중도금	15,000,000	5/25	현　　금: 일천만 원 가계수표: 500만 원
2차 중도금	15,000,000	6/15	현　　금: 일천오백만 원
3차 중도금	15,000,000	6/25	현　　금: 일천오백만 원
잔　　　금	10,000,000	완공일	가계수표: 일천만 원

3. 기타 계약에 필요한 제반 사항들은 계약서와 약관에 따른다.

제1조 (총칙) 발주자 000(이하 甲)과 수주자 000(이하 乙)은 상호 대등한 입장에서 서로 협력해 신의와 성실로 본 계약을 이행한다.

제2조 (계약문서) 계약 문서는 계약서와 공사청부약관, 시방서, 첨부도면, 견적서의 사양을 기초로 해서 상호 보완 효력을 가지며 (乙)은 공사를 성실히 집행하며 (甲)은 완성된 목적물을 인도 받기로 하되 그 대가로 공사 대금은 첨부 자료와 같이 지급하기로 한다.

제3조 (공사 기간) 천재지변 또는 설계 변경, 기타 (乙)의 귀책 사유가 아닌 사유로 인하여 공사가 지연될 때는 (乙)이 제안한 내용을 (甲)(乙) 양자가 협의하여 공사 기간을 연장할 수 있다. 단 공사 기간은 XXXX년 5월 15일부터 XXXX년 6월 30일까지 45일간으로 한다.

제4조 (공사 진행 상황 보고)

  1. (甲)은 (乙)에 대해 공사 기간 중 어느 때라도 공사 진행 상황의 내용을 요구할 수 있다.

  2. (甲)은 (乙)에 대해 약정된 일자에 정히 공사 진행이 이루어지도록 성의를 갖고 협력한다.

제5조 (공기의 연기)
1. (甲)은 (乙)에게 설계 등의 변경에 의해 공사 기간의 연기를 요구할 수 있다.
2. 공사 기간 내에 본 공사를 완성할 수 없는 경우에는 (乙)은 (甲)에 대해서 가능한 빨리 그 내용을 통지해야 한다. 이 경우 (甲)(乙)양자가 협의해 연장 일수 및 세부 내용을 결정한다.

제6조 (공기 연기에 대한 책임)
1. 천재지변 및 (甲)의 요구에 의한 설계의 변경 또는 기타 사항의 요구 외에 공기 연기에 대한 책임은 (乙)이 가지게 된다.
2. 공기 연기에 대한 전반적 책임이 (乙)에게서 발생할 경우 (甲)은 (乙)에게 배상을 청구할 수 있다.
3. 공기 연기에 따른 배상은 1일 연기 시마다 총 공사 금액의 1%로 정한다.
4. 약정된 공사 대금 지급을 (甲)이 지연 시에는 공사 중지를 할 수 있으며, 그 중지 기간 동안 지연된 일정만큼 연장할 수 있으나 상호 협의해 조정한다.

제7조 (손해배상) 공사에 관해서 목적물을 인도하기 전에 공사 목적물, 공사 자재에 대해 발생한 손해, 기타 시공에 관련해 발생한 손해는 (乙)의 책임으로 돌려야 하는 경우에는 (乙)의 부담으로 하며 그 이외의 경우에는 (甲)의 부담으로 한다.

제8조 (준공 검사)
1. 공사가 완성되었을 때는 (乙)은 (甲)에 대해 그 취지를 즉시 통보해야 한다.
2. (甲)이 전항의 통지를 받았을 때는 (甲)(乙)양자가 협의해서 검수일을 정하고 검수를 행한다.
3. 전항의 검수에 합격하지 않았을 때는 (乙)은 지체 없이 보수, 개조 작업을 행해야 한다. 보수, 개조 후의 검사에 관해서는 전 1, 2항을 적용한다.
4. 보수 개조 작업에 추가되는 모든 비용은 (乙)의 책임하에 둔다. 단 (甲)의 요구에 의한 설계 변경에 따른 보수 개조 작업은 예외로 한다.

제9조 (감수자의 선임 및 권한 행사)
1. 감수자는 원칙적으로 (甲)으로 하되, (甲)이 지정하는 제3자도 감수를 할 수 있다.
2. 공사 도중이라도 공사 상황에 대한 검사를 (甲)이 요구하면 (乙)은 이에 적극 협조해야 한다.

제10조 (계약의 해제) (甲)은 다음 각 항에 해당될 때는 계약을 해제할 수 있다.
1. (乙)의 귀책 사유에 의해 공사 기간 내에 공사를 완료할 가능성이 없다고 판단 될 때.
2. (乙)이 정당한 사유 없이 공사 착수 시기를 넘겨서 착공하지 않을 때.
3. (甲) (乙)의 합의한 설계대로 공사가 되지 않았을 때.
4. (乙)이 (甲)에게 부당한 요구를 했을 때.

제11조 (공사 대금의 지급)
공사 대금 지급은 (甲) (乙)양자의 합의에 따른 前장 "아래" 사항을 참조한다.

제12조 (하자 보증) (乙)은 본 공사의 사후 관리를 위해 총 공사 대금의 10%에 해당되는 하자 보증금으로 예치하거나 이에 상응하는 보증보험증권을 (甲)에게 제출한다.

제13조 (하자 보증 기간) 하자 보증 기간은 (甲)과 (乙)이 인수인계를 완료한 날로부터 1년으로 한다. 동 기간 내 발생한 공사 관계 하자로 인해 발생되는 수리, 개조 등에 대해 (乙)은 즉각적으로 (甲)의 요청대로 개보수 공사를 행해야 하며 만약 (甲)의 정당한 요청에도 불구하고 (乙)이 이를 이행하지 않을 때는 점포의 정상 영업을 위해 (甲)이 우선 수리 보완하고 그 대금을 (乙)에게 청구할 수 있다. 단 (甲)의 부주의로 인한 수리, 개보수 부분은 제외한다.

제14조 (공사 도중 발생한 사고의 책임)
  1. 공사 기간 내 공사 진행 중에 발생된, 대인 대물 사고를 포함한 모든 사고는 (乙)의 책임하에 둔다.
  2. (乙)은 공사 현장에 현장 책임자를 상주시켜야 하는데 그 현장 책임자는 ○○○ 공사로 하여 공사로 인한 민원 발생 시 (乙)의 책임하에 최선을 다해야 한다.

제15조 (기타)
  1. 본 계약서 각조 각항에 명시되지 않은 사항은 상법 및 민법, 상관례에 따라 (甲)과 (乙) 협의해 결정한다.
  2. 추가 공사는 (甲)과 (乙)의 추가 계약으로 시공한다.
  3. 공사 기간 중 전기, 수도, 가스 사용료, 등은 (甲), (乙)이 부담하며, 공사 내용 중 인허가 관련 비용, 전기 승압 공사 등 업자만이 할 수 있는 공사(도시가스 배관공사 등)등 관련 제 비용을 포함하고 있다.

특약 사항 1.
         2.

  본 계약이 정히 성립되었음을 증명하기 위해 (甲)(乙)이 각각 날인한 계약서 2통을 작성하고 (甲)(乙) 각각 1통씩 보관한다.

XXXX 년 XX월 XX일

(甲)주 소 :
   성 명: (인)

(乙)주 소 :
   회사명 :
   성 명: (인)

Chapter 11

외식 프랜차이즈
가맹본부

제1절 외식 프랜차이즈 가맹본부의 개요

1 외식 프랜차이즈 가맹본부의 이해

1) 외식 프랜차이즈 가맹본부

외식 프랜차이즈 시스템은 재화와 용역의 유통 방법 중 하나로 볼 수 있다. 외식 프랜차이즈 가맹본부 입장에서 직영점을 여러 개 운영하는 것과 가맹점을 여러 개 모집해 유통시키는 것 중 사업을 확장하는 데 보다 더 효율적인 방법은 무엇일까? 물론 장단점이 있겠지만, 사업 확장의 경제적 측면을 고려한다면 후자의 방법이 더 효율적이다. 간단히 비교했을 때 똑같은 시간과 자금을 가지고 투자할 경우를 생각해 본다면 직영점 몇 개를 개발하는 시간과 비용으로 수십 개의 가맹점을 만들어낼 수 있다. 즉, 직영점의 경우 많은 자금과 시간이 소요될 뿐만 아니라 잡다한 관리 업무들이 수반되지만, 가맹점은 그렇지 않다. 독립적인 가맹점에 사업할 수 있는 권리만 부여하면 가맹점 스스로 자금 활용과 관리로 단시간 내 사업을 확장시킬 수 있는 것이다.

운영 면에서도 일반적으로 가맹점사업자가 직영점의 직원보다 뛰어난 능력을 발휘하기 마련이다. 가맹점사업자는 경영자로서의 책임과 의지를 갖고 일하지만, 직원의 경우 사명감이 그만큼 미치지 못하기 때문이다.

그렇다고 해서 모든 사업이 외식 프랜차이즈 시스템으로 성공할 수 있는 것은 아니기 때문에 외식 프랜차이즈 가맹본부를 창업하기 전에 자신이 하려는 사업이 외식 프랜차이즈화 했을 경우 얼마나 성공 가능성이 있는가를 검토하는 것이 매우 중요하다. 일반적으로 너무 쉬워서 모방이 쉽거나 반대로 너무 어려워 매뉴얼화하고 교육하기 힘든 사업, 전국적으로 수요가 균등하지 않고 특정 지역에만 집중된 사업, 아직 도입기로 검증되지 않은 사업 등은 외식 프랜차이즈화하기 힘들다고 할 수 있다. 비록 외식 프랜차이즈화에 적합한 사업이라 하더라도 확실한 비즈니스 콘셉트와 직영점 운영 경험이 전혀 없는 경우에는 외식 프랜차이즈화하기 어려운 것은 당연하다.

그러므로 외식 프랜차이즈 가맹본부는 실험을 통해 수정된 패키지를 가맹희망자에게 제공해야 하며, 그 패키지의 내용들은 제공하기 전에 분명하게 입증된 것이어야 한다. 입증되지도 않고 준비되지 않은 시스템에 돈을 투자하거나 요구하는 것은 사업의 실패를 떠나서 매우 무책임하고 부도덕한 행동이다. 동일하고 일관성 있는 사업과 이미지에 의해 운영되는 비즈니스 형식, 시스템의 콘셉트는 외식 프랜차이즈 사업 성공의 핵심 내용이다. 그러므로 외식 프랜차이즈 가맹본부 예비 창업자는 가맹희망자들이 가맹점 운영을 쉽게 이해할 수 있도록 운영 매뉴얼과 훈련 매뉴얼로 만들어야 한다.

이러한 시스템들은 초기 및 지속적인 교육 및 훈련 프로그램이 정확하고 명확하게 포함되어 있어야 한다. 만일 기업이 재생산하기 어려운 상품이나 지나치게 짜 맞추어진 서비스를 제공한다면 훈련 프로그램이나 운영 매뉴얼의 상품이나 시스템들을 복사하기에 어렵기 때문에 외식 프랜차이즈가 성장하기 위한 좋은 대안은 아니다. 물론 하나의 시스템이 결코 완벽할 수는 없다. 그러므로 계속적으로 발전시키고 개선하고 향상시켜야 한다.

2) 외식 프랜차이즈 가맹본부 경영의 전제 조건

누구나 자신이 하려고 하는 외식 프랜차이즈 사업에 대해 "이건 분명 망할 거야" 하고 비관적으로 생각하는 사람은 아무도 없을 것이다. 당연히 잘될 것이라는 확신과 기대 속에서 출발하기 마련이다. 그러나 외식 프랜차이즈 시스템에 대한 잘못된 이해나 허황된 꿈에 사로잡혀 필요한 검증 절차나 준비 과정 없이 사업에 뛰어들었다가는 큰 낭패를 보기 쉽다.

외식 프랜차이즈 사업을 하기 위해서는 우선 수익성이 있어야 하고 유능한 인재와 충분한 자금이 수반되어야 하며 보호받을 수 있는 고유의 상표(브랜드)를 보유 혹은 개발할 수 있어야 한다.

(1) 수익성 있는 사업 콘셉트와 직영점의 운영

사업의 계획 단계에 있어서 수익성 분석을 통해 충분히 수익성이 있는 것으로 평가되었다 하더라도 실제로 그러한 수준의 수익이 지속적으로 날 수 있는가 하는 것은 직영점 운영을 통해 검증해 볼 수 있다.

일정 기간 동안의 직영점 운영을 통해 사업의 가능성과 수익성이 검증이 되었다

하더라도 실제로 외식 프랜차이즈화하게 되면 가맹점의 수익이 물류 비용 및 로열티 등의 형식으로 가맹본부 수익으로 넘어가게 된다. 따라서 가맹점과 가맹본부 모두에게 일정한 수익을 발생시킬 수 있는가 하는 것을 충분히 고려해야 한다.

(2) 유능한 인재와 충분한 자금

외식 프랜차이즈 사업 초기에는 전체적인 마케팅 전략과 계획, 트렌드 조사, 경쟁업체 분석, 협력 업체 선정 및 물류 유통 계획, 디자인 작업, 각종 매뉴얼 및 서류 작업 등 사업의 초석을 다지는 시기이므로 유능한 인재의 전문적인 능력이 꼭 필요하다.

이는 사업 초기뿐만 아니라 사업을 성공적으로 영위하기 위해서도 마찬가지다. 각각의 가맹점에 적절한 지원 및 관리 조직과 새로운 사업 콘셉트 및 아이템 개발을 위한 연구 조직 등이 잘 갖추어져 있어야 한다. 또한 외식 프랜차이즈 사업을 이끌어갈 인원도 필요하다.

외식업의 경우 식품과 요리 관련 인재, 점포 및 주방 기기 관리에 필요한 인재, 물류 유통과 서비스, 기타 영업 및 법률 지식 등에 뛰어난 인재들이 필요하다. 물론 초기부터 무리한 인원 선발은 여건상 어려울 수 있으므로 그러한 경우에는 유사 외식 프랜차이즈 가맹본부 창업에 관여한 경험이 있거나 유사 업무에 종사한 사람을 채용하는 것이 좋다. 덧붙여 이러한 인재를 발굴하고 유지, 성장시키기 위해서는 효과적인 교육 훈련 프로그램이 뒷받침되어야 한다.

우수한 인재를 확보하는 방법은 여러 가지가 있지만 일반적으로 기존 직원을 훈련시키는 방법과 경력 사원을 채용하는 방법, 혹은 전문 분야의 전문가에게 위탁 또는 컨설턴트의 도움을 받는 방법 등이 있다.

자금 면에 있어서 최소한의 손익 분기점에 도달할 때까지의 운영 자금과 부족 시 조달할 수 있는 방법을 미리 준비해 두는 것이 좋다. 대부분의 사업이 그러하듯이 외식 프랜차이즈 사업도 초기에는 많은 비용이 들어가기 마련이다. 따라서 직영점 운영을 통한 고정 수입이 있는 것이 유리하며 초기 무리한 가맹점 확장은 오히려 역효과를 가져올 수 있으므로 조심하도록 한다.

또한 외식 프랜차이즈 가맹본부는 가맹점의 자금 조달에 있어서도 도움을 줄 수 있어야 하므로 여러 가지 창업 자금 지원 정책 및 제도를 미리 알아두고 활용하도록 한다.

(3) 보호받을 수 있는 차별화된 상표(브랜드)

외식 프랜차이즈 가맹본부는 외식 프랜차이즈화할 아이템에 대해 고유의 상표(브랜드)를 소유하고 있어야 한다. 상표를 소유한다는 것은 법적으로 상표에 대한 권리를 가지고 있다는 것인데 그러기 위해서는 특허청에 상표를 등록해 두어야 한다.

모든 외식 프랜차이즈 가맹점이 동일한 상표 아래 사업을 영위할 것이므로 상표는 하나의 통일성과 브랜드 이미지, 신뢰성에 큰 영향을 미치게 된다. 따라서 외식 프랜차이즈 사업을 시작하기에 앞서 먼저 등록 가능한 상표를 정해 특허청에서 정한 절차에 따라 출원 신청을 해야 한다.

상표 출원 절차

(1) 선등록(기술) 여부 조사

본인이 출원하고자 하는 발명(고안, 디자인, 상표)이 제삼자에 의해 출원 또는 등록되어 있는지 여부를 출원 전에 조사하는 것이다.

산업재산권의 등록 가부는 출원일을 기준으로 결정되므로, 산업재산권 출원인은 본인이 출원하고자 하는 발명(고안, 디자인, 상표)이 출원 전에 제삼자에 의해 출원된 출원 발명(고안 등) 또는 등록된 권리와 동일 또는 유사한지 여부를 사전에 조사해 본인 출원이 등록 거절되는 일이 없도록 해야 한다. 특허정보넷 키프리스(www.kipris.or.kr)의 서비스를 활용할 수 있는데, 초보자도 특허 출원을 손쉽게 할 수 있도록 되어 있다. 키프리스는 특허청이 보유한 국내외 지식재산권 관련 모든 정보를 DB 구축해 이용자가 인터넷을 통해 쉽게 검색 및 열람할 수 있도록 한국특허정보원이 운영하는 대국민 특허 정보 검색 서비스이다.

검색 방법은 특허청 홈페이지(www.kipo.go.kr) ⇒ 자료실 ⇒ 코드 분류 조회 ⇒ 특허 정보 무료 검색 서비스 ⇒ 한국특허정보원 회원 가입 ⇒ SGML 등 프로그램 다운로드 설치 ⇒ 주요 검색어로 조합해 검색하거나 특허청 특허 전자 도서관, 특허청 서울 사무소 열람실, 지역 지식재산센터를 방문해 검색하면 된다.

(2) 사용자 등록 신청

특허청에 특허 출원 등 특허에 관한 절차를 밟는 자가 출원인 코드를 부여받기 위한 절차. 이 출원인 코드는 출원인의 기본 정보(출원인 성명, 주소 등)를 하나의 코드로 관리하기 위해 필요하며, 향후 특허청에 제출하는 모든 서류에 기재해야 하는 고유 번호가 된다.

※ 주의: 출원인 코드를 부여받기 위해서 날인된 인장과 동일한 인장이 출원서에 날인되어야 한다.

[준비 사항]

- 도장, 본인을 증명하는 서류(개인: 주민등록증, 여권, 운전면허증, 법인: 법인 등기부등본)

[절차 안내]

- 사용자 등록 신청은 온라인으로 하거나 특허청을 직접 방문 또는 서면으로 신청 가능
  하다. 구체적인 절차는 아래와 같은 순서에 따라 진행한다.
  - 온라인 신청

    「특허路 홈페이지 접속 → 사용자 등록 신청 → 서비스 신청 및 조회
  - 특허청 방문 신청(서면 신청 포함)

    대전 특허 고객 서비스 센터 또는 서울 사무소 민원실을 직접 방문 또는 우편 송부
    출원인 코드 부여 신청서 작성 및 제출

    (서식은 홈페이지: 출원에서 등록까지 → 출원 신청 → 서면 신청 안내에서 다운 받
    아 작성)

(3) 출원서 등 각종 서식 작성

[출원서 작성]

- 출원 서류의 내용을 보고 일반인도 기술(창작)의 내용을 사용할 수 있을 정도로 충실
  하게 기재되어야 한다. 출원 서류를 직접 작성하려면 이미 등록된 특허(실용신안·디
  자인) 공보를 견본으로 이용하면 매우 유익하다. 또한 자신이 직접 작성할 수 없는 경
  우 변리사 등 전문가의 도움을 받으실 수 있다.

[상표 출원 서류]

- 출원서, 견본

  (출원서 등 서식은 홈페이지 출원에서 등록까지 → 출원 신청 → 서면 신청 안내 → 민
  원 서식(상표 출원) → 제2호 서식)

(4) 출원서 등 제출

[방문 접수 시]

- 장소: 특허청 고객 서비스팀(특허 고객 서비스 센터), 특허청 서울 사무소 출원 등록
  서비스과
- 시간: 09:00~18:00

[우편 접수 시]

- 장소: 대전광역시 서구 청사로 189 정부대전청사 특허청장 (우편번호: 35208) 우체
  국 소인일자(단, PCT 국제출원은 도달일)를 출원일로 인정함

(5) 출원 번호 통지서 수령

접수 시 접수증 및 출원 번호 통지서가 즉시 발급되며, 출원 번호 통지서는 출원 절차
가 종료될 때까지 반드시 보관해 활용하기 바란다.

(6) 수수료 납부

우편 접수 시에는 소정의 수수료를 통상환(우체국 발행)으로 교환해 출원 서류에 첨
부 특허청에 제출하고, 방문 접수 시나 온라인 출원 시에는 접수증의 접수 번호를 특
허청 소정의 영수 용지에 납부자 번호로 기재해 접수한 다음날까지 전국 국고 수납은
행 및 온라인(www.giro.or.kr)으로 납부 가능하다.

납입 영수증은 홈페이지 → 출원에서 등록까지 → 출원 신청 → 서면 신청 안내 → 민
원 서식 → 기타(특허료·등록료·수수료 납부 안내서(영수증))에서 다운로드 가능

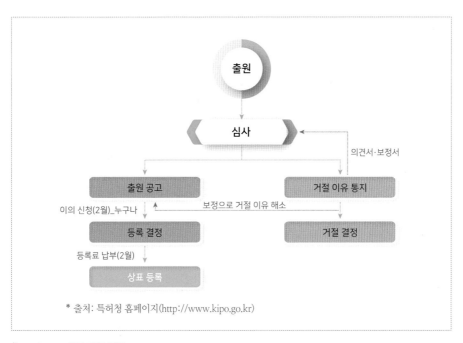

* 출처: 특허청 홈페이지(http://www.kipo.go.kr)

🍎 그림 11-1 **상표 등록 절차**

일단 상표를 출원하면 심사를 거쳐 약 1년 정도 후 상표 등록이 되는데 상표 등
록 후 10년마다 갱신해야 상표권을 계속 유효하게 확보할 수 있다. 또한 상표법 제
6조 및 제7조에서 상표로서의 식별력이 없거나 특정인이 독점적으로 사용하는 것

이 개인의 이익 및 공익에 반하는 경우 등록될 수 없는 상표로 규정하고 있다.

◆ 상품의 보통 명칭 ◆ 상품의 관용 표장 ◆ 상품의 산지, 특성 등을 직접적으로 표시한 표장 ◆ 현저한 지리적 명칭 ◆ 흔한 성 또는 명칭 ◆ 간단하고 흔히 있는 표장 ◆ 국기, 국장, 훈장 등 ◆ 국가, 인종, 저명한 고인 등과 관계를 허위로 표시, 공익 단체의 저명한 표장, 공서양속에 반하는 표장, 박람회의 상패 등 ◆ 저명한 타인의 성명 등 ◆ 선등록 상표와 동일 또는 유사 ◆ 타인의 주지 상표와 동일 또는 유사 ◆ 타인의 저명 상표와 혼동을 일으키는 상표 ◆ 품질을 오인하거나 소비자 기만 우려 가 있는 상표 ◆ 국내 또는 외국에서 주지된 상표를 부정한 목적으로 사용하는 상표 ◆ 기능성 입체 상표 ◆ 포도주 및 증류주 산지 등이 등록될 수 없는 요건 등이다.

상표를 선택하고 등록하는 것은 브랜드 이미지에 큰 영향을 미치게 되므로 매우 신중해야 한다. 좋은 상표는 ❶ 상품의 특성과 회사 실정에 맞는 상표 ❷ 기술적 표장을 암시적 표장으로 바꾼 상표(더 드림 → The Dream) ❸ 일상의 사회 현상을 발견, 선택해 상표화(중소기업의 경우) ❹ 독창성 있는 상표를 개발(대기업의 경우) ❺ 회사명-상표-도메인의 자연스런 연결과 연상 ❻ 등록이 비교적 용이한 도형, 색채, 입체 상표를 개발 ❼ 시대 상황을 반영하고 국제적 감각이 있는 상표 등이다.

마지막으로 상표 출원 전에는 반드시 특허청 홈페이지에서 검색을 통해 같거나 유사한 상표가 선등록되어 있는지 확인해야 한다.

3) 외식 프랜차이즈 가맹본부 조직의 구성

기존의 독립 점포 형태로 외식업을 영위해 온 사람들은 주위 사람 혹은 고객들 로부터 프랜차이즈화에 대한 권유나 요청을 받곤 한다. 혹은 사업 초기부터 외식 프랜차이즈를 위해서 아이템을 개발하고 시스템을 구축하는 사람들도 최근에 많이 늘고 있다. 무턱대고 프랜차이즈화하는 것이 아니라 기존 사업을 외식 프랜차이즈화하는 경우에는 사업에서 얻은 경험과 점포 운영의 노하우를 기본으로 외식 프랜차이즈화했을 때의 예상 수익과 사업의 타당성을 고려한 후 외식 프랜차이즈 사업을 시작하는 것이 바람직하다. 신규 사업인 경우에는 생각하고 있는 외식 프랜차이즈 사업에 대한 계획과 타당성 분석 후에 곧바로 시작하는 것이 아니라 시범점포를 만들어 일정 기간 운영해 검증한 후 사업을 시작하는 것이 실패를 줄일 수 있는 바람직한 방법이라 하겠다.

형태가 어떠하든 외식 프랜차이즈 사업을 시작하고자 하는 사람들이라면 무엇을 어디서부터 시작해야 하는지 몰라 당황하는 경우가 많다. 다시 말해서 예비 창업자들이 외식 프랜차이즈 사업을 하고는 싶어 하지만 방법을 모른다는 것이다.

외식 프랜차이즈 사업의 실행 단계에서는 가장 먼저 사무실을 얻고 회사부터 만들어야 한다. 법인을 설립하면 대외 신뢰도나 미래의 사업 확장 등 여러 가지 면에서 좋겠지만 절차도 복잡하고 외식업의 경우 소규모로 출발하는 경우가 많아 처음

표 11-1 **외식 프랜차이즈 조직 구성 - 업무 분장**

직 책	업 무 분 장	자 격 요 건
CEO	전체 사업 총괄/기획/대외 관리/사업 설계/상품 개발	• 사업 주체 • 현장 감각을 잃지 않는 게 포인트
본부장	외식 프랜차이즈 총괄(상담, 영업 계획 추진, 가맹점 오픈 점검 외)	• FC/유통 사업 유경험자 • 30대 후반~40대 중반
기획, 홍보	• 내부: 사업 기획, 이벤트 기획 • 마케팅 스케줄 • 매스컴 플레이	• 20대 후반~30대 • 마케팅 경험자
가맹점 영업	• 상담	• 20~40대 • 프랜차이즈 유경험자(영업 유경험자)
점포 개발	• 상권/입지 조사 • 점포 개발/권리 관계 확인/건물 하자 확인 • 후보 점포 개발 • 권리금 협상	• 20~30대 • 부동산 관련 근무자/자격 소지자 • 점포개발 업무 유경험자
개점 지원	• 점포 오픈 준비(인테리어, 행사) • 시설 집기 비품 반입, 설치 • 교육	• 20대 • 초보자 • 유통 유경험자
상품 관리	• 물류 배송 • 상품 제조/품질 관리	• 20~30대 • 경력자
슈퍼바이징	• 가맹점 연락 관계 • 영업 상황 체크 • 워크숍 진행 • 매출 부진 점포 관리	• 30대 • 컨설턴트 출신 • 점포 관리/매장 관리 유경험자
관리	• 전화/비서/총무/경리 • 내부 서류 작업	• 20대~30대 • 여직원
상품 개발	• 서비스 상품 개발 • 가맹점 서비스 관리	• 나이 무관 • 상품 지식 보유자(대표, 본부장 외)

부터 법인 회사로 설립하기 어려운 경우가 많다. 개인 회사든 법인 회사든 사업 내용과 목적을 고려한 좋은 이름으로 회사부터 설립한 후 적절한 조직과 인원을 구성해야 한다.

외식 프랜차이즈 사업을 시작하고 가맹본부 기능을 발휘하기 위해서는 창업자 혼자의 힘만으로는 역부족일 수 있다. 그러기 위해서는 먼저 창업 과정을 함께할 구성원을 모으고 조직을 구성해야 하는데 창업 초기 부분에 너무 과도하게 투자를 해서도 안 되지만 그렇다고 소홀히 해서도 안 된다.

특히 사업 초기 사업의 전체적인 구성과 기획에 있어서 인재의 중요성이 더 커진다. 외식업의 경우 경영자가 자신의 경험과 생각으로 거의 모든 것을 지휘하고 이끌어왔기 때문에 외식 프랜차이즈 사업에 진출해서도 이와 같은 생각을 가지고 인재 영입에 소홀한 경우가 많다. 실제로 개설 안내 종이 한 장만 가지고 외식 프랜차이즈를 시작하는 어이없는 경우도 있다. 사업에 대한 확고한 비전과 철학 없이 혼자서 하다 보면 어떻게든 되겠지 하는 안일한 생각이 바로 실패의 지름길이다. 즉, 적재적소에 필요한 인력과 조직을 적절하게 구성하고 유지시키는 일이 매우 중요하다. 구성된 인력들이 얼마나 그들의 능력을 제대로 발휘할 수 있는가는 사업의 성패를 좌우할 정도로 중요한 부분이다.

외식 프랜차이즈 가맹본부의 조직은 다음에서 살펴볼 가맹본부의 역할 및 기능에 따라 적절히 구성되어야 한다.

② 외식 프랜차이즈 가맹본부의 역할 및 기능

1) 외식 프랜차이즈 가맹본부의 주요 업무

외식 프랜차이즈 가맹본부는 외식 프랜차이즈 패키지를 꾸준히 개발할 수 있어야 하며 동시에 가맹본부 시스템이 목표로 정한 효과를 추정, 원인 분석과 개선이 가능하도록 해야 한다. 즉, 가맹본부는 지속적인 식재료를 발굴하고 고객이 선호하는 독창적인 메뉴나 서비스 체계를 개발할 수 있어야 하며, 특히 가맹점 창업자의 능력 향상 및 마인드 향상을 위한 교육 시스템과 이익 증대를 위한 수준 높은 경영 훈련 시스템을 갖추어야 한다.

이 외에도 가맹점 창업자를 위해 금융 기관과 연계해 금융 지원 기능도 갖추어야 하며, 탁월한 마케팅 능력과 뛰어난 판매 촉진 기능도 갖추어야 한다. 또한 정보 수집 기능 및 점포 운영 관리 기능, 슈퍼바이저를 통한 매뉴얼 지도 기능도 필수적으로 갖추어야 한다.

가맹점 관리 및 점검에서 가장 큰 역할을 담당하는 슈퍼바이저는 매뉴얼 관리, 메뉴 체크 점검, 가맹점 경영 전달 및 가맹점 지도, 그리고 가맹본부의 지시 사항 등을 전달하는 임무를 가지는데 이를 위해서는 유능하고 우수한 슈퍼바이저를 확보하고 있어야만 가맹점으로부터 신뢰를 받을 수 있다. 현재 소위 잘나가고 있다는 패스트푸드, 패밀리 레스토랑, 대형 피자 전문점들의 경우, 초창기 직영점에서 충분한 노하우를 쌓은 우수한 점장들을 바탕으로 슈퍼바이저를 구성해 외식 프랜차이즈를 전개한 것이 하나의 성공 요인이 되었다. 그럼에도 불구하고 오늘날 많은 업체들이 직영점도, 우수한 슈퍼바이저도 없이 광고부터 내고 가맹점을 모집하는 데만 주력하고 있다. 이렇듯 검증받지 못한 외식 프랜차이즈 가맹본부는 적극적인 시장 대응이 불가능하며 가맹본부로부터 충분한 지도와 지원을 받을 수도 없어 아직까지도 많은 가맹점들이 피해를 입고 있다.

그러므로 외식 프랜차이즈 가맹본부는 가맹점 창업자를 위해서 다음과 같은 사명감을 가지고 외식 프랜차이즈에 임해야 한다.

첫째, 가맹점에 대해 독립 사업자로서의 위상을 존중해야 한다.

둘째, 로열티에 상응하는 시스템을 제공해야 한다.

셋째, 가맹점의 지역 커뮤니티 충실도 제고를 위해 지원해야 한다.

넷째, 시류에 맞는 마케팅 전략을 통해 가맹점의 이익 실현을 추구해야 한다.

2) 외식 프랜차이즈 가맹본부의 역할 및 기능

외식 프랜차이즈 가맹본부의 역할은 다음과 같은 것들이 있다.

❶ 상품력, 서비스력, 가격, 분위기를 통한 윈-윈 전략을 구사해야 한다.

❷ 개인에게 외식 프랜차이즈 사용권을 부여해 현재 및 잠재적 고객에 대해 상표가치에 대한 인식을 구축한다.

❸ 시스템 개선, 가맹점사업자 능력 향상, 많은 고객 유지, 상품 수 증대, 이익 증대 등을 위해 노력한다.

❹ 가맹점에 대한 지속적인 자원을 제공한다.

또 외식 프랜차이즈의 성공을 위한 사업 구상, 상품 용역의 품질 관리와 판매 기법 개발 노력, 상품 용역 공급 및 설비 가격의 적절성 유지, 가맹점사업자 교육 훈련, 경영 및 영업 활동 지원, 계약 기간 내 가맹점사업자 영업 지역 침해 금지 등을 신의 성실에 입각해 준수해야 한다.

그리고 외식 프랜차이즈 가맹본부는 다음과 같은 기능을 수행해야 한다.

① 신규 원부자재 개발 기능(상품의 원재료 및 대체 자재, 포장재 등 포함)

② 상품, 서비스 개발 기능(차별화된 새로운 상품 개발과 적절한 가격으로의 공급, 적절한 상품의 구색 갖춤, 조건 변경에 따른 제공 방법 등)

③ 교육 훈련 지도 기능(소비자의 욕구에 앞서갈 수 있는 커리큘럼과 지도 방법 등)

④ 금융 지원 기능(가맹점 개점을 위한 자금 조달과 운영 자금 융자 등)

⑤ 점포 운영 관리 기능(정보수집, 처리, 전달)

⑥ 경영 관리 기능(테이터 계수 분석과 사무 관리 등)

⑦ 독창적 메뉴 또는 서비스 체계 구축

⑧ 슈퍼바이저(Supervisor)를 통한 매뉴얼 지도 기능(관리, 점검, 전달)

⑨ 판매 촉진 기능(신메뉴 판매 활성화를 위한 판매 촉진이나 이미지 향상을 위한 광고 홍보)

제2절 외식 프랜차이즈 가맹본부의 창업

1 가맹본부 창업을 위한 준비

외식 프랜차이즈 사업의 성공을 위해서는 프랜차이즈 사업화의 가능성을 검토해야 하는데, 모방 가능성이 너무 높지 않고 사업의 반복성 또한 어렵지 않아 적절한 수준에서 반복되고 쉽게 운영이 가능하며 전국적인 소비성이 있고 직영점 운영을 통해 검증이 되었는지 유무를 다시 한번 검토할 필요가 있다. 그리고 나서 프랜차이즈 시스템의 특징인 가맹본부에서 통제가 용이하며 통일되고 정형화된 식자재나 상품 매입 등 활용이 가능해야 한다. 또한 표준화, 단순화, 전문화가 가능하고 장기적인 영속성과 수익성 검토와 전수가 용이하고 전국적인 확대가 가능하며 타 아이템들과 비교해 독창성이 있어야 한다. 이와 같이 가맹본부 창업자가 외식 프랜차이즈 사업에 대해 충분히 이해하고 있어야 한다. 더불어 고객 최우선의 기업 철학으로 다져져 있는가, 돈이 벌리는 비즈니스 모델을 구축하고 있는가, 경쟁력이 있고 과학적인 사업 운영 시스템인 프랜차이즈 시스템을 구축하고 있는가, 가맹본부의 사장과 직원, 협력 업체, 가맹점사업자의 자질 등을 고루 겸비한 인재 중심의 시스템이 잘 조화되고 있는가, 대화를 통한 신뢰 구축과 운명 공동체로 형성된 커뮤니케이션 시스템을 잘 구축하고 있는가, 탁월하고 지속적인 마케팅 활동을 할 수 있는가 등과 함께 가장 중요한 것은 가맹본부나 가맹점사업자인 경영자의 열정이라고 할 수 있다.

그런 다음에 외식 프랜차이즈 가맹본부의 창업 전제 조건을 살펴보면 수익성이 있는 사업 콘셉트인가, 모델 숍 운영을 통해 충분히 검증된 아이템인가, 법적으로 보호를 받을 수 있는 상표·서비스표 등의 특허권을 갖추었는가, 경험이 풍부하고 능력이 있는 직원은 있는가, 가맹본부를 운영할 만한 자금력은 있는가, 미래 지향적이며 열정적인 CEO인가 등에 대한 확신을 갖추고 있어야 한다.

사업 초기의 모델 숍은 수익성과 사업 타당성을 검증할 수 있고 프랜차이즈 시스템 구축의 원천이 되며 브랜드 인지도 제고에 많은 기여와 인재 양성의 산실이 된다고 할 수 있으므로 매우 중요하다. 그러므로 외식 프랜차이즈 모델 숍 운영은 최소한 1년 정도의 경험이 절대적으로 필요하다. 즉, 사계절의 경험을 통해 운영에 대한 노하우의 축적이 필요하며 이때 모든 자료는 데이터베이스를 구축해야 하며 끊임없는 실험과 변화를 통해 축적해야 한다. 이러한 경험을 바탕으로 성공 노하우를 구체화하고 유지하며 이를 통해서 모든 직원의 롤 플레이가 가능해야만 외식 프랜차이즈 가맹본부를 창업할 수 있다.

외식 프랜차이즈 가맹본부의 창업은 크게 신규 창업과 기존 사업을 프랜차이즈화하는 방법으로 나눌 수 있다. 신규 창업의 경우는 사업 아이템의 시범 점포 운영을 통해 수익성과 사업 타당성을 분석한 뒤 이에 따라 프랜차이즈 사업계획서를 수립하고 프랜차이즈 시스템을 구축하여 본격적인 마케팅 활동과 가맹점 모집 및 훈련을 하며 지속적으로 가맹점 운영을 해나가야 한다.

이에 반해서 기존 사업을 프랜차이즈화하는 방법은, 기존의 점포가 있으므로 곧바로 수익성 분석과 사업 타당성 검사를 해서 가능성이 있으면 프랜차이즈 사업계획서를 만들어서 그에 따른 시범 점포를 개설해 운영을 하며, 프랜차이즈 시스템

을 구축하고 마케팅 활동과 가맹점 모집 및 훈련 등을 통해 지속적인 운영을 해나
갈 수 있다.

또한, 프랜차이즈 사업을 언제 시작할 것인가에 대해서는

첫째, 자기 점포 또는 회사만이 가지고 있는 메뉴(상품)와 서비스 방법이 타 업체
와 다른 특색 및 독창성이 있고, 고객으로부터 인정을 받으며, 사업 전망이 있음을
확인했을 때

둘째, 상품 서비스의 특성 외에 판매 방법 및 사업 전개 방식이 특성을 가지고
있을 때

셋째, 장기간의 영업 활동으로 지역적 또는 전국적인 브랜드 지명도를 확보하
고, 브랜드 이미지에 대한 명확한 인식을 확보했을 때, 이 경우는 반드시 사전 시장
조사에 근거하는 데이터에 기초해야 한다.

이런 기본적인 요소를 성립시킨 후, 사업 전개에 대한 계획을 진행해야 성공할
수 있다.

1) 외식 프랜차이즈 가맹본부의 기본 조건

많은 가맹본부가 '프랜차이즈 사업 하면 돈 번다'는 근거 없는 소문에 창업과 동
시에 가맹점 모집부터 하고 있다. 직영점도 없고, 아무런 노하우도 없이 단순한 아
이템만으로 프랜차이즈 사업을 하겠다는 것이다. 프랜차이즈 사업은 어떤 자료를
펼쳐 보아도 매뉴얼 사업, 시스템 사업이라는 표현을 한다. 하지만 프랜차이즈 가
맹본부 중 매뉴얼을 갖추고 있거나 직영점을 운영하거나 제대로 된 가맹계약서와
정보공개서를 갖춘 프랜차이즈 가맹본부는 많지 않다. 그리고 생활정보지나 신문
에 실린 프랜차이즈 모집 광고들 중에서는 많은 가맹본부들이 가맹계약서나 정보
공개서의 공정거래위원회 등록과 상표 및 서비스 관련 특허 출원이나 등록조차 없
이 프랜차이즈 사업을 전개하고 있는 것이 현실이다.

문제는 프랜차이즈 사업 실패 시 그 책임과 피해는 본인뿐만 아니라 가맹점에까
지 연쇄적으로 이어진다는 데 있다. 이것이 바로 프랜차이즈 사업에 대한 책임감
과 사명감이 반드시 요구되는 이유이다.

외식 프랜차이즈 사업을 하기 위해서는 최소한 다음의 조건들은 갖추고 있어야
한다.

❶ 주방장 없이도 조리할 수 있는 시스템을 갖추어 식당 관련 경험이 전혀 없는 외

식업 관련 초보자들을 확보할 수 있어야 한다. 중앙 공급식(C·K) 시스템이란 초보자도 식당 운영이 가능하도록 가맹본부(중앙)에서 식재료나 소스를 공급하고 점포에서는 1차 가공된 것을 간단히 조리할 수 있는 방법을 말하는데, 현재 조리사의 인력난과 비싼 임대료에 따른 협소한 공간에서 1차 가공의 애로 사항이 있으므로 프랜차이즈 가맹본부는 가맹점에서 간단하고 편리하게 운영할 수 있도록 조리에 대한 확실한 노하우가 필요하다.

❷ 중앙 공급식(Central Kitchen) 시스템 구축으로 품질(맛)이 전국 어느 지역, 어느 점포에서나 항상 동일하도록 주요 식재료나 소스는 가맹본부에서 공급해야 하므로 이에 따른 생산과 물류 등의 시스템화도 필요하다.

❸ 프랜차이즈 가맹본부가 되기 위해서는 가맹본부가 직영점을 운영하거나 직영점을 운영한 경험이 반드시 필요하다. 왜냐하면 눈에 보이지 않는 식당 경영의 노하우를 직영점 영업 실적을 통해 보여줄 수 있고, 메뉴에 대한 시식이나 점포 운영에 대한 사실들을 예비 창업자가 직접 점검해 볼 수 있으며, 무엇보다 활성화된 직영점이 있다는 자체만으로 가장 큰 신뢰를 줄 수 있다. 대부분의 프랜차이즈 가맹본부들이 직영점도 없이 가맹점 모집을 하고 있는데 프랜차이즈 가맹본부의 직영점(모델) 운영이 왜 필요한가에 대해 좀 더 구체적으로 알아보면 다음과 같다.

　㉠ 가맹본부의 경영 이념과 사업 콘셉트를 함축하고 있어 사업의 추진 방향을 제시하는 역할을 한다.

　㉡ 외식 프랜차이즈 사업은 직영점 운영의 노하우로 하는 만큼, 하고자 하는 아이템에 대한 위험 부담은 1차적으로 가맹본부가 감당해야 한다. 다시 말해서 검증되지 않은 아이템에 대한 위험 부담을 가맹점에 모두 전가시켜서는 안 되며 반드시 프랜차이즈 가맹본부에서 직영점을 통해 검증을 거친 다음에 가맹사업을 전개해야 한다.

　㉢ 직영점 운영을 하다 보면 가맹본부도 미처 생각지 못했던 운영상의 문제점들을 발견할 수 있고, 신메뉴나 새로운 정책이 시행될 경우 직영점에서 1차적 테스트를 통해 개선해야 할 사항이나 미비점 등을 체크하고 수정할 수 있다. 즉, 잘못된 메뉴 선정이나 영업 전략으로 인한 피해를 사전에 예방해 효과적인 브랜드 이미지 관리를 할 수 있다.

　㉣ 직영점의 메뉴 종류와 메뉴별 판매 실적, 기간별 매출 실적, 고객층별 매출 파악, 시간대별, 지역별, 상권별, 입지별 매출 등을 산출하는 근거 자료로 활용

할 수 있으므로 개점될 예비 가맹점의 상권이나 입지 유형에 따라 유추 해석이 가능하도록 기여할 수 있다.

ⓜ 직영점의 직원들은 현장감이 뛰어나므로 특히 점장은 차후 슈퍼바이저(SV)로 양성할 수 있어 사업 전개에 따른 가맹점 관리가 용이하다.

ⓗ 직영점 운영 시 직영점의 영업 활성화 정도를 직접 보여줄 수 있고, 필요시 시식, 직접 참여 근무, 가맹점 이념의 교육 등을 할 수 있으므로 예비 가맹점 사업자에게 신뢰를 줄 수 있다.

ⓢ 프랜차이즈 가맹본부는 초기 운영 시에는 관리비, 인건비, 홍보비, 개발비 등 많은 비용이 소요되므로 직영점 운영 수익으로 가맹본부 운영에 기여할 수 있어 더욱 안정적이다.

표 11-2 **프랜차이즈 가맹본부 현황**

사업의 개요				
프랜차이즈 본부 내용	본부명		브랜드명	
	대표자		설립 일자	
	홈페이지 주소			
	사업 책임자		주소	
			연락처	
	직영점 현황	점포 수 : 규 모 : 평균 종업원 수 :	자본금	
			상시 종업원 수	
	현 가맹점 수		조직 구성 형태	
프랜차이즈 본부 연혁			가맹비	
창업 동기 및 사업의 기대 효과			교육비	
사업 전개 방향 및 향후 계획			인테리어비	
메뉴 구성	주 메뉴		간판비	
	사이드 메뉴		의·탁자비	
취급 메뉴의 유형			주방비품·기물비	

메뉴 가격대			홍보·판촉비		
마케팅 전략			보증금		
동종 업계 중 시장에서의 위치			평균 수익		
타깃(Target) 고객층			매출 최고 점포 매출 최저 점포		
SWOT 분석	강점: 약점: 기회 요인: 위협 요인:		특이 사항	평균 매출은? 소송 건은? 본부의 직영점 및 업력은? 임원의 구성은? 브랜드에 대한 평은? 기 타(SV유무 등)	

② 프랜차이즈 시스템 개발

1) 준비 단계

프랜차이즈 사업은 가맹본부의 역량이 가장 중요하다. 가맹점 확장을 위해서는 사업 개시 전에 철저한 계획과 충분한 검토가 필요하다.

프랜차이즈 사업의 준비 단계는 프랜차이즈의 특성 및 아이템에 따라 다소 차이가 있으나 비교적 대동소이하다. 먼저 가맹본부 설립과 그에 따른 소요 자금 조달 및 운용 계획을 세워야 하고, 다음으로 가맹본부 조직 및 체제를 구축해야 한다.

가맹본부 설립은 업종·업태에 따라 달라지는데 외식 프랜차이즈의 경우 기존의 조직을 가지고 가맹본부를 설립하는 경우가 많지만, 최근에는 신규 사업으로 프랜차이즈 사업을 계획하는 경우도 늘고 있다. 그러기 위해서는 시스템을 움직여 갈 조직과 인력, 자금이 필요하다. 특히 후자의 경우는 모든 조직과 인력을 새롭게 구성하기 때문에 상대적으로 많은 자금이 소요된다.

자본금은 가장 기본적인 요소로 선행 투자 자금, 인원 보충에 따른 채용 비용, 프랜차이즈 시스템 조사 비용, 입지 선정 및 시범 점포 설치비, 가맹점 모집 광고비, 사무 용품 구입 자금을 전제해야 한다. 또 사업이 안정기에 이를 때까지의 운전 자금과 예비 자금도 고려해야 한다.

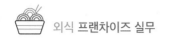

다음으로 가맹본부 조직 및 체제 구축에 있어서 가맹본부는 원재료 및 상품, 서비스 개발 기능, 교육 훈련을 통한 가맹점 운영 관리 기능, 금융·정보 기능을 원활히 수행할 수 있어야 하고 이들 기능을 기업처럼 조직화하고 조화시켜 나가야 한다.

또한 프랜차이즈 사업이 개시된 이후에는 지속적으로 당초 목표했던 효과를 거두고 있는가를 수시로 점검하고 개선해 나가는 노력이 필요하다. 특히 가맹점들이 공동체 이념을 갖고 상호 협조하는 집단이 되도록 유도하는 아이디어가 중요하다.

개점 전에는 입지 선정, 원재료 개발, 교육 훈련 지도, 사업 계획 및 타당성 분석, 점포 설계 및 레이아웃과 광고 기능을, 개점 후에는 신상품 및 서비스 개발, 정보 제공, 슈퍼바이저의 지속적인 지원, 경영 컨설팅의 기능을 지속적으로 제공할 때 프랜차이즈 가맹본부는 성공할 수 있다.

요약하면 프랜차이즈 시스템의 개발 절차는 독립점이나 가맹점 운영의 노하우를 살려서 사업 프랜차이즈화를 결정하는 것이다. 그러기 위해서는 먼저 프랜차이즈 사업 계획을 수립하게 되는데, 이때 고객의 욕구 및 구매 상황, 인구 통계적 변수, 목표 시장의 선정과 크기, 목표 시장의 타당성과 접근 가능성, 프랜차이즈 개념 확립, 메뉴와 서비스 규정, 수익성 분석 및 개설 비용 등이 추정되어야 한다. 그러고 나서 프랜차이즈의 기본 모형을 설계해야 한다. 프랜차이즈 사업화를 위한 기본 사항들을 결정할 때 점포의 설계, 상호 및 상표 결정, 가맹본부에 대한 의무 조항 등을 규정하고 프랜차이즈 패키지(패키지의 가격 결정, 로열티, 수수료 등) 또한 결정되어야 하며 가맹본부의 인력 구성, 운영 매뉴얼, 인력 교육, 계약 관련 서류 개발 등 프랜차이즈 사업 관련 설계를 문서화해야 한다.

다음으로 프랜차이즈 마케팅과 광고 계획의 개발이 필요한데, 프랜차이즈 가맹점 개설 안내서와 광고 매체 및 광고 문안을 확정하고 선별된 표적 시장에 광고를 노출하여 가맹점 모집을 위한 상담을 한다. 가맹점 모집을 하고 모집된 가맹희망자들을 위한 입지 선정(지역 선정 관련 잠재 수요, 소득 수준, 경쟁점 등을 분석)과 가맹점 운영 교육을 개설해 실시해 지속적인 지원과 영업 활성화를 통한 성공 가맹점 창업으로 가맹점 모집을 확대해 나가는 절차를 거친다.

2) 외식 프랜차이즈 사업 시스템의 기본 요소

상표, 서비스표, 상품이나 제조법과 관련해 특허 출원이나 등록이 필요하며, 맛을 균일하게 할 수 있는 중앙 공급 시스템 구축과 주방장 없이 운영할 수 있는 조리시스템, 가맹본부 및 가맹점 운영 매뉴얼, 서비스 및 교육 매뉴얼, 슈퍼바이저 활용 등이 마련되어 있어야 한다.

(1) 가맹계약서와 정보공개서

가맹계약서는 가맹본부와 가맹점사업자 간에 지켜져야 할 권리와 의무, 가맹점 전개상의 기본적 조건 등을 정한 것으로 외식업 표준 약관의 내용을 준수해야 한다. 더불어 최근 개정된 가맹사업거래의 공정화에 관한 법률에 의해 가맹점사업자가 되기 위해 가맹본부와 상담하거나 협의하는 자 등 누구에게나 정보공개서를 반드시 제공해야 하므로 법령에서 정한 표준 양식에 준해 정보공개서를 작성해야 한다.

(2) 업무 운영 규정

계약 조항의 상세 설명 규정으로 업무 운영에 필요한 일상적인 운영 규정을 정해놓아야 한다.

(3) 가맹점 모집 팸플릿

경영 이념, 시스템의 개요, 가맹점의 장점, 가맹점 개설 절차, 가맹본부의 기본 사항, 가맹점 개설 조건 등을 비롯해 기타 가맹희망자에게 소구하고 싶은 사항(전체의 이미지가 정확할 것)을 나타내도록 한다. 디자인이나 내용 구성, 페이지 수 등에 따라 팸플릿의 제작 비용도 천차만별이다.

(4) 가맹본부 운영 매뉴얼

가맹본부의 노하우를 집대성한 것으로 운영의 노하우(상품 매뉴얼, 서비스, 청소, 사무 관리, 교육 훈련, CI, BI, 개업, 상권 분석, 점장 하우스룰 등), 가맹점 경영 지도 방식(슈퍼바이저 매뉴얼), 지역 본부의 경영 지도 내역, 가맹점사업자 운영 매뉴얼(점주용) 등이 포함된다.

🕐 표 11-3 **프랜차이즈 매뉴얼**

분 류	내 용
경영 이념	1. 경영 이념, 사훈, 신조 2. 우리들의 역할 3. 일에 대한 마음가짐 4. 점포명의 이해

BI·CI	◇ 기본 디자인
	  - 로고(Logo): 한글, 영문
	  - 심벌(Symbol): 한글, 영문
	  - 캐릭터(Character)
	◇ 응용 디자인
	  1. 간판류: 전면(메인 간판), 스텐딩 간판, 유도 간판, 돌출 간판, 유리창 사인, 출입구 유리사인, 유도 안내 간판
	  2. 포장류: 캐리어 백, 포장지, 우산 커버, 도시락 박스
	  3. 서식류: 명함, 메모지, 편지봉투(大, 小), 팩스지, 기안지
	  4. 메뉴류: 메뉴 커버, 테이블 매트 겸용 메뉴, 벽면 부착 메뉴, 메뉴 용지
	  5. 차량류: 승용차, 봉고, 미니버스, 탑차
	  6. 유니폼: 안내직, 웨이츄레스. 웨이터, 지배인, 캐셔, 주방직, 관리직
	  7. 기물류: 그릇, 재떨이, 컵류, 빌꽂이, 냅킨꽂이, 예약표지판, 수저집, 소독저, 이쑤시개, 냅킨, 성냥

입지·상권	1. 선정 기준 작성: 유동 인구, 점포 규모, 층, 가시성, 접근성, 시장 규모(오피스, 주거) 2. 로케이션 조사, 조사 자료 분석 3. 매출, 이익 예측 등 수익성 판단 자료
개업	1. 점포 만들기(설계, 시공 감독업자 등) 2. 설비, 간판업자 등 3. 관공서에서의 신고 사항 등 4. 점포 운영에 필요한 수배 사항 등 5. 요원 계획(구입, 채용, 교육 등) 6. 원재료(구입처, 구입 체제 등) 7. 소모품, 비품 등 8. 판매 촉진 등 9. 매출, 경비, 이익 목표 등 10. 인사, 감사의 표시 등 11. 오픈 세리머니 등
점장	1. 점장의 직무(규범, 역할 등) 2. 작업 할당 3. 고객 관리 4. 회사의 이미지 만들기 5. 커뮤니케이션 6. 리더십(조건, 마음가짐, 역할, 사기 고양, 인간관계 등) 7. 考課, 교육, 지도(마음가짐, 동기 부여 등) 8. 점장의 행동(日, 週, 月) 9. 점장의 관리 스케줄 10. 하루의 작업(개점, 조례의 일 등) 11. 점포 조직 12. 긴급 연결 체제 13. 안전 대책 14. 사고 처리, 응급 처리 등 15. 음주자 대책 등 16. 불만 처리 17. 지역 사회와의 섭외

사무 관리 및 계수 관리	1. 사무관리란(노동, 금전, 장부 등) 2. 파트, A/R 고용(고용의 방법, 면접 및 계약서) 3. 파트, 아르바이트의 급여 기준(기능 체크) 4. 교육과 훈련 5. 종업원의 배치와 작업 할당 6. 스케줄 7. 급여 체계(사원): 수당, 공휴일, 노동시간, 상여, 승급 등 8. 급여의 지불 방법 9. 휴식, 식사 10. 타임 카드 11. 소정 용지의 기입 방법 12. 금전 관리란 13. 매출 금액의 취급(잔금의 준비, 금고, 은행 입금 등) 14. 그 밖의 경비 15. 잔금의 준비금 16. 소액 현금 17. 그 밖의 금전 취급(전화, 담배 등) 18. 구입(회사 내외, 전표의 취급 등) 19. 발주와 검품, 검수 20. 재고 정리 21. 방화 책임자의 자격 취득, 통지서 처리 등 22. 사무 관리에 필요한 비품 리스트 23. 사무 관리에 필요한 문서, 장부, 보고서의 리스트
상품 · 메뉴	1. 조리에 종사하는 사람의 마음자세　　2. 신선함에 대해서 3. 분량에 대해서 4. 식재의 지식(채소, 고기, 생선, 우유 제품 등)　5. 매일의 준비 작업 6. 조리 방법　　　　　　　　　　　　7. 메뉴 모양새 8. 각 기기의 취급　　　　　　　　　　9. 창고, 선반 부리 10. 기준표　　　　　　　　　　　　　11. 식재 리스트
서비스	1. 서비스의 자세　　　　　　　　　　2. 언어 사용 3. 접객 용어　　　　　　　　　　　　4. 전표의 작성 요령 5. 접객 프로(대기에서 배웅까지)　　　6. 전화의 대응 7. 레지스터의 취급　　　　　　　　　8. 약어(略語)표 9. 그 외
청소	1. 청결의 의미　　　　　　　　　　　2. 청결의 중요성 3. 청결의 실행 포인트　　　　　　　　4. 위생 관리(식중독의 원인과 방지) 5. 청소 방법의 분량　　　　　　　　　6. 청소용구, 세제의 리스트 7. 청소 용구의 종류　　　　　　　　　8. 청소용구의 사용 방법 9. 각 장소별 청소 방법　　　　　　　　10. 요일별, 시간대별 청소 방법
메인터넌스 (유지·보수)	1. 각 기기 비품별 관리 요령 및 체크표(POS, 냉장고, 세척기, 오븐기 등) 2. 각 기기별, 비품별, 조립 및 분해 매뉴얼

계약 매뉴얼	1. 가맹계약서(외식업 표준 약관 기준) 3. 지사 계약서(대리점용) 5. 정보공개서	2. 지사 계약서(총대리점용) 4. 관리 운영 규정
가맹점 개설 안내서	1. 인사말: 대표이사 3. 점포 현황 5. 메뉴 7. 가맹점 개설 절차 9. 가맹점 개설에 따른 영업 준비 사항 별첨. 프랜차이즈 시스템의 정의	2. 연혁 및 생산 시설 현황 4. 특성 및 방침 6. 가맹점의 장점 8. 가맹점 개설 조건 10. 개업 일정표
슈퍼바이저	1. 슈퍼바이저의 개념 2. 슈퍼바이저의 역할과 기능 　- 관리자의 역할 3. 슈퍼바이저의 직무 및 기본 자세 　- 슈퍼바이저의 직무 　- 슈퍼바이저의 7C(Check, Coordination, Consultation, Counseling, Control, Communication, Check again) 4. 슈퍼바이저의 업무 　(1) 순회 지도: 순회 스케줄링, 경영 지도 　(2) 점포 평가: 체크리스트, 평가 기준 　(3) 보고: 상사에 보고 　(4) 데이터 관리: 데이터 비교, 기밀 보유, 정보 수집 　(5) 마케팅: 입지 조건 변동, 경합점, 경합품 5. 점포 방문 기록 6. 슈퍼바이저 체크리스트(평가 기준) 7. 커뮤니케이션: 회의 미팅 보고	
조리 매뉴얼	1. 조리법: 조리 기구, 원재료, 시스템, 조리 2. 주방 기기: 사용법 보유 3. 식재 리스트	
상품 매뉴얼	1. 상품 지식: 품명, 품질, 가격	
접객 서비스 매뉴얼	1. 신체: 복장(제복), 화장(머리, 손톱) 2. 인사: 인사, 태도, 전화 3. 서비스: 운반, 포장(리본), 불만 상담 처리	
판매 촉진 매뉴얼	1. 광고, 선전: 광고, 선전(포스터, 지라시), POP. BGM, 경품 2. 매출: 특판 3. 고객 카드: 내점, 단체 명단, 예상객 명단 4. 마케팅	

점포 운영 매뉴얼	1. 영업: 영업, 로스, 도난 방지 2. 점포 관리: 개폐점, 상품 진열, 장식, 조명, 공간, 기구, 비품 보유 3. 안전, 위생: 재해 방지 및 처리, 청소, 위생
사무 관리 매뉴얼	1. 구입 및 재고: 발주, 검수, 반품, 재고 2. 경영 관리: 매출, 이익, 자금 계산, 금전 관리, 은행, 보험, 부동산 3. 정보 관리: 장부, 보고, 기밀 보유, 경영 개선 4. 공공 관청: 4대보험, 세무, 위생, 인허가, 기타 5. 본부 보고
직원 관리 매뉴얼	1. 종업원 채용: 채용(파트, 아르바이트), 고용 카드 보관 2. 종업원 교육, 훈련: 커리큘럼, 교육법 3. 동기 부여: 동기 부여(모우럴 업), 커뮤니케이션(회의) 4. 인사고과: 출근 기록, 개인 기록 카드, 고과법(평가) 5. 사칙, 복리 후생: 회사 내 규칙, 복리 후생 6. 스케줄: 타임, 스케줄, 작업 할당

(5) 가맹점용 점포 운영 매뉴얼

점포 운영이 표준화될 수 있도록 구체적인 절차가 표기되어야 하고 도표화, 비주얼화되어 있어야 하며 가맹점 운영 매뉴얼은 지속적으로 보완시켜 나가야 한다.

(6) 직영점(모델 숍)

콘셉트, 경영 철학, 비전과 목표 등을 구현한 표준 타입의 점포로서 가맹점사업자의 교육 연수 시설로 되는 경우가 많다. 도시형, 교외형 등이 갖추어져 있는 것이 바람직하다.

(7) 가맹본부의 구성원

국내 프랜차이즈 가맹본부의 구성 인력은 대부분 영세하고 업력이 일천해 기본적인 최소 인력만으로 구성된 회사가 많은데 가맹본부의 구성을 위한 최소 인력은 CEO, 영업부(가맹점 개발과 모집), 운영 관리부(가맹점 계약 후의 교육과 매뉴얼 관리 업무), 상품 개발 기능(구매, 물류, 연구 개발), 기획 기능(법률 관련 및 홍보, 광고 기획, 장단기 계획), 담당자는 꼭 필요하다.

제3절 외식 프랜차이즈 가맹본부의 점포 개발

1 외식 프랜차이즈 점포 개발의 기본 전략

외식 프랜차이즈 사업에서 가장 중요한 것이 바로 가맹점이다. 가맹본부는 가맹점이라는 전국적인 유통망을 통해 소비자들에게 안정적으로 상품을 공급하고 수익을 창출하기 때문에 외식 프랜차이즈 사업에서 가맹점 모집은 매우 중요한 업무다. 그렇다고 무조건 가맹점 늘리기에만 집착해 무리한 조건을 내건다거나 가맹점사업자의 자질을 무시하고 가맹계약을 체결했다가는 차후 운영 부실 및 분쟁의 소지가 될 수 있으므로 주의해야 한다. 즉, 가맹점의 가맹본부 선택도 중요하지만 가맹본부의 가맹점 선정 또한 신중해야 한다. 특히 외식업의 경우 외식업 관련 경험이 전무한 예비 창업자들이 많기 때문에

가맹희망자의 의지나 자질, 사명감, 재무 상태 등을 상담을 통해 더 자세히 살펴야 한다.

다시 말해 가맹점 개발 업무는 무조건적인 점포 개발이 아니라 장기적 관점에서 공동의 이익을 위해 상호 협력해 나가야 하는 사업의 동반자를 선정하는 것임을 잊어서는 안 된다.

1) 일반적인 가맹점 개발 과정

효과적인 가맹점 개발을 위해서는 광고나 설명회 등의 매체를 통한 홍보와 가맹본부의 영업력, 외식 프랜차이즈 시스템의 구축 수준 등 전사적(全社的) 마케팅을 통해 가맹희망자를 찾아내야 한다. 일반적인 가맹점 개발 과정은 [그림 11-2]와 같다.

🍲 그림 11-2 일반적인 외식 프랜차이즈 가맹점 개발 과정

일반적으로 점포 개발 시 주도권은 중소 규모 브랜드일 경우 가맹희망자가, 유명외식 프랜차이즈일 경우 외식 프랜차이즈 가맹본부가 가지게 된다. 중소 규모 브랜드는 가맹점 모집 광고를 내고 가맹계약자를 모집하기 때문에 한 명이라도 더 접촉하고 계약을 성사시키기 위해 노력하는 반면 시스템이 이미 검증되고 소비자 인지도가 높은 유명 브랜드의 경우 외식 프랜차이즈 본부가 가맹희망자를 평가하고 선별해 가맹점사업권을 부여한다. 따라서 외식 프랜차이즈 사업을 처음 시작하는 경우는 전자와 같이 광고 등을 통해 가맹희망자를 찾아내는 것이 중요하다. 무엇보다 중요한 것은 장기적인 안목을 가지고 가맹점을 빨리 모집하는 것보다 다소 시간이 걸리더라도 외식 프랜차이즈 시스템을 이해하고 가맹본부의 경영철학에 동조하면서 동반 성장을 추구하는 가맹희망자들을 선별하는 것이 무엇보다도 중요하다.

2) 가맹점 개발을 위한 예상 고객 발굴 방법

가맹점 개발을 위해서 가맹희망자와 접촉하는 방법은 여러 가지가 있는데 일반적으로 많이 사용되는 방법들을 살펴보면 다음과 같다.

첫째, 창업박람회에 참가하거나 사업설명회를 개최해 소자본 창업을 원하는 희망자와 직접 상담하는 방법이다. 이때 희망자들은 어느 정도 관심을 가지고 직접 방문했다는 점에서 보다 적극적인 상담이 가능하다.

둘째, 각종 매스컴을 활용한 홍보로 광고가 아닌 기사화된 형식으로 보도함으로써 브랜드 인지도 및 신뢰도 제고에 큰 효과를 얻을 수 있다. 그러기 위해서는 차별화된 기삿거리가 있어야 하지만 한정적이라 채택되기 힘든 단점도 있다. 일간지나 전문 정보지, 창업 전문지 등에 게재할 수 있다.

셋째, TV, 라디오, 신문 등 매체를 이용한 광고로 대중을 상대로 설명함으로써 잠재적 가맹희망자의 관심을 유도할 수 있다. 비용이 많이 들기 때문에 계획된 예산 내에서 실시하도록 한다.

넷째, 인터넷을 이용한 광고로 브랜드 사이트를 만들어 운영하거나 관련 창업 사이트 등에 개설 내용 등을 게재할 수 있다. 불특정 다수에게 노출되면서 온라인 상담 등으로 관심자와 연결될 수 있다.

다섯째, 주변 연고인 등을 활용한 구전 홍보와 기존 가맹점이나 협력 업체를 통한 간접 유치 홍보로, 신뢰도와 가맹점 계약율이 매우 높은 편이다.

여섯째, 최근 들어 창업 교육이나 경영 개선 교육들이 많은데 그런 교육 과정에 성공 사례 과목의 예시로 성공한 직영점이나 가맹점 사례로 소개될 수 있도록 해 예비 창업자나 기존 영업주들한테 홍보하여 가맹점을 모집해 가는 것도 좋은 방법이다.

표 11-4 **가맹점 희망 고객을 찾아내는 방법**

마케팅에 의한 방법	광고, 박람회, 세미나, 사업설명회, DM(direct mail), E-mail 등
미디어 정보	신문, 잡지, 업체 정보지, 인터넷, 협회 자료 등
소 개	친지, 동료, 기존 가맹점의 소개, 모집 대행사, 공인중개사 등
세일즈맨이 찾는 방법	협회, 모임 참가, DM 발송, 전화, 기존 점포 방문, 소셜미디어 활용 등

기타 전문 영업사원을 활용하는 방법과 전문 컨설팅사를 통한 창업 예정자 연결 방법, 소상공인 지원 센터 등 공공 상담 조직을 통한 홍보 방법 등이 있는데 직·가맹점의 영업 활성화를 통해 개설해 나가는 것이 가장 이상적이라 할 수 있다.

3) 가맹점 모집을 위한 브랜드 주기별 마케팅 전략

외식 프랜차이즈 브랜드는 [표 11-5]에서 보는 것처럼 주기에 따라 커뮤니케이션이 달라진다. 따라서 각각의 주기별로 가맹점 모집을 위한 마케팅 전략도 다르게 진행되어야 한다. 도입기에는 광고 및 기사 등을 통해 이슈화함으로써 인지도 제고에 힘써야 하고, 성장기에는 사업 설명회나 현장 실습 등 예상 고객 발굴을 위한 자체적 프로그램을 운영하는 것이 효과적이다. 성숙기에 접어들면 성공 사례를 통한 자연스런 계약이 이루어질 수 있도록 꾸준한 광고, 홍보 및 이미지 관리가 이루어져야 한다. 쇠퇴기가 되면 계약 실적이 줄어들게 되므로 브랜드의 전체적인 재정비와 함께 동시에 신규 사업에 대한 구상도 이루어져야 한다.

표 11-5 외식 프랜차이즈 브랜드 주기별 커뮤니케이션

도입기 (사업 홍보)	성장기 (성공 모델의 정착)	성숙기 (브랜드 지명도 확대)	쇠퇴기 (현상 유지/신규 사업)
• 모델 숍의 영업 활성화에 총력 • 언론에 기사화 • 브랜드 인지도 제고를 통해 계약 유도 • 인지도 제고를 위한 광고와 홍보 집중 • 체험 마케팅을 통한 점포 이용 유도 • 예비 창업자 홍보	• 기획 사업설명회 개최(명강사 초청) • 도입기보다는 광고 홍보 효력 감소 • 성공 사례 만들기 • 성공 사례를 바탕으로 한 현장 확인 계약 실적 기대 • 경쟁업체 진입 시 탄력적으로 시장 전략 전개	• 성공 사례를 중심으로 한 계약 실적 증가 • 브랜드 정체성 관리 강화(표준화, 전문화, 단순화) • 유지 광고/홍보 시행 • 브랜드 이미지 관리 • 메뉴 개발 및 보완	• 계약 실적 쇠퇴 • 브랜드 파워 유지 • 고객 욕구 분석을 기초로 한 사업 콘셉트 조정 • 재정비 및 제2 브랜드 런칭 • R&D 성장 전략

4) 가맹안내서의 작성

어떠한 방법이든 가맹희망자와의 접촉에서 꼭 필요한 것이 바로 가맹안내서이다. 예상 가맹희망자에게 사업 정보와 가맹 내용을 일목요연하게 정리해 제시함으로써 관심을 유도하고 계약을 성사시키는 중요한 역할을 한다. 따라서 가맹안내서를 작성함에 있어서 다음의 내용은 꼭 숙지하고 있어야 한다.

먼저 가맹안내서의 구성 요소는 다음과 같다.

❶ 사업의 유망성

사업에 대한 시장성과 시장 규모를 계량화된 수치로 제시하고 장래성과 성공 사례, 추천사, 언론 보도 등을 소개함으로써 신뢰성을 높이고 보는 이로 해금 흥미를 유발시킬 수 있다.

❷ 사업 장점

사업의 장점, 예를 들면 저렴한 투자비와 손쉬운 운영 방식, 트렌드의 적합성, 재고 부담의 경감 등을 제시하고 가맹본부의 다양한 지원 내용도 함께 기재하도록 한다.

❸ 외식 프랜차이즈 내용

기본적인 사업 내용을 설명하는 것으로 업무 내용, 독자 운영이 가능한가, 운영은 용이한가 등과 함께 회사에 대한 안내도 곁들이는 것이 좋다.

❹ 투자비 손익 분석

표준 투자 모델과 예상 손익계산서를 작성해 이 정도 자금과 이윤이면 해볼 만하다는 생각이 들 수 있도록 한다. 이때 주의할 점은 마음대로 투자액을 누락시키거나 수익을 부풀려서는 안 되며 어디까지나 사실에 입각해 작성하도록 한다.

즉, 좋은 가맹안내서는 사업 성장성이 명확하고 사업 내용이 구체적이며 사업에 대한 장점이 명료하게 정리되어 있고 투자비와 손익 정보가 정확하게 제시되어 있다. 전체적 구성 또한 회사에 대한 신뢰를 높이고 관심과 흥미를 유발시킬 수 있으며 풍부한 성공 사례와 인물, 통계, 숫자 위주의 객관적 자료를 바탕으로 하는 것이다. 반대로 디자인만 화려하거나 추상적 개념으로 서술되어 있는 가맹안내서는 좋은 것이라 할 수 없다.

표 11-6 **가맹점 개설 안내서 사례**

분 류	내 용
표 지	요리 사진 / 브랜드 / 회사명 / 홈페이지 주소
회 사 소 개	인사말 / 회사 연혁
사 업 특 징	사업(아이템)의 유래 / 아이템에 대한 소개
사 업 장 점	손쉽게 창업 / 적정한 자본 창업 / 노력에 대한 대가 / 독립된 상권 보장
외식 프랜차이즈 안내	예상 손익 / 개설 조건
BI 및 캐릭터	캐릭터, 가맹본부 사이트 안내
개 설 절 차	상담, 계약, 교육, 점포 선정, 점포 인테리어 공사, 오픈 등
표 지	회사 주소 / 전화번호 / 홈페이지 주소, 블로그 등

② 외식 프랜차이즈 가맹 상담 스킬

1) 가맹점 개발 담당자의 요건

가맹점 개발에서는 가맹점 개발 담당자의 역할이 매우 중요하다. 이들은 가맹본부의 시스템과 업무를 잘 파악하고 있는 동시에 이를 가맹희망자에게 효과적으로 전달함으로써 가맹계약으로 유도하는 외식 프랜차이즈 사업의 핵심적인 영업 인력이다. 그렇다고 해서 무조건 계약만을 성사시키기 위해 거짓을 꾸며낸다든가 책임질 수 없는 약속을 남발해서는 안 된다. 사업의 좋은 점만을 부각시키고 부정적인 면은 회피해서는 가맹희망자들로부터 신뢰를 얻을 수 없다. 어디까지나 가맹점 개발 담당자는 신뢰를 바탕으로 가맹희망자들에게 정확한 정보를 제공하고 사업에 의지를 부여해 성공에 확신을 심어주는 것이 중요하다. 장사꾼의 이미지가 아닌 사업의 조언자로서 힘을 합한다는 이미지를 만들어야 한다.

유능한 가맹점 모집 담당자는 첫째로 도전 정신이 있어야 한다. 거절을 두려워하지 말고 적극적으로 시도하면서 성과를 내겠다는 의지로 끈질기게 노력해야 한다. 그리고 결과가 좋지 않다 하더라도 실망하지 말고 끊임없이 새로운 고객을 찾아야 한다.

둘째로 성실성이 바탕이 되어야 한다. 먼저 사업에 대해 자세히 알기 위해 노력해야 하며, 정규 근무 시간에 얽매이지 않고 늘 기회를 찾고 고객을 찾으려는 노력이 있어야 한다. 또한 가맹희망자와의 상담 약속 등은 철저히 엄수하고 성실한 답변으로 대응해야 한다. 특히 가맹희망자의 생각을 경청함으로써 상대가 염려하거나 불안해하는 부분을 파악하고 이에 대한 적절한 설명으로 확신을 심어주어야 한다.

마지막으로 유능한 가맹점 모집 담당자는 자기 관리에 철저해야 한다. 그러기 위해서는 가장 먼저 깔끔한 외모와 그에 걸맞는 예의를 갖추어야 하며 창업에 대한 정보와 지식을 습득하고 가맹희망자들에게 인간적인 친근함으로 다가갈 수 있어야 한다.

2) 가맹점 상담 성공 스킬

가맹 상담을 하는 대부분의 가맹희망자는 불안감을 가지고 있다. 소자본 생계형 창업의 비중이 높은 외식 프랜차이즈 창업 희망자는 더욱 그러하다. 전 재산혹은 빚을 내어 투자하는 만큼 성공에 대한 강한 확신이 있어야 하기 때문이다.

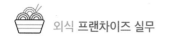

사업의 성패가 자신뿐 아니라 가족의 미래를 결정하는 것이므로 더욱 신중할 수밖에 없다.

가맹점 개발 담당자들의 1차적인 과제는 바로 이들의 불안감을 파악하고 해소시키는 데 있다. 그렇다고 거짓으로 꾸며내어 희망적인 말만 해서는 안 된다. 가맹희망자는 말하는 대로 믿지도 않을 뿐더러 오히려 속는 기분을 느낄 수 있으므로 주의해야 한다. 가맹희망자가 가지고 있는 불안감은 지극히 당연한 것이므로 다소 부정적인 질문이나 태도에 불쾌하게 대한다거나 감정을 실어 답해서는 안 된다. 어떠한 질문에도 여유 있게 대답할 수 있는 유연한 태도로 상담에 임해야 하며, 그들이 가지고 있는 불안감을 해소시킬 수 있도록 노력해야 한다.

일반적으로 가맹희망자가 가지는 불안감은 첫째 믿을 수 있는 외식 프랜차이즈 가맹본부인가, 둘째 사업이 과연 성공할 수 있을까, 셋째 경험이 없는 내가 프랜차이즈 가맹점을 할 수 있을까 하는 것 정도이다. 실제로 가맹계약에 기여하는 결정적인 요인이 성공 사례와 브랜드 인지도, 수익성 있는 사업 모델 등이라는 점을 볼 때, 이러한 불안감 해소가 계약에 큰 영향을 미친다는 것을 알 수 있다.

이러한 불안감을 없애기 위해서는 여러 가지 방법을 사용할 수 있다. 그중에서도 가장 효과적인 방법은 실제로 보여주고 체험을 유도하는 것으로 가맹본부에 대한 설명과 함께 실제로 매장을 탐방하게 하는 방법, 실제 판매 데이터를 보여주거나 영업 중인 가맹점을 소개하는 방법, 가맹희망자와 비슷한 경력을 가진 가맹점사업자를 소개하는 방법 등이 있다. 그러나 사업 초기의 여러 가지 여건이 갖추어지지 못한 경우는 이러한 방법들이 어려우므로 정보공개서와 같은 명문화된 자료와 직영점(모델) 등을 활용하도록 한다. 그리고 첫 상담에서부터 확신 있는 어조와 구체적인 사실 설명 등은 가맹희망자의 불안을 조금이나마 해소시킬 수 있다.

불안감 해소 외에 중요한 것이 바로 가맹희망자의 특성에 따른 심리를 파악하는 것이다. 즉, 가맹희망자의 성별이나 연령, 성격, 경력, 재정 상황 등에 따라 창업에 임하는 태도나 의지가 상이하므로 가장 먼저 가맹희망자의 특성을 제대로 파악하고, 특성별 특징을 활용해 상담에 임해야 한다.

창업에 대해 가장 적극적인 사람은 직전 퇴직자나 실직자, 가족 생계를 책임지고 있는 사람들로 이들은 각종 창업 정보를 적극적으로 찾고 괜찮은 아이템만 있으면 창업하겠다는 적극적인 의지를 가지고 있다. 따라서 이들에게는 적극적인 설명과 성공 사례 소개, 상권이나 자금 알선 등 구체적 창업 여건을 제시하는 것이 효과적이며 가급적이면 경험이 많고 직위가 높은 사람이 상담하는 것이 신뢰도를 높이는 데 도움을 줄 수 있다.

다음으로 다른 외식 업종 종사자로 업종 전환을 생각하는 사람들이 높은 관심을 보일 수 있다. 이들은 지금 당장 창업해야 한다는 절박함은 없지만 괜찮은 아이템만 있으면 업종 전환을 할 수 있으므로 실제 데이터 자료의 활용과 현재보다 나은 조건을 제시함으로써 계약으로 유도할 수 있다.

그리고 그 외 자영업 전환을 생각하고 있는 샐러리맨이나 주부, 청년 실업자, 정리해고 대상자 등은 현재는 관망세를 취하고 있지만 어떠한 계기가 생기면 창업이 가능한 잠재적 창업자이므로 당장 결과를 내겠다는 생각보다는 주기적인 접촉과 정보 제공 등으로 꾸준한 관리가 필요하다.

한편 성격에 따라서도 각각 다른 상담 스킬을 사용하는 것이 효과적인데, 안정 지향적인 사람에게는 최적 수익 안내, 최저 매출 점포 소개, 안 좋은 조건의 기존 가맹점 등의 사례를 들어 실패에 대한 두려움을 없애는 것이 중요하고, 성장 지향적, 수익 위주형인 사람에게는 최우수 점포 위주로 소개하고 가맹본부의 강력한 지원, 수익률을 높이는 방법, 앞으로의 성장 가능성 등을 설명하는 것이 효과적이다.

Chapter 12

외식 프랜차이즈
가맹점

제1절 외식 프랜차이즈 가맹점 창업

1 외식 프랜차이즈 가맹점 창업 준비 및 절차

1) 외식 프랜차이즈 가맹점 창업의 준비

최근 창업 시장의 흐름을 보면 독립형 창업보다는 프랜차이즈 가맹점 창업이 증가하는 추세다. 그중에서도 외식업 분야의 창업이 줄을 잇고 있는데 다른 업종보다 창업 비용별, 아이템별 선택의 폭이 넓고, 특별한 노하우나 아이템이 없어도 외식 프랜차이즈 가맹본부의 지원과 검증된 아이템으로 안정된 수익을 보장받을 수 있다는 이유 때문이다.

그러나 가맹점 창업을 한다고 해서 모두가 성공하는 것도 아니며 외식업이 생각만큼 그리 쉽지도 않다. 따라서 반드시 사전에 철저한 준비와 노력이 필요하다.

(1) 외식 프랜차이즈 창업 시 고려 사항

창업을 통해 돈을 버는 데는 첫째, 많은 돈을 투자해서 입지나 규모면에서 비교 우위에 서는 방법(대형화, 특급 상권, 최고 브랜드 등), 둘째, 건강한 신체를 이용해서 부지런하게 일하는 방법(음식, 택배업 등), 셋째, 앞서가는 아이템과 아이디어로 승부하는 방법(전문화, 차별화 등)이 있는데, 경기 침체 시에 위험을 줄이는 방법은 소규모로 건강한 신체와 아이디어로 승부해보는 것이 좋다.

❶ 건강한 신체는 외식업 성공에 지대한 영향을 끼친다. 왜냐하면 근무 시간이 길고 육체적인 노동을 많이 하는 업종이며 앞으로 치열한 경쟁에서 이겨나가기 위해서 체력이 반드시 필요하기 때문이다.

❷ 외식업을 하려면 가족의 동의가 필수적인데 인건비 절약 차원도 있지만, 내 식당처럼 믿고 맡길 수 있는 것은 역시 가족밖에 없다. 갑자기 단체 고객이 내점한다거나, 혹은 직원의 갑작스런 결근이나 퇴직 시 동원할 수 있는 인력이 내 가족이므로 외식업은 가족의 노동력이 필요한 업종이다.

❸ 창업 준비 시점에서 반드시 직원과 고객의 입장이 되어 보고, 고객을 배려하고 봉사할 자신이 있을 때 창업을 해야 한다. 고객 중심이 아닌 경영주 중심의 경영 마인드는 고전할 가능성이 많고, 내가 가장 자신 있는 업종이 외식업이고 소비자의 입장(고객 우선 및 배려)에 서서 충분히 이해할 수 있는 경우라야 성공 확률이 높다.

❹ 틈새 업종을 개척해 보아야 한다. 기존 업종·업태 중에서 틈새를 찾아 개척한다면 성공하기가 쉽다. 여기서 틈새시장은 아이템만을 지칭하는 것이 아니며, 경영 형태나 콘셉트도 포함된다. 한때 전국적으로 돌풍을 일으킨 5,000~7,000천 원대의 저가 치킨 형태는 기존 1만 원대 이상으로 형성되어 있던 가격의 틈새를 적절히 이용한 예라고 할 수 있다. 틈새시장을 개척하면 이미 검증받은 메뉴(아이템)인 만큼 성공하기가 쉽다.

❺ 고객이 오지 않으면 고객을 찾아갈 수 있어야 한다. 배달이나 포장이 가능해서 고객을 찾아갈 수 있는 업종이면 더욱 좋다. 적극적인 마케팅 구사 없이는 성공하기 어려운 시대이므로 적극적으로 전력투구해야 한다.

❻ 정보화 시대인 만큼 컴퓨터나 인터넷도 적극적으로 활용해야 한다. 이를 잘 관리·운영하면 시간과 경비를 절감할 수 있고 무엇보다도 고객 서비스에 충실할 수 있다.

❼ 주변에서 계속 의구심을 가지면서 50% 이상이 어렵다고 하면 고집을 부리지 않는다. 기대 수익을 낮추고 투자 규모도 줄여 손익 분기점을 최대한 낮추어 창업하는 것이 좋다.

❽ 창업은 엄연한 현실이므로 충분한 준비를 한 후에 창업해야 하며 참고로 내 능력 범위 내에서 시대 흐름에 적합한 아이템을 선정해야 하는데, 이때 조급하게 추진하면 위험하다.

이 외에 최근 창업의 동향을 보면 창업하는 연령이 점점 낮아지고 있다. 또 아이디어만 있으면 어디든 파고들고 있다. 특히 크게 보면 정보 통신, 유통, 서비스 업종을 선호하고 있는데 세분화시켜 보면 외식업이 창업 선호도 1~2위를 항상 차지하고 있다. 이는 경쟁자가 그만큼 많다는 것이므로 충분한 준비나 노하우가 없이 창업하는 경우와 창업 후 지속적인 연구, 노력이 없으면 안정적으로 외식업을 계속 영위할 수 없다는 뜻이기도 하다. 식당이 망하지 않는 시대는 끝이 났다. 남보다 더 연구하고 노력하지 않는 점포는 곧 망하는 점포가 될 것이라는 점을 깊이 인식하고 있어야 한다.

(2) 외식 프랜차이즈 예비 창업자에게 필요한 자세

첫째, 평소에 장사의 안목을 길러야 한다. 안목은 하루아침에 생기는 것이 아니므로 평소에 미리 안목을 기르는 것이 중요하다. 먼저 창업 관련 정보나 유망 업종에 관련된 것을 보고 스크랩도 하고 또 길을 가다가 길가에 걸려 있는 간판을 보면서 어떤 아이템들이 많은가, 어떤 식당들이 잘되고 있는가 등을 체크해 보는 것도 좋다. 좀 더 적극적으로 식당을 운영하는 사람들과 가끔씩 대화를 나누어볼 수도 있고, 여기에서 느끼는 점 등을 메모해 두는 습관을 길러나가야 한다.

둘째, 입지에 맞는 업종을 선택해야 한다. 식당 창업은 가능하면 주변 상권에서 식당의 비중이 50%를 넘는 곳에서 유사 아이템이 30% 정도일 때가 가장 좋다. 이때 점포 앞 통행객 조사와 점포 주변 환경 조사를 해야 하며 가능하면 규모와 입지 면에서 경쟁점보다 비교우위에 설 수 있으면 더욱 좋다.

셋째, 1등만이 살아남는 것은 아니다. 지나치게 1등을 하려고 하다 보면 건강을 해칠 수 있으므로 음식 장사는 꼭 1등이 아니라 2등만 해도 충분하다는 생각(마음의 여유)을 가져볼 필요가 있다. 또한 틈나는 대로 벤치마킹을 많이 해야 한다.

넷째, 창업 초기에는 수익보다는 매출에 신경을 써야 한다. 창업 초기에는 얼마를 남기는가가 중요한 것이 아니라 목표한 매출액 달성에 최선을 다해야 한다. 장사가 좀 덜 된다고 해서 직원을 줄이거나 좋은 식재료 사용을 기피하거나 지나친 전기(전등, 냉·난방 등)·가스 절약 등 관리 비용을 줄이다 보면 고객의 가치적인 만족도가 떨어져 내점을 기피할 우려가 있다는 점을 반드시 기억해야 한다.

다섯째, 자기 관리와 점포 관리를 철저히 해야 한다. 자기 마인드 관리와 점포 이미지 관리에 최선을 다해야 하는데 외식업은 구전 광고의 위력이 대단하다는 사실을 꼭 인지하고 이미지 관리에 신경을 써야 한다. 특히 지역 상권인 경우 더욱 이미지 관리를 해야 하며, 나쁜 이미지로 소문이 나면 치명적일 수 있다.

여섯째, 조급함을 없애야 한다. 기본 생계비는 최소 3~4개월 정도를 비축해 두어야 하며, 인건비는 최저로, 초기 투자비는 최대한 줄여서 시작해야 한다. 대부분 첫 사업이라는 핑계로 새것만을 고집하는 경우가 많은데 주방 집기나 비품은 잘 보이지 않는 곳에 배치가 되며 또 재질이 스테인리스가 대부분이라 새것과 별 차이가 없다는 것을 인지하고 초기 투자비를 줄여야 한다.

일곱째, 해당 아이템에 대한 사전 현장 실습도 해보고 충분한 사전 지식 습득 후 창업을 해야 한다. 대부분 고생해서 모은 전 재산을 창업에 투자하는 것에 비하면 신중을 기해야 하는데도 불구하고 조급하다 보면 미비한 점을 소홀히 여겨 실패하기 쉬우므로 사전에 충분한 준비가 필요하다. 가맹본부가 제공하는 교육·훈련 프로그램은 반드시 이수하고 모든 업무를 총괄할 수 있어야 한다. 고객은 식당 운영자를 항상 프로라고 생각하므로 실수 없이 완벽하게 일을 처리하는 진정한 프로가 되어야 성공할 수 있다.

여덟째, 예비 창업자들은 창업만 하면 큰돈을 벌 것 같은 지나친 기대나 환상을 가지는 것이 대부분인데, 냉정하게 현실을 직시해 나가는 자세가 필요하다.

이 외에도 처음 창업하는 경우에는 자금이 있더라도 크게 하는 것보다 작게 시작해서 경험과 노하우를 축적한 다음 규모를 점차 키워나가야 하며 과거 내가 누구인데, 대기업에서 부장·이사를 했는데, 또는 명문대 출신인데 하는 불필요한 자존심도 버려야 한다. 현실을 직시하고 프로 의식으로 재무장해 일정 기간 동안 고생하겠다는 각오를 해야 하며, 더불어 가족의 동의를 얻어 부부가 공동으로 일한다면 시너지를 최대한 발휘할 수 있을 것이다. 그리고 창업을 추진함에 있어 혼자 결정하지 말고 경험자나 전문가의 자문을 받아 창업해야 실패를 줄일 수 있다. 다시 한번 준비 사항을 점검하고 또 점검해 완벽한 창업으로 성공해야 한다.

마지막으로 가맹점 창업과 같이 소규모 식당을 창업하려면 경영주가 만능이 되어 직접 모든 것을 운영해 나가야 하므로 건강이 무엇보다 중요하다. 또 소규모인 만큼 직원을 채용할 경우 이익금의 대부분이 인건비로 지출되어 결국 남는 것이 별로 없으므로 경영주가 직접 또는 가족 경영으로 운영하는 것이 좋다. 따라서 경영주는 조리에 대한 기초 지식과 점포 운영에 대한 전반적인 지식을 반드시 습득한 다음에 창업해야 한다.

(3) 외식 프랜차이즈 가맹점 창업의 장단점

가맹점 창업을 하기에 앞서 프랜차이즈 가맹본부의 가맹점으로서 점포를 운영하는 것이 독립적인 점포를 운영하는 것과 어떻게 다르고, 어떠한 장단점이 있는지 정도는 알고 있어야 한다.

무엇보다 많은 예비 창업자들이 프랜차이즈 가맹점 창업을 선택하는 이유는 바로 안정성이다. 가맹점은 가맹본부의 명성과 본부가 개발한 아이템과 운영상의 노하우를 제공받고 경영 지도 및 여러 지원을 받을 수 있기 때문에 성공 확률이 높다. 또한 독립 창업을 하는 것보다 적은 자본으로 시작할 수 있기 때문에 투자의 효율성 또한 높다. 운영 시에도 가맹본부의 일괄적인 구매로 상품 및 소모품에 대한 대량 구매 효과를 얻을 수 있고, 가맹본부로부터 시장 환경과 소비 행태 변화에

대한 각종 정보와 대안을 제공받을 수 있으며, 가맹본부가 보유한 각종 전문가들로부터 자문을 얻을 수도 있다.

이렇듯 가맹점 창업이 많은 이점이 있지만, 창업을 하려면 어떠한 단점이 있는지도 잘 알고 있어야 한다. 특히나 점포 운영 경험이 전혀 없는 초보 창업자의 경우, 가맹본부에 너무 의존하다 보면 경영 개선이나 가맹점 자신의 문제를 스스로 해결할 능력을 키우지 못하고 소극적 운영이 되기 쉽다. 반대로, 운영상의 통일성이라는 프랜차이즈 시스템의 특성상 가맹점사업자의 독창적인 운영 방식이 제약을 받기도 한다. 또한 가맹본부 사업력 약화 또는 일방적인 경영 방침의 변경 등에 의해 갑작스럽게 지원을 받지 못하게 되면, 가맹점 경영에 큰 타격을 입기도 하고, 다른 가맹점의 좋지 않은 이미지로 인해 선의의 피해를 입기도 한다. 그리고 가맹계약이 해제된 이후, 그전까지의 아이템이나 노하우는 자신의 것이 아니므로 더 이상 사용할 수 없다는 단점도 있다.

성공적인 프랜차이즈 가맹점 창업을 위해서는 장점만 볼 것이 아니라 단점까지 미리 파악해 선택에 신중을 기하고, 생길 수 있는 문제를 대비해야 한다.

(4) 프랜차이즈 가맹점 창업 과정

1. 마음가짐 점검/창업 결정	본인의 경험 및 취향, 자금 규모에 적합한 도입기 후반기이나 성장기 유망 업종 선정(2~3 업종)
2. 아이템(업종·업태) 선택	조사 분석 후, 아이템 압축, 독립 점포와 가맹점 창업 비교/검토
3. 창업 방법 결정과 자금 조달 계획	자기 자금, 금융 기관 대출, 차입금 등 자금 조달 계획 점검 및 사업의 타당성 분석
4. 가맹 상담	가맹 상담을 통하여 자금 규모, 가맹 조건, 손익 분석, 점포 운영 방법 등 확인
5. 상권 분석에 따른 입지 선정, 점포 결정	가맹본부와 함께 점포 입지에 따른 타깃 고객 설정, 시장성/수익성 등을 분석하여 점포 후보지를 결정하고 선택
6. 가맹 약정 체결	점포 후보지 등을 검토하여 개점할 의사가 있을 시, 1차로 가맹 약정을 체결한 후 가맹본부와 협의하여 사업계획서를 작성
7. 사업 계획 확인과 가맹계약의 결정	사업 계획에 관한 전반적인 사항을 확인하고, 사업계획서를 자세히 검토한 후 가맹계약 여부를 최종 결정
8. 가맹계약 체결(본 계약)	가맹희망자가 자신의 판단으로 최종 의사를 결정하여 가맹계약을 체결, 특히 계약서 이외의 '부속 명세서'는 설비 대여와 관리 의무, 회계 규정이나 구분 등이 제시되므로 자세하게 검토/확인
9. 각종 공사 계약 체결	가맹본부가 제시하는 점포 레이아웃(Lay out) 등에 의해 점포 건물과 설비의 내외장 공사 실시
10. 각종 인허가 신청 및 점검	가맹본부는 식당 영업에 필요한 각종 인허가 사항을 취득하고 미흡한 사항 점검
11. 가맹점사업자 교육 및 직원 훈련	점포 운영에 필요한 이론 교육과 현장 실습 교육을 가맹본부로부터 연수받고, 종업원을 모집하여 필요한 교육 실시
12. 초도 식자재 입고 및 OPEN 준비	가맹본부는 점포 공사가 완료되는 시점에 맞추어 가맹점에 제공할 각종 시설 및 집기 일체를 입고하고, 초도 식자재 입고에 따른 음식을 준비
13. OPEN 리허설	가맹본부는 완벽하게 OPEN 준비를 마친 후, 점주 및 직원이 각자 포지션에서 분담 업무를 충실히 행할 수 있도록 본부에서 파견된 슈퍼바이저와 함께 시험 운영함
14. OPEN	가맹본부의 지도를 받아 개업 행사와 준비된 개업 판촉/홍보를 실시, 가맹본부는 개업 초기 일정 기간 슈퍼바이저를 파견하여 가맹점 경영을 지도
15. 고객 관리 및 사후 관리	고객 클레임 및 고객 관리에 대한 논의 및 보완, 슈퍼바이저를 통한 지속적인 사후 관리

🍎 그림 12-1 **프랜차이즈 가맹점 창업 프로세스**

　　프랜차이즈 가맹점 창업을 하는 경우는 크게 두 가지로, 업종 선정부터 시작하는 경우와 사업장이 먼저 정해진 경우로 나누어 볼 수 있다.[24]

24) 산업자원부/한국프랜차이즈협회, 「프랜차이즈 경영가이드 총서 1」 - 프랜차이즈 경영원론, 2004, pp.138~139.

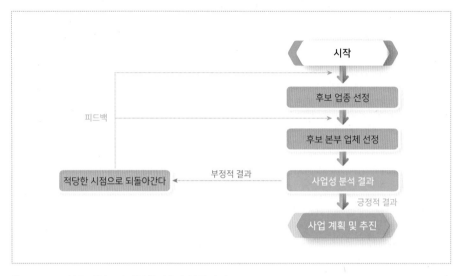

🍎 그림 12-2 **업종 선정부터 시작한 경우의 창업 과정**

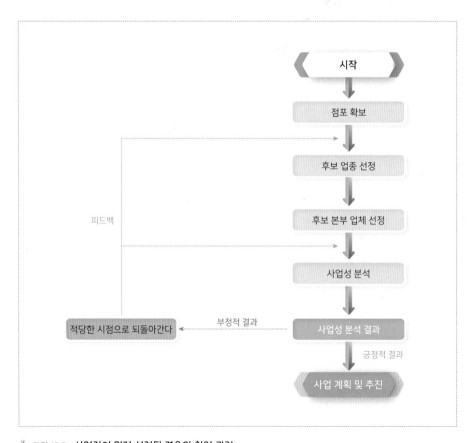

🍎 그림 12-3 **사업장이 먼저 선정된 경우의 창업 과정**

2) 프랜차이즈 가맹점 창업 단계별 고려 사항

또한 프랜차이즈 가맹점으로 성공하기 위해서는 본인, 상품과 서비스, 시장, 가맹본부, 계약 등 각 단계마다 반드시 아래와 같은 내용을 검토하고 평가해야 한다. 프랜차이즈 사업의 성공 여부는 창업하기 이전에 이미 결정난다 해도 과언이 아니기 때문에 객관적인 검토가 요구된다.

(1) 본인 결정 사항

① 자기 자신을 관리할 수 있고 자본과 노력을 투자해서 결코 후회하지 않을 것인가?

② 가맹본부에서 제공하는 이점(프랜차이즈 패키지)을 얻기 위해 본인의 주관을 포기할 수 있는가?

③ 스스로가 직원이 되고 고객이 될 수 있는가?

④ 가맹본부의 관리에 순응할 수 있으며 능동적으로 솔선수범할 수 있는가?

⑤ 동시다발적인 업무를 충분히 소화할 수 있는가?

⑥ 물질적, 육체적, 정신적으로 부족함이 없는가?

⑦ 친지나 주위 사람으로부터 도움을 받을 수 있는가?

⑧ 외식 분야의 경험이나 기술 또는 이론적 지식이 있는가?

⑨ 외식 분야의 정보 입수나 공부에 적극적인가?

⑩ 실패를 무릅쓰고 할 수 있는가, 성공이 눈에 보이는가?

(2) 상품(아이템) 결정

① 열의를 다해 일할 가치가 있고 제삼자에게 아이템을 설명했을 때 긍정적인 반응인가?

② 상품(메뉴)이나 서비스의 경쟁력(메뉴나 경쟁점에 대해서) 등을 비교 검토했는가?

③ 상품(메뉴)에 대한 보호나 의장, 서비스표, 상표 등과 같은 특허 관련 등록은 되어 있는가?

④ 성숙기 상품(메뉴)인지, 성장기 상품인지를 검토했는가?

(3) 시장 결정 사항

① 관련 시장성이 점차 커지면서 경쟁 점포에 비해 경쟁력이 있는가?

② 계절이나 시간에 제약을 받고 있는 업종은 아닌가?

③ 주변 배후지 세력이 흥하는 곳인가?

④ 주변 환경에 비해 유행 아이템은 아닌지, 또는 라이프사이클이 짧지는 않은지 충분히 검토했는가?

(4) 가맹본부 결정 시 검토 내용

① 공정거래위원회에서 고시한 가맹사업거래의 공정화에 관한 법률 준수와 가맹본부에 대한 기본 사항(재무 구조, 자본 구조, 연간 매출액, 영업 개시일, 직영점 보유 여부, 임원의 경력 사항, 직원 수, 가맹점 수 등), 계약서는 표준 약관을 지키고 있는가?

② 가맹본부 설립 연도와 법인 회사 및 개인 회사의 평판에 대해서 확인했는가?

③ 회사의 지명도와 조직 구성원(최소 5명 정도로 구매 및 배송 담당자, 총무 및 경리 담당자, 기획 및 마케팅 담당자, 가맹 상담 및 점포 개발 담당자, 점포 관리 및 매뉴얼 교육 담당자)은 확인된 사실인가?

④ 각 가맹점의 평균 매출액을 확인시켜 주는가?

⑤ 현재 운영 체계와 향후 발전 방향이 뚜렷한가?

⑥ 충분한 연구 개발 노력과 경쟁업체에 대한 정보 흡인력은 양호한가?

⑦ 1년간 기존 가맹점의 폐점율과 양도 및 양수는 몇 건인가?

⑧ 가맹본부 직원이 가맹본부를 보는 견해가 합당한가?

⑨ 특정한 국가 또는 지방색을 보이거나 특수 집단의 이미지는 없는가?

(5) 계약 결정 사항

① 창업 준비 과정에서부터 경영 지도에 이르기까지 모든 항목이 포함되어 있는가?

② 계약에 대한 독점 상권과 관련 규정 및 약관은 정확한가?

③ 계약서 양식이 너무 간단하고 조잡하지 않는가?

④ 가맹본부의 입장만 주장하는 일방적인 계약 내용이 아닌가?

⑤ 만약 계약 내용에 하자가 발생했을 시에 보호받을 수 있는가?

⑥ 회사의 광고 및 홍보 활동, 기타 지원 체제는 충분한가?

⑦ 가맹본부가 제공하는 모든 지원 사항이 정확히 명시되었는가?

② 우수 외식 프랜차이즈 가맹본부의 선별과 계약

1) 우수 외식 프랜차이즈 가맹본부의 선별과 피해 유형

가맹점 창업 시 우수한 가맹본부를 선정했을 경우에는 사업 성공의 지름길이지만 그렇지 못할 경우 고전을 면치 못한다.

(1) 우수 외식 프랜차이즈 가맹본부의 선별

❶ 하청 업체, 납품업체, 거래 은행, 가맹점 등을 통해 가맹본부의 신뢰도, 운영 노하우 등의 확인과 가맹계약서 및 정보공개서를 반드시 확인하고 꼼꼼하게 살펴보아야 한다.

❷ 직영점이 있는지 확인이 필요한데 많을수록 좋다. 이는 가맹본부의 재무 상태가 양호하고 사업 아이템에 수익성이 있다는 증거인 동시에 주요 수입원이 될 수 있으므로 보다 안전하다.

❸ 가맹점 수가 많을수록 성공 확률이 높은 만큼 확인이 필요한데 최소 20개 이상은 되어야 한다.(지나치게 많으면 치열한 경쟁과 신규 개설의 부진으로 가맹본부의 제2의 브랜드 개발에 치중할 수 있으므로 검토가 필요)

❹ 제품 개발과 센트럴 키친, ISO(국제표준화기구), HACCP 등과 같은 식품 위생 관련 규정의 제조 시설로 안정적인 제조, 유통 물류 시스템이 구축되어 있는지 확인해야 한다.

❺ 가맹점 지원·관리를 위한 종합 매뉴얼이 있는지 체크가 필요하고 점포 관리를 위한 슈퍼바이저 활동 여부 등 가맹점을 방문해 계약 내용을 지키고 있는지 직접 체크해야 한다.

❻ 가맹비나 로열티가 없다는 말에 현혹되지 않는다. 또한 단기간에 떼돈 벌려는 사업은 망하기 쉬우므로 모집 광고를 지나치게 많이 하는지 않는지 확인한다.(우수 프랜차이즈 가맹본부는 브랜드 인지도 향상을 위해 투자를 하고 가맹점 모집 광고보다는 제품 광고를 주로 한다)

❼ 급부상하는 신종 업종은 추이를 지켜본 후 판단하고 개점 시 무엇을 얼마나 지원해주는가 체크한다.

❽ 관련 법규가 없어 제재가 예상되는 신흥 업종은 피한다.

❾ 여러 개의 가맹브랜드를 운영하고 있는 등 유행을 좇아가며 신규 브랜드를 마구 늘리거나 계약직 영업 사원들을 동원해서 가맹점을 모집하는 가맹본부를 주의해야 한다.

⑩ 지역 상권 내 독점 영업권을 주는지 확인하고 복수 브랜드를 출점시키는지도 알아보아야 한다.

⑪ 기존 브랜드가 포화되어 관련 있는 것을 내세워 유사 브랜드를 론칭했거나 앞으로 론칭할 우려가 없는지 확인해야 한다.

⑫ 계약 체결 전에 가맹본부에 요구할 수 있는 정보와 자료는 최대한 요구해 검토해야 하며 계약 시에는 특약 사항이나 구두 약속 등을 반드시 서면으로 기재해야 한다.

⑬ 업종과 업태도 중요하지만 가맹본부의 능력이 더 우선되어야 한다.

(2) 주의해야 할 외식 프랜차이즈 가맹본부

① 소규모 자본 투자로 엄청난 수익을 보장하겠다는 가맹본부

② 가맹희망자가 가맹사업 내용의 타당성 검토를 채 하지 않은 상태임에도 불구하고 늦기 전에 시작해야 한다고 재촉하는 가맹본부

③ 외식 프랜차이즈 가맹본부의 총 매출액과 이익금, 원가율, 매장 위치 등에 대한 자료를 영업 비밀이라고 하면서 공개하지 않거나 가맹희망자를 무시하는 가맹본부

④ 파트타임 인력 채용 운영 등을 제시하며 사업은 어렵지 않고 쉽게 돈을 벌 수 있다고 부추기는 가맹본부

⑤ 회사 경력이나 직원의 신상 등에 거부감을 보이는 가맹본부

⑥ 피라미드 조직이나 네트워크 시스템을 운운하는 가맹본부

⑦ 가맹점 가입 시 가맹비, 로열티가 아주 싸거나 없는 가맹본부

⑧ 상권 구분 및 보호 기능이 애매모호하거나 짧은 기간 내에 복수 브랜드를 출시한 업력이 있는 가맹본부

이 외에 1호점이 없거나 1호점 오픈 후 곧바로 가맹점을 모집하는 경우, 최근 잘되고 있는 유행 아이템을 쫓아다니는 경우, 사업설명회에 연예인 등을 동원하는 경우, 무조건 가맹점 모집에만 열중하는 영업 사원을 활용하고 있는 경우, 노하우

가 없는 경우, 신메뉴 개발과 마케팅 전략 등 가맹본부의 기능을 제대로 못하는 경우 등을 들 수 있다.

(3) 불량 가맹본부의 가맹점 가입에 따른 피해 유형

❶ 계약금을 노린 사기로, 고수익 보장, 최대, 최고, 마지막 기회라고 감언이설로 설득하는 경우나 판매와 운영은 가맹본부가 알아서 해준다는 경우
❷ 외식 프랜차이즈 가맹본부가 고의로 도산하고 다른 업종으로 재창업하는 경우
❸ 외식 프랜차이즈 가맹본부의 총체적 부실
❹ 가계약 시 낸 가맹비의 착복
❺ 과다한 가맹비
❻ 시공상의 하자와 과다 비용 징수
❼ 해약 시 보증금의 착복
❽ 안 팔리거나 하자 있는 제품 떠안기기
❾ 반품 거부 및 늑장 처리
❿ 번번이 늦는 제품 공급
⓫ 보장받지 못하는 독점 영업권(상권 미보호)
⓬ 인력 지원 불이행 및 비전문가 파견
⓭ 일방적인 해지 조항
⓮ 융통성 없는 결제 기한
⓯ 상권 분석 실패 및 권리금 장난
⓰ 너무 높게 제시하는 예상 수익
⓱ 전문화된 관리 지원 조직의 부재
⓲ 부실한 교육과 신상품 개발의 미비
⓳ 홍보 및 판촉 활동의 미비

2) 프랜차이즈 가맹계약

가맹사업의 참여 결정은 계약서 작성 시점이 된다. 따라서 계약서를 작성할 때는 신중하게 꼼꼼히 내용을 읽어보고 서명하기 전에 최종적으로 반드시 체크해보아야 한다. 특히 가맹계약서가 외식 프랜차이즈 표준 약관을 참고해 작성되었는가도 살펴보아야 한다.

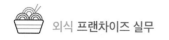

(1) 계약 체결 전 확인 사항

　가맹점 창업을 위한 계약 단계에서도 마지막으로 다음의 사항들을 점검해 볼 필요가 있다.

❶ 프랜차이즈는 매뉴얼 사업이므로 매뉴얼이 있는지 확인했는가?
❷ 외식업 표준 약관을 적용한 계약서와 정보공개서를 사전에 확인하고 충분한 검토를 했는가?
❸ 상표나 서비스표 등 특허 관련 등록이나 출원이 되었는지 확인했는가?
❹ 가맹본부가 직영점을 운영하고 있으며 가맹점에 대한 지속적인 교육을 하고 있는지 확인했는가?
❺ 가맹본부 조직 구조와 슈퍼바이저의 활동 여부를 확인했는가?
❻ 영업 중인 기존 가맹점을 세 곳 이상 방문해본 결과 가맹본부와의 상담 내용이 일치하는지 확인했는가?

(2) 계약 체결 시 주의 사항

❶ **계약서 작성 시 확인해야 할 사항**

　㉠ 가맹시 내야 하는 가맹비, 보증금, 기타 비용에 관한 사항은?
　㉡ 개점 전 필요한 자금 및 운영 규모는 파악되었는가?
　㉢ 비용의 규모 또는 산정 방법에 타당성이 있는가?
　㉣ 가맹비, 보증금, 비품대, 기타 비용의 성격은?(점포 임차 비용, 인테리어 비용, 초도 상품비, 마케팅, 광고 등에 투자해야 할 자금은 얼마인지)
　㉤ 가맹본부가 지원하는 항목의 비용은 누가 지불하고 있는가?
　㉥ 입지 선택, 계약 지원, 점포 임차에 관한 선택권과 인테리어, 서비스 및 유지 보수에 관한 계약 등의 구체적인 항목은 어떤 것(징수 시기와 징수 방법)이 있는가?
　㉦ 가맹점 점포 임차 및 시설 설치 등에 대한 외식 프랜차이즈 가맹본부의 금융 지원 방법은?
　㉧ 비용이 반환되는 것일 경우, 반환 조건은?
　㉨ 외식 프랜차이즈 가맹본부가 제시하는 예상 수익(원가율 등 산출 근거의 타당성)은?
　㉩ TV, 라디오, 신문, 잡지 등을 이용한 매스컴 광고 횟수는 어느 정도인가?
　㉪ 슈퍼바이저의 점포 방문 주기 및 횟수와 판촉비 배분은 어느 정도인가?

❷ 가맹점사업자에게 상품을 판매하는 조건에 관한 사항

- ㉠ 판매하는 식재료나 관련 상품의 종류는?(상품 및 서비스에 제약이 따르는가)
- ㉡ 가맹점이 판매할 상품 구매 가격에 경쟁력이 있는가?
- ㉢ 판매 메뉴 선택권은 누가 갖고 있는가?
- ㉣ 상품 대금 결제 방법은?
- ㉤ 가맹본부가 제공하는 상품 및 서비스는 일정 지역의 독점권을 보장받았는가?

❸ 경영 지도에 관한 사항

- ㉠ 조리, 서비스 등에 전반적인 교육이 이뤄지고 충분히 인지시켜 주는가?
- ㉡ 교육의 내용은 가맹점 운영 전반을 이해하는 데 도움이 될 만큼 실질적인가?
- ㉢ 경영 지도는 지속적으로 이루어지고 있는가?
- ㉣ 가맹점 관리 차원의 지원 항목은?(정기적인 매장 방문 및 지도, 매뉴얼 제공, 신메뉴 개발 제공, 각종 양식 제공, 고객 관리 매뉴얼 제공 등의 여부)
- ㉤ 외식 프랜차이즈 가맹본부가 상품 정보, 회사 경영 방침, 시장 정보 등을 지속적으로 가맹점에 제공하는가?
- ㉥ 우수 가맹점 포상 제도나 지원하는 보험(화재보험, 교통사고 관련 보험, 식중독 예방, 제조물 책임법 관련 보험 등)의 여부는?
- ㉦ 다른 가맹점과 정보 및 의견을 교환할 수 있는 프랜차이즈 가맹본부 차원의 정기적인 회의(가맹사업자 회의, 가맹점사업자 협의회)가 있는지?

❹ 가맹점사업자가 사용할 상표, 상호, 기타 표시에 관한 사항

- ㉠ 상표, 상호, 캐릭터, 기타 표시 사용에 관한 제한 규정이 합리적인가?
- ㉡ 사용 조건이 있을 경우에 그 내용은?
- ㉢ 상표 등록이나 서비스표, 의장 등 보호 장치는 되어 있는지?

❺ 계약 기간 및 계약의 갱신, 해제에 관한 사항

- ㉠ 계약 기간은 몇 년이며 규정의 명시는?
- ㉡ 가맹점 양도 및 매매 시 외식 프랜차이즈 가맹본부에 거부권이 있는가?
- ㉢ 계약 당사자가 직접 운영해야 하는가?
- ㉣ 계약 갱신과 해제의 조건 및 절차는?

ⓜ 계약 해제로 인해 발생하는 손해배상금의 지급 여부와 기타 의무 사항이 있는가?

ⓑ 가맹점사업자가 계약서에 서명 날인한 이후부터 실제 사업 개시까지 소요되는 비용과 시간은?

❻ **정기적인 납입 금액의 징수에 관한 사항**

ㄱ 정기 납입금의 부과 여부와 비용 산정 방식은?

ㄴ 상표 사용료, 경영 지도료, 기타 비용의 성격은?

ㄷ 징수 시기와 징수 방법은?

ㄹ 외식 프랜차이즈 가맹본부가 제공하는 교육 프로그램은 있는가?(교육 내용과 교육비 부담은 가맹본부인지 가맹점인지)

ㅁ 로열티는 지속적으로 지불해야 하는가?(동일 업종의 로열티와 비교)

❼ **기존 가맹점을 방문해 체크할 사항**

ㄱ 투자비 내역과 점포 운영에 필요한 직원 수는?

ㄴ 실제 매출액 및 마진율은?

ㄷ 브랜드 및 가맹본부에 대한 신뢰도는?(오픈 전 상권 분석, 오픈 관련 체계적인 스케줄 관리 등, 오픈 후 지원 및 사후 관리, 식재료 공급, 마케팅, 상권 보호, 교육, 하자나 반품, 신규 메뉴 개발 등)

 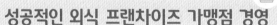

제2절 성공적인 외식 프랜차이즈 가맹점 경영

1 가맹점의 역할과 의무

1) 가맹점의 역할

가맹점은 다음과 같은 역할을 한다.

첫째, 현재 고객과 지역 사회에 상표(브랜드) 가치를 인식시키고 증대시킨다.

둘째, 개선된 운영 시스템 및 마케팅에 의한 고객 확보 및 유지에 기여한다.

셋째, 제공되는 지속적인 지원의 효과적 운영으로 이익을 창출한다.

넷째, 개인의 목적과 희망 성취에 부합되도록 프랜차이즈를 활용한다.

2) 가맹점의 의무

가맹점은 판매 활동과 관계되는 모든 비용을 부담해야 하는 등 분담의 의무를 갖고 있는데 그 의무 사항을 요약해 보면 다음과 같다.

광고비 부담 및 판촉 이벤트 동참 의무, 외식 프랜차이즈 가맹본부 지시 사항에 대한 준수 의무, 가맹본부가 제공하는 운영 매뉴얼 준수 의무, 가맹계약서에 기재된 가맹본부 공급 상품의 구입 및 가맹본부의 대고객 서비스 공급의 의무, 영업 비밀 보장의 의무, 가맹비나 로열티 지급 의무 등이 있으며, 상호 독립된 사업자 간의 계약이므로 반드시 준수해야 한다. 또한 가맹사업의 통일성 및 외식 프랜차이즈 가맹본부의 명성을 유지하기 위한 노력, 적절한 재고 유지 및 상품 진열, 적절한 품질 기준의 준수, 취급 품목 변경 시 사전 협의, 회계장부 등 자료 유지, 동의 없는 사업장 위치 변경 금지, 동일 업종 겸업 금지, 영업 비밀 누설 금지 등에 대해서도 신의 성실로 준수해야 한다.

3) 가맹점사업자의 역량

가맹점은 외식 프랜차이즈 가맹본부와 종속적인 관계가 아니라 독립된 하나의 경영 주체로서 상호 협력하는 가운데 스스로 문제를 해결하고 개선해 나가야 한다. 그러나 많은 가맹점사업자들이 지나치게 가맹본부에 의존적인 경향이 있다. 이는 맡은 바 임무를 다하지 않고 책임 의식의 결여로 이어져 원활한 프랜차이즈 시스템 운영의 걸림돌로 작용하고 있다.

가맹점사업자는 자신의 가맹점에 대해 총괄 책임을 지고 있는 사람으로서 점포 운영, 직원 관리, 홍보, Q.S.C 관리 및 향상, 팀워크 조성, 관리 기술의 향상 등에 대한 임무를 맡고 있다. 그러므로 이러한 임무를 수행하기 위해서는

점포 운영 능력, 교육 훈련 능력, 관리 능력, 계획 능력, 조직 구성 능력, 조정 능력, 리더십 등이 필요하다.

4) 가맹점 사업 실패 원인

실패한 가맹점 창업자들의 이야기를 들어보면 열에 아홉은 가맹본부 탓을 한다. 물론 여러 가지 요인이 복합적으로 작용했겠지만, 정말 그들의 말대로 실패한 이유가 온전히 가맹본부의 잘못 때문일까? 만약 그렇다고 한다면 우리나라에 있는 가맹본부 대부분이 부실 기업이 된다.

이러한 현상은 자기 책임의 원칙에 대한 이해 부족에서 기인한다. 즉, 가맹점 창업자의 상당수가 자신은 자금만 투자하고 모든 것은 가맹본부가 알아서 다 해준다는 생각을 가지고 있다는 것이다. 어떠한 외식 프랜차이즈 가맹본부도 사업 결과에 책임을 져주지는 않는다. 물론 고도의 기술 개발이나 노하우 전수는 가맹본부가 해야 할 부분이다. 그러나 이 기능을 활용해 자기 점포를 활성화하는 것은 어디까지나 가맹점사업자의 자기 책임과 노력에 의해 이루어지는 것임을 간과해서는 안 된다.

또 다른 실패의 원인을 살펴보면, '단돈 2,000만 원 투자로 월 300만 원 고수익 보장' 등과 같은 화려한 가맹점 모집 광고에 현혹되었다거나 신문·TV 등에 나왔다고 해서 맹목적인 신뢰를 하는 경우다. 모든 사업은 경영주의 노력 여부, 주위 환경의 변화에 의해 고수익을 올릴 수도 있고, 때론 적자를 낼 수도 있다. 만약 무조건 위와 같은 고수익이 보장되는 사업이라면 굳이 신문에 모집 광고를 낼 필요가 있을까? 안타깝지만 아직도 부실 가맹본부에 투자하는 사람들이 있는 것이 현실이다.

마지막으로 업종 선택 시 자신의 적성이나 성격을 전혀 고려하지 않은 채 가맹 계약을 맺는 경우가 많이 있는데, 이 또한 실패의 원인이 된다. 아무리 아이템과 마진율이 좋다고 하더라도 일시적인 붐에 편승해 선택하는 것은 결국 실패로 가는 지름길이다. 하루 이틀하고 그만둘 것도 아니고 어쩌면 일생을 걸고 해야 하는 사업인데 자신의 적성에 맞고 좋아하는 것을 선택해야 한다.

철저한 사전 조사도 없이 덜컥 계약부터 했다가 나중에 분쟁이 발생하거나 문제가 되었을 때 후회하는 경우를 종종 보게 된다. 우리나라도 프랜차이즈 사업에 대한 법률적 제도와 보호 장치가 점차 강화되고 있지만 아직까지는 상대적으로 가맹점이 약자일 수밖에 없다. 나중에 후회하지 않기 위해서라도 보다 신중하게 점검하고, 외식 프랜차이즈 가맹본부의 선전이나 점포 개발 담당자의 달콤한 이야기만 듣고 사업에 뛰어드는 우를 범해서는 안 된다.

2 가맹점 운영 실무

1) 시설 관리

식당 시설(Machine) 관리는 종사원의 작업 활동 공간에 불필요한 활동을 최소화해 고객에게 최상의 서비스를 제공하기 위한 것이기 때문에 한식·양식·중식·일식 등의 업종과 메뉴에 따라 동선(Lay Out)이 적절히 배치되어야 한다.

외식업에서는 주방의 시설 관리가 중요한 부분을 차지하는데, 다음과 같은 사항을 염두에 두어야 한다.

주방에서 요리할 때는 많은 기계와 장비를 사용해 요리 상품을 생산해낸다. 그러나 기계를 주방에 설치할 때 처음부터 잘 계획하지 않으면 많은 손실을 보게 된다.

주방 시설은 크게 능률, 경제, 위생에 입각해 설치함으로써 보다 좋은 요리를 생산함과 동시에 경제적인 면에서도 최대의 효과를 거둘 수 있다.

(1) 능률

능률면에서 주방 시설은 맨 처음 설치하는 것이 매우 중요하다. 각 주방이 중앙 공급식이냐 분산식이냐에 따라서 인원과 재료의 관계가 크게 좌우되기 때문이다. 각 주방은 고도의 연결성을 지닌 복합체여야 하고 생산하는 주방(Main Production)과 영업하는 주방과의 거리는 인접할수록 능률적이며 경제적이다.

(2) 경제

경제적인 면에서 주방 시설은 무엇보다도 중요하다. 주방의 형태와 용량에 맞는 기계를 설치해야 함은 물론, 조그만 조리 도구까지 사용할 수 있도록 설비해야 한다. 그렇지 않으면 시간, 인력, 재료 소모 등 많은 문제점이 나타나기 때문이다.

주방 시설은 경제적 손실이 대단히 큰 화재 예방 시설을 갖춰야 한다. 특히 주방에는 가스나 고압 전기를 사용하는 기계들이 많기 때문이다. 그래서 주방에는 어느 화재에도 사용할 수 있는 A·B·C 분말 소화기(A=일반 화재, B=유류 화재, C=전기 화재)를 배치함은 물론, 비용이 많이 들더라도 주방 전체를 커버할 수 있는 하론 소화기를 설치해야 한다.

안전사고로 인한 경제적 손실이 대단히 크기 때문에 이 점을 고려해야 한다. 한 예로 주방 바닥에 미끄러지지 않는 특수 타일을 깔지 않아서 발생하는 안전사고나 안전화를 착용하지 않아서 발생하는 안전사고 등은 고인력의 손실을 가져온다.

(3) 위생

주방은 음식을 만드는 곳이기 때문에 특히 위생에 근거를 두고서 설치해야 한다. 주방 바닥은 1/100 정도 경사로 해서 배수가 잘되도록 해야 하며, 많은 열과 훈기·냄새가 나기 때문에 조리사의 건강이나 요리의 변질을 방지하기 위해서 환기 장치가 잘되어 있어야 한다. 한 시간당 2~3회 정도 공기를 환기시키는 것이 좋다.

주방은 바퀴벌레나 쥐 등이 서식하지 못하도록 틈이 나지 않게 시설을 해야 한다. 또한 냉장고와 냉동고 시설이 잘되어 있어야 하지만 현재 우리나라는 대부분의 주방 냉장고와 냉동고 시설이 미약하다. 주방을 식당에 비해 너무 좁게 설치하면 주방 공간이 좁아지므로 냉장·냉동 시설도 부족하게 되어 식재료를 신선하게 보관할 수 없는 상태가 된다. 눈에 보이는 영업에만 치중하는 데서 오는 문제점 중 하나다.

2) 직원 관리

직원은 한 개인이기 전에 공인으로서 시장에서 점포를 대표하는 사회적 신분이다. 소속된 점포의 명예와 발전을 생각할 줄 아는 성숙한 직업 의식을 갖춘 전문 직업인으로 재탄생하는 것을 의미한다.

직원들이 이 점을 명심하고 생산적인 근무를 할 수 있도록 하기 위해 때로는 인간적으로, 때로는 엄하게 교육시키고 관리해야 한다.

직원 교육과 관리의 기본 목적은 선진화된 점포 문화를 창조하는 데 있다. 점주는 인원의 변동이나 상황의 변화에도 점포 관리의 일관성과 계속성을 유지할 수 있도록 직원들의 주인 의식 함양에 힘을 쏟아야 한다. 특히 점포 경영자는 솔선수범의 자세로 가맹본부에서 제공한 매뉴얼이나 점주 개인의 원칙에 의해 실천하고 직원들에게 모범을 보여야 한다. 이런 일련의 정형화된 근무 과정을 통해 우수한 근무 인력을 양성하고 선진 수준의 점포 관리를 실현함으로써 고객에게 사랑받는 점포 만들기라는 경영 목표에 도달할 수 있는 것이다.

자기 점포와 업종의 특성에 맞는 직원을 채용하는 일은 생각보다 쉽지 않다. 직원을 채용하는 방법은 여러 가지가 있지만 일반적으로 가맹본부에서 교육받은 직원이나 알선 직원, 생활정보지 구인 광고, 직업소개소, 지인을 통한 소개 등을 이용하는데 어떤 업무를 시킬 것인지, 급여는 얼마나 줄 것인지, 정식 직원인지 아르바이트인지, 남자 직원인지 여자 직원인지 등을 계획에 따라 결정하고 채용해야 한다. 채용한 후에는 교육을 시키고 점포에 잘 적응하도록 관리해야 한다.

(1) 외식 업종 직원 채용 방법

❶ 가장 먼저 가족 중에서 경영 참여가 가능한 인원을 점검해 본 후 지인이나 연고자를 통해서 인재를 확보하면 잦은 이직 등의 부담을 줄일 수 있다.

❷ 자기가 운영할 점포와 비슷한 수준의 규모나 업종·업태의 점포에서 필요한 인력을 스카우트하는 방법이 있으나 급여도 현재보다 높여 주어야 하고 상도의상의 문제 등으로 악순환이 될 수도 있다.

❸ 음식업 중앙회나 각 지부, 조리사협회, 어머니회 등에 문의해서 전문 조리사나 찬모, 보조, 서빙 인력 등을 소개받을 수 있다.

❹ 예정 메뉴와 유사한 점포의 주방장 밑에 있는 조리사를 주방장으로 승진시켜 스카우트하는 방법이 있다.

❺ 대학의 외식, 조리 관련 학과나 외식 컨설팅 전문 기관에 의뢰할 수 있다.

❻ 주방 기기 납품업체나 식자재 납품업체의 소개를 받는 방법이 있다.

❼ 지역에 있는 시청이나 구청 또는 고용안정센터, 정부의 양성 기관 등에 추천을 의뢰하는 방법이 있다.

❽ 지역 신문이나 생활정보지, 워크넷, 식당 관련 전문 잡지(월간식당, 월간외식경영, 음식과 사람 등)나 신문(식품외식경제 신문, 식품음료 신문) 등에 구인 광고를 하는 방법이 있다.

❾ 1~2개월간 유능한 조리사를 채용해 기술 전수 계약을 하고 기술을 습득하는 방법이 있는데, 높은 비용 대비 실속 면은 장담하기 어렵다는 문제점이 내포돼 있다.

(2) 외식업 직원 선발 시 체크 사항

직원 채용 시 유의할 점은 직무의 명확성, 지원자의 인생관과 점포의 직무에 부합되는가, 우리 점포의 이상적인 연령층인 단골 고객에게 적합한 지원자인가 등을 고려하는 것이다. 직원 채용의 핵심은 우수한 인재를 채용하기보다는 성실한 인재, 성장할 잠재력이 있는 인재, 외식업체에 적합한 끼가 있는 인재, 즉 현재 기술은 약간 부족하지만 성실하고 따뜻한 마음을 가진 인재를 채용해야 실패 없는 경영을 할 수 있다. 기술과 경험이 부족하더라도 밝은 성격, 배우려는 마음을 갖고 있는 사람은 교육과 훈련으로 얼마든지 향상시킬 수 있다.

직원 채용 시 확인 사항

- 이름, 생년월일, 주소, 연락처, 근무 경력 등을 기재한 이력서
- 건강진단증, 주민등록등본, 보유 자격증(조리사, 영양사, 조주사, 위생관리사, 운전면허증) 등
- 해당 요리에 대한 교육 이수 내용이나 지식과 기능
- 건강 상태와 인품, 언어 사용 능력, 태도, 근무 의욕 체크
- 근무 경력증명서(같은 곳에서 장기 근무자 우대)
- 성실한 인간관계와 가족 관계
- 점포 선택 이유와 장래의 꿈이나 희망

(3) 직원 관리

성실하게 근무하는 직원들에 의해 만들어지는 점포는 고객이 기분 좋게 음식을 즐길 수 있게 만들고, 다시 방문하고 싶게 만들며, 다른 고객들에게 홍보하게 만든다. 직원들의 접객 태도와 점포 관리 수준은 가맹점포의 발전 정도가 결정되는 조건이기도 하다. 주변의 수많은 외식 점포와의 경쟁에서 우위를 점하고 차별화에 성공하는 사례를 만드는 것은 결코 쉬운 일이 아니다. 그 많은 점포 사업의 성공 확률이 비교적 높지 않은 이유는 그만큼 인력 관리가 어렵기 때문이다. 만약 점포에서 갈등이나 불화가 생긴다면 직원들은 그만큼 업무 집중력이 저하될 것이고, 점포 수준이 낙후되어 영업적 불이익이 발생될 것이다. 어디에나 문제는 있는 법이다. 문제를 방치하거나 누적시키지 않고 현명하게 해결할 수 있다면 영업력을 높이고 새로운 차원의 점포 문화를 만들 수 있다.

3) 식자재 관리

식자재 관리는 외식업 영업에서 수익과 직결되기 때문에 철저한 관리가 이루어져야 한다.

(1) 식자재 관리의 의의

외식업 영업은 음식을 판매하기 위해 식자재를 사용해 조리한 요리 상품을 판매하는 기능을 본질로 하며 조리하는 과정이나 식자재의 특수성으로 인한 낭비와 손실 발생 가능성을 내포하고 있다. 이러한 낭비와 손실 발생의 가능성을 배제하기 위해 주방 내에서 메뉴에 의한 사전 계획을 수립해 식자재를 사용하도록 조정하는 일련의 작업 관리를 말한다. 즉, 식자재 관리는 필요한 재료를 사용하지 못하게 통제하는 것이 아니라 불필요한 낭비나 손실을 방지하거나 감소시키는 데 목적이 있다. 그래서 식자재 관리는 곧 원가 관리라고 할 수 있다.

(2) 식자재 관리 활동

주방 내에서 식자재를 잘 관리하기 위해서는 먼저 주방에서 요구한 신선한 상태의 재료를 수령해야 하며, 메뉴 선정 → 식자재 구매 → 검수 → 입고 → 출고 → 주방 조리 → 판매의 과정을 거쳐야 한다.

첫째, 주방에서 메뉴를 선정해 메뉴에 의한 예상 식자재 소요량을 파악한다. 1일 식자재와 일반 자재를 구분해 1일 식자재는 매일 주문하고, 일반 자재는 분기마다 구매 부서에 의뢰한다.

둘째, 구매 부서에서는 주방에서 주문한 식자재를 공개 경쟁 입찰, 수의 계약 방식 등을 통해 제일 좋은 식자재를 제일 싼 값으로 구매해야 한다.

셋째, 검수 부서에서는 구매 부서에서 구매해온 식자재가 주문한 대로 들어왔는지, 즉 양과 질과 규격에 맞는지 주방장과 같이 검수해야 한다.

넷째, 창고 부서에서는 검수되어 들어온 식자재를 분야별로 구분해 창고에 보관해야 한다. 아무리 좋은 식자재가 들어왔다 하더라도 저장을 잘못하면 막대한 손실을 가져오며, 검수를 거쳐 입고된 식자재는 반품할 수 없기 때문이다. 그래서 선입 선출(FIFO) 방식에 의한 입고와 불출하기 위해 창고에 들어오는 식자재는 재고 카드(Stock Card)를 붙여 보관해야 혼동하지 않는다.

끝으로 네 개의 부서가 다 같이 노력해야만 식자재 관리의 최대 효과를 거둘 수

있다. 이는 서로 긴밀한 유대 관계인 동시에 서로 견제하는 성격이어야 하므로 독립적인 부서여야 한다.

(3) 식자재 관리 방법

식자재 관리는 먼저 월말 재고 관리 방법과 일일 재고 관리 방법 중 한 방법을 정해야 한다. 현재 많은 식당들이 월말 재고 관리 방법을 취하고 있는데 이 방법은 재고조사를 월 단위로 하기 때문에 월 중에는 많은 양의 식자재를 주방 내에 쌓아 놓고 관리하므로 손이 많이 타고, 조리사들 입에 들어가는 양이 적지 않다. 일일 재고 관리 방법은 매일매일 재고 관리를 하기 때문에 영업 분석이나 원가 관리에 도움을 준다. 하루 사용할 양만 주문하기 때문에 분실되는 식자재가 거의 없으며 조리사들 입에도 들어가지 않는다. 또한 고기·채소·계란·과일 등 각기 다른 저장 온도와 습도가 필요한데 주방마다 식재료를 따로 보관할 수 있는 냉장고와 냉동고가 설치되어 있지 않아도 그날 사용할 식자재만 수령하기 때문에 더욱 신선한 식자재를 사용할 수 있다. 주방에 식자재가 많이 쌓여 있지 않기 때문에 깨끗한 주방을 유지하며 식자재를 효율적으로 사용할 수 있다.

많은 식자재가 쌓여 있으면 주의를 소홀히 하는 경향이 있어 식자재의 낭비나 손실이 크다. 그러므로 일일 재고 관리 방식은 표준화된 요리를 하기 위해 절대적으로 필요하다.

주방에서 식자재 관리는 먼저 해야 할 일과 나중에 해야 할 일들을 결정짓는다. 창고에서 수령해 온 식자재를 식자재의 특성에 맞게 손질해 요리할 수 있는 상태까지 준비함으로써 더욱 손실을 막을 수 있다. 또한 냉장고나 창고 관리를 철저히 함으로써 좋은 식자재가  하급 식자재로 전락하는 예가 없도록 해야 한다.

주방에서 식자재를 관리할 때는 수량과 금액을 병행해서 사용해야 한다. 같은 질과 수량이라 하더라도 가격은 유동적이기 때문이다. 이런 점을 고려해 표준량의 목표에 의해 똑같은 요리는 똑같은 재료와 양으로 조리해 고객에게 최대의 만족을 줄 수 있어야 한다.

주방에서 쓰고 남은 식자재 관리는 주방 식자재 관리의 최대 과제이다. 이를 해결하기 위한 방법으로 외국에서 최근 많이 사용하고 있는 진공 포장 조리(Vacuum

Cooking) 방법이 있다. 이 방법은 요리를 완성해 진공 포장하거나 식자재를 그대로 진공 포장함으로써 공기의 접촉을 차단해 부패나 변질을 막아 장기간 저장할 수 있어 식자재 관리의 효율성을 도모할 수 있다.

4) 안전 관리

(1) 안전 관리의 흐름

안전 관리는 무엇보다도 시설, 즉 외형적인 시설 및 내형적인 시설을 바탕으로 고객 및 종사원들의 생명과 재산의 안전을 책임지는 것이라 할 수 있다.

안전 관리의 모든 수단과 요구 사항은 비단 일정한 공간에서만 이루어지는 한계적 개념보다는 점포 전체에 걸쳐 광범위하게 역량을 발휘해야 하는 광의적 차원에서 다루어져야 한다. 특히 주방은 조리 과정에서 안전사고를 유발할 수 있는 요인이 산재해 있는 곳이기 때문에 안전 관리에 따른 장치를 설치하고 정규적인 프로그램을 개발한 안전 교육이 필수라 할 수 있다.

대부분의 안전사고는 고객에게 직접적인 영향을 미치기 때문에 세심한 주의와 대책을 강구하고 있어야 한다. 또한 주방에서의 안전사고는 종사원들의 부주의에서 오는 상해 및 화상 폭발, 시설 관리의 부재에서 오는 대형 가스 사고 등의 화재 등 다양하게 산재해 있다.

(2) 안전 관리 대상

주방에서 발생할 수 있는 모든 사고와 상해 및 화재 등은 안전 관리 대상 중 가장 위험하고 무서운 사고이다. 화재의 원인과 발생 방법은 매우 다양하지만, 이유야 어쨌든 화재가 발생할 수 있는 요인을 사전에 예방하고 방지하는 것이 급선무이다.

주방에서 일어나는 일반적인 안전사고와 재해의 원인으로는 다음과 같은 것들이 있다.

❶ 주방 시설 및 장비의 일상적 관리 소홀
❷ 종사자들의 시설 사용 부주의 및 안전 지식 결여
❸ 전기 및 가스 사용 부주의
❹ 작업자들의 정신적 및 육체적 피로감

따라서 주방 안전 관리의 대상을 철저히 규명하기 위해서 관리자, 주방 조리 종사자 및 주방 구성원들은 모든 장비와 기물 사용 규정에 따라 세심한 주의와 함께 정기적인 안전 점검을 실시해야 한다.

(3) 안전 수칙

안전 대책의 미비로 주방에서는 많은 조리사들이 산업 재해를 입고 있다. 산업체에는 각종 안전사고의 원인이 산재하고 있기 때문에 매우 세심한 주의를 기울여야 한다.

그러므로 조리 작업 시 각종 기기의 조작 방법과 기능을 익히고 안전 수칙을 철저히 준수해 사고의 발생을 미연에 방지하도록 해야 한다.

조리 작업자의 안전 수칙

- 주방에서는 안정된 자세로 조리 작업에 임해야 한다. 특히, 주방에서는 주방 바닥 상태를 고려해 뛰어다니지 않아야 한다.
- 조리 작업에 편리한 유니폼과 안전화를 착용해야 하며 뜨거운 용기를 들고 이동할 때에는 마른 면이나 장갑을 사용해야 한다.
- 무거운 통이나 짐을 들 때는 허리를 구부리는 것보다 쪼그리고 앉아서 들고 일어나도록 해야 한다.
- 짐을 들고 이동할 때는 뒤에 뜨거운 종류의 물건이 있는지를 항상 살펴보고 이동해야 한다.

주방 장비 및 기물의 안전 수칙

- 바닥에 물이 고여 있거나 조리 작업자의 손에 물기가 있을 때는 전기 장비를 만지는 일을 삼가야 한다.
- 각종 기기나 장비는 작동 방법과 안전 수칙을 완전하게 숙지한 다음 사용해야 한다.
- 가스 사용 후에는 반드시 밸브를 확인해야 한다.
- 전기 기기나 장비를 세척할 때는 플러그의 유무를 확인하고 나서 청소해야 한다.
- 냉동·냉장실의 잠금 장치 상태를 확인해야 한다.
- 가스나 전기 오븐의 온도를 확인해야 한다.

가스 사고의 주요 요인

사용자
- 점화 미확인으로 인한 가스 누설
- 밀폐된 장소에서의 가스 사용
- 환기 불량에 의한 질식 사고
- 가스 불꽃 확인 소홀
- 성냥불로 인한 누설 가스 폭발
- 호스와 밸브의 접촉 불량
- 코크 조작 미숙
- 연소기 주위에 인화성 물질 방치 및 화기 근접 사용
- 가스 사용 중 장시간 이탈

공급자
- 용기 교체 미숙으로 가스 누설
- 잔여 가스 처리 방법 미숙
- 고압 가스 운반 기준 미이행
- 배관 내의 공기 치환 작업 미숙
- 용기 보관실에서 화기 사용
- 공급원 안전 의식 결여
- 실내의 용기 보관

3 외식 프랜차이즈 가맹점 창업자의 성공 전략

외식 프랜차이즈 가맹점 창업에 성공하기 위해서는 무엇보다 자신의 능력과 현재 위치를 냉정하게 판단하고 사업에 앞서 충분한 준비 기간과 철저한 검증이 필요하다. 일반적으로 창업자의 대다수는 지나치게 서두르는 경향이 있다. 개점 시기나 일자가 조금 지연되는 것은 문제가 되지 않는다. 오히려 준비 부족 상태에서의 창업이 많은 시행착오를 낳는다. 주변 정보의 충분한 활용을 통한 완벽한 준비가 곧 절반의 성공임을 명심해야 한다.

특히 21세기 생존 경쟁 시대에서 능력 있는 외식 프랜차이즈 가맹점 창업자가 되기 위해서는 지금까지 외식업에 대한 고정 관념을 버려야 한다. 그래야만 앞으로 경쟁에서 살아남을 수 있다. WTO 체제의 정착과 IT 산업이 급속하게 발전해 가고 있는 현 시대에는 고정 관념 탈피가 성공의 관건이라 할 수 있다.

우리가 갖고 있는 고정 관념으로는 어떤 시기, 어느 지역에 특히 잘되는 업종이나 점포가 있다는 생각이 대표적인 예이다. 이와 같은 고정 관념은 갈수록 짧아지고 있는 외식업의 라이프사이클을 간과할 수 있는 위험 요소가 된다. 예를 들면 음식의 선호도가 양념통닭에서 탕수육, 아이스크림, 한식 뷔페, 소고기 뷔페, 조개구이, 참치회, 안동찜닭, 감자탕 등으로 변화·쇠퇴를 반복했다. 얼마 전까지 요리주점, 생과일주스, 생돈가스, 에스프레소커피와 테이크아웃 커피숍, 불닭·불갈비 등이 성업을 하고 있었으나 최근 들어 왕갈비 전문점, 해산물 요리 전문점, 퓨전 중화요리들이 붐을 이루고 있다. 또 고객의 선호도가 너무 빠르게 바뀌고 있으므로 이에 따른 수정 전략이 필요하다. 지금까지 운영해 온 영업 형태를 식당 운영의 모델인 것처럼 생각하는 경향이 많은데 고객의 욕구 변화에 따라 빠른 대처와 변화가 필요하다.

능력 있는 주방장만 있으면 '만사 OK'라고 생각하지만 주방장은 모든 요리에서 최고가 아니라 어느 특정 요리에만 최고일 뿐이다. 주방 배치, 기기 상태, 조리사 능력 등의 기본적인 조건이 충족되어야 최상의 메뉴가 나온다는 것도 잊어서는 안 된다. 또 경영자도 주방에 대해서 기본적인 지식은 알고 있어야 한다. 조리사에 대한 지나친 의존은 악순환만 되풀이할 수 있다. 가능하면 경영하고 있는 식당의 메뉴는 조리법에 대해 숙지하고 있어 조리사가 그만둘 시에도 새로운 조리사에게 조리 방법을 알려주어 그 맛을 유지시킬 수 있어야 한다.

무계획적인 창업으로 인한 실패의 고배는 자신뿐만 아니라 가족까지도 재기가 힘든 상황에 처하게 만들 수도 있다. 그러므로 성공할 수 있는 외식 프랜차이즈 가맹점 창업자의 조건은 아무리 강조해도 과하지 않다. 외식 프랜차이즈 가맹점 창업자의 조건을 요약하면 다음과 같다.

첫째, 제조업, 소매업, 서비스업 등의 복합 산업인 외식업을 경영하기 위해서는 끊임없이 연구·노력하는 자세와 강인한 체력, 정신력의 단련이 있어야 한다.

둘째, 시대의 환경 변화에 적응할 수 있는 위기 관리 능력과 결단력, 인내력이 있어야 하며, 항상 철저한 자기 관리와 점포 관리를 병행해야 한다.

셋째, 상담이나 교육 등을 통한 정보 수집을 소홀히 해서는 안 된다. 동시에 교육이나 벤치마킹 등을 통해서라도 항상 새로운 것을 받아들이려고 하는 겸손한 자세가 필요하다.

넷째, 직원에 대한 아낌없는 투자, 즉 중간 관리자 교육, 신메뉴 조리 교육, 서비스 친절 교육 등에 대한 아낌없는 지원과 직원의 입장이 되어 애로 사항을 들어주고 이해를 하려고 하는 마음이 필요하다.

다섯째, 원가 관리에 대한 지식과 운영 능력 향상을 위해 시대를 읽는 눈을 가질 수 있도록 꾸준히 노력해야 한다.

제3절 가맹점 판매 촉진 전략

1 가맹점 판촉의 방향

외식 프랜차이즈 산업은 복합 산업이라고 할 정도로 다양성을 내포하고 있다. 즉, 유형적인 음식과 무형적인 서비스가 거의 동시에 이루어지고 소비되듯이 제품 마케팅과 서비스 마케팅의 복합적인 성격을 가지며, 특히 고객과 대면해 모든 운영 활동이 이루어짐으로써 생산자와 소비자의 접근성은 어느 타 업종에서도 찾아볼 수가 없을 정도로 높다.

이에 따라서 외식산업 분야의 마케팅 접근이 무엇보다도 더 필요하며 마케팅 연구가 폭넓게 이루어져야 할 분야이다.

하지만 국내 외식산업 분야의 마케팅 적용은 최근의 일이며 아직 학문적이거나 실무적으로 미비점을 많이 내포하고 있는 실정이므로 향후 체계적인 연구와 적용의 다양성이 발휘되어야 한다.

첫째, 외식 분야의 창업자 및 기존 업체와 외식을 소비하는 고객과의 불균형에서 기인한 문제로 복합 산업인 외식업을 너무 쉽게 보고 창업의 우선순위로 외식업 분야를 선호하다 보니 지금도 포화 상태이다. 이제는 본격적인 마케팅의 도입이 없이는 생존이 불가능하다.

둘째, 외식업 분야에 필요한 것이 차별화이다. 지금까지는 통일이라는 말이 통했을지 모르지만, 앞으로는 고객 하나하나 맞춤 형태의 차별화가 필요하다. 그렇게 하기 위해서는 반드시 CRM에 바탕을 둔 고객 분석 등의 마케팅 시장 조사가 필요하다.

셋째, 외식업체의 업종 다양화로 인해 명확하게 구분이 어렵고 빠른 트렌드에 따른 스피드화, 정보 과잉화로 우리 외식업체의 포지션 선정이 모호해지고 있다. 보다 효과적이고 효율적인 활용을 위해서는 마케팅 도입이 선행되어야 한다.

넷째, 최근 들어 외식업체의 채산성 문제가 대두되고 있다. 문제는 원가 상승과 생산성 저하로 어쩌면 외식 분야에서 가장 낙후된 부분이 식품 관련 원자재와 물류 관리 분야가 아닌가 싶다. 안심 먹거리를 찾고 있는 웰빙 트렌드에 맞춰 물류 관리의 필요성에 따른 외식 마케팅의 도입이 필요하다.

다섯째, 새로운 운영 기법의 활발한 출현 등에 따라 거시적인 환경인 규제, 기술 등 외부 환경에 늘 대비하는 차원의 마케팅이 필요하다.

전통적인 음식이 재구성되어 폭발적인 인기를 끌기도 하지만 현재 갖고 있는 자원만으로는 생존할 수 없고 미래를 보장받을 수도 없다.

2 판촉의 기본 방향

판촉을 하는 기본적인 목적은 신규 고객 창출, 그동안 방문한 고객들에 대한 감사 표시, 방문하다가 중단된 고객들의 재내점 기회 제공, 무관심한 고객들을 잠재 고객으로 유도하기 위한 잠재 고객 확보 등에 있다.

일반적으로 외식업 판촉이라 하면 전단지를 제작해 직접 배포하거나 신문사에 삽지를 의뢰해 배포한다. 이 외에도 현수막, 선물, 도우미와 음향 장비, 풍선 장식, 오픈 이벤트 행사 등이 보편화되어 있다. 일부 경영자들은 행사 비용이 만만치 않아 망설이기도 하는데 실제로 웬만한 중대형 규모가 아니면 체계적인 계획을 수립해 판촉하기가 결코 쉽지만은 않다. 판촉 전, 다음의 내용 정도는 기본적으로 알고 시작한다면 보다 효과적인 판촉을 할 수 있을 것이다.

첫째, 많은 비용을 투자한다고 해서 당장 일정 수준 이상 매출을 올려야 된다는 생각을 버려야 한다. 판촉하는 목적은 물론 매출 증대이다. 그러나 그것은 판촉 시 눈에 보이는 일시적 매출 증대가 아니라 판촉 후의 전반적인 매출 증대를 목적으로 하는 것이므로 불특정 다수의 잠재 고객에게 우리 점포를 알리고 차후에 내점할 수 있는 기회를 만들겠다는 장기적이고 투자적인 개념으로 보아야 한다.

둘째, 판촉은 지속성이 필요하므로 연간, 분기별, 월별 등으로 프로그램을 만들어 계획적으로 진행하는 것이 좋다. 또한 잠재 고객들에게 우리 점포를 이용할 수 있는 기회를 제공하기 위해서는 기념일을 많이 만들어야 한다. 개점 100일, 계절맞이, 가정의 달, 개업 1주년 등 이벤트 관련 판촉 계획을 끊임없이 추진해 나가야 할 것이다.

마지막으로 주의할 점은 행사 시 설치했던 만국기, 배너들이 얼룩진 상태로 방치되고 있는 점포가 많은데 이는 "내 점포는 관리를 잘 안하는 점포입니다"라고 자랑하는 것과 같다.

어려울 때일수록 노력하는 점포가 성공하는 것은 자명한 일이다. 혹여 판촉 행사가 기대에 못 미친다 하더라도 실망하지 않고 방문 고객들에게 세심한 배려와 친절한 서비스를 제공한다면 만족한 고객들은 아마 단골 고객이 될 것이다. 그리고 판촉 행사를 진행하면서 판촉 진행 과정, 방법, 실시상의 문제점, 고객의 반응, 평가 등을 체크해 기록해 둔다면 다음 판촉 활동의 중요한 자료로 많은 도움이 될 것이다.

③ 가맹점 판매 촉진 과정

🍎 그림 12-4 **외식업체의 판매 촉진 과정**

중소 규모의 식당에서는 기획하고 추진하는 판촉 행사는 대부분 경영주가 중심이 되게 마련이다. 이때 가장 큰 문제점은 뚜렷한 목표나 계획 없이 경쟁 점포가 하니까,

아니면 장사가 좀 잘될까 해서 구체적인 계획도 없이 한다는 것이다. 심지어는 내부 고객(직원)에게조차 제대로 설명하지 않아 자기 점포에서 현재 어떤 판촉을 하고 있는지 모르는 경우가 있다. 경영주가 다음의 내용을 고려해 조금 더 생각하고 준비한다면 더욱 효과적인 판촉 행사를 기획할 수 있을 것이다.

첫째, 판매 촉진 기획 시에는 기획 행사의 명칭을 정하고 문장화된 기획서로 명문화해 전 직원들이 직접 볼 수 있게 하고 내용을 확실히 주지시켜야 한다. 그리고 이에 따른 영업 콘셉트와 명확한 타깃 설정, 정확한 행사 기간 설정, 상세 내용 결정(고객의 메리트, 고지 방법 등), 철저한 예산 수립 등을 해야 한다.

둘째, 기획 입안된 내용을 직원들에게 주지시킬 때 행사의 목적, 대상 고객, 행사 기간, 판촉 방법, 책임자 등(판촉 행사를 기획하고 결정, 실행하는 데 있어 직원들의 의견을 가능한 많이 반영시켜 자발적 태도와 솔선수범을 유도)을 알려주어야 참가 의식을 높일 수 있다.

셋째, 판매 촉진을 위한 현장 준비 단계로 접객 용어 및 서비스 재교육, 주방의 준비 점검과 조리 교육, 판촉 관련 메뉴의 권장 판매 유도 등을 체크해야 한다. 특히 직원들에게 시식을 꼭 시켜서 고객이 판촉 행사를 하고 있는 메뉴의 맛이 어떤지 물어왔을 때 먹어보지 못해서 잘 모른다는 답변이 나오지 않도록 유의해야 한다.

넷째, 고객들에게 예고 단계로 포스터, 전단지 배포, 현수막 부착, 행사 안내 패찰부착, 필요시(큰 매장일 경우) 그 지역의 지방 신문 광고, 극장 광고(극장가 주변일 경우), CATV 광고, LED 전광판 광고, 인터넷을 통한 홈페이지 배너 광고 등을 통해서 판촉 행사를 최대한 알려야 한다.

다섯째, 판매 촉진 행사 기간에는 바쁘기 때문에 서비스나 상품의 질이 떨어져 클레임이 발생할 수 있으므로 특별히 신경을 써야 한다. 평상시보다 더 친절해야 하며 음식 또한 더 맛 있고, 양도 많이 주어 볼륨감 있게 해야 한다. 또한 판촉대상 메뉴가 품절되지 않도록 철저한 준비를 해야 한다. 행사 기간이라 바쁘니까 이해해 주겠지 하는 변명은 말도 안 되므로 고객 만족을 위해 최선을 다해야 한다. 준비 안 된 판촉은 오히려 점포 이미지만 손상시키므로 반드시 완벽하게 준비한 후 실시하도록 한다. 일례로 어떤 식당은 단지 서비스 교육이 미진하다는 이유로 개업일을 늦춰가면서까지 한 달 동안 서비스 교육을 실시해, 오픈 후 크게 성공한 바 있다.

여섯째, 판매 촉진 행사의 결과를 계수 자료(매출액, 내점객 수, 고객층, 행사 메뉴 판매 수량 등)나 앙케이트, 현장의 목소리 등을 이용해 분석하고 행사 시 고객 카드나 명함함 등을 이용해 고객 리스트를 만들고 다음 판촉 때 참고 자료로 활용할 수 있도록 하는 피드백이 있어야 한다.

표 12-1 **연간 판매 촉진 전략**

월 별	행 사	이벤트 기준 및 판촉 활동
1	시무식, 신년회, 설날, 대입 합격 축하회	POP 부착, 새해 선물(식사권, 할인권 등)을 연하장에 넣어 DM 발송, 내점 고객 선물 증정(복주머니, 복조리 등)
2	입춘, 봄방학, 졸업식, 환송회	졸업 축하 이벤트, 밸런타인데이 특별 디너 세트 판매(꽃, 샴페인 증정, 초콜릿), 봄맞이 환경 처리 실시, 현수막 부착, DM 발송(리스트 입수), 정월대보름 오곡밥 축제
3	입학식, 환영회, 대학 개강 파티	입학식, 환영회(행사 유치를 위한 사전 홍보 활동 및 선물 제공), 화이트데이 이벤트 실시, 봄 샐러드 축제와 꽃씨 제공
4	봄나들이, 한식, 식목일	신메뉴 개발, DM, 각종 차량에 안내장 부착
5	어린이날, 어버이날, 스승의날, 성년의 날	어린이날 특선 메뉴 및 기념품 제공, 가정의 달 효도 대잔치(카네이션, 기념 사진 등), 독거 소년·소녀와 노인 초청 행사 서비스 콘테스트 실시, 광고 등
6	각종 체육회, 현충일	국가 유공자 가족 초대회(할인 행사)
7	여름 보너스, 휴가, 초중고 방학	DM, 여름철 특선 메뉴 실시(빙수, 생과일주스, 호프, 야외 바비큐 파티 등), 삼복더위 축제
8	여름 휴가, 초중고 개학	한여름 더위를 식힐 화채 개발 시식 및 각종 우대권 제공
9	대학 개학, 초가을 레저, 추석	도시락 개발, 행락철 T/O
10	운동회, 대학 축제, 결혼 러시, 단풍놀이 행락객	가을 미각 축제, 과일 축제, 송이 축제, 전어 축제, DM 발송
11	학생의 날, 취직, 승진 축하	찜요리 축제, 입시생을 위한 특선 메뉴(건강식) 송년회 및 회식 안내(DM)
12	송년회, 겨울방학, 겨울 레저, 첫눈	크리스마스카드 및 연하장 발송(할인권), 점내 POP 부착
기타	단골 고객의 날 이벤트 개최, 생일 축하, 월 시식일 등	고객 관리, 선물 또는 무료 식사권 제공

참고문헌

- 강병남, 「강병남의 음식장사 성공전략」, 서민사, 2002.
- 권오천·임현철, 「레스토랑 경영실무」, 남해전문대학 주문식 교재, 2005.
- 김난도, 전미영, 최지혜, 이수진, 권정윤, 「트렌드 코리아 2023」, 미래의창, 2022.
- 김동수, 송기옥, 왕철주 「식음료원가관리론」, 백산출판사, 2019.
- 김동승, 「외식창업마케팅」, 백산출판사, 1998.
- 김진섭, 김혜영, 「프랜차이즈시스템의 이해」, 대왕사, 2002.
- 김헌희, 「사례로 본 외식프랜차이즈 경영전략」, 백산출판사, 2014.
- 김헌희, 이유경, 「외식창업실무」, 백산출판사, 2017.
- 김후중, 「개정 가맹사업법 이해와 실무」, 무역경영사, 2008.
- 박기용, 「외식 산업 경영학」, 대왕사, 2020.
- 박주현, 「프랜차이즈경영론」, 글로벌, 2008.
- 산업자원부/한국프랜차이즈협회, 「프랜차이즈 경영가이드 총서 1」 – 프랜차이즈 경영원론, 2004.
- 산업자원부/한국프랜차이즈협회, 「프랜차이즈 경영가이드 총서 2」 – 프랜차이즈 본부 창업시스템 개발론, 2004.
- 산업자원부/한국프랜차이즈협회, 「프랜차이즈 경영가이드 총서 3」 – 프랜차이즈 인적자원관리, 2004.
- 산업자원부/한국프랜차이즈협회, 「프랜차이즈 경영가이드 총서 4」 – 프랜차이즈 입지 및 상권분석연구, 2004.
- 산업자원부/한국프랜차이즈협회, 「프랜차이즈 경영가이드 총서 8」 – 프랜차이즈 인적자원관리, 2004.
- 산업자원부/한국프랜차이즈협회, 한국프랜차이즈 총람, 2002.
- 오세조·윤홍근·이수동·변명식·임영균, 「프랜차이즈 경영원론」, 한국프랜차이즈협회, 2005.
- 이상화·김철호, 「그래도 음식장사가 승부가 빠르다」, 푸른솔, 2000.
- 이정실, 「외식기업경영론」, 기문사, 2007.
- 이종한, 최주호, 여생규, 「외식프랜차이즈창업 실무론」, 형설출판사, 2007.
- 임붕영, 「외식사업길라잡이」, 형설출판사, 2000.
- 임재석·엄명철, 「프랜차이즈 창업실무」, 무역경영사, 2004.
- 임현철, 「외식창업실무지침서」, 한올출판사, 2023.
- 정봉원, 「외식사업과 창업론」, 형설출판사, 2018.
- 조영석 외 15인 공저, 「광고홍보실무특강」, 커뮤니케이션북스, 2007.
- 지식경제부/대한상공회의소, 프랜차이즈업 현황 및 발전방안 연구, 2008.

외식
프랜차이즈
실무

저자 소개

| 임현철 |

대구가톨릭대학교 외식조리학과 교수
(사)한국프랜차이즈경영학회 부회장
(사)한국외식경영학회 부회장
소상공인시장진흥공단 컨설턴트
㈜핀외식연구소 대표(전)
㈜이월드(우방랜드) 근무(전)
㈜롯데리아 근무(전)
• 저서: 외식업창업실무지침서 등

| 이형진 |

대구가톨릭대학교 외식조리학과 외래교수
대구가톨릭대학교 식품가공학과 외식산업 박사
대구·경북 '외식 브랜드 기획자 과정' 대표 강사
(사)한국외식경영학회 등기 이사
'블럭파티(현)', '심야오뎅(전)', '이동근 선산 뒷고기(전)' 프랜차이즈 본사 대표
㈜승내사 마케팅 이사
㈜골든스트릿 대표 이사(전)

외식 프랜차이즈 실무

초판 1쇄 발행 2011년 2월 10일
4판 1쇄 발행 2023년 8월 25일

저 자	임현철 · 이형진
펴 낸 이	임순재
펴 낸 곳	**(주)한올출판사**
등 록	제11-403호
주 소	서울시 마포구 모래내로 83(성산동 한올빌딩 3층)
전 화	(02) 376-4298(대표)
팩 스	(02) 302-8073
홈페이지	www.hanol.co.kr
e-메일	hanol@hanol.co.kr
ISBN	979-11-6647-382-1

외식
프랜차이즈
실무

외식
프랜차이즈
실무

외식
프랜차이즈
실무